AF827279

# Die Deutsche Zivilprozeßordnung.

**Mit den Entscheidungen des Reichsgerichts.**

Von

**W. Peters,**

w. Landgerichtsrat.

**4. Auflage. Neue wohlfeile Ausgabe**

von

**K. Elsner v. Gronow,**

vorm. Amtsrichter.

**1906. 708 Seiten. Geb. M. 2,40.**

---

# Handelsgesetzbuch u. Wechselordnung

(Ausgabe ohne Seerecht)

erläutert durch die Rechtsprechung des Reichsgerichts

von

**J. Basch,**

Justizrat.

**6. Auflage. Neue Ausgabe, die Wechselordnung auf Grund der Fassung der Bekanntmachung vom 3. Juni 1908.**

**1908. Leinenband M. 2,40.**

---

# Das Aufgebotsverfahren

nach Reichsrecht und Preußischem Landesrecht

von

**Dr. P. Daude,**

Geh. Regierungsrat.

**4., vermehrte Auflage**

bearbeitet von

**Dr. E. Daude,**

Amtsrichter in Halle a. S.

**1908. gr. 8°. 318 Seiten. Halbleinen M. 7,—.**

Die das Aufgebotsverfahren so vielfach beeinflussende und erweiternde neue Gesetzgebung, das neue Reichsstempelgesetz, das Scheckgesetz, die Abänderung des Reichsbankstatuts u. a. m. sowie alle neueren Entscheidungen finden in der 4. Auflage gewissenhafte Würdigung.

„Die eingehende Behandlung des Gegenstandes im allgemeinen, zahlreiche Beispiele und Formulare und ein sorgsames Sachregister gewährleisten die praktische Brauchbarkeit des Werkes." Badische Rechtspraxis.

# Wechselordnung

mit

Kommentar in Anmerkungen

und

einer Darstellung des Wechselprozesses.

Von

**Dr. H. Rehbein,**

weiland Reichsgerichtsrat.

**Achte Auflage,**

bearbeitet von

Dr. Mansfeld, Reichsgerichtsrat.

**Berlin, 1908.**

Verlag von H. W. Müller.

W. 35. Potsdamerstr. 121 k.

## Vorwort zur achten Auflage.

Die siebente Auflage des Kommentars erschien 1904. Das Inkrafttreten der Novelle vom 30. Mai 1908 machte eine neue Auflage des Kommentars erforderlich. Leider konnte sie nicht mehr vom Verfasser selbst besorgt werden. Am 5. Oktober v. J. wurde Rehbein aus einem ungewöhnlich arbeits- und erfolgreichen Leben abberufen. Was die Wissenschaft an ihm verlor, ist von berufenster Seite ausgesprochen worden. Für mich, an den die ehrenvolle Aufforderung des Verlegers erging, gilt es, die Arbeit an der Wechselordnung, wenn auch mit weit geringeren Kräften, doch im Geiste des Verstorbenen fortzusetzen

Eine durchgreifende Umgestaltung des Werkes wurde für jetzt noch nicht beabsichtigt. Doch mußten viele Anmerkungen Zusätze oder Streichungen erfahren, manche auch anders gefaßt werden. Um die Lesbarkeit des Textes nicht zu beeinträchtigen, ist davon abgesehen, die Änderungen als solche kenntlich zu machen. In den wenigen Fällen, wo eine sachliche Abweichung von der Ansicht Rehbeins unvermeidlich erschien, ist die Abweichung hervorgehoben.

Gohlis bei Leipzig, September 1908.

Dr. Mansfeld.

## Vorwort zur ersten Auflage.

Die vorliegende Ausgabe der Wechselordnung, auf Wunsch des Verlegers veranstaltet, soll gleichmäßig den Kreisen der Geschäftstreibenden wie der praktischen Juristen dienen. Der überaus verdienstvolle Kommentar von Borchardt gibt dem Kundigen einen Einblick in den gesamten Stand der Praxis in Wechselsachen. Das mitgeteilte Material ist aber in seiner Fülle so überwältigend und undurchsichtig geworden, daß es auch dem Kundigen oft schwer wird, durchzudringen. Demgegenüber will die vorliegende Bearbeitung aus dem Gewirr der zahllosen, oft bedenklichen Entscheidungen die allgemeinen Grundsätze klar stellen. Von diesem Gesichtspunkte aus möge ihr auch neben dem Borchardtschen Kommentar und anderen ähnlichen Bearbeitungen ihre Stelle um so eher eingeräumt werden, als sie zum ersten Male die zum Teil recht eingreifenden Bestimmungen der Reichsjustizgesetze eingehend berücksichtigt.

Halberstadt, im Juni 1879.

Dr. H. Rehbein.

# Abkürzungen.

Bernstein = Dr. Wilh. Bernstein, A. D. u. A. Österr. WO. 1898.
Bolze = Bolze, Die Praxis des Reichsgerichts.
v. Canstein = v. Canstein, Lehrbuch des Wechselrechts. 1890.
Cosack = Konrad Cosack, Lehrbuch des Handelsrechts. 6. Aufl. 1903.
Dernburg = Dernburg, Das bürgerliche Recht des Deutschen Reichs und Preußens. Bd. 2 in 3. Aufl. 1906.
Gr. = Gruchots Beiträge z. Erläuterg. d. D. Rechts.
Grünhut = C. S. Grünhut, Wechselrecht I. II. 1897.
JW. = Juristische Wochenschrift.
Lehmann = H. O. Lehmann, Lehrbuch des Deutschen Wechselrechts. 1886.
K. Lehmann = K. Lehmann, Lehrbuch des Handelsrechts. 1908.
LZ. = Leipziger Zeitschrift für Handels-, Konkurs- und Versicherungsrecht.
ObT. = Entscheidungen des preußischen Obertribunals.
OHG. = Entscheidungen des Reichsoberhandelsgerichts.
RE. = Rehbein, Entscheidungen des Obertribunals.
Rehb. BGB. = Rehbein, Das Bürgerl. Gesetzbuch Bd. 1, 1899; Bd. 2, 1903.
RG. = Entscheidungen des Reichsgerichts in Zivilsachen.
RGAnn. = Annalen des Reichsgerichts von Blum.
Späing = Späing, französisches, belgisches und englisches Wechselrecht im Anschluß an die ADWO. 1890.
Staub = Staub, Kommentar zur ADWO. 5. Aufl. bearb. von J. und M. Stranz 1907.
StrA. = Striethorst, Archiv für Rechtsfälle des preuß. Obertribunals.
Stranz = J. u. M. Stranz, A. D. WO. 2. Aufl. 1906.
Thöl = Thöl, Wechselrecht 4. Aufl. 1878.
V. u. L. = Volkmar u. Löwy, Wechselordnung. 1862.
W. = O. Wächter, Enzyklopädie des Wechselrechts. 1881.
WW. = O. Wächter, Das Wechselrecht des Deutschen Reichs. 1883.

Mit einem * sind diejenigen Artikel der WO. gekennzeichnet, die durch das Gesetz vom 30. Mai 1908 geändert oder neu hinzugefügt sind.

# Inhalt.

# Einleitung.

1. Über die Geschichte des Wechsels und des Wechselrechts s. Goldschmidt, Universalgeschichte S. 403 ff. v. Canstein §§ 1—4. Grünhut Bd. 1 §§ 4 ff. Wieland, Cambium und Wechselbrief 1904.

2. Die WO. beruht auf einem von Abgeordneten der meisten Deutschen Regierungen auf einer Konferenz zu Leipzig in der Zeit vom Oktober bis Dez. 1847 vereinbarten Entwurf. Vgl. Protokolle der Leipziger Wechselkonferenz von Thöl. 1866. Die Anregung ging von den Generalkonferenzen des 1833 gegründeten Deutschen Zollvereins aus. Auf Antrag der Generalkonferenz 1846 wurde von den Zollvereinsregierungen die Bildung einer Kommission zur Ausarbeitung eines gemeinsamen Wechselrechts für die Zollvereinsstaaten beschlossen, die Einladung zur Teilnahme aber an alle Deutschen Bundesstaaten gerichtet. Der Entwurf ist in einzelnen Staaten unverweilt als Gesetz eingeführt, in der Sitzung der Nationalversammlung v. 25. Nov. 1848 als Reichsgesetz angenommen und vom Reichsverweser durch das am 27. Nov. 1848 ausgegebene Reichsgesetzblatt unter dem 26. Nov. 1848 als Reichsgesetz mit Gesetzeskraft vom 1. Mai 1849 ab publiziert. Als solches ist die WO. in einzelnen Staaten, z. B. in Kurhessen, Lippe-Schaumburg publiziert; in beiden ist diese Publikation durch die Gerichte für unverbindlich erklärt, weil es der Nationalversammlung an der gesetzgebenden Gewalt fehlte, die WO. deshalb nur durch die Landesgesetzgebung als Landesgesetz eingeführt werden konnte. Die Einführung auf diesem Wege ist dann auch nach und nach in allen damaligen Deutschen Bundesstaaten erfolgt, ausgenommen Luxemburg und Limburg, wo das französische bzw. das holländische Wechselrecht bestehen geblieben ist. — Die WO. war trotz dieser schließlich allgemeinen Geltung Partikularrecht. Dasselbe gilt von den sog. Nürnberger Novellen. Als sich in der Praxis der Gerichte der verschiedenen Deutschen Staaten abweichende Entscheidungen über einzelne erhebliche Kontroversen, zu denen die WO. geführt, herausstellten, wurden auf Anregung Sachsens durch Beschluß der Bundesversammlung v. 19. Febr. 1857 diese Kontroversen (Protestfrist, Zinsversprechen, Akzeptabilität u. a.) der zur Ausarbeitung des Entwurfs eines Allg. D. Handelsgesetzbuchs in Nürnberg tagenden Kommission zur Beratung überwiesen. Die formulierten Vorschläge der Kommission wurden durch Beschluß der Bundesversammlung v. 13. April 1861 / 23. Jan. 1862 den einzelnen Regierungen zur Kenntnisnahme mitgeteilt und zur Annahme empfohlen. Die Vorschläge der Kommission sind dann als Zusätze zu den Art. 2, 4 Nr. 4, Art. 7, 18, 29, 30, 99 WO. allmählich 1861—1868 in allen Deutschen Bundesstaaten

durch Gesetze publiziert. Vgl. Verhandlungen der Kommission, Nürnberg 1858. Goldschmidt, Handb. des Handelsrechts. 2. Aufl. 1 § 12. Reichsgesetzlich geändert wurde die WO. in bezug auf den Art. 80 (Unterbrechung der Verjährung), der durch EG. z. ZPO. v. 30. Jan. 1877 § 13 Abs. 3 und EG. z. KO. v. 10. Febr. 1877 § 3 Abs. 3 modifiziert, durch EG. z. HGB. v. 10. Mai 1897 Art. 8 Nr. 2 aufgehoben wurde. Vor allem aber wurde eine Anzahl von Artikeln geändert und neue hinzugefügt durch das im Anhang mitgeteilte Ges., betr. die Erleichterung des Wechselprotestes, v. 30. Mai 1908. Auf Grund der in § 5 dieses Gesetzes ausgesprochenen Ermächtigung ist der Text der WO., wie er sich aus den bisherigen Änderungen ergibt, am 3. Juni 1908 im RGBl. S. 327 vom Reichskanzler bekannt gemacht. Dieser Text ist im folgenden abgedruckt.

3. Durch die Bundes- und Reichsgesetzgebung ist die WO. gemeines deutsches Recht geworden und der Einwirkung der Landesgesetze entzogen (Ges. v. 5. Juni 1869, BGBl. S. 379; Art. 80 der Verfassung des Deutschen Bundes v. 31. Dez. 1870, BGBl. S. 647; Vertrag v. 25. Nov. 1870, BGBl. S. 654; § 2 des Ges. v. 16. April 1871, BGBl. S. 63; Ges. v. 22. April 1871, BGBl. S. 87; Ges. v. 19. Juni 1872, DRAnz. Nr. 155; V. v. 22. März 1891, RGBl. S. 21). Nach § 19 des Ges. über die Konsulargerichtsbarkeit v. 7. April 1900, RGBl. S. 213, gilt die WO. als Reichsgesetz auch in den Konsulargerichtsbezirken und ebenso nach § 3 des Schutzgebietsges., Fassung v. 10. Sept. 1900, in den Deutschen Schutzgebieten. Vgl. V. v. 27. April 1898, RGBl. S. 173, betr. die Rechtsverhältnisse in Kiautschou. Durch den § 2 des Ges. v. 5. Juni 1869 (Art. 21 EG. z. HGB. v. 10. Mai 1897) sind alle Vorschriften der Landesgesetze, welche ihrem Sinn und Wesen nach eine Abänderung der WO. enthalten, aufgehoben, alle nur ergänzenden Bestimmungen der Landesgesetze aufrecht erhalten. Als solche Ergänzungen blieben z. B. bis zur Novelle von 1908 alle Territorialvorschriften über Protestſtunden unberührt, Anm. 9 zu Art. 91 ff. Vgl. auch Anm. 4 zu Art. 62 ff. Die WO. ist die ausschließliche Rechtsquelle für das Wechselrecht, soweit sie über die durch den Wechsel und seine Form begründeten, an den Wechsel geknüpften wechselrechtlichen Verhältnisse Bestimmungen enthält; insoweit ist sie weder durch das alte, noch durch das neue HGB., noch durch das BGB. berührt. Vgl. Art 2 HGB. I, EG. z. HGB. II Art. 2, EG. z. BGB. Art. 32. Damit ist das objektive Wechselrecht aber nicht erschöpft. Wo die WO. ausdrücklich oder stillschweigend auf das bürgerliche Recht verweist, wie z. B. im Art. 1 (Verpflichtungsfähigkeit), ist das bürgerliche Recht (Handelsrecht) Bestandteil des objektiven Wechselrechts. Von Bedeutung ist dies insbesondere für die Anwendung des Art. 82. Daneben bleibt dem Handels- und dem bürgerlichen Recht ein weites Anwendungsgebiet in Wechselsachen für die Begriffe und Rechtsverhältnisse, die von der WO. vorausgesetzt, aber nicht, wie z. B. in Art. 65, 74, 82, 83 besonders geordnet sind, wie Zession, Mandat, Vollmacht, neg. g., Bereicherung, Vergleich, Aufrechnung, Novation, Zahlung, Erlaß, und die hinter dem Wechsel liegenden Verträge und deren rechtliche Wirkung. Insoweit ist das Inkrafttreten des BGB. und des HGB. v. 10. Mai 1897 am 1. Jan. 1900, die Beseitigung der privatrechtlichen Vorschriften der Landesgesetze gemäß Art. 55 EG. z. BGB. mit diesem Tage, auch für das Wechselrecht von weittragender Bedeutung. Vgl. Grünhut 1 § 1 (Verhältnis des objektiven Wechselrechts zum Zivil- und Handelsrecht). Daß die WO. durch partikulare gewohnheitsrechtliche Normen abgeändert werden kann, ist durch Art. 2 der Reichsverfassung ausgeschlossen. Gemeines Gewohnheitsrecht contra legem wird sich kaum bilden; aus-

geschlossen ist es nicht. Praeter legem kann sich partikulares und gemeines Gewohnheitsrecht mit verbindlicher Kraft bilden. Das Wechsel-Sachenrecht (Besitz, Eigentum, Pfand- und Retentionsrecht), v. Canstein §§ 15, 16, ist nur teilweise durch die WO. geregelt. Art. 74. Daran ist durch das BGB. nichts geändert. Besondere Bestimmungen gibt das BGB. über Bestellung einer Hypothek für Forderung aus einem Wechsel, §§ 1187, 1189, über Erwerb und Geltendmachung des Faustpfandes am Wechsel, §§ 1292, 1294, 1270, über Eingehung einer Wechselverbindlichkeit durch den Vormund, § 1822 Nr. 9 (§ 1915 Abs. 1, § 1643 Abs. 1). Dazu treten die Vorschriften in ZPO. § 831 über die Pfändung von Forderungen aus Wechseln, und in §§ 1003 ff. über die Amortisation von Urkunden. Vgl. zu Art. 73. Von Bedeutung ist KonkO. § 34 über die Wirkung der Anfechtung von Wechselzahlungen.

**4.** In Österreich ist die WO. durch Pat. v. 25. Januar 1850 für sämtliche Kronländer eingeführt, für die Länder der ungarischen Krone (Ungarn, Siebenbürgen, Kroatien, Slavonien) aber wieder außer Kraft gesetzt; daselbst gilt seit 1. Januar 1877 die übrigens durchgängig mit der ADWO. übereinstimmende WO. v. 5. Juni 1876. v. Canstein § 31 III. Die Nürnberger Novellen sind in Österreich durch V. v. 2. Nov. 1858 eingeführt mit der Modifikation, daß Wechsel mit Zinsversprechen ungültig sind. Die österr. WO. gilt auch in dem Fürstentum Liechtenstein. Verordn. v. 20. Nov. 1858. Vgl. v. Canstein § 31 II und Adler, österr. Wechselrecht § 5 über die einzelnen Unterschiede der D. und der österr. WO.

**5.** v. Canstein, §§ 31, 32. Auf der ADWO. beruhen die WOn. für Finnland von 1858, das Wechselrecht der Schweiz, Art. 720—842 BGes. der schweizerischen Eidgenossenschaft über das Obligationsrecht v. 14. Juni 1881, die drei wörtlich gleichlautenden WOn. für Schweden, Norwegen und Dänemark v. 7. Mai 1880 (Gesetzeskraft seit 1. Jan. 1881), das Wechselrecht Italiens, Art. 251—338 des HGB. für das Königr. Italien vom 2. April/31. Okt. 1882, Rumäniens, HGB. v. 1886 Art. 270—363, Spaniens, HGB. v. 22. Aug. 1885 Art. 443—533, Portugals, HGB. v. 1888 Art. 278—339. Ebenso die russische WO. v. 27. Mai (9. Juni) 1902, mit Gesetzeskraft vom 1. (14.) Jan. 1903, mitgeteilt in Goldschmidts Zeitschrift für Handelsrecht, Bd. 53 S. 479 ff., 490 ff. Vgl. den Entwurf von 1882, St. Petersburg bei Röttger, den Revidierten Entwurf von 1883, Baden-Baden 1883; Goldschmidts Zeitschr. Bd. 28 S. 274, 532 ff., Cohn, Zeitschr. f. vergleichende Rechtswissenschaft Bd. 4 S. 1 ff. Vorher galt das HGB. v. 1832 nebst Ergänzungsgesetzen. Vgl. Borchardt, Sammlung der Wechselgesetze Bd. 1 S. 364 (1871); Leuthold, russ. Rechtskunde, 1889; v. Canstein § 31 VI; Goldschmidts Zeitschr. Bd. 51 S. 482. Die russ. WO. gilt nicht in Finnland und im Zartum (Kgr.) Polen; dort gilt noch die finnische WO. von 1858, Borchardt, Sammlung Bd. 2 S. 382 (391) ff., hier der C. d. c. Ein weites Geltungsgebiet hat das französische Wechselrecht (C. d. c. Art. 110—189 nebst verschiedenen Ergänzungsgesetzen von 1817, 1848, 1862). Dasselbe gilt in Luxemburg, im Königr. Polen und liegt fast allen außereuropäischen Wechselgesetzen zugrunde, ebenso mit erheblichen Modifikationen dem belgischen Gesetze v. 20. Mai 1872 (Ges. über die Proteste v. 10. Juli 1877), dem holländischen HGB. v. 10. April 1838, Art. 100—229, dem Recht von Griechenland, Serbien, Türkei, Ägypten (HGB. v. 1875). Vgl. Lehmann § 31, Späing S. 1 Anm. 2, v. Canstein § 31 VII, mit Angabe über die einzelnen Unterschiede von der ADWO. § 31 VIII (Serbien).

Das wesentlich auf Gewohnheitsrecht beruhende, vom deutschen und französischen Recht vielfach abweichende englische Wechselrecht, welches außer in Großbritannien auch in den englischen Kolonien (aber nicht auf Helgoland, wo bis zum 31. März 1891 das alte dänische Recht in Kraft stand, und auf Malta) und in den Nordstaaten Amerikas verbreitet, ist jetzt für die britischen Inseln, d. h. alle Teile des vereinigten Königreichs Großbritannien und Irland, und die Inseln Man, Guernsey, Jersey, Alderney, Sark und die in der Nähe derselben liegenden, zum Königreich gehörenden Inseln durch die Bill of exchange Act, 1882 (45 und 46 Vict. ch. 61) kodifiziert. (Englische WO. v. 18. August 1882, übersetzt von Heinsheimer; Beilageheft zum 28. Band von Goldschmidts Zeitschr.), v. Canstein § 32 mit ausführlichen Inhaltsangaben. Dieselbe behandelt im 3. Teil (Sekt. 73—82) auch den Scheck, den sie als den auf einen Bankier gezogenen, auf Anfordern zahlbaren Wechsel definiert und den Vorschriften über diese Wechsel (Sekt. 10) unterwirft, soweit nicht andere Bestimmungen ausdrücklich getroffen. Vgl. Späing S. 4 Anm. 4. Arch. f. bürgerl. R. von Kohler und Ring Bd. 4 S. 205ff. In Deutschland ist der Scheck durch das Ges. v. 11. März 1908, RGBl. S. 71, geregelt.

Über neuere internationale Kodifikationsbestrebungen vgl. Goldschmidts Ztschr. 28 S. 509ff., 32 S. 118, 36 S. 163. Vgl. auch F. Meyer, Weltwechselrecht 1906, DJZ. 1907 S. 497.

# Wechselordnung

in der Fassung der Bekanntmachung vom 3. Juni 1908 (RGBl. S. 327).

## Erster Abschnitt.

## Von der Wechselfähigkeit.

### Artikel 1.

**Wechselfähig ist jeder, welcher sich durch Verträge verpflichten kann.**

Vgl. Art. 84.

Dernburg § 252. Thöl S. 81, 99ff., 104ff. Volkmar u. Löwy S. 9ff. Wächter Bd. 1 S. 443ff. W.W. §§ 31—34. Lehmann §§ 37, 71—87. v. Canstein, §§ 8, 9, 27. Grünhut Bd. 1 §§ 30—32. Cosack § 50. K. Lehmann § 134.



1. Der Art. 1 handelt von der passiven Wechselfähigkeit, der Fähigkeit, sich durch Wechselschrift zu verpflichten. Über die aktive Wechselfähigkeit, die Fähigkeit, durch Wechselschrift Rechte zu erwerben, sagt die WO. nichts; wer erwerben kann, erwirbt auch Wechselrechte. Der passiv Wechselunfähige erwirbt z. B.

Wechselrecht gegen den Akzeptanten aus Tratte an eigene Order. OHG. 23 S. 357. Bolze 4 Nr. 550. Über die aktive Wechselfähigkeit des Fiskus vgl. OHG. 15 S. 315 (Hauptsteueramt als Remittent). Passiv wechselfähig ist nach Art. 1, wer sich durch Verträge verpflichten kann. Wer das ist, wird durch die WO. nicht bestimmt; darüber entscheidet das bürgerliche Recht. Der Satz gilt für Inländer, d. h. Deutsche, mögen sie die Wechselverpflichtung im Inlande oder Auslande übernehmen, EG. z. BGB. Art. 7 Abs. 1, WO. Art 84; Ausland sind auch die Konsulargerichtsbezirke und Schutzbezirke. Die Wechselfähigkeit des Ausländers ist nach denselben Vorschriften nach den Gesetzen seines Staats zu beurteilen, d. h. des Staats, dessen Angehöriger er ist, es müßten denn die Gesetze seines Staats zur Anwendung eines deutschen Rechts führen, EG. z. BGB. Art. 27. Art. 29 EG. gibt eine Aushilfevorschrift für Personen ohne Staatsangehörigkeit, und EG. z. BGB. Art. 7 Abs. 3 gibt im Interesse des inländischen Verkehrs die mit Art. 84 WO. Satz 2 übereinstimmende Vorschrift, daß für Rechtsgeschäfte, die der Ausländer im Inlande vornimmt, vgl. RG. 15 S. 11, der Ausländer soweit als geschäftsfähig gilt, als er nach deutschem Recht geschäftsfähig (wechselfähig) sein würde, auch wenn er nach den Gesetzen seines Staats nicht geschäftsfähig (wechselfähig) sein würde. Vgl. zu Art. 84.

2. Nach allgemeinem, allen Rechten innewohnendem Grundsatz ist die Frage, ob eine Wechselverpflichtung gültig entstanden, nach dem Gesetz zur Zeit der Entstehung der Wechselverpflichtung zu beurteilen. Da Wechselverpflichtung nur durch Wechselschrift entsteht, ist der Zeitpunkt der Wechselschrift entscheidend. Nach dem Gesetz zur Zeit der Wechselschrift ist deshalb auch die Wechselfähigkeit zu beurteilen. EG. z. BGB. Art. 170. Hat der Aussteller giriert, so kommt es für die Wirksamkeit der Ausstellerunterschrift auf die Zeit dieser Schrift, für die Giroschrift auf den Zeitpunkt des Giros an. OHG. 3 S. 179. Das Datum der Schrift entscheidet nicht, wenn es nicht der wahre Zeitpunkt der Wechselschrift, z. B. nachdatiert ist. ObTr. 61 S. 172.

Für Wechselschrift vor dem 1. Januar 1900 ist die Wechselfähigkeit des Inländers nach den damals geltenden Landesgesetzen zu beurteilen; sie entscheiden auch, ob und wieweit Wechselverpflichtung durch Vertreter übernommen werden kann. Nach dem Landesgesetz ist auch zu ermessen, ob bei Kollision der Landesgesetze die Wechselfähigkeit nach dem Gesetz der Staatsangehörigkeit oder des Domizils zu beurteilen. Im allgemeinen galt der Rechtssatz, daß das Recht des Wohnsitzes oder des den Wohnsitz vertretenden Herkunftsortes entscheide, und Wohnsitz und Herkunftsort war ebenfalls nach Landesrecht zu beurteilen. Der Ort der Ausstellung des Akzepts, der Wohnort des Bezogenen und des Ausstellers im Sinne Art. 4 Nr. 8, Art 97 WO. war maßgebend nur, wenn er wirklicher Wohnsitz war. OHG. 6 S. 356, 358; 11 S. 177; 17 S. 102; 23 S. 388. ObTr. 52 S. 228; 43 S. 239.

Für Wechselschrift vom 1. Januar 1900 ab entscheidet bezüglich der Wechselfähigkeit, nachdem das EG. z. BGB. Art. 55 die privatrechtlichen Vorschriften der Landesgesetze außer Kraft gesetzt, das BGB. In Betracht kommen dabei noch die Art. 153—156 EG. Nach BGB. decken sich Vertragsfähigkeit und Geschäftsfähigkeit. Das BGB. kennt weder Beschränkung der Darlehns-, noch der Interzessionsfähigkeit, wie sie z. B. das preuß. ALR. I 11 §§ 700, 704 ff., 862, 678 ff. statuierte. Das BGB. hat namentlich keinerlei Vorschriften, nach denen Personen, die sich unbeschränkt durch Verträge verpflichten können, sich durch Wechselschrift nicht verpflichten könnten, wie sie z. B. für Österreich die Kais. V. v. 3. Juli 1852 enthält, wonach die aktiven und pensionierten Offiziere und die Mannschaft des streitbaren Standes durch Wechselschrift nicht verpflichtet werden können. Grünhut 2 § 30 Anm. 19. Wer unbeschränkt geschäftsfähig, ist unbeschränkt vertragsfähig und wechselfähig; wer geschäftsunfähig, ist vertrags- und wechselunfähig in dem Sinne, daß er sich durch eigne Wechselschrift nicht verpflichten kann, nur durch seinen gesetzlichen Vertreter und dessen Wechselschrift verpflichtet werden kann, soweit das Gesetz nicht für diese Wechselschrift besondere Erfordernisse aufstellt. Wer beschränkt geschäftsfähig ist, ist mit gleicher Beschränkung wechselfähig; in Betracht kommt dabei für das BGB. wesentlich der § 112.

3. Im einzelnen ist für das Recht des BGB. zu bemerken:

a) Geschäftsunfähig und deshalb wechselunfähig sind nach BGB. § 104 die nicht sieben Jahre alten, die wegen Geisteskrankheit entmündigten, die dauernd in einem die freie Willensbestimmung ausschließenden Zustande befindlichen Personen. In die letzte Kategorie gehören die Geisteskranken, die nicht und solange sie nicht entmündigt sind. Solange Entmündigung nicht erfolgt ist, ist der Beweis des Zustandes von dem zu führen, der sich darauf beruft. Entmündigung erübrigt den Beweis und schließt den Gegenbeweis aus. Die Wirkung der Entmündigung beginnt nach ZPO. § 661 mit der Zustellung des Beschlusses an den gesetzlichen Vertreter, dem die Sorge für die Person zusteht, wenn der Entmündigte unter elterlicher Gewalt oder Vormundschaft steht, andernfalls mit der Bestellung des Vormundes. BGB. § 1896. Für den Fall der Aufhebung des Entmündigungsbeschlusses infolge Anfechtungsklage, ZPO. §§ 664 ff., ist § 115 BGB. von Bedeutung, durch den § 613 Abs. 3 ZPO. in der alten Fassung beseitigt ist. Aus § 115 folgt, daß das Aufhebungsurteil insofern rückwärts wirkt, als die Wirksamkeit von Rechtsgeschäften, die der Entmündigte während der Entmündigung vorgenommen, nicht in Frage gezogen werden kann. Der § 115 findet aber keine Anwendung bei Aufhebung der Entmündigung wegen Fortfall des Grundes, BGB. § 6 Abs. 2, ZPO. §§ 675 ff., und bei Beendigung durch den Tod.

b) Minderjährige von vollendetem 7. bis vollendetem 21. Lebensjahre oder bis zur Volljährigkeitserklärung, BGB. §§ 2, 3, 4, 6, sind in der Geschäftsfähigkeit beschränkt. Sie können sich selbständig ohne Einwilligung des gesetzlichen Vertreters nicht verpflichten. Die ohne solche Einwilligung gegebene Wechselschrift ist rechtlich unwirksam, § 107. Das gilt selbst im Falle des § 112. Der Minderjährige, den der gesetzliche Vertreter mit Genehmigung des Vormundschaftsgerichts zur selbständigen Betreibung eines Erwerbsgeschäfts ermächtigt hat, ist für Rechtsgeschäfte, die der Geschäftsbetrieb mit sich bringt, unbeschränkt geschäftsfähig; aber nach Satz 2 Absatz 1 § 112 sind ausgenommen Rechtsgeschäfte, zu denen der Vertreter der Genehmigung des Vormundschaftsgerichtes bedarf, und dazu gehört nach § 1822 Nr. 9, § 1643 Abs. 1 die Eingehung von Wechselverbindlichkeit. Nach § 1825 kann allgemeine Ermächtigung dem Vertreter erteilt werden. Aber ohne Ermächtigung ist der Minderjährige auch in § 112 nicht wechselfähig. Der § 113 BGB. kommt nicht in Betracht, wohl aber der § 110 (anders die 7. Aufl., vgl. aber Staub Anm. 10). Die unwirksame Wechselschrift des beschränkt Geschäftsfähigen ist nicht nichtig im Sinne § 141 Abs. 1 BGB.; sie erhält Wirksamkeit durch Genehmigung seitens des gesetzlichen Vertreters und des unbeschränkt geschäftsfähig Gewordenen. BGB. § 108 Abs. 2, § 184. Die Anwendung des von einseitigen Rechtsgeschäften handelnden § 111 ist mit Rücksicht auf die Konsequenzen für ausgeschlossen anzusehen, gleichgültig ob man begrifflich der Kreationstheorie zuneigt oder nicht. Spricht doch auch der Art. 1 von der Fähigkeit, sich durch Verträge zu verpflichten. Vgl. auch K. Lehmann S. 602 Anm. 1.

Dem Minderjährigen steht gleich nach § 114: der wegen Geistesschwäche, Verschwendung, Trunksucht Entmündigte und der nach § 1906 BGB. unter vorläufige Vormundschaft Gestellte. Die Wirkung der Entmündigung beginnt hier in allen Fällen mit der Zustellung des Beschlusses an den Entmündigten. ZPO. § 661 Abs. 2, § 683 Abs. 2, §§ 680, 681. Der § 115 BGB. gilt auch hier. Die Wirkung der Stellung unter vorläufige Vormundschaft, § 1906, beginnt nach § 52 RGes. betr. die freiw. Gerichtsbarkeit mit der Bekanntmachung der Verfügung an den unter die vorläufige Vormundschaft Gestellten, in dem Falle, wenn die Entmündigung wegen Geisteskrankheit beantragt ist, mit der Bestellung des Vormundes, wodurch natürlich der Beweis nicht abgeschnitten, daß die betreffende Person schon vorher geisteskrank und deshalb geschäftsunfähig. Der § 115 Abs. 1 BGB. findet nach Abs. 2 § 115 und § 61 des RGes. betr. die freiw. Gerichtsbarkeit Anwendung, wenn der Antrag auf Entmündigung zurückgenommen oder rechtskräftig abgewiesen oder der Entmündigungsbeschluß nach Anfechtung aufgehoben oder die Verfügung, durch die der Volljährige unter vorläufige Vormundschaft gestellt, im Beschwerdewege aufgehoben wird. Die Verfügung, durch die eine vorläufige Vormundschaft aufgehoben, tritt mit der Bekanntmachung an den Mündel in Wirksamkeit. § 52 cit. Vgl. auch ZPO. §§ 685, 686. Über die Bedeutung der Entmündigung vor dem BGB. vgl. EG. Art. 155, 156.

4. Mit den unter 3 bezeichneten Fällen ist für das BGB. der Kreis der wechselunfähigen (beschränkt wechselfähigen) Personen geschlossen.

a) Wer sich nicht dauernd, sondern nur vorübergehend in einem die freie Willensbestimmung ausschließenden Zustande krankhafter Störung der Geistestätigkeit befindet — Schlaf, sinnlose Trunkenheit, Bewußtlosigkeit infolge von Fieber, Delirium, Krämpfen, Schreck, lebensgefährlicher Drohung — ist nicht wechselunfähig, aber die konkrete Wechselschrift in solchem Zustande ist nach § 105 Abs. 2 BGB. nichtig und ohne rechtliche Wirkung, weil eine Willenserklärung ebensowenig vorliegt, wie bei absolutem Zwang (vis absoluta). Vgl. Anm. 5 zu Art. 82 darüber und über die Wirkung von Irrtum, Drohung, arglistiger Täuschung.

b) Körperliche, geistige Gebrechen, die nicht unter BGB. § 6 Nr. 1, § 104 Nr. 2, 3, § 114 fallen, können zu einer Pflegschaft führen, § 1910 BGB., berühren aber die Geschäfts- und Wechselfähigkeit nicht. Der § 828 Abs. 2 Satz 2 enthält für Taubstumme nur eine seine Handlungsfähigkeit und seine Verantwortlichkeit für Verschulden betreffende Vorschrift. Blinde, Taubstumme, Analphabeten sind wie früher nach gem. und preuß. R., vgl. Anm. 9a, wechselfähig.

c) Die elterliche (väterliche) Gewalt endet nach BGB. § 1626 mit der Volljährigkeit und der Volljährigkeitserklärung. BGB. § 3 Abs. 2. Großjährige in väterlicher Gewalt, volljährige Hauskinder, wie sie das preuß. R., ALR. II, 2 §§ 125, 165, 166 (158, 147) kannte, gibt es nach BGB. nicht. Entlassung aus der väterlichen (elterlichen) Gewalt ist dem BGB. unbekannt. Über die Wirkung der vor dem BGB. erlangten rechtlichen Stellung des Volljährigen und der Emanzipation nach französ. und Bad. R. vgl. EG. Art. 153, 154. Nach EG. Art. 203 ist das BGB. für das Rechtsverhältnis zwischen Eltern und Kindern vom

1. Januar 1900 ab entscheidend, auch hinsichtlich vorher geborener ehelicher Kinder und auch in Ansehung des Vermögens. Für die Wechselschrift vor dem 1. Januar 1900 bleibt natürlich auch hier nach obigem das frühere Recht maßgebend.

d) Die minderjährige Ehefrau steht wie jede Minderjährige. Heirat macht nach BGB. nicht mündig. §§ 1633, 1661, 1665 ff. Pr. VO. § 99 Abs. 1. C. c. art. 372, 476. Ebenso steht aber nach BGB. auch die volljährige Ehefrau wie jede Volljährige, abweichend vom ALR. und franzöf. R., übereinstimmend mit dem gem. Recht und SBGB., ZPO. § 52 Abs. 2, BGB. §§ 1353 ff. Die volljährige Ehefrau ist ohne Rücksicht auf das in der Ehe bestehende Güterrecht verpflichtungs- und wechselfähig. Das Güterrecht beeinflußt nur den Umfang des Rechts des Gläubigers der Ehefrau bezüglich des Guts, §§ 1395 ff., 1399, 1404, 1439, 1525, 1550, 1469 ff., 1530 ff., 1549. ZPO. §§ 739 ff. Die Genehmigung des Ehemanns ist nur insoweit von Bedeutung, als sie das Gut dem Zugriffe des Gläubigers eröffnet, eine persönliche Verpflichtung des Ehemannes aus dem Wechsel begründet sie so wenig, wie der Ehemann eine persönliche Verpflichtung der Ehefrau durch seine Wechselschrift begründen kann. BGB. § 1375.

Damit hat die Tatsache, daß eine Ehefrau Handelsfrau, Gewerbefrau ist, für die Frage der Wechselfähigkeit ihre Bedeutung verloren. Vgl. früher HGB. I Art. 7, 8; GewO. § 11 Abs. 2. Das neue HGB., das die Art. 6—9 des alten gestrichen hat, kennt den Begriff der Kauffrau, Handelsfrau nicht. Der Abs. 2 § 11 der GewO. ist durch EG. z. BGB. Art. 36 gestrichen. Der durch den Art. 36 EG. in die GewO. eingefügte § 11a enthält nur die wichtige Vorschrift, daß eine Ehefrau, für deren Güterrecht ausländische Gesetze maßgebend, falls sie im Inlande selbständig ein Gewerbe betreibt, geschäftsfähig ist, ohne Rücksicht darauf, daß sie Ehefrau. Auf solche Ehefrauen wird § 1405 BGB. angewendet. Vgl. EG. z. BGB. Art. 16; § 1435 BGB.

Nach BGB. § 1405 (1452) bedarf die Ehefrau nicht einmal der Einwilligung des Ehemannes zum selbständigen Betrieb eines Erwerbsgeschäfts. Die erteilte, fehlende, widerrufene Einwilligung hat nur Bedeutung für den Umfang des Gläubigerrechts zu Bezug auf das Gut. Vgl. ZPO. § 741. Die Wechselfähigkeit ist von alledem unabhängig.

Bedeutsam ist aber hier EG. z. BGB. Art. 200 Abs. 1, 3. Danach bleiben für den Güterstand einer beim Inkrafttreten des BGB. bestehenden Ehe die bisherigen Gesetze maßgebend, und soweit nach diesen Gesetzen die Ehefrau infolge des Güterstandes oder der Ehe in der Geschäftsfähigkeit beschränkt ist, bleibt diese Beschränkung in Kraft, solange der bisherige Güterstand besteht. Danach würde z. B. die nach ALR. und französ., bad. Recht geltende Beschränkung der Wechselfähigkeit der Ehefrau auch nach dem 1. Januar 1900 fortdauern, wenn die Ehe vorher geschlossen. Nach Art. 218 EG. können die nach den Vorschriften des EG. Art. 153 ff. maßgebend bleibenden Landesgesetze aber durch Landesgesetz nach dem 1. Januar 1900 geändert werden. Die praktische Bedeutung des Satzes ist dadurch fast beseitigt. Der Platz für solche landesgesetzliche Vorschriften sind die landesgesetzlichen Ausführungsgesetze.

Für Preußen trifft darüber Bestimmung das Ausf.Ges. z. BGB. v. 20. September 1899 (GS. S. 177) in den Art. 44—67. — Des näheren ist auf diese Vorschriften hier nicht einzugehen, sondern nur zu bemerken: Grundsätzlich treten für alle Ehen, deren Güterstand nach einem der in Preußen geltenden Gesetze zu beurteilen, an die Stelle der bisherigen Gesetze die Vorschriften des BGB. mit

Maßgaben, die aber die allgemeine Geschäftsfähigkeit nicht berühren. Vgl. Art. 56 § 10. Vorausgesetzt ist, daß die Ehegatten zur Zeit des Inkrafttretens des BGB. in Preußen ihren Wohnsitz haben, Art. 44. Zu beachten ist außerdem Art. 57, 58, 63, 65. Eine Vorschrift für den Fall, daß die in Preußen geltenden ehelichen Güterrechtsgesetze für Eheleute gelten, die ihren Wohnsitz nicht in Preußen haben, fehlt. Danach würden für Preußen, die im Königr. Sachsen ihren Wohnsitz haben, die für ihre Ehe geltenden preußischen Landesgesetze auch nach dem 1. Januar 1900 fortgelten. Der § 34 des sächs. Ausf.-Ges. z. BGB. v. 18. Juni 1898 enthält keine abweichende Vorschrift und konnte sie nicht treffen.

In gleicher Weise werden nach dem 1. Januar 1900 für die Wechselfähigkeit der Ehefrau die sonstigen landesgesetzlichen Ausführungsgesetze zu beachten sein.

e) Die Konkurseröffnung hebt nur die Dispositionsfähigkeit des Gemeinschuldners und nur in bezug auf das zur Konkursmasse gehörige Vermögen auf, nicht seine Geschäfts- und Wechselfähigkeit. KonkO. §§ 1, 14. Der Gemeinschuldner kann aus Wechselschrift, die er nach der Konkurseröffnung gegeben, persönlich und mit dem nicht zur Masse gehörigen Vermögen auch nach der Konkurseröffnung in Anspruch genommen werden. OHG. 4 S. 230; 12 S. 104. RG. 29 S. 73.

5. Daß das materielle Erfordernis der Wechselfähigkeit aus der Wechselurkunde sich ergibt, ist weder gefordert noch möglich. Aus dem Wechsel, der die Wechselschrift eines beschränkt Geschäftsfähigen trägt, braucht deshalb auch nicht die erforderliche Einwilligung, Genehmigung, Ermächtigung zu erhellen, wie selbstverständlich bei Wechselschrift in gesetzlicher oder gewillkürter Vertretung eines anderen der Wechsel die Vertretungsmacht nicht darzutun braucht. Vollmacht, Einwilligung, Genehmigung, Ermächtigung bedürfen nach BGB. keiner Form. §§ 167, 182 ff., 1825. Die Zustimmung kann selbst stillschweigend erteilt werden, z. B. dadurch, daß der Vater die Tratte des Sohnes akzeptiert oder umgekehrt, oder an Order des Sohnes zieht oder giriert. Vgl. OHG. 2 S. 178; 3 S. 51; 10 S. 384; 25 S. 36.

6. Rechtsfähige juristische Personen sind ebenso wechselfähig wie die natürliche Person, die nicht selbst, sondern nur durch Vertreter handeln kann. Der Kreis der rechtsfähigen juristischen Personen ist teils durch das BGB., §§ 21 ff., teils durch das sonstige Reichsrecht, teils durch das Landesrecht bestimmt. Letzteres gilt namentlich für die juristischen Personen des öffentlichen Rechts. Von den juristischen Personen des Reichsrechts außerhalb des BGB. kommen für den Wechselverkehr die Genossenschaften (Ges. betr. die Erwerbs- und Wirtschaftsgenossenschaften v. 1. Mai 1889, Fassung des Ges. v. 20. Mai 1898), Aktiengesellschaften, Kommanditgesellschaften auf Aktien in Betracht. Wechselfähig ist die offene Handelsgesellschaft, die Gesellschaft mit beschränkter Haftung, nicht die stille Gesellschaft und die Gesellschaft des bürgerlichen Rechts als solche. Vgl. OHG. 5 S. 209; 21 S. 27. Über die Wechselfähigkeit der Gewerkschaften des preuß. Berggesetzes vgl. OHG. 14 S. 245. Ein nichtrechtsfähiger Verein, BGB. § 54, ist als solcher nicht wechselfähig.

7. Die Folge der Wechselunfähigkeit ist Nichtigkeit der Wechselschrift des Unfähigen, Unwirksamkeit der Wechselschrift des beschränkt Fähigen. Erstere wird ohne neue Wechselschrift auch durch Ratihabition nicht beseitigt. BGB. § 141. Nichtigkeit und Unwirksamkeit können, da sie Einreden aus dem Wechselrecht, gegen jeden Wechselberechtigten geltend gemacht werden, auch wenn er den Wechsel in gutem Glauben erworben hat, Art. 82, aber auch nur von dem, der aus der

Wechselschrift in Anspruch genommen wird. Der Akzeptant kann nicht einwenden, daß der Wechselinhaber den Wechsel durch Giro erworben, das nichtig oder unwirksam, weil der Girant wechselunfähig oder beschränkt wechselfähig. OHG. 23 S. 357. Bolze 4 Nr. 550. Vgl. auch OHG. 8 S. 355. Liegt die Wechselunfähigkeit klar zutage, so ist sie selbst von Amts wegen zu beachten. Über die Person hinaus reicht die Wirkung der Wechselunfähigkeit aber auch nicht. Art. 3. Der Wechsel wird durch die mangelnde Verbindlichkeit der Wechselschrift nicht ungültig; die Wechselfähigkeit ist kein Erfordernis des Wechsels; der Akzeptant haftet aus dem Akzept, auch wenn der Aussteller, der den Wechsel begeben, wechselunfähig und umgekehrt bleibt der Aussteller seinen Nachmännern haftbar, wenn der Akzeptant wechselunfähig.

Die Nichtigkeit, Unwirksamkeit der Wechselschrift berührt das dem Wechsel etwa zugrunde liegende gültige Rechtsgeschäft nicht; das Darlehn des Minderjährigen im Fall § 112 BGB. bleibt gültig, auch wenn aus dem unkonsentierten Wechsel, den der Minderjährige über das Darlehn gegeben, keine Wechselverbindlichkeit entstanden ist. Sonst bleibt nur der Anspruch auf Rückgabe des ohne causa Empfangenen, BGB. § 812, OHG. 21 S. 215, RG. 32 S. 319, RE. 2 Nr. 243a Erk. d., oder aus unerlaubter Handlung. BGB. §§ 823, 826ff. Vgl. preuß. Ges. v. 12. Juli 1875 § 7. ALR. II 2 §§ 134, 135; I 5 §§ 33ff. RG. 19 S. 341, 346. Der Minderjährige, der arglistig seine Wechselunfähigkeit verschweigt, kann wie früher nach § 7 cit. nach BGB. §§ 823, 826, 828, 829 auf Schadensersatz haftbar sein. Vgl. OHG. 21 S. 215. StrA. 45 S. 208. BGB. § 122.

8. Beweislast. Vgl. Rehb. BGB. 1 S. 110 unt. e. Der Wechselbeklagte, der behauptet, daß er zur Zeit der Wechselschrift wechselunfähig gewesen, leugnet die Entstehung der Wechselverpflichtung. Gleichwohl muß er, da die Wechselschrift an sich die Entstehung dartut, die Tatsachen beweisen, aus denen die Nichtentstehung folgt. Das gilt namentlich für die Einwendung der Minderjährigkeit. Das ist die herrschende Ansicht. Vgl. dagegen Grünhut 1 § 32. Dafür: OHG. 2 S. 176; 17 S. 112; 20 S. 108; 19 S. 319. StrA. 59 S. 69. RG. 23 S. 297. Ist die Wechselschrift nicht datiert, so hat der Beklagte auch die Zeit der Schrift zu beweisen, wenn sie für den Beweis der Wechselunfähigkeit erheblich. Datieren der Wechselschrift schließt den Beweis nicht aus, daß das Datum nicht richtig. RG. 11 S. 7. Vgl. OHG. 1 S. 97; 3 S. 179. Aus der räumlichen Folge der Wechselschriften, wie sie aus der Wechselurkunde hervorgeht, wird grundsätzlich auch auf die zeitliche Reihenfolge zu schließen und danach die Beweislast zu bestimmen sein. Ist Ermächtigung, Einwilligung, Genehmigung, die aus der Wechselurkunde nicht hervorgeht, erforderlich, um die Wechselschrift wirksam zu machen, so ist sie von dem zu beweisen, der aus der Wechselschrift Rechte herleitet. Wo nach früherem Recht die väterliche Gewalt die Entstehung der Verpflichtung aus der Wechselschrift des Beklagten hinderte, wurde konsequent angenommen, daß regelmäßig der Kläger die Aufhebung der Gewalt zu beweisen hatte, wenn feststand, daß der Vater lebte und die konkreten Umstände nicht ohne weiteres auf den Fortfall schließen ließen; daß der Vater noch lebte, hatte der Beklagte zu beweisen. OHG. 3 S. 354; 7 S. 25; 17 S. 103. RG. 25 S. 296. Vgl. aber auch StrA. 68 S. 193; 27 S. 54; 59 S. 59; 60 S. 246.

9. Für das Recht vor dem BGB. ist nur noch folgendes zu bemerken.

a) Blinde, Taube, Stumme, Taubstumme und Analphabeten (die außer dem Namen nichts schreiben und nicht lesen können) waren auch nach gemeinem und preuß. Recht wechselfähig, Blinde, Taube und Stumme insofern sie ihren Willen deutlich und mit Zuverlässigkeit zu äußern imstande; sie standen den Blödsinnigen gleich, sobald ihnen Vormünder bestellt. §§ 24, 25, 171, 172 I. 5 ALR., § 81 Nr. 3 VO. v. 5. Juli 1875. Über die Form ihrer Wechselerklärungen vgl. zu Art. 4. Hinsichtlich der Verschwender vgl. §§ 15—17 I. 5 ALR. Durch die Bestimmungen der ZPO. war an den Vorschriften des bürgerlichen Rechts über den Zeitpunkt, mit welchem die Vertragsunfähigkeit des Verschwenders begann, nichts geändert, namentlich § 16 I. 5 ALR. nicht berührt. Vgl. über den Inhalt dieser Vorschriften OHG. 14 S. 351. Über Geisteskranke s. ALR. I. 4 §§ 23—27.

b) Minderjährige konnten sich nach gemeinem, SBGB. und preuß. Recht wechselmäßig nur durch ihre Vertreter, Vater oder Vormund, oder mit deren Genehmigung verpflichten. OHG. 4 S. 266; 6 S. 356. SBGB. §§ 1911, 787. Der Einwand der Minderjährigkeit fiel fort, wenn die Wechselverpflichtung nach erreichter Großjährigkeit anerkannt war, z. B. durch Auftrag an einen Dritten, von dem Wechsel Gebrauch zu machen. § 3 preuß. Ges. v. 12. Juli 1875. RGAnn. 1 S. 183. Nach der preuß. VO. v. 5. Juli 1875 § 42 Nr. 10 und § 45 bedurfte der Vormund zur Eingehung wechselmäßiger Verbindlichkeiten der Genehmigung des Vormundschaftsgerichts, die auch allgemein erteilt werden konnte, und nach § 5 des preußischen, auch für die gemeinrechtlichen und französisch-rechtlichen Gebiete Preußens geltenden Ges. v. 12. Juli 1875 (GS. S. 518) bedurfte der Minderjährige selbst dieser Genehmigung des Vormundschaftsgerichts, wenn er im Betriebe eines ihm gestatteten Erwerbsgeschäfts Wechselverbindlichkeiten übernehmen wollte. Vgl. § 97 Abs. 2 VormO. Für Bayern, Baden, Württemberg, Hessen galt letzteres nach ihren EG. z. HGB. und Art. 273, 274 HGB. I. nicht. Aus der zugelassenen generellen Genehmigung folgte notwendig, daß sie im Wechsel selbst nicht enthalten zu sein brauchte. Die Genehmigung konnte vorausgehen oder nachfolgen. OHG. 3 S. 179; 4 S. 266 ff., S. 279, S. 282; 21 S. 216. Auch daß die Genehmigung schriftlich erteilt, wurde nicht gefordert. OHG. 21 S. 216. Für gem. R. vgl. OHG. 4 S. 188, 271; 25 S. 281 (Mecklenburg). Die für die gemeinrechtlichen Gebiete außerhalb Preußens bestehende Kontroverse, ob für impuberes die auctoritatis interpositio erforderlich, Dernburg, Pand. 3 §§ 39, 40, war praktisch bedeutungslos. OHG. 4 S. 271. Restitution ex cap. minor. gegen Läsion durch Wechselverpflichtung war nach § 9 des preuß. Ges. v. 12. Juli 1875 ausgeschlossen. Im übrigen vgl. OHG. 4 S. 28; 6 S. 356.

c) Hauskinder, RE. 4 S. 434, 482, 492. Großjährige in väterlicher Gewalt waren nach preußischem Recht regelmäßig nicht wechselfähig, wohl aber nach gem. R. und dem BGB. des Kgr. Sachsen. OHG. 17 S. 102, §§ 125, 165, 166 Tit. 2 Tl. II ALR., ObT. 22 S. 401. StrA. 6 S. 272; 27 S. 54; 50 S. 162. OHG. 11 S. 177; 7 S. 26. Daß sie sich nach §§ 158, 165, 166, 147 a. a. O. in bezug auf ihr freies Vermögen verpflichten konnten und daß der Wechselnehmer sich mit Rücksicht auf dieses freie Vermögen zum Nehmen des Wechsels hatte bestimmen lassen, genügte allein nicht, die Wechselfähigkeit herzustellen. OHG. 7 S. 32. Ebenso StrA. 50 S. 162. RG. 34 S. 206. Der Kläger aus solchem W. hatte nachzuweisen, daß das Kind im Besitz freien Vermögens und daß der Wechselzug in bezug auf dieses (RG. 23 S. 296) und unter Beachtung des § 166 II. 2 vorgenommen. § 147 II. 2 ALR. RG. 23 S. 296. Über Verpflichtung des Hauskindes durch Verpflichtungen, die der Vater in seinem Namen übernimmt, vgl. RE. 4 S. 462, 469, Bolze 14 Nr. 242, 243b, 322. Über sächs. R. s. §§ 1816, 1822, 1911 des SBGB. und OHG. 17 S. 102. Vgl. jetzt BGB. § 1630 Abs. 1.

Der danach erforderliche Konsens des Vaters, § 2 Ges. v. 12. Juli 1875, wurde in dem Wechselzuge des Sohnes auf den Vater oder umgekehrt gefunden. OHG. 2 S. 176; 10 S. 385, ebenso in Ausstellung eines eigenen Wechsels durch den Vater an Order des Sohnes Einwilligung in die Verfügung über den Wechsel durch Giro oder Zession. Über die Aufhebung der väterlichen Gewalt durch eigenen Gewerbebetrieb und durch Errichtung eigener Wirtschaft nach §§ 210, 212a II. 2 ALR. vgl. OHG. 3 S. 355; 4 S. 389; 7 S. 25; 11 S. 56 (Handlungsgehilfe); 12 S. 271 (Wirtschaftsinspektor); 13 S. 178. Über gemeines Recht OHG. 21 S. 330. ObT. 22 S. 378; 46 S. 243. StrA. 43 S. 155 (Assessor); 58 S. 117. RE. 4 S. 434.

Ob der Wechselverpflichtete in väterlicher Gewalt, war nach dem Landesrecht des Wohnsitzes zu entscheiden. Bei Militärpersonen bestimmte der Garnisonort nach gemeinem und preuß. Recht den Gerichtsstand und das persönliche Recht. §§ 5—7 II. 10 ALR. Nach der Deklaration v. 31. März 1839 galt dies aber nicht für Militärpersonen, die nur zur Erfüllung der allgemeinen Dienstpflicht dienten, und nicht für solche, die minderjährig oder in väterlicher Gewalt. Vgl. § 39 RMilitärgesetz v. 2. Mai 1874. Nach altpreuß. Recht war auch der großjährige Subalternoffizier (Sekonde-, Premierleutnant) dadurch allein, daß er als Offizier Beamter, nicht von der väterlichen Gewalt befreit, Anh. § 90 zu § 212a II. 2 ALR., deshalb nicht wechselfähig, auch wenn er in außerpreuß. Garnison stand. OHG. 11 S. 177; 21 S. 330. Vgl. auch OHG. 23 S. 183 (für Mecklenburg). In OHG. 24 S. 136; 11 S. 177, 181, StrA. 98 S. 186 war angenommen, daß der großjährige Subalternoffizier, abgesehen von dem Falle ausdrücklicher Entlassung, nur dadurch aus der v. G. trat, daß er Rittmeister oder Kapitän wurde und das mit dieser Charge verknüpfte Gehalt bezog; in RG. 23 S. 296 ist dagegen der Rechtssatz ausgesprochen, daß die Befreiung von der v. G. bei dem großjährigen Offizier auch dann eintritt, wenn er mit einem selbständigen Einkommen, welches ihn von der väterlichen Hilfe unabhängig macht, eine abgesonderte Wirtschaft errichtet. Sonst war der Offizier wie der Soldat überhaupt wegen seiner Eigenschaft als Militärperson nicht wechselunfähig, obwohl in der Darlehnsfähigkeit beschränkt. ALR. I 11 §§ 678ff., 700, 862. StrA. 1 S. 214; 33 S. 219. OHG. 20 S. 74.

d) Die Wechselfähigkeit der Ehefrauen richtete sich nach Landesrecht. ObT. 24 S. 260. Nach römischem und gemeinem Recht war die Ehefrau wechselfähig. OHG. 2 S. 408. Vgl. RG. 1 S. 85 (Wechselfähigkeit nach der Nürnberg. Reformation). Bolze 7 Nr. 422 (Ehefrau in GG. nach fränkischem R.). Nach bad. LR. war die Ehefrau ohne ehem. Genehmigung nicht wechselfähig, auch wenn sie infolge des Urteils Güterabsonderung erlangte, weil diese nur zu Verwaltungshandlungen legitimierte; was als solche anzusehen, war konkret zu beurteilen. Im Wechselprozeß war durch Urkunden darzutun, daß das dem Wechselzug zugrunde liegende Geschäft in den Bereich der Verwaltung gehört. RG. 4 S. 350. Das sächs. R. stand wesentlich auf dem Standpunkt des ALR. SBGB. §§ 1638—1644. Vgl. übrigens Lehmann §§ 82ff.

Nach preuß. R. war die Ehefrau ohne Genehmigung des Ehemannes grundsätzlich verpflichtungsunfähig und deshalb nicht wechselfähig und zwar ohne Rücksicht auf das eheliche Güterrecht. ALR. II. 1 §§ 195, 196, 320, 321, 324—327, 369, 408. ObT. 24 S. 206. OHG. 19 S. 206. RE. 4 S. 56, 78, 81. Wechselfähig war sie nur, wenn das ehemännliche Vermögensrecht gesetzlich oder vertragsmäßig aufgehoben und dadurch die freie Verfügungsfähigkeit der Ehefrau begründet. §§ 206—208, 225 ff. II. 5. ObT. 57 S. 332. OHG. 19 S. 206. Aus dem vorbehaltenen Vermögen konnte die Ehefrau Darlehen geben, es veräußern, verpfänden, sonst mit Schulden belasten; aber solche Schulden sollten, wenn sie ohne Genehmigung des Mannes aufgenommen, während der Ehe gegen die Frau und deren vorbeh. Vermögen nur geltend gemacht werden können, wenn sie durch Eintragung oder Faustpfand gesichert, §§ 221 ff., 230, 271, 318, 319, 619, 620 h. t. Außerhalb des Kreises der Verwaltung des Vermögens war die Frau nicht verpflichtungsfähig. In ObT. 57 S. 339 (StrA. 64 S. 321) ist mit Bezug auf ObT. 24 S. 206 die Berufung der Frau auf den § 319 gegenüber Wechselverbindlichkeiten für unzulässig erklärt, was ganz unmotiviert erscheint. Vgl. Stobbe-Lehmann, D. Privatr. 4 § 292 Anm. Auch bei vorbehaltenem Vermögen konnte die Frau deshalb nur im Kreise der Verwaltung desselben als wechselfähig angesehen werden. Vgl. RE. 4 S. 83. RG. 4 S. 350 (für bad. Landrecht).

Der danach erforderliche Konsens des Ehemannes konnte vor oder nach erteilt werden, bei Handelsgeschäften jedenfalls mündlich, OHG. 21 S. 216; daß er aus dem Wechsel selbst erhellte, war nicht erforderlich, und wenn der Ehemann auf die Ehefrau zog oder umgekehrt, war darin die Genehmigung zu finden. OHG. 3 S. 51; 10 S. 348.

Nach § 329 II. 1 ALR. haftete der Ehemann, welcher im Wechsel seine Genehmigung erklärt hatte, dem Wechselgläubiger zivilrechtlich, aber nicht wechselmäßig. OHG. 19 S. 205; ObT. 50 S. 248; RG. in Gruchot 28 S. 1017. Bei Mitunterschrift ohne Genehmigungsklausel haftete er natürlich wechselmäßig; in der Mitunterschrift war notwendig auch die Genehmigung der Wechselerklärung der Ehefrau zu finden. Anders StrA. 10 S. 182.

Über die Haftung der Ehefrau aus Wechseln des Ehemannes bei Gütergemeinschaft, vgl. OHG. 14 S. 234; 24 S. 58, und RG. 39 S. 281 über Haftung der Ehefrau in westf. GG. aus konsentiertem Akzept.

e) Handelsfrauen waren nach Art. 7, 8 HGB. I und Gewerbefrauen nach § 11 Gew.O. v. 26. Juni 1869 in Angelegenheiten des Handels- und Gewerbebetriebes wechselfähig. Art. 274 HGB. I. OHG. 23 S. 400. Die Genehmigung des Ehemannes zum Gewerbebetriebe war nach preuß. Recht erforderlich; sie konnte aber auch mündlich und stillschweigend erteilt werden. Vgl. Art. 1, 7, 277, 317 HGB. I. RE. 4 S. 59, 63.

**10.** In Österreich sind nach der V. v. 3. Juli 1852 alle (österr.) aktiven und pensionierten Offiziere und alle Mannschaften des streitbaren Standes wechselunfähig, ebenso Personen, die zum Tode, schweren Kerker, wegen Desertion oder unbefugter Auswanderung verurteilt sind (StGB. v. 27. Mai 1852 § 22, Pat. v. 24. März 1832 § 10). Im übrigen ist die allgemeine Wechselfähigkeit in den europäischen wie außereuropäischen Wechselgesetzen die Regel. Engl. WO. Sekt. 22. Nach dem C. d. c. art. 113 sollen Wechselunterschriften der Frauen, die nicht Handel treiben, in betreff ihrer als bloße Schuldbekenntnisse gelten. Beschränkungen in bezug auf Landbauern und Militärpersonen statuierte das frühere russ. R. Nach Art. 2 der jetzt geltenden russ. WO. sind die Personen geistlichen Berufs, die Bauern ohne bewegliches Eigentum und Gewerbeschein wechselunfähig. Verheiratete Frauen und Mädchen, die von ihren Eltern nicht abgeschichtet, können ohne Zustimmung der Ehemänner bzw. der Eltern sich wechselmäßig nicht verpflichten und Wechsel nicht ausstellen, wenn sie nicht in eigenem Namen Handel treiben. Nach span. R. gelten in der Regel nur die Wechselunterschriften der Kaufleute als solche. Ähnlich Aargau. Wächter S. 452, 453. Späing S. 6ff.

### Artikel 3.*)

Finden sich auf einem Wechsel Unterschriften von Personen, welche eine Wechselverbindlichkeit überhaupt nicht oder nicht mit vollem Erfolg eingehen können, so hat dies auf die Verbindlichkeit der übrigen Wechselverpflichteten keinen Einfluß.

Thöl S. 123, 125. B. u. L. S. 21. W.W. S. 451. Lehmann § 102. v. Canstein § 10 unter 7; § 18. Grünhut 1 § 31.

1. Vgl. Art. 75, 76. — Aus Art. 3 folgt die vielfach bedeutungsvolle Selbständigkeit jeder einzelnen Wechselerklärung, Akzept, Ausstellung, Giro; der Mangel der Wechselfähigkeit entkräftet nur die einzelne Wechselerklärung, soweit daraus ein Anspruch gegen die erklärende Person hergeleitet werden soll, während die Legitimation eines nachfolgenden Inhabers durch die mangelnde Wechselfähigkeit des Übertragenden nicht beeinträchtigt wird, wie dies die engl. WO. Sekt. 22 (2) ausdrücklich bestimmt, und für die D. WO. aus Art. 36 folgt. OHG. 4 S. 267; 23 S. 357. Vgl. zu Art. 1 Anm. 7. Deshalb besteht keine notwendige Streitgenossenschaft z. B. zwischen Aussteller und Akzeptant, wenn sie in derselben Klage belangt. RG. 48 S. 214. Das „nicht mit vollem Erfolge eingehen können" bezieht sich auf die bedeutungslos gewordene Ausschließung des Personalarrestes gegen gewisse Personen. Vgl. Späing S. 14.

---

## Zweiter Abschnitt.

## Von gezogenen Wechseln.

### 1. Erfordernisse eines gezogenen Wechsels.

### Artikel 4.

Die wesentlichen Erfordernisse eines gezogenen Wechsels sind:

1. die in den Wechsel selbst aufzunehmende Bezeichnung als Wechsel oder, wenn der Wechsel in einer fremden Sprache ausgestellt ist, ein jener Bezeichnung entsprechender Ausdruck in der fremden Sprache;

*) Art. 2, betr. die Exekution, ist infolge des Ges. über die Aufhebung der Schuldhaft v. 29. Mai 1868, BGBl. S. 237, bedeutungslos geworden und bei der neuen Bekanntmachung fortgelassen (Ges. v. 30. Mai 1908 § 5).

2. die Angabe der zu zahlenden Geldsumme;
3. der Name der Person oder die Firma, an welche oder an deren Order gezahlt werden soll (des Remittenten);
4. die Angabe der Zeit, zu welcher gezahlt werden soll; die Zahlungszeit kann für die gesamte Geldsumme nur eine und dieselbe sein und nur festgesetzt werden
   auf einen bestimmten Tag,
   auf Sicht (Vorzeigung, a vista usw.) oder auf eine bestimmte Zeit nach Sicht,
   auf eine bestimmte Zeit nach dem Tage der Ausstellung (nach dato),
   auf eine Messe oder einen Markt (Meß- oder Marktwechsel);
5. die Unterschrift des Ausstellers (Trassanten) mit seinem Namen oder seiner Firma;
6. die Angabe des Ortes, Monatstags und Jahres der Ausstellung;
7. der Name der Person oder die Firma, welche die Zahlung leisten soll (des Bezogenen oder Trassaten);
8. die Angabe des Ortes, wo die Zahlung geschehen soll; der bei dem Namen oder der Firma des Bezogenen angegebene Ort gilt für den Wechsel, insofern nicht ein eigener Zahlungsort angegeben ist, als Zahlungsort und zugleich als Wohnort des Bezogenen.

Vgl. Art. 5, 6, 24, 30, 31, 32, 34, 35, 37, 96.

Dernburg §§ 254—256. Thöl S. 140ff., 146ff., 166ff., 186, 196, 201. B. u. L. S. 22ff., 27ff. W. Bd. 1 S. 390ff. W.W. §§ 35ff. Lehmann §§ 89, 90ff. v. Canstein §§ 11, 12. Grünhut Bd. 1 §§ 33, 34, 37—71. Cosack §§ 48, 49. K. Lehmann § 135. Goldschmidt Z. 61 S. 323 (Personenmehrheit bei Wechselschuldverhältnissen).

---

**1.** Der gezogene Wechsel, der eigentliche Handelswechsel, hat durch jahrhundertlange Übung seine allgemein bekannte Form, die Form der Tratte, Anweisung, erhalten, woraus aber nicht folgt, daß diese Anweisung, der Zahlungsauftrag, als Mandat im zivilrechtlichen Sinne aufzufassen. OHG. 7 S. 351. Vgl. Art. 21,$_{11}$. Davon ist auch die WO., wie sich aus den Nummern 3, 7, 8 Art. 4 ergibt, ausgegangen, und diese Form der Anweisung darf nicht fehlen. OHG. 19 S. 16; 24 S. 274. Staub Anm. 52 zu Art. 4. Dernburg § 255 IV. Lehmann § 104. Gegen die von Staub aufgestellte Ansicht, daß es für den W. keines Kontextes, d. h. keiner zusammenhängenden, der regelmäßigen Wechselform entsprechenden Erklärung bedürfe, ist entschiedener Widerspruch zu erheben. Es entspricht sowohl den Anschauungen des Wechselverkehrs wie den Vorschriften des Gesetzes, daß das Papier, das als W. gelten soll, sich auch in seiner äußeren Form als W. präsentiert. Vgl. OHG. 25 S. 237, RG. 2 S. 101. Daraus muß auch die Frage entschieden werden, ob ein auf eine Haustür geschriebener W. ein W. ist. Dernburg § 254. Grünhut 1 § 37 zu Anm. 5. Sonstige Vorschriften über die Form gibt die WO. nicht. Wesentlich ist nur, daß der Wechsel im Kontext als Wechsel bezeichnet ist, und daß die Form der Anweisung sowie die übrigen Erfordernisse des Art. 4 aus der Wechselurkunde, sei es aus dem Text oder sonst, mit Bestimmtheit erhellen, ohne daß auf Vorgänge außerhalb des Wechsels zurückgegangen zu werden braucht. Läßt der W. unsicher, ob er als eigener oder gezogener gewollt, weil er adressiert, die Adresse stehen geblieben, das ursprüngliche „zahlen Sie" aber in „zahle ich" umgeändert, so ist der W. ungültig. RG. 13. Nov. 1901. I 229. 01. Zusätze, die Unwesentliches oder Überflüssiges enthalten, machen den Wechsel nicht ungültig, so die Anweisung, den Wechsel nicht zum Akzept zu präsentieren, Abreden über Stempel und Kostenpflicht, über Ausschluß der Verjährung, über Verzinsung. OHG. 6 S. 365. Vgl. Art. 7 u. 18. Die üblichen Valutaklauseln und Deckungsklauseln sind ebensowenig erforderlich wie die Avisklauseln und können nur Bedeutung für das Verhältnis zwischen dem Bezogenen und Zieher gewinnen, namentlich bei der in der WO. nicht erwähnten Kommissionstratte, bei der ein Dritter im Wechsel als der bezeichnet wird, auf dessen Rechnung zu stellen (und stellen auf Rechnung N. N.), B. u. L. S. 40, in welchem Falle anzunehmen, daß der Bezogene, der akzeptiert oder zahlt, sich selbst für die Deckung auf den Dritten beschränkt. Über Remissionstratten vgl. WW. § 29, über Tratte für fremde Rechnung RG. 31 S. 109 (Rembours), Bolze 16 Nr. 287. Grünhut 1 § 68. Nach OHG. 21 S. 169 macht die Fassung: „Zahlen Sie gegen diesen Wechsel laut Vertrag" den Wechsel ungültig, weil die (in der engl. WO. ausdrücklich zugelassene) Aufnahme des dem Wechsel zugrunde liegenden Rechtsverhältnisses das Wechselversprechen aufhebt, sobald auch nur ungewiß, ob die Hinweisung auf den Vertrag außerhalb des Wechsels die Wechselobligation tangieren soll. Danach darf der Wechselzug auch nicht auf Zahlung z. B. von Darlehn, Werten,

Versicherungsprämien, bedingt, sub modo erfolgen. Alle aus dem Gesetz oder der Natur der Wechselobligation sich ergebenden Erfordernisse der Wechselverpflichtung müssen für jeden zweifelsfrei aus dem W. selbst hervorgehen. Vgl. OHG. 3 S. 8; 5 S. 100; 9 S. 425; 14 S. 203; 21 S. 169. Staub Anm. 69 Art. 4 (Auslegung). Vgl. Anm. 4. Thöl S. 146. B. u. L. S. 27. Wesentliche Bestandteile sind nicht: Domizilvermerk, Präsentationsfrist bei Fristwechseln, Rektaklausel, Protesterlaß, Notadresse, Valutaklausel, Aval, Avis. Über Avis s. W.W. § 27. Grünhut 1 § 69. Vgl. Lehmann §§ 104—107, v. Canstein § 12 über die verschiedenen Nebenklauseln. OHG. 6 S. 365 (Ausschluß der Verjährung). Grünhut 1 § 66 (Valutaklausel), § 67 (Deckungsklausel), § 70 (Orderklausel).

2. Wechselklausel. Grünhut 1 § 38. Die Bezeichnung als Wechsel muß im Kontext der Wechselurkunde, ALR. II. 8 § 748, enthalten sein, die bloße Überschrift Wechsel genügt nicht, — RG. 48 S. 223. Ebenso ist nur die Bezeichnung Wechsel oder eine zweifellos gleichbedeutende, Wechselbrief, Wechselurkunde, Wechselverschreibung, Wechselversprechen, zulässig, nach OHG. 18 S. 207; 9 S. 353, nicht z. B. Wechselanweisung. Dernburg § 255 I. Staub Anm. 1 zu Art. 4, worüber sich streiten läßt. Die Bezeichnung „Tratte" genügt nicht, da sie auch für kaufm. Anweisung gebraucht wird, OHG. 1 S. 71, Lehmann § 90,7, und deshalb noch mehr zu vermeiden als Brief, Papier, Rimesse, Prima, obwohl auch diese Ausdrücke im Verkehr für W. gebraucht werden. Die bloße Verpflichtung nach Wechselrecht, nach Wechselstrenge ersetzt die Bezeichnung nicht. ALR. II. 8 § 1182. OHG. 2 S. 147; 18 S. 208. ObT. 32 S. 449. Über kaufmännische Anweisungen s. Art. 96 ff. Anm. 2.

3. Ist der Wechsel in fremder Sprache gefaßt, was zulässig, so muß der Ausdruck Wechsel durch eine in der fremden Sprache dem Ausdruck Wechsel entsprechende Bezeichnung ersetzt werden (lettre de change, billet à ordre, bill of exchange, lettera di cambio, wisselbrief [holländisch]). Für Wechsel in französischer Sprache genügt nicht: mandat non acceptable. OHG. 6 S. 128; 1 S. 238 (ital. R.).

4. Lehmann in Iherings Jahrb. 14 S. 403. Grünhut 1 § 39. Der Wechsel muß auf eine einzige bestimmte Geldsumme, certa pecunia, in einem bestehenden Münzfuß, auch Rechenmünze (Mark Banko) lauten, nicht also auf einen noch unsicheren, erst künftig zu berechnenden Kurswert. Vgl. Art. 37. HGB. I Art. 336, II § 361. BGB. § 244 (Währung). In RG. 23 S. 109 ist die Bezeichnung „Rubel polnisch" als genügende Angabe der Geldsumme angesehen, weil festgestellt, daß die Parteien darunter, der Übung entsprechend, den russischen Rubel verstanden. Die Klausel neben der bestimmten Summe „o. W." „oder Wert" hat nur die Bedeutung, daß dem Schuldner freisteht, statt der bezeichneten Münzsorte andere Geldsorten nach Kurs oder Wert zu zahlen. Wechsel mit dieser Klausel sind deshalb gültig. Grünhut 1 § 39. OHG. 1 S. 278; 2 S. 118, 121; dagegen ObT. 59 S. 297. Die Klausel „oder Ware" oder „gegen Ware" würde den Wechsel ungültig machen. Auf Zahlung von Staatspapieren oder anderen Wertpapieren darf der Wechsel so wenig lauten, wie auf Ware oder Wechsel (Tratten). Thöl S. 99. B. u. L. S. 28. Lehmann § 91.

5. Die WO. sagt nichts darüber, daß die Geldsumme in Buchstaben oder Zahlen oder an welcher Stelle im Wechsel, oder im Kontext oder außerhalb desselben, geschrieben werden muß. Art. 5. Die Bezugnahme im Wechselkontext auf Überschrift oder Unterschrift ist deshalb ebenso zulässig wie die Beseitigung von Mängeln

in der Bezeichnung der Wechselsumme im Kontext aus dem sonstigen Inhalt des Wechsels. OHG. 10 S. 22; 20 S. 160. RG. 2 S. 101. Anders Lehmann a. a. O.

6. Remittent. Grünhut 1 §§ 40, 41. Thöl S. 150. B. u. L. S. 29. Lehmann § 92 und in Iherings Jahrb. 34 S. 407. Vgl. Art. 6, 9. Durch Art. 4 Nr. 3 ist der Wechsel au porteur ausgeschlossen, OHG. 1 S. 97, der aber z. B. nicht vorliegt bei „an Herrn . . . oder Inhaber". Als Remittent (erster Wechselnehmer) muß eine bestimmte Person, physische oder juristische, oder eine Firma im Sinne der Art. 17 ff. HGB. I. und §§ 17 ff. HGB. II., EG. z. HGB. II Art. 22 bezeichnet sein. (Fiskalische Behörde, z. B. Hauptsteueramt. OHG. 15 S. 315.) Ausstellen des Wechsels bloß „an Order", macht denselben ebenso ungültig, wie an eine unstatthafte Firma, z. B. „General-Entreprise der . . . Eisenbahn" zur Bezeichnung der Entrepreneure, welche die Arbeiten in Gesellschaft betreiben. OHG. 21 S. 27; 9 S. 328. (Administration des Kursaals.) Für unschädlich wird aber erachtet werden können „an Order von selbst" (anders die 7. Aufl.), „an Order eigene" (Seuff. Arch. 63 Nr. 188 gegenüber OLGRspr. 14 S. 408), da die Ergänzung im Sinne des Art. 6 Abs. 1 nicht zweifelhaft ist. Die Person des Remittenten darf nie unbestimmt sein („nur" an Order einer bezeichneten Person), OHG. 24 S. 274 (an die Order bei Herrn A, im Hause des Herrn A). Deshalb ist keine zulässige Bezeichnung „an die Witwe und Erben des Herrn A". Die Bezeichnung mehrerer Personen als Remittenten ist nicht ausgeschlossen. Ob dann Solidarberechtigung vorliegt, oder beide nur zusammen berechtigt, richtet sich nach BGB. §§ 420 ff. Indossieren können sie nur kollektiv. Eine Bezeichnung, die dem Schuldner die Wahl läßt, ist unzulässig, weil die Alternative den Remittenten unbestimmt läßt. Anders Grünhut 1 § 40 S. 350. Ungültig war daher der Wechsel in dem Falle RG. 66 S. 7 (zwei Namen an der Trassantenstelle; im Text „zahlen Sie mir"). Aus Art. 6, 10 folgt, daß der Bezogene nicht zugleich Remittent sein kann. Nach Art. 7 ist der W. ungültig, wenn der W. die Identität vom Bezogenen und Remittenten unzweideutig ergibt; ob dies der Fall, ist Tatfrage. OHG. 1 S. 97; 7 S. 194. RG. 19 S. 93 („Order von Ihnen selbst"). Die engl. WO. Sekt. 5 läßt die Identität dagegen ausdrücklich zu. Vgl. auch Grünhut a. a. O. zu Anm. 16, der sich mit sehr beachtenswerten Gründen für die Zulässigkeit der Identität erklärt. Über Tratte an eigene Order vgl. zu Art. 6.

7. Enthält der Wechsel eine zulässige Bezeichnung des Remittenten überhaupt nicht, so ist der ganze Wechsel ungültig, auch wenn der Aussteller ihn giriert. Ist aber ein Remittent im Wechsel benannt, so kann die falsche Bezeichnung desselben infolge Irrtums, Versehens, Schreibfehlers, Personenverwechselung ꝛc. zwar die Legitimation des klagenden Remittenten in Frage stellen, den Wechsel selbst aber nicht ungültig machen; dem klagenden Indossatar wird ein Einwand daraus nicht entgegengestellt werden können. Vgl. OHG. 15 S. 283; 18 S. 418; 23 S. 52.

8. Ungenaue Bezeichnungen, z. B. „Order von uns" bei einem einzelnen Aussteller oder „Order von mir" bei mehreren Ausstellern sind unschädlich, OHG. 8 S. 88; 17 S. 231, StrA. 52 S. 12, ebenso unrichtiger Titel. Unrichtiger Vorname kann, da der Vorname an sich nicht erforderlich, OHG. 9 S. 195, nur insoweit schaden, als er die Identität des Remittenten und des Wechselklägers in Frage stellt; kann der Zweifel beseitigt werden, ist das Wechselrecht nicht verloren. Vgl.

OHG. 9 S. 25; 3 S. 271; 11 S. 213; 12 S. 172; 15 S. 283; 18 S. 418. (Zwei Personen mit demselben Vornamen.) Bloßer Vorname genügt nicht.

9. Ist der Name des Remittenten deutlich bezeichnet, so können Zusätze wie z. B. „für den Vorschußverein“, „für Rechnung des A“, „zugunsten des A“, „an Herrn A als Vertreter des B“ die wechselrechtliche Legitimation nicht alterieren. OHG. 2 S. 299.

10. Bezeichnung einer noch nicht existierenden Aktiengesellschaft als Remittentin hindert die Entstehung des Wechselrechts nicht, sobald die Gesellschaft wirklich wird. OHG. 3 S. 291, 301. Dies gilt auch für Aussteller und Bezogenen.

11. Die Firma muß den Art. 17 ff. HGB. I, §§ 17 ff. HGB. II (vgl. Art. 22 EG. v. 10. Mai 1897, Art. 65 PrEG. z. HGB. I) entsprechen, RG. 14 S. 17; 63 S. 380; ob sie eingetragen oder tatsächlich geführt, ist für die Gültigkeit des Wechsels unerheblich, namentlich bei Handelsgesellschaften. ObT. 19 S. 247. Vgl. OHG. 21, S. 27; 23 S. 51. („Friedrich Schmelzer'sche Erben“ als Remittent.) „Vorsteher eines Klubs“ ist weder Name noch Firma. OHG. 20 S. 83. Dagegen können willkürliche Änderungen in der Firma in Frage stellen, ob ein Remittent zulässig überhaupt bezeichnet ist, OHG. 9 S. 328 („Administration des Kursaals in Wiesbaden“ statt „Gesellschaft zum Betriebe des Kur-Etablissements“ 2c.). Unwesentliche Abweichungen schaden nicht. OHG. 3 S. 271; 12 S. 172, 243; 14 S. 172; 18 S. 418, 422; 15 S. 283. Ist eine rechtlich mögliche Firma eingetragen, so ist mindestens die Unzulässigkeit der Firma gegen den klagenden Remittenten zu beweisen, RG. 41 S. 19; es ist aber weitergehend anzunehmen, daß in solchem Falle die Unzulässigkeit der Eintragung den Wechsel nicht ungültig macht, so wenig der Wechsel ungültig ist, wenn der Remittent falsch bezeichnet oder die zulässige Firma zu führen nicht befugt ist. RG. 14 S. 17.

12. Zahlungszeit. Thöl S. 165 ff. B. und L. S. 31. Lehmann §§ 93—99. Grünhut 1 § 42. Nach dem bereits in Anm. 1 ausgesprochenen Prinzip muß die Zahlungszeit — d. h. der Verfalltag im Sinne des Art. 77, der nach Art. 92 ff. ein anderer als der Zahlungstag sein kann, — mit Bestimmtheit aus dem gesamten Inhalt der Wechselurkunde erhellen. Vgl. Art. 30 Anm. 1a bezüglich der Usowechsel, OHG. 25 S. 237, wo am oberen Rande des delierten W. „per 25. April 1879“ stand, während aus dem W. selbst nur noch April 1879 zu ersehen war, RG. 20 S. 182 (Zahlung bei Sicht innerhalb 5 Jahre, ohne vorgängige Präsentation zur Verfallzeit!). Zusatz beim Akzept durch den Bezogenen genügt nicht, weil der Bezogene den Verfalltag nicht bestimmen kann, Art. 22. Die Zahlungszeit kann nur so bestimmt werden, wie die Nr. 4 es zuläßt, auf einen bestimmten Tag, auf bestimmte Zeit a dato, auf Messe oder Markt, auf Sicht, auf bestimmte Zeit nach Sicht. Dazu tritt die Bestimmung in Art. 30. Die Zeitbestimmung muß stets ein dies certus an et quando sein in dem Sinne, daß der Gläubiger ihn bestimmen kann. Zahlbar „am Tage der Großjährigkeit“, „meiner (oder eines Dritten) Hochzeit,“ „nach dem Tode des A“ oder „eine bestimmte Zeit nach dem Tode des A“ und ähnliches macht den Wechsel ungültig. Die sog. Ratenwechsel (mehrere Zahlungsversprechen mit verschiedenen Terminen in demselben Wechsel), welche die engl. WO. Sekt. 9 gestattet, sind durch die Fassung des Eingangs der Nr. 4 ausdrücklich als ungültig erklärt. Thöl S. 200. Unbedingt unzulässig sind ferner Wechsel, die auf Kündigung gestellt (30 Tage nach Kündigung), Wechsel, in denen die Verfallzeit auf mehrere Tage zugleich oder nach Wahl angegeben (am . . . . oder am . . . ., bestimmte Zeit nach Sicht, und an

einem bestimmten Tage spätestens, bestimmter Tag oder bestimmte Zeit nach Sicht, bestimmter Tag und falls nach Sicht). OHG. 2 S. 360; 4 S. 214; 7 S. 191; 9 S. 194; 11 S. 301; 14 S. 120; 21 S. 180; 23 S. 109. Ungültig sind selbstverständlich auch Wechsel mit unmöglichem Verfalltag, sei es, daß der Tag nicht existiert (31. Februar), sei es, daß er nicht mehr eintreten kann, weil er vor dem Ausstellungstage liegt. OHG. 1 S. 55. ObT. 39 S. 227. In ObT. 63 S. 274 ist ein eigener W. für gültig erklärt, der einen bestimmten Zahlungstag und den Zusatz enthielt: Sollte Remittent die Summe früher gebrauchen, so erfolgt Zahlung nach achttägiger Kündigung (?). Unbedenklich ist, daß der Zahlungstag auf den Ausstellungstag bestimmt werden kann. ObT. 22 S. 404. Vgl. Grünhut 1 § 52.

**13.** Ein genügend bestimmter Zahltag liegt auch nicht vor, wenn er auf Weihnachten, Ostern, Pfingsten, oder „bis zum . . ." gestellt, OHG. 11 S. 170, ObT. 32 S. 455, weil trotz Art. 92 WO. der Verfalltag unbestimmt bleibt, — wohl aber, wenn auf Michaelis oder Johannis oder Trinitatis, da dies festbestimmte Tage (29. Sept., 24. Juni), wenn nicht etwa nach dem konkreten Sprachgebrauch auch der Michaelistermin darunter verstanden werden kann.

**14.** Gültig ist nach Art. 30 WO. die Bestimmung durch ultimo oder Ende, Anfang, Mitte eines Monats. Vgl. Art. 32 WO. ObT. 38 S. 250 erklärt auch „Ende" d. J. für gültig. Ungültig ist aber „zahlbar im Laufe des Februar", oder „bis zum . . ."

**15.** Tagwechsel. Grünhut 1 § 43. Der Tag muß ein Kalendertag oder durch den Kalender zu bestimmen sein (Mittwoch nach dem 1. Oktober). Vgl. unter 12—14. Eine bestimmte Stunde an einem bestimmten Tage stellt keinen Tagwechsel her und ist unzulässige Zeitbestimmung. Die im Kontext fehlende Jahreszahl kann aus dem Ausstellungsdatum ergänzt werden. OHG. 6 S. 120; 11 S. 170; 16 S. 289; 18 S. 348, 353. ObT. 53 S. 201. StrA. 11 S. 313. OHG. 1 S. 187. („Am 15. August zahlen Sie" gültig, wenn das frühere Datum des W. Monatstag und Jahr enthält.) Bolze 2 Nr. 802. Der konkrete Fall wird aber eine abweichende Entscheidung begründen können, z. B. wenn der Verfalltag in ein folgendes Jahr fällt. OHG. 24 S. 122 ist ein Wechsel für ungültig erklärt, in welchem die Zahlungszeit bezeichnet: „am 1. November . . . J.", weil das . . . J. andeute, daß das Jahr habe bezeichnet werden sollen, das Fehlen des b. oder f. aber Ungewißheit lasse Die ungar. WO. bestimmt ausdrücklich, daß beim Fehlen der Jahresbezeichnung das laufende oder, falls danach der Zahltag schon verstrichen, das folgende Jahr zu verstehen.

**16.** Sichtwechsel. Vgl. Art. 19, 20, 31, 32, 77, 96, Grünhut 1 §§ 46ff. Lehmann in Jhering, Jahrb. 34 S. 410. Die Präsentation fixiert die Verfallzeit, vgl. Anm. 3 zu Art. 30ff. Wie das Gesetz selbst erkennen läßt, ist unerheblich, welche Worte für die Sicht gebraucht werden. (Wiedersicht, Vorzeigung, auf, gegen, nach Sicht, bestimmte Zeit auf oder nach Sicht, RG. 28 S. 101, 104 „bei Sicht, innerhalb 6 Jahren"). Auch „dato nach Sicht" wird OHG. 6 S. 239 für zulässig erachtet (ObT. anders: StrA. 29 S. 321; 21 S. 418). Thöl S. 172, 176. Vgl. RG. 20 S. 182 bei Anm. 12.

**17.** Wechsel „auf Verlangen, auf jedesmaliges Verlangen, nach Belieben, a piacere" können nach der WO. nicht für gültig erachtet werden. Dagegen Staub 4. Aufl. § 23 Art. 4. Anders in Österreich, WO. Art. 4 und in ungar. WO. § 3, wo hinter a vista das a piacere eingeschaltet ist, so daß der W. a piacere als reiner Sichtwechsel gilt. Vgl. Lehmann § $95_3$. Grünhut 1 § 46 Anm. 3.

18. Dato-Wechsel. Grünhut 1 § 44. Die Ausdrücke: nach, auf, de dato, dato (zahlbar am Ausstellungstage) sind gleichbedeutend, und „3 Monat dato" wie „dato 3 Monat" ebenso gültig wie: heut, heut nach 8 Tagen, nach Dato in 3 Monaten, nach 3 Monaten a dato, oder über 3 Monat a dato. OGH. 5 S. 245. Thöl S. 170. Gemeinsam allen diesen Bezeichnungen ist die Bestimmung des Verfalltages durch die Beziehung auf das Datum der Ausstellung.

19. Auch die Bestimmung der Zahlungszeit durch „in 3 Monaten", „nach 3 Monaten" wird OHG. 2 S. 148; 19 S. 329 bei Wechseln mit bestimmtem Ausstellungstage für gültig erklärt. Vgl. Art. 32 WO. Dagegen: OTr. 41 S. 283. Ist das Akzept datiert und nicht vom Ausstellungstage datiert, so können allerdings Zweifel entstehen. Im allgemeinen ist aber dahin zu interpretieren: „heut in 3 Monaten", „von heut nach 3 Monaten". Ungar. WO. § 30. Über die Berechnung des Verfalltages vgl. Art. 32, 34 und Grünhut a. a. O.

20. Über Meß- und Marktwechsel vgl. zu Art. 35. Grünhut 1 § 45.

21. Über Berechnung der Verfallzeit bei Wechseln, die nach neuem und altem Stil datiert, vgl. zu Art. 34. Grünhut 1 §§ 43, 44.

22. Grünhut 2 § 104. Die Prolongation der Zahlungszeit, mag sie vor oder nach Verfall, auf dem Wechsel oder außerhalb desselben erfolgen, kann den Wechselinhalt, der einmal durch die Wechselurkunde fixiert, nicht ändern. Sie kann das gegen den Prolongaten gerichtete Klagerecht des Inhabers, der sie bewilligt, berühren, auch die Verjährung hemmen, vgl. zu Art. 77 ff. Anm. 5 a, berührt aber nicht das Wechselrecht Dritter, auch nicht die Regreßrechte gegen die anderen Wechselschuldner, RG. 61 S. 182. Prolongierter W. ist übrigens etwas anderes als Prolongationswechsel, d. h. ein an Stelle eines früheren W. behufs Prolongation der Fälligkeit der Schuld gegebener anderer W. mit hinausgeschobener Zahlungszeit. Von selbst versteht sich, daß die Hingabe eines Prolongationswechsels das Recht aus dem ursprünglichen W. nur tilgt, wenn dies dem Willen der Beteiligten entspricht. Bloße Übersendung eines Prolongationswechsels bindet den Wechselinhaber nicht; der Geltendmachung des ersten W. steht nur dann eine Einrede entgegen, wenn sie gegen den Vertrag verstößt. Natürlich muß der Prolongationswechsel, wenn er den Anspruch aus dem ersten W. nicht getilgt hat, bei Geltendmachung des letzteren zurückgegeben werden. Aber es genügt, wenn der Inhaber die Rückgabe erbietet und dazu imstande ist. Die Rückgabepflicht ist Holschuld, nicht Bringschuld. Verfügung über den Prolongationswechsel schließt das Recht zur Geltendmachung des ersten regelmäßig aus. Vgl. OHG. 19 S. 250, 252. RG. 9 S. 62; 41 S. 20, 23. RG. in JW. 1903 S. $156_{17}$. Der Wechselschuldner kondiziert, was er auf den ersteren Wechsel hat zahlen müssen, der Wechselgläubiger rechnet mit dem Anspruch aus dem Prolongationswechsel auf, muß ihn aber zurückgeben. RG. 1. Okt. 1898, I 214. 98. War der Inhaber beim Erwerbe des Wechsels in gutem Glauben, so kann er die versprochene Annahme eines Prolongationswechsels ablehnen, wenn bei dessen Angebot ein Vorbehalt gemacht wird, der ihn der Gefahr aussetzt, daß sein gutgläubiger Erwerb des neuen Wechsels mit Erfolg würde bestritten werden können, RG. im Bank.Arch. 6 S. 208.

23. Unterschrift des Ausstellers. Grünhut 1 § 54, §§ 33, 34. Rehb., BGB. 1 S. 155 ff. Daß mehrere Personen ausstellen können, ist unbedenklich. Bolze 7 Nr. 423. OHG. 2 S. 349; 19 S. 311. Vgl. Art. 8. Wo der Aussteller zu unterschreiben hat, ist nicht gesagt; abgesehen von Art. 12 (Blankoindossament) enthält die WO. keine Vorschrift über die Stelle, wo die Wechsel-

erklärungen auf den Wechsel zu setzen. Die Unterschrift des Ausstellers gehört aber jedenfalls dahin, wo die Wechselurkunde endigt, und Unterschriften auf der Rückseite oder quer über dem Wechsel können nicht Ausstellungsunterschrift sein, weil die Unterschrift immer so stehen muß, daß sie den Inhalt deckt. OHG. 12 S. 206; 19 S. 89; 9 S. 422; 1 S. 75. Das lag auch vor in RG. 30 S. 25, wo die Ehefrau als Ausstellerin unterschrieben, der Ehemann auf der Vorderseite an anderer Stelle gezeichnet hatte unter dem Vermerk: „Die Wechselverpflichtung meiner Ehefrau genehmige ich und verpflichte mich als Selbstschuldner." Vgl. Lehmann § 100. Jhering, Jahrb. 34 S. 407. Keine Ausstellerunterschrift ist Unterschrift mit dem Zusatz „als Zeuge"; über die Bedeutung des Zusatzes „als Bürge" vgl. zu Art. 81. Über die Bedeutung des Zusatzes „ohne Gewähr, ohne Obligo" vgl. zu Art. 8. RG. 37 S. 145.

24. Die Unterschrift muß geschrieben sein. Stempel, faksimilierte Unterschrift genügt nicht, ebensowenig die Ausfertigung einer zum gerichtlichen oder notariellen Protokoll gegebenen Wechselerklärung (Art. 94, 95), wenn es auch zulässig, einen Wechsel notariell oder gerichtlich aufnehmen zu lassen; nur darf ihm die eigenhändige Unterschrift oder die Zeichnung nach Art. 94 nicht fehlen, und nur das Original gilt als Wechsel. Grünhut, 1 § 37 zu Anm. 9. Daraus folgt aber nicht, daß der Wechsel ungültig, wenn der Prokurist oder Handlungsbevollmächtigte die gedruckte Firma für seine Namensunterschrift benutzt, OHG. 14 S. 317; Thöl S. 141; B. und L. S. 36, und bei Firmazeichnung genügt, wenn die Firma aus Sachbezeichnung und Namen besteht, daß der Name geschrieben, die Sachbezeichnung vorgestempelt. RG. 47 S. 165. Die engl. WO. Sekt. 91 (2) läßt bei Korporationen die Besiegelung mit dem Siegel der Korporation zu. Was als Namensunterschrift oder bei nicht vollständig ausgeführter Namensschrift nur als Handzeichen, Art. 94, anzusehen, ist konkret zu finden. Vgl. OHG. 22 S. 407. Daß Namensschrift in hebräischer Schrift nur Handzeichen, läßt sich nicht sagen. Vgl. Grünhut 1 § 33 Anm. 16.

25. Blinde und Taubstumme mußten nach § 171 I. 5 ALR. ihre schriftlichen Verträge gerichtlich aufnehmen lassen, Analphabeten sie gerichtlich oder notariell errichten, und wer die Sprache des Instruments nicht kannte, d. h. sie auch nur nicht lesen und schreiben konnte, OHG. 3 S. 305, wurde dem Analphabeten gleich geachtet. § 179 I. 5. AGO. II. 3 §§ 3ff., 25. Dies galt auch für die Wechselerklärungen von Blinden. In ObT. 46 S. 253, OHG. 17 S. 281, 283 ist die Ungültigkeit des von einem Blinden unterschriebenen Wechsels aus § 171 I. 5 ALR. hergeleitet, ebenso in StrA. 20 S. 269 für Wechsel eines Taubstummen; die Wechselfähigkeit sei nur unter der Voraussetzung der Beobachtung der Form vorhanden. Das müßte konsequent auch für die Analphabeten gelten, der Einwand der Schreibens- und Lesensunkunde und der Nichtkenntnis der Sprache des Wechsels zulässig sein, und zwar gegen jeden Wechselinhaber, Art. 82 WO.; ein so ausgestellter gezogener oder eigener W. wäre beim Mangel der erforderlichen Unterschrift überhaupt kein Wechsel, OHG. 15 S. 349. In ObT. 20 S. 354 (StrA. 1 S. 217), Präj. 2269, StrA. 22 S. 253 ist dies abgelehnt und ausgesprochen, daß der Einwand der Unkunde der Sprache des W., wie nach § 784 II 8 ALR., nach Art. 12, 13 WO., schlechthin unzulässig, ebenso nach Art. 4 Nr. 5, Art. 12, 21 die Einrede, daß man nur seinen Namen schreiben könne. Vgl. dagegen Lehmann § $86_{10,11}$. Nach § 174 I 5 war anzunehmen, daß die §§ 171, 172 das. nicht eine Beschränkung der

Handlungsfähigkeit enthielten, nur eine partikuläre Formvorschrift, welche neben Art. 4, 12, 13, 21, 94 WO. nicht zu beachten war, W.W. S. $447_6$. Für das BGB. ist die Kontroverse erledigt. Dasselbe gibt für die Zeit nach dem 1. Januar 1900 in den §§ 126 ff. die Normen für die Erfüllung der Schriftform für die Wechselverpflichtung wie für jede andere schriftliche Verpflichtung. Das BGB. fordert mehr als eigenhändige Unterschrift oder beglaubigtes Handzeichen für die schriftliche Form in keinem Falle, weder bei Blinden, noch bei Taubstummen, Analphabeten, Personen, die durch Zufall am Schreiben verhindert, und Personen, die der Sprache unkundig, in der die Urkunde abgefaßt ist. Nur wer auch ein Handzeichen nicht machen kann, muß gerichtliche oder notarielle Beurkundung wählen, § 126 Abs. 3. Von selbst versteht sich, daß wer unterschreiben konnte, daraus, daß er nur sein beglaubigtes Handzeichen gemacht hat, keine Einrede herleiten kann und daß der Einwand der Täuschung oder der Fälschung dem Unterzeichner erhalten bleibt. Rehb., BGB. 1 S. 157 unter d. Vgl. Staub Anm. 6 zu Art. 94. In Österreich fordert das Gesetz vom 25. Juli 1875 bei Blinden, bei Tauben, die nicht lesen, und bei Stummen, die nicht hören können, notarielle Errichtung. Grünhut 1 § 30 Anm. 7. v. Canstein § 9 Anm. 10.

**26.** Unwesentliche Abweichungen in Namen oder Firma sind auch hier unschädlich. OHG. 3 S. 272; 12 S. 243; 14 S. 172; 18 S. 418. RGAnn. 1 S. 279. RG. in JW. 1902 S. $636_{19}$. Der Vorname ist nicht erforderlich (das ital. R., HGB. Art. 250 Nr. 7, fordert ihn ausdrücklich), falsche Bezeichnung des Vornamens deshalb nicht absolut schädlich, der Familien- und Geschlechtsname muß aber direkt aus der Unterschrift zweifellos ersichtlich sein. OHG. 11 S. 213. („Herrn Selig Fuchs und Sohn Benno.") Daß die Firma eine eingetragene, wirklich geführte, ist auch hier nicht erforderlich. OHG. 23 S. 51. Bolze 2 Nr. 800. Für die Befugnis, unter bestimmtem Namen oder Firma zu ziehen, ist das Wechseldatum allein nicht entscheidend. Vgl. OHG. 1 S. 187; 21 S. 27. Über Zeichnung durch Gewerkschaften und Genossenschaften vgl. OHG. 14 S. 244; 5 S. 209, durch den vertretungsberechtigten Gesellschafter, Art. 85, 86, 110, 114 HGB. I; §§ 105, 115, 123, 126 HGB. II; § 36 Ges. betr. die Ges. mit beschr. Haftung; RG. 34 S. 53.

**27.** Inwieweit Zeichnung durch einen Dritten für den, in dessen Namen gezeichnet, verbindlich ist, bestimmt sich nach Handelsrecht, Landesrecht und jetzt nach BGB. Selbstverständlich ist, daß ohne Vollmacht oder Vertretungsbefugnis keine Verpflichtung für den Prinzipal entsteht, engl. WO. Sekt. 24, 25, wenn nicht Genehmigung nachfolgt. Vgl. OHG. 23 S. 54 (Haftung des stillen Gesellschafters nach HGB. I Art. 257) und OHG. 8 S. 314 (Haftung der Handelsfrau aus Zeichnung ihres Namens (Firma) durch den Mann, wenn sie es duldet). Bolze 14 Nr. 322 (Wechselunterschrift durch den Vater namens des Hauskindes). RG. in JW. 1901 S. $518_9$, 1902 S. $26_{18}$. Fälschungen können nicht genehmigt werden, vgl. zu Art. 75, 76 Anm. 1a.

Über Wechselunterschrift des Gemeindevorstehers nach § 88 der preuß. LGO. vom 3. Juli 1891 vgl. Anm. 1 zu Art. 9 ff.

**28.** Nach preuß. Landrecht (§ 8 I. 23) war zu jeder Wechselzeichnung durch Bevollmächtigte schriftliche Spezialvollmacht erforderlich, um den Machtgeber zu verpflichten, falls er die Zeichnung nicht nachträglich noch genehmigte. OHG. 22 S. 114; 7 S. 315. Bei Kaufleuten genügte mündliche Vollmacht nach Art. 274 HGB. I. OHG. 2 S. 43; 4 S. 50; 7 S. 59. Nach BGB. § 167 bedarf die Vollmacht überhaupt keiner Form. Das BGB. entscheidet jetzt, wie früher die Landesrechte und das Handelsrecht darüber, wie durch Stellvertretung eine Wechselverpflichtung übernommen wird. Bei Schreiben auf Diktat liegt Stellvertretung nicht vor. OHG. 7 S. 315, RG. 58 S. 387.

**29.** Die WO. sagt nichts darüber, in welcher Form der Stellvertreter (Bevollmächtigte) zu zeichnen hat, namentlich nicht, ob er seinen Namen und den des Vertretenen zu zeichnen hat, oder ob Zeichnung mit dem Namen des Vertretenen genügt. Darüber entscheidet jetzt das BGB. Nach § 126 wird die schriftliche Form nur durch die eigenhändige Unterschrift dessen erfüllt, der die Willenserklärung abgibt; der Stellvertreter ist derjenige, der die Willenserklärung abgibt, er muß mit seinem Namen zeichnen; dabei muß natürlich aus Unterschrift oder Kontext hervorgehen, daß und für wen er zeichnet, sonst haftet er dem gutgläubigen Dritten persönlich. OHG. 20 S. 92 und 14 S. 317. Zeichnung mit dem Namen des Machtgebers allein erfüllt die Form nicht, da die Namensunterschrift weder die eigenhändige des Machtgebers noch des Stellvertreters, der nur seinen Namen eigenhändig zeichnen kann. Die strikte Vorschrift des § 126 kann durch Auftrag oder Vollmacht, den Namen zu zeichnen, nicht abgeändert werden. Rehb., BGB. 1 S. 156, 157. Cosack § 40 (Vorbemerkung). Grünhut I § 34 und Adler, österr. Wechselrecht S. 42 über das österr. Ges. v. 19. Juni 1872. Dagegen Dernburg § 252[7,8] und jetzt RG. 50 S. 51 mit beachtlichen Gründen. Vgl. auch OHG. 5 S. 265, 272; 18 S. 100. RG. 4 S. 307. Zweifellos ist, daß Zeichnen durch einen anderen auf Diktat nicht Namensunterschrift ist. RG. 58 S. 387. Vgl. auch ObT. 60 S. 328, wo der Mann den einen Teil seines Namens, die Ehefrau den Rest geschrieben hatte, 12 S. 477 (Schreiben des Namens eines anderen in dessen Auftrage), 18 S. 207 (Unterschreiben eines Mietsvertrages durch die Ehefrau des Vermieters in dessen Auftrage, mit dessen Genehmigung). Vgl. darüber ferner ObT. 29 S. 293 (StrA. 15 S. 258); 17 S. 457; 60 S. 314 in RE. 1 Nr. 82 (83, 84). In ObT. 65 S. 173 ist dagegen Nachmalen einer vorgezeichneten Unterschrift als Unterschrift angesehen. In OHG. 14 S. 201 ist angenommen, daß, um eine Firma zu verpflichten, nicht genügt, wenn der Zeichner seinen Namen mit dem Zusatz „in Firma" zeichnet.

Anders ist es, wo auf dem Gebiete des Handelsrechts das Gesetz die Befugnis zur Zeichnung der Firma gibt. Art. 44, 48, 88 Abs. 2, 139, 153, 177, 179, 229 HGB. I; §§ 51, 57, 108 Abs. 2, 153, 161, 320, 232 HGB. II. Hier genügt die Zeichnung der Firma. Daß der Prokurist, der Handlungsbevollmächtigte seinen Namen der Firma beifügen soll, ist Ordnungsvorschrift, deren Nichtbeobachtung die Gültigkeit der Zeichnung nicht berührt. Das ist in OHG. 5 S. 266, 271; 9 S. 215; 10 S. 55; 18 S. 99, RG. 30 S. 405, 406 angenommen und wird durch § 126 BGB. nicht berührt. Stimmt der Name des Prokuristen, von dem die Unterschrift herrührt, mit dem Namen des Firmeninhabers überein (z. B. wenn der Ehemann Prokurist der Frau), so muß der Kläger, der den Firmeninhaber in Anspruch nimmt, beweisen, daß die Unterschrift in dessen Namen geleistet ist, RG. in JW. 1908 S. $280_{20}$. Bei Zeichnung in blanco genügt die Berechtigung zur Zeit der Zeichnung. OHG. 21 S. 324. RG. 11 S. 5. Daß die Ermächtigung zur Zeit der Zeichnung bestand, hat zu beweisen, wer aus der Zeichnung Rechte herleitet. OHG. 19 S. 316.

**30.** Auch hier ist festzuhalten, daß die WO. nur die Erfüllung der Form (Name oder Firma eines Ausstellers) fordert; die Unrichtigkeit der Unterschrift macht den Wechsel als solchen nicht ungültig, auch nicht die Unverbindlichkeit der Unterschrift. Vgl. Anm. 7. — StrA. 62 S. 196. Art. 75, 76 WO.

**31.** Das Datieren des Wechsels (Art. 4 Nr. 6), Grünhut 1 § 53, ist schon wegen Art. 85 WO. wesentlich und für Dato- und Sichtwechsel geradezu unentbehrlich; das Fehlen des Datums kann deshalb durch Datieren des Akzepts nicht ersetzt werden; Monatstag und Jahr müssen aus dem Datum erhellen; Datieren von einem Markt oder einer Messe genügt nicht. Die engl. WO. Sekt. 3. 12, 13 verbindet mit dem Mangel des Datums nicht die Ungültigkeit des W. und gestattet jedem Inhaber die Beifügung des richtigen Datums. Unrichtiges Datum allein schadet nicht, aber unmögliches Datum (30. Febr.). Das Datieren von zwei Ausstellungsorten des Inlandes ist unzulässig, bei Datieren von Ausland und Inland können Bedenken entstehen, welchem Recht der Wechsel nach Art. 85 unterliegt. RG. 11 S. 165, OHG. 21 S. 179, Thöl S. 153. B. und L. S. 38. Lehmann § 101 und in Jherings Jahrb. 34 S. 406. Staub Anm. 40 zu Art. 4.

**32.** Daß der Wechsel an dem angegebenen Ort oder Tage wirklich ausgestellt, ist nicht erforderlich, d. h. der W. wird dadurch nicht ungültig, und auch für die Anwendung des Art. 85 Satz 1 entscheidet der im W. angegebene Ort der Ausstellung. Wer einen solchen W. akzeptiert, kann sich darauf nicht berufen, daß der W. nicht im Auslande ausgestellt und nach dem Recht des Inlandes ungültig. RG. 32 S. 115. Hängt aber von der Zeit die Wechselfähigkeit ab, so ist dies natürlich erheblich, ohne Rücksicht auf bona und mala fides. ObT. 61 S. 172; 2 S. 137, OHG. 6 S. 128; 12 S. 316; 2 S. 137. RG. 33 S. 44. (Ein Blankoakzept wird dadurch nicht ungültig, daß es vom Inhaber erst nach dem Tode des Akzeptanten datiert ist und das Datum nach dem Todestage liegt.) ObT. 52 S. 235, StrA. 62 S. 267.

**33.** Daß der Ort der Ausstellung als Wohnort des Ausstellers gilt, ist nicht gesagt. OHG. 3 S. 7. Bolze 11 Nr. 267 und Art. 41 Anm. 15. RG. 25 S. 59.

**34.** Der Name (Firma) des Bezogenen, die Adresse, Grünhut 1 § 55, ist so wesentlich, daß ein Akzept, ohne daß der Bezogene genannt, unwirksam, der Wechsel ungültig ist, während der W. ohne Akzept gültig ist. Im übrigen gilt für Name und Firma hier das, was für den Remittenten und Aussteller gilt. Genügend und erforderlich ist eine Bezeichnung, die der Name oder die Firma einer passiv wechselfähigen Person sein kann. Bolze 1 Nr. 828, RG. 63 S. 380 (keine Bezeichnung durch geographische Angaben). Vgl. OHG. 3 S. 271, bezüglich des Vornamens OHG. 12 S. 173; 20 S. 83; 14 S. 244. Abweichungen, Irrtümer in der Bezeichnung können insoweit schädlich werden, als sie die Identität des Bezogenen und des Akzeptanten zweifelhaft machen. RG. 14 S. 17. Vgl. zu Art. 21. Die Stelle der Adresse ist nicht vorgeschrieben, der Bezogene kann selbst im Wechselkontext genannt werden. Ob mehrere Personen bezogen werden können, ist kontrovers. Vgl. Grünhut a. a. O. Anm. 7. RG. 25 S. 56, 62 sagt bei der Begründung eines Urteils, bei dem es sich nicht um die Entscheidung der Kontroverse handelte, nebenbei, daß nach Wechselrecht nur eine bestimmte Person gegeben sein dürfe, bei welcher (abgesehen vom Notfall) die Wechselzahlung gefordert werden könne und müsse, und bei der der Protest mangels Zahlung mit wechselrechtlicher Wirkung zu erheben sei. Mit den Normen der WO. sei unverträglich eine Angabe mehrerer Personen, zwischen denen der Wechselinhaber die Wahl treffen könnte. Direkt gegen die Zulässigkeit RG. 43 S. 87. Das Plenum des RG. hat dagegen in RG. 46 S. 133 die Kontroverse dahin entschieden, daß ein gezogener W. nicht schon deshalb ungültig, weil er mehrere Personen nebeneinander als Bezogene bezeichnete. Ebenso früher ObT. in StrA. 72 S. 357. Grünhut a. a. O. Vgl. v. Canstein § 11 (nur alternative unzulässig). Lehmann S. 384. Daß weder alternativ noch sukzessiv, noch auf mehrere Personen mit verschiedenen Wohnorten ohne einheitliches Domizil gezogen werden darf, daß der Verfalltag derselbe sein muß, ist unbedenklich. Auch Sichtwechsel auf mehrere sind gültig (anders Staub 4. Aufl. § 43 zu Art. 4): wegen des Verfalltags bei ihnen vgl. Anm. 3 zu Art. 30ff. Die engl. WO. läßt in sect. 6 § 2 die kumulative Ziehung ausdrücklich zu. Ebenso die russ. WO.

Ziehen auf eine nicht existierende Person macht den Wechsel nicht ungültig (Kellerwechsel). Art. 76, 77 WO., B. und L. S. 39. Daß der Aussteller und der Bezogene regelmäßig verschiedene Personen sein müssen, ergibt Art. 6. Daraus folgt aber nicht, daß der Aussteller nicht zugleich in Vollmacht des Bezogenen akzeptieren kann. RG. 24 S. 87. Lehmann § 103.

**35.** In der Adresse ist die Angabe des Wohnorts des Bezogenen nicht erfordert; sie wird nach Art. 4 Nr. 8 nur erforderlich, wenn kein besonderer Zahlungsort im Wechsel angegeben, und nach Art. 24, um den Domizilwechsel zu schaffen. Vgl. zu Art. 24 WO.

**36.** Der Zahlungsort (Art. 4 Nr. 8), Grünhut 1 § 57 ist für eine Reihe wechselrechtlicher Handlungen so wesentlich, daß er mit Bestimmtheit aus der Adresse oder sonst aus dem Wechsel erhellen muß. Das fehlte in OHG. 5 S. 380 (zahlen Sie . . . an N. in H., das bedeutete zunächst nur den Wohnort des Remittenten). Mehrere Zahlungsorte machen den Wechsel ungültig, mögen sie kumulativ oder alternativ bestimmt sein. (Anders die ungar. WO.) OHG. 7 S. 191; 9 S. 194; 11 S. 302, 307; 21 S. 172; 14 S. 120; 22 S. 405. RG. 11 S. 172; 25 S. 56 (Platz- und zugleich Domizilwechsel), 43 S. 90. Ist aber ein Zahlungsort genannt, so hebt der Zusatz zu demselben „hier und aller Orten" die Bestimmtheit nicht auf, da die Klausel nach Handelsgebrauch nur den prozessualischen Sinn hat, daß der Aussteller sich belangen lassen will, wo er betroffen wird. Deshalb ersetzt auch der Ausdruck „zahlbar hier und aller Orten" den Zahlungsort, wenn derselbe sonst nicht benannt, nicht. OHG. 4 S. 261, 386. Daß die Ortsangabe so genau, daß jede Verwechselung ausgeschlossen (Frankfurt, Freiburg u. a.), ist nicht erforderlich; wo der Inhaber präsentiert und protestiert, muß als der vom Aussteller gewollte Zahlungsort gelten; Gegenbeweis ist, abgesehen von Arglist, nicht zuzulassen. OHG. 9 S. 192. B. u. L. S. 39. Die engl. WO. Sekt 3 ($_4$. c) erfordert die Angabe des Zahlungsorts nicht. Vgl. Sekt. 95 ($_4$). Lehmann § 102.

**37.** Zahlungsort ist Ortschaft, nicht die Wohnung am Zahlungsort; es genügt daher nicht die bloße Bezeichnung einer Straße ohne Ortsangabe; in welchem Lokale am Zahlungsort die Zahlung zu fordern, bestimmt Art. 91 WO. OHG. 21 S. 358; 9 S. 261. Eine Zerlegung der Ortschaft in mehrere Gerichtsbezirke hat für die Protesterhebung keine Bedeutung. Darüber, welches Gericht in solchem Falle als Gericht des Zahlungsortes (ZPO. §§ 29, 603) zuständig ist, vgl. hinten im Wechselprozeß Anm. 4b.

**38.** Der in der Adresse oder sonst im Wechsel bestimmte Zahlungsort gilt schlechthin als solcher; ob der Adreßort der wirkliche Wohnort des Bezogenen zur Zeit der Ausstellung war oder zur Zeit der Zahlung ist oder nicht, oder nicht mehr ist, oder überhaupt nie gewesen ist, ist gleichgültig. OHG. 6 S. 386; 9 S. 261;

11 S. 186; 14 S. 119. Doch werden die Folgerungen hieraus durch die neuen Vorschriften des Art. 91a Abs. 1 gemildert, vgl. Anm. 2 zu Art. 91ff.

39. Nur der Aussteller, oder wer von ihm beauftragt, kann den Zahlungsort bestimmen; weder der Akzeptant, noch der Indossatar ist dazu befugt, und weder das Datieren des Akzepts noch die Angabe eines Zahlungsorts durch den Akzeptanten macht den Wechsel gültig. Vgl. OHG. 9 S. 261 (Hinzufügung des fehlenden Zahlungsorts durch den Indossatar). Vgl. hierüber und über domizilierte Wechsel zu Art. 24 Anm. 13.

40. Über Korrekturen, Durchstreichungen, Rasuren vgl. zu Art. 7. Bleistiftzusätze zu einem mit Vordruck und Tinte an sich vollständig hergestellten Wechsel sind nicht als Teile der Wechselschrift, sondern als unverbindliche Notizen zu behandeln, RG. 60 S. 426.

41. Über französ., belg., engl. R. vgl. Späing S. 15ff., v. Canstein § 31 VII. Grünhut bei 1 §§ 38ff. Vgl. engl. WO. Sekt. 3ff., v. Canstein § 32. Die engl. WO. Sekt. 3 ($_1$) gibt eine Definition des gezogenen W. (bedingungsloser, schriftl. Auftrag von Person an Person, unterzeichnet vom Auftraggeber mit der Aufforderung, eine bestimmte Summe einer bezeichneten Person oder deren Order oder an den Vorzeiger auf Anfordern oder zu bestimmter oder bestimmbarer künftiger Zeit zu zahlen), distancia loci ist nicht erforderlich. Nach der engl. WO. wie nach dem nordamerik., belg., span. und franz. R. ist die Bezeichnung als W. nicht erforderlich, wohl aber nach russ. R. u. den drei skandinavischen WO. v. 7. Mai 1830. Das französ., englische, amerik. Recht hat nicht einmal einen dem deutschen Ausdruck äquivalenten Ausdruck. Das ital. Recht (HGB. Art. 250 Nr. 2, 7) fordert die im Wechsel vom Aussteller selbst geschriebene Bezeichnung als cambiale oder lettera di cambio. Ist der W. im Inlande in solcher Sprache gezogen, so kann deshalb ein entsprechender Ausdruck nicht gefordert werden; es genügt z. B. ce mandat. Dagegen forderte der C. d. c. und das holländische R. bei der Tratte distancia loci, während er nach der WO. auch Platzwechsel, am Ort der Ausstellung zahlbar, sein kann, nur nicht zugleich Platz- und Domizilwechsel. RG. 14 S. 17. Durch Ges. v. 7. Juni 1894 ist Art. 110 des C. d. c. dahin geändert, daß der Wechsel nicht nur von einem Ort auf den anderen, sondern auch auf denselben Ort gezogen werden kann. Das Erfordernis der distancia loci ist damit beseitigt. Für inländische Wechselverpflichtete galt schon vorher ein in Frankreich ohne dist. l. gezogener W. als W. ObT. 63 S. 277. StrA. 28 S. 368; 37 S. 399. Vgl. aber oben Anm. 3. Der Ausdruck Platzwechsel hat übrigens im Verkehr noch andere Bedeutung: W. auf den Ort des Inhabers; im Sinne der Reichsbank sind es W., die am Platze oder im Bezirk der diskontierenden Bankstelle zahlbar, während W., die auf einen anderen Bankplatz lauten, Rimessewechsel genannt werden. Ebenso fordert das französ. R. abweichend von der WO. nicht bloß Valutabekenntnis im allgemeinen (Wert erhalten), sondern die Angabe, worin die Valuta bestanden, oder daß sie in Rechnung gestellt, kreditiert. C. d. c. art. 110. Hierüber und über ausl. Recht überhaupt, ObT. 19 S. 273, W. Bd. 1 S. 426ff. OHG. 9 S. 355; 6 S. 125 (russ. W.). In Belgien ist durch Ges. v. 20. Mai 1872 Art. 1 § 1 das Erfordernis der Valutabekenntnis beseitigt; auch die engl. WO. Sekt. 4 sieht davon ab. Vgl. aber Sekt. 27, 28, 30. Die Wechselsumme muß nach schweizer R. im Kontext in Buchstaben enthalten sein. Nach dem skandin. und ital. Gesetz gilt bei Abweichungen die geringere Summe, nach der engl. WO. Sekt. 9 ($_2$) stets die in Buchstaben geschriebene. Nach der obigen Definition der engl. WO. gestattet sie W. au porteur

Sekt. 7, 8 (3). Vgl. auch Anm. 6, 17, 12, 15, 28, 31, 36, 24. Nach französ., belg., engl. und skandin. Recht gilt ein W. ohne Zahlungszeit als Sichtwechsel. Die engl. WO. Sekt. 11 läßt sogar einen dies certus an, incertus quando zu. Vgl. über engl. R. noch OHG. 18 S. 186 (Zahlungsort). OHG. 3 S. 124 (holländ. R.). Die Bezeichnung des Bezogenen ist nur insoweit erforderlich, als nötig, um ihn hinlänglich erkennbar zu machen. Vgl. russ. WO. Art. 86—88. — Über das Institut des Schecks s. W. Bd. 1 S. 171, WW. § 16 und oben S. 6 Anm. 5 a. E.

## Artikel 5.

**Ist die zu zahlende Geldsumme (Artikel 4 Nr. 2) in Buchstaben und in Ziffern ausgedrückt, so gilt bei Abweichungen die in Buchstaben ausgedrückte Summe.**

**Ist die Summe mehrmals mit Buchstaben oder mehrmals mit Ziffern geschrieben, so gilt bei Abweichungen die geringere Summe.**

Dernburg § 255. Thöl S. 198. B. u. L. S. 43. W. Bd. 1 S. 396. Lehmann § 91 9. v. Canstein § 11 A II. Grünhut 1 § 39. Späing S. 29.

---

1. Auf Abweichungen in der Geldsorte (Taler, Mark, Pfennig) ist Abs. 1 Art. 5 nicht anwendbar; daß die im Kontext geschriebene Geldsorte vor der in der Überschrift bezeichneten etwa den Vorzug haben müsse, ist aus der WO. nicht zu entnehmen; ob der Wechsel ungültig, oder nur auf die kleinere Summe gültig, ist nicht entschieden. Die Ungültigkeit wird behauptet werden müssen, da bei dem aus dem Wechsel nicht zu entscheidenden Streit über die Münze die Bestimmtheit der Geldsumme fehlt. OHG. 20 S. 160. Grünhut a. a. O. Daß die Wechselsumme im Kontext ausgedrückt, ist nicht erforderlich, wenn sie nur erkenntlich durch die Unterschrift gedeckt wird. OHG. 10 S. 22. Dasselbe gilt von der Münzbezeichnung. Vgl. Art. 4 Anm. 41. Mit der Vorschrift, daß bei Differenz der in Zahlen und Buchstaben ausgedrückten Summe die letztere gilt, hängt zusammen, daß Fälschung im wechselrechtlichen Sinne nicht vorliegt, wenn die nur in Zahlen ausgedrückte Summe geändert und die dementsprechende Summe im Wechselkontext in Buchstaben gegeben wird. Bolze 10 Nr. 363. Art. 82. Der Abs. 1 gilt auch dann, wenn bei Abweichung von Buchstaben und Ziffern die Angabe in Buchstaben die höhere Summe enthält. l. 109 D. de V.O. 45, 1 anders. Der Abs. 2 gilt auch dann, wenn die Summe mehrmals in Buchstaben und mehrmals in Ziffern geschrieben, so daß die geringere Summe in Buchstaben entscheidet. Russ. WO. Art. 4.

## Artikel 6.

**Der Aussteller kann sich selbst als Remittenten (Artikel 4 Nr. 3) bezeichnen (Wechsel an eigene Order).**

**Desgleichen kann der Aussteller sich selbst als Bezogenen (Artikel 4 Nr. 7) bezeichnen, sofern die Zahlung an einem anderen Orte als dem der Ausstellung geschehen soll (trassiert-eigene Wechsel).**

Vgl. Art. 9, Art. 14.

Thöl S. 626, 631 ff. B. u. L. S. 44. W. Bd. 1 S. 404, 913. WW. §§ 49, 50. Dernburg §§ 247, 255 III. Lehmann §§ 92, 103. v. Canstein § 11 A III, VII. Grünhut 1 § 41 (W. an eigene Order), § 56 trassiert-eigener W.

1. Daß im Falle des Abs. 1 Art. 6 die Bezeichnung des Ausstellers als Remittenten durch die Worte „an Order", „an Order von selbst" nicht genügt, vgl. Anm. 6 zu Art. 4. Erforderlich ist: „an meine Order", „an Order eigene", „an Order meines Giro", Archiv für Wechselr. 10 S. 106, um die Beziehung auf den Aussteller erkennbar zu machen. Da die Orderklausel nach Art. 9 nicht wesentlich ist, genügt auch „zahlen Sie mir", vorausgesetzt daß nicht durch eine Mehrheit von Ausstellerunterschriften die Person des Remittenten ins Ungewisse gerückt wird, RG. 66 S. 7. An sich fordert die Form des gezogenen Wechsels Verschiedenheit des Ausstellers und Remittenten, wie des Bezogenen und Remittenten, Anm. 5 Art. 4; mit dem Abs. 1 ist nur einem Verkehrsbedürfnis nachgegeben. Grünhut a. a. O. Der Wechsel an eigene Order gilt als fertiger W. auch ohne Giro, und kann derselbe auch in bl. giriert werden. OHG 1 S. 97. RG. 18 S. 112. Damit stimmt auch das ausländische R. überein. Daß der Antragsteller auch in diesem Falle wirklicher Aussteller und als solcher Garantieschuldner bleibt, auch wenn er den Wechsel „ohne Obligo" weiter gibt, vgl. zu Art. 8 und 14. RG. 18 S. 112.

2. Der trassiert-eigene Wechsel, sog. Kommanditwechsel, Abs. 2 Art 6, ist sachlich ein eigener domizilierter Wechsel, wird aber von der WO. als gezogener Wechsel behandelt; woraus folgt, daß er auch an eigene Order gestellt werden kann, was bei dem eigenen W. nicht möglich, Art. 98, OHG. 7 S. 194, daß er akzeptiert und domiziliert werden kann und daß Präsentation und Protest am Zahlungsort zur Erhaltung des Wechselrechts gegen den Aussteller erforderlich ist. OHG. 19 S. 203; 3 S. 291. (W. einer Bank auf eine Zweigniederlassung.) Erwachsen ist diese Wechselform aus dem Bedürfnis des Meßverkehrs und des Verkehrs zwischen den Kommanditen eines Handlungshauses an verschiedenen Orten. Er ermöglicht durch seine Begebung die sofortige Verwertung von Geld an dritten Orten.

3. Der trassiert-eigene Wechsel ist in Form, Zweck und rechtlichen Folgen vom eigenen Wechsel verschieden; um als gezogener Wechsel zu gelten, muß er aber die Form der Tratte haben, die Erfordernisse des Art. 4 enthalten und nach der ausdrücklichen Bestimmung in Art. 6 einen vom Ausstellungsort verschiedenen Zahlungsort angeben, der einzige Fall, wo nach der WO. distancia loci erforderlich. Domizilieren am Ausstellungsort genügt daher nicht; und auch hier ist unter Ort die Ortschaft (nicht bloß Straße, Wohnung) zu verstehen. OHG. 3 S. 8. Ist eins dieser Erfordernisse nicht vorhanden, so ist der Wechsel ungültig, weder als eigener, noch als gezogener zu behandeln. Die Identität des Ausstellers und Bezogenen muß aber aus dem Wechsel selbst hervorgehen, der Aussteller muß sich selbst als den Bezogenen bezeichnen (an mich selbst, an den Aussteller, den . . .). OHG. 18 S. 140. Die bloße Übereinstimmung im Namen des Ausstellers und des Bezogenen und die reelle Identität macht den Wechsel nicht zum trassiert-eigenen; ist die Form sonst vorhanden, liegt einfacher gezogener Wechsel vor; die Identität kann außerhalb des Wechsels nicht dargetan werden, dem Nehmer des Wechsels liegt nicht ob, nach diesem Verhältnis zu forschen. Daher kann der Inhaber zweier Einzelfirmen von der einen auf die andere, der Einzelkaufmann unter seinem Namen auf seine Firma ziehen, ohne daß die Vorschrift in Abs. 2 Art 6 beobachtet werden muß. OHG. 18 S. 140. ObT. 19 S. 199. (Assignation. Identität des Assignaten und des Assignatars. Firma als Assignant, Inhaber als Assignatar.) Noch weniger hindert die WO. oder ein allgemeiner Rechtsgrundsatz, daß der Aussteller als Bevollmächtigter des Bezogenen akzeptiert. Art. 21. RG. 24 S. 87.

4. Das skandin. Gesetz sieht den trassiert-eigenen W. als eigenen W. an, fordert deshalb nicht dist. loci, während die engl. WO. Sekt. 5 ($_2$) dem Inhaber die Wahl läßt, ob er den W. als gezogenen oder eigenen behandeln will. Späing S. 30, v. Canstein § 32. Russ. WO. Art. 87, Nr. 1.

## Artikel 7.

**Aus einer Schrift, welcher eines der wesentlichen Erfordernisse eines Wechsels (Artikel 4) fehlt, entsteht keine wechselmäßige Verbindlichkeit. Auch haben die auf eine solche Schrift gesetzten Erklärungen (Indossament, Akzept, Aval) keine Wechselkraft. Das in einem Wechsel enthaltene Zinsversprechen gilt als nicht geschrieben.**

Thöl S. 156 ff., 745 ff. (Delieren des W.) B. und L. S. 47. W. Bd. 2 S. 658. WW. §§ 35, 48. Lehmann §§ 108, 109, v. Canstein §§ 11, 12. Grünhut 1 § 60 ff.

---

1. Das Einführungsgesetz für Hamburg v. 5. März 1849 bestimmt im § 13, daß eine im Wechsel enthaltene Pfandverschreibung wirkungslos sei. Vgl. StrA. 25 S. 310, wo Bürgschaft, Hypothekenbestellung, Zinsversprechen für nicht geschrieben erklärt. Vgl. ObT. 63 S. 274. Als Grundsatz ist aufzustellen, daß Klauseln, die den Sinn der Wechselobligation nicht treffen, die Wechselobligation nicht aufheben oder unsicher machen, die Gültigkeit des W. nicht berühren, sondern nicht zu lesen sind. Vgl. OHG. 6 S. 364; 37 S. 145, 148. Anm. 23 Art 4. Vgl. auch RG. 20 S. 184; 25 S. 56, 61.

2. Als Konsequenz des Art. 7 ist hier zu wiederholen, daß der wesentliche Inhalt des Wechsels durch die Schrift selbst mit Sicherheit und für jeden erkennbar, ohne Zurückgehen auf Abreden außerhalb des Wechsels, ausgedrückt sein muß, daß der Mangel eines der wesentlichen Erfordernisse im Sinne Art. 4 sämtliche Wechselerklärungen ungültig macht, während der Mangel der Wechselfähigkeit nur die einzelne Wechselerklärung entkräftet. Art. 3. Vgl. OHG. 25 S. 16 (amortisiertes Blankoakzept ohne Ausstellerunterschrift) zu Art. 73. Über Wechsel mit zweifelhaftem Sinne vgl. Beispiele in OHG. 17 S. 230; 19 S. 16. Grünhut 1 § 61 Anm. 8. Nach der Begebung kann der unvollständige Inhalt des Wechsels auch nicht durch den Inhaber selbständig ergänzt und der ungültige Wechsel dadurch gültig gemacht werden, vgl. Anm. 39 zu Art. 4 und OHG. 9 S. 261, 264, wogegen der ursprüngliche Nehmer des Wechsels vor der Begebung nach dem präsumtiven Willen der Kontrahenten jedenfalls berechtigt ist, die Lücken des Wechsels in dem gewöhnlichen üblichen Inhalte (es fehlt z. B. das Datum, die Zahlungszeit) zu ergänzen oder offenbare Schreibfehler zu berichtigen. OHG. 12 S. 255; 14 S. 14; 11 S. 266. Vgl. Anm. 3, 4. Ungewöhnliche Zusätze, z. B. Domizilvermerk, darf indessen auch der ursprüngliche Nehmer ohne oder gegen die Abrede nicht hinzufügen. OHG. 15 S. 431; 23 S. 211; 3 S. 51; 6 S. 24, 44; 7 S. 219; 9 S. 263; 11 S. 30; 14 S. 383. RG. 3 S. 60, 62. In letzterem Falle ist ausnahmsweise die Genehmigung der Domizilierung seitens des Akzeptanten für den Aussteller verbindlich erklärt, der durch die Unterschrift als Aussteller nur Bürgschaft übernommen hatte.

3. Ebenso ist aus Art. 7 die Ungültigkeit des Blankowechsels nicht herzuleiten. Vgl. Lehmann § 108. Dernburg § 255 VI. § 263 Nr. 4. Grün-

hut 1 § 64. K. Lehmann § 137. Art. 21 Anm. 10. Die Erfordernisse des Art. 4 müssen zunächst nur vorhanden sein, wenn Rechte aus dem Wechsel geltend gemacht werden. Vgl. RG. 33 S. 44, Anm. 32 zu Art. 4. Die Entscheidung der Frage, welche Einrede dem Aussteller bzw. Akzeptanten daraus zusteht, daß er seine Unterschrift auf den Wechsel gegeben, als derselbe noch ganz oder teilweise Blankett war, ist aus Art. 7 nicht zu entnehmen. Der in Anm. 2 erwähnte Fall, wo die Wechselurkunde irrtümlich unvollständig geblieben und zur Vervollständigung nach der Absicht des Gebers und Nehmers nicht bestimmt, mangelhafter W., ist dabei zu trennen von dem Fall, wo die Unterschrift auf dem Blankett und das Blankett mit der Unterschrift dem Nehmer zur Herstellung des vollständigen Wechsels gegeben. In letzterem Falle ist nach der Gewohnheit des Geschäftsverkehrs die Befugnis zur Ausfüllung, Vervollständigung, Ergänzung anzunehmen und die Ausfüllung des Blanketts schafft den gültigen Wechsel. Im ersteren Fall besteht keine Vermutung, daß der Nehmer zur Beseitigung des Mangels befugt ist. OHG. 9 S. 261, 263; 6 S. 49; 17 S. 212. In alledem ist durch das BGB. nichts geändert. Vgl. Rehb., BGB. 1 S. 156. RG. 32 S. 69 (die Adresse des Bezogenen auf dem mit Akzept in Blanko gegebenen, vom ersten Nehmer bis auf die Adresse ausgefüllten W. war vom zweiten Nehmer hinzugefügt). Bolze 11 Nr. 270 (Domizilierung eines W. ohne Zahlungsort durch den Nehmer mit stillschweigender Genehmigung des Ausstellers). OHG. 6 S. 45; 7 S. 219; 13 S. 298; 17 S. 54; 21 S. 324; 23 S. 211. RG. 2 S. 97; 8 S. 57; 11 S. 5. RG. 57 S. 167 (enthält ein im übrigen mit Tinte ausgeschriebener Wechsel an der für den Verfalltag bestimmten Stelle nur eine Bleistiftnotiz, so ist er insoweit als Blankett zu behandeln). Wird das Blankett mißbräuchlich, vertragswidrig ausgefüllt, so entspringt daraus eine Einrede nach Art 82, die aber nur gegen den unmittelbaren Nehmer wirkt, vgl. Anm. 10 zu Art. 21 ff. Wann mißbräuchliche Ausfüllung vorliegt, ist konkret zu beurteilen. Der Eintritt der Fälligkeit macht die Ausfüllung nicht unzulässig, RG. in JW. 1902 S. $399_{37}$. Bei dem Blankoakzept einer offenen Handelsgesellschaft darf der Verfalltag in die Zeit nach der Auflösung der Gesellschaft verlegt werden, OHG. 21 S. 324, 330, nicht aber in die Zeit nach Ablauf der Verjährungsfrist des Art. 146 HGB. I, § 159 HGB. II, RG. 58 S. 186. In RG. 8 S. 56 hatte der Vormund der minderjährigen Erben, deren Erblasser das Akzept in blanco erhalten, den Wechsel mit seinem eigenen Namen versehen und klagte. Das Kammergericht wies ab, weil der Vormund hierzu nicht befugt gewesen sei; das RG. hat die Befugnis anerkannt. Wegen des Domizilvermerks vgl. Anm. 12 zu Art. 21 ff. Über Schadensersatzanspruch aus unbefugter Ausfüllung eines Blanketts Bolze 13 Nr. 309.

Obgleich der Wechsel erst mit der Ausfüllung fertig ist, begründet die Schrift in blanco in Verbindung mit der Übergabe an den Nehmer für den Fall der Ausfüllung schon jetzt die Wechselverpflichtung. Die Frage, ob Geschäftsfähigkeit oder Vertretungsmacht bestand, ist deshalb nach der Zeit der Wechselschrift und der Übergabe des Wechsels zu entscheiden. Vgl. RG. 8 S. 57; 11 S. 8. Das dem Nehmer erteilte Ausfüllungsrecht ist ein Vermögensrecht wie jedes andere, geht als solches auf die Rechtsnachfolger (Erben) über, ObT. 58 S. 331; 52 S. 235, OHG. 13 S. 299, kann gültig übertragen werden, auch im Konkurs des Wechselnehmers durch den Verwalter seiner Konkursmasse, der als solcher die Vermögensrechte des Gemeinschuldners ausübt; auch noch nach dem Tode des Blankoakzeptanten ist die Ausfüllung zulässig. OHG. 14 S. 56; 17 S. 210. RG. 33 S. 44. ObT.

52 S. 235. StrA. 62 S. 267. Insofern ist das Wechselpapier auch vor der Ausfüllung zwar nicht Wechsel, aber von vermögensrechtlicher Bedeutung, Gegenstand von Besitz- und Eigentum, der Veräußerung und Übertragung, auch der Amortisation. Art. 73. Deshalb kann der Inhaber nach der Konkurseröffnung zum Nachteil der Masse über das Blankett nicht weiter verfügen. Der Geber seines Blankoakzeptes kann dem Nehmer die Ausstellung für dessen Person und selbst die Ausstellung durch einen Dritten überlassen. Vgl. über alles dies das interessante und wichtige RG. 28 S. 60. Bolze 12 Nr. 321, 322 bis 324. OHG. 6 S. 45, 51; 14 S. 382, 56, 59, 54, 55; 13 S. 299; 17 S. 211; 15 S. 431; 21 S. 324; 23 S. 211. ObT. 35 S. 445 für den Konkursverwalter anders, was gerechtfertigt sein kann bei Gefälligkeitsakzept oder sonstiger Gefälligkeitsunterschrift. RG. 28 S. 60, 63. Aus dem Wechselrecht kann danach ein Einwand gegen die Ausfüllung des Blanketts und die Art der Ausfüllung, die regelmäßig als die verkehrsübliche gewollt anzusehen ist, an und für sich nicht entnommen werden, dem gutgläubigen Inhaber gegenüber selbst nicht aus der Ausfüllung eines abhanden gekommenen W., vgl. BGB. § 794 Abs. 1, OHG. 25 S. 16, auch nicht aus mißbräuchlicher Ausfüllung, RG. 23 S. 109; 28 S. 60, wozu auch die Domizilierung ohne Erlaubnis gehört, RG. 14 S. 382; 19 S. 136; 3 S. 62, OHG. 15 S. 432. Bolze 13 Nr. 308. Hat der Inhaber das Blankoakzept vom Nehmer unausgefüllt erworben und war er noch bei der Ausfüllung in gutem Glauben, so wird er durch Einreden aus der Person des Nehmers nicht getroffen, da dann sein Recht nicht mehr auf dem Übertragungsakte des Nehmers, sondern auf der Skripturobligation des Akzeptanten in Verbindung mit dem gutgläubigen Erwerbe beruht, RG. 65 S. 409, RG. in JW. 1907 S. $543_5$. Anders Adler in Goldschmidts Z. 60 S. 112. Doch setzt dies voraus, daß ihm lediglich das Blankett übertragen wurde. Erwarb er zugleich die dem Papier zugrundeliegende Forderung, so steht er dem Akzeptanten nicht anders gegenüber als sein Vormann und muß sich die gegen diesen begründeten Einreden nach BGB. § 404 gefallen lassen, RG. in JW. 1908 S. $492_{31}$.

Ganz anders als der Fall der abredewidrigen Blankettausfüllung liegt der Fall, wenn das einmal ausgefüllte Blankett nachträglich verändert wird. Das ist Fälschung, die eine Einrede gegen jeden Dritten gibt, Art. 75, 76, vgl. Anm. 10 zu Art. 21 ff., Anm. 3 zu Art. 82. So wenn der Geber seine Ausstellerunterschrift in blanco gab und der Nehmer ein Akzept daraus machte, RG. 12 S. 118. Überhaupt ist es Fälschung, wenn bei einem Papiere, das bei der Begebung nur bestimmte Lücken aufwies, die ausgefüllten Bestandteile verändert werden, OHG. 23 S. 211, RG. im BankArch. 5 S. 129. Ebenso nachdem der Nehmer die Lücken ausgefüllt hat; jede spätere Veränderung, sei es auch durch ihn selbst oder mit seiner Einwilligung, ist Fälschung. OHG. 7 S. 223, RG. 9 S. 135; 53 S. 262, RG. in JW. 1906 S. $766_{37}$. Aber auch in RG. 14 S. 22, 23 konnte Fälschung in Frage kommen. Hier war ein Wechselformular zur Unterschrift behufs Herstellung einer Quittung vorgelegt und an der für das Akzept üblichen Stelle unterschrieben, das Blankett nachher fälschlich als Wechsel ausgefüllt. Das RG. hat gegen beide Instanzen die Haftung aus Akzept gegenüber dem gutgläubigen Kläger angenommen, weil nur mißbräuchliche Ausfüllung vorliege. Dagegen bestehen erhebliche Bedenken, die eine wiederholte Prüfung erforderlich machen. Vgl. zu Art. 82 Anm. 5, Grünhut 1 § 64 Anm. 2, Staub zu Art. 7 Anm. 10.

4. Grünhut 1 §§ 61, 63. Aus der Natur des Wechsels als Formalakt

folgt, daß Durchstreichung wesentlicher Bestandteile des Wechsels die Existenz des Wechsels selbst aufhebt, gleichgültig von wem, in welcher Absicht, wann, ob vor oder nach Protest, sie erfolgt. Korrektur, Rasur solcher wesentlichen Bestandteile (z. B. Wechselsumme, Datum, Verfallzeit) tilgt den ursprünglichen Inhalt des Wechsels ebenfalls so, daß gegen den Wechselverpflichteten, ohne dessen Willen sie geschehen, aus dem Wechsel auch nach Maßgabe des ursprünglichen richtigen, nachher veränderten Inhalts kein Anspruch mehr besteht, mag der Inhalt zu seinem Vorteil oder zu seinem Nachteil verändert sein. OHG. 3 S. 8, 51, 93, 98; 6 S. 24; 7 S. 219; 13 S. 253; 19 S. 271; 25 S. 237. Korrekturen dagegen, die mit dem Willen der Beteiligten vor der Begebung zur Berichtigung von Schreibfehlern, Irrtümern u. a. erfolgen, haben die Ungültigkeit des Wechsels naturgemäß nicht zur Folge, können aber die Urkunde verdächtig, für den Wechselprozeß untüchtig machen, auch dem Wechselinhaber eine sehr unbequeme Beweispflicht auferlegen. Vgl. ZPO. § 419. Vgl. OHG. 24 S. 261; 5 S. 373; 7 S. 223; 11 S. 236, 266; 13 S. 254, 412; 14 S. 14, 383; 23 S. 341; 1 S. 238, 247, 275, 276. RG. 8 S. 42; 32 S. 38. Bolze 10 Nr. 365. (Die Jahreszahl im Datum war, als der Kläger den W. vom Akzeptanten erhielt, bereits aus 1877 in 1879 korrigiert.) Über Durchstreichungen nicht wesentlicher Vermerke auf dem Wechsel (Giro, Quittung, Akzept, Domizilvermerk) vgl. zu Art. 21, 24, 75, 76, 82 und unter Wechselprozeß. Abweichend über Delieren des Akzeptes StrA. 30 S. 315; 29 S. 340, 365; ObTr. 39 S. 232. Über zerrissene Wechsel vgl. zu Art. 75, 76 OHG. 5 S. 247; 7 S. 221; 12 S. 194, 371; 13 S. 412. Grünhut 1 § 61. Über Bleistiftzusätze vgl. zu Art. 4 Anm. 40, RG. 60 S. 426.

5. Nach der österr. V. v. 2. Nov. 1858 macht das Zinsversprechen den W. ungültig. Die Engl. WO. (Sekt. 9) läßt Zinsversprechen ausdrücklich zu. Über Durchstreichen des Akzepts aus Versehen nach engl. R. OHG. 11 S. 217. Über Durchstreichungen und Veränderungen des W. gibt die engl. WO. Sekt. 63, 64 jetzt ausdrückliche Bestimmungen. Danach ist unabsichtliche, irrtümliche, oder Durchstreichung ohne Vollmacht des Inhabers unschädlich; daß sie nicht absichtlich geschehen, von dem zu beweisen, der es behauptet. Wesentliche Veränderungen (in Datum, Summe, Zeit und Ort der Zahlung, Beifügung eines Zahlungsorts ohne Genehmigung des Akzeptanten) entkräftet den W., außer dem, der sie vornahm oder vornehmen ließ, und späteren Indossanten gegenüber. In Sekt. 20 behandelt sie den Blanko-W., ebenso die russ. WO. Art. 14, wesentlich übereinstimmend mit den obigen Grundsätzen. Späing S. 33, v. Canstein § 32.

## II. Verpflichtungen des Ausstellers.

### Artikel 8.

Der Aussteller eines Wechsels haftet für dessen Annahme und Zahlung wechselmäßig.

Vgl. Art. 18, 25, 41 ff., 81, 83.

Volkmar und Löwy S. 49 ff. W. Bd. 2 S. 911. W.W. §§ 19, 20 (pact. de cambiando und p. cambii). Dernburg § 269. Lehmann §§ 62, 65, § 113. DJurZtg. 1901 S. 169 (Begebungstheorie, BGB. § 794). v. Canstein §§ 17, 20. Grünhut Bd. 2 § 72. K. Lehmann § 139.

1. Über die Wechseltheorie (Vertrags- und Kreationstheorie) betr. die Begründung und Perfektion der Wechselobligation vgl. v. Canstein § 17. Lehmann §§ 43—59. Grünhut 1 § 28. K. Lehmann § 131.

2. Die Haftung des Ausstellers für die Annahme beruht ebenso wie die für die Zahlung durch den Bezogenen am Zahlungsort auf der Unterschrift des Ausstellers, beginnt mit dieser, vorausgesetzt, daß die Aushändigung des Wechsels auf Grund eines Wechselbegebungsvertrages (pact. cambii, im Gegensatz zu dem pact. de cambiando, dem Wechselvorvertrag, Wechselschluß) hinzukommt, oder der Wechsel in die Hände eines gutgläubigen Dritten gelangt. OHG. 17 S. 150 (19 S. 33?). Grünhut 1 § 28 Anm. 21. Nach Art. 18 kann die Haftung für die Annahme weder im Wechsel noch außerhalb desselben ausgeschlossen werden. Damit hängt die Sicherstellungspflicht des Ausstellers nach Art. 25 ff. zusammen. Die Haftung für die Zahlung ist durch die Art. 46 ff. nach Umfang und Voraussetzung geregelt; ist sie nach diesen Vorschriften (wegen unterlassenen Protestes) fortgefallen, so fällt auch die Haftung für die Annahme fort. Die Haftung wird gegen den Remittenten und alle Nachmänner desselben übernommen, und ist auch für die Zahlung eine unmittelbare, direkte, nur an die Voraussetzung geknüpft, daß der Akzeptant zur Verfallzeit nicht zahlt. Sie beginnt nicht mit der Nichtzahlung, sondern hört mit der Zahlung auf, geht auf dieselbe Leistung, die dem Akzeptanten obliegt, und fällt deshalb auch unter § 68 KonkO. RG. 11 S. 19. Dies ist von Bedeutung namentlich für die Zulässigkeit der Aufrechnung im Konkurse (§§ 54, 55 KO.). Vgl. OHG. 24 S. 1 ff. RG. 14 S. 172. Grünhut 2 § 131. RG. 50 S. 134 (die Einlösung des W. durch den Aussteller vor dem Verfalltage ist aus § 32 KonkO. als unentgeltliche Verfügung nicht anfechtbar). Das Verhältnis des Ausstellers zum Remittenten ist kein Mandatsverhältnis, das zum Bezogenen ist es regelmäßig, aber nicht notwendig. Regelmäßig kann der Aussteller den Auftrag zu akzeptieren und zu zahlen, dem Bezogenen gegenüber bis zur Akzeptation zurücknehmen, OHG. 22 S. 142. Die Folgen der Akzeptation und Zahlung trotz Zurücknahme bestimmen sich nicht nach Wechselrecht, sondern nach dem Rechtsverhältnis, das dem Wechselzuge zugrunde liegt und dem für dasselbe maßgebenden bürgerlichen Recht. Unbedenklich ist, daß der Aussteller eines Wechsels an eigene Order aus der Unterschrift als Aussteller haftet, auch wenn er seinem Giro die Klausel „ohne Obligo, Gewährleistung" beigefügt hat. Art. 14. OHG. 1 S. 97; 24 S. 15. RG. 18 S. 112. Giriert er ohne diese Klausel, so entsteht doch seine Haftung erst mit der Begebung. Jedenfalls durch die Ausstellung der Tratte an eigene Order begründet der Aussteller zunächst überhaupt keine Obligation gegen sich, sondern nur ein Gläubigerrecht, vgl. RG. 37 S. 145. Deshalb kommt es auch auf seine Wechselfähigkeit zur Zeit der Ausstellung nicht an, sondern zur Zeit der Begebung. Art. 1 Anm. 2. OHG. 3 S. 179. Mindestens in diesem Falle hat die Unterschrift als einseitige Willenserklärung ohne Aushändigung des W. ebensowenig Bedeutung, wie die einseitig vorgenommene Zession, welche erfolgt, ohne daß die Aushändigung der Zession an den Zessionar nach vorangegangener Abrede hinzukommt. Läßt der Aussteller den unterschriebenen W. in seinem Pult liegen, so ist durch die Unterschrift kein W. geschaffen, und wenn durch Zufall oder Arglist der W. in dritte Hände gelangt, kann der Aussteller dem dolosen Wechselinhaber gegenüber exzipieren, daß nach Wechselrecht eine Verpflichtung für ihn nicht entstanden. OHG. 19 S. 31. (Der im Wechselprozeß verurteilte Aussteller eines eigenen W.

machte im Nachverfahren geltend, daß er dem Kläger, an dessen Order der W. ausgestellt, denselben nicht ausgehändigt, Kläger den Besitz des W. ohne sein Wissen und Willen erlangt, und auf keiner Seite die Absicht obgewaltet, durch die Unterschrift einen Wechselanspruch zu begründen.) Vgl. bei Art. $9_1$, $82_3$, $96_6$. RG. 14 S. 22, 23 zu Art. 7 Anm. 3. v. Canstein § 17 Anm. 29. Staub Anm. 2 zu Art. 8.

Kontrovers ist, ob der Aussteller seine Haftung als solcher aus Art. 8 durch die Beifügung der Klausel „ohne Gewähr" (Obligo u. a.) ausschließen kann und ob, wenn dies unzulässig, der Wechsel durch diese Klausel ungültig wird. In RG. 37 S. 145 ist die Ungültigkeit des Wechsels mit durchgreifenden Gründen verneint und angenommen, daß die Klausel nur unter den Kontrahenten wirkt. Ebenso ObT. in StrA. 68 S. 365. ObT. 61 S. 183. Seuffert Arch. 18 S. 160. Anders Grünhut Bd. 1 § 71 bei Anm. 9 und die dortigen Zitate, Stranz in Staub Anm. 67 zu Art. 4 (für Ungültigkeit des Wechsels; Staub 4. Aufl. nahm wechselmäßigen Ausschluß der Haftung an). In RG. 18 S. 112, 114 ist die Kontroverse nicht entschieden. Vgl. Engl. WO. Sekt. 16 unter 8.

3. Mehrere Aussteller, und solche sind auch vorhanden, wenn ein Gesellschafter unter seinem persönlichen Namen und zugleich unter der Gesellschaftsfirma zeichnet, haften solidarisch; das Rechtsverhältnis unter ihnen selbst, namentlich das Recht des Rückgriffs, bestimmt sich nach bürgerlichem R. BGB. § 426. OHG. 1 S. 102; 2 S. 349; 3 S. 184; 4 S. 325. ObTr. 9 S. 335. StrA. 51 S. 177.

4. Die Verpflichtung des Ausstellers durch die Ausstellung richtet sich bei Kollision der Gesetze regelmäßig nach dem Rechte seines Wohnsitzes als des Erfüllungsortes. OHG. 1 S. 289; 19 S. 203; 11 S. 217, 219; 6 S. 125. Vgl. zu Art. 84.

5. Der Aussteller kann nicht als vollgültiger Zeuge für die Echtheit des Akzepts gelten. OHG. 1 S. 195. ZPO. § 393 Nr. 4.

6. Solange der Aussteller des Wechsels an eigene Order denselben nicht begibt, hat er nur Rechte aus dem Wechsel; passive Wechselfähigkeit ist insoweit nicht erforderlich. Vgl. Anm. 19 zu Art. 1.

7. Über Unterschrift des Ausstellers vgl. die Anm. 23—30 zu Art. 4, über Ausstellung von Blanketts die Anm. 3 zu Art. 7, über Rechtsnachfolger des Ausstellers die Anm. 3 zu Art. 2.

8. Die engl. WO. Sekt. 16 bestimmt ausdrücklich, daß der Aussteller seine eigene Haftbarkeit dem Inhaber gegenüber ausschließen oder beschränken kann. Vgl. Sekt. 55 ($_1$). Späing S. 36. v. Canstein § 32.

## III. Indossament.

**Artikel 9.** Der Remittent kann den Wechsel an einen anderen durch Indossament (Giro) übertragen.

Hat jedoch der Aussteller die Übertragung im Wechsel durch die Worte „nicht an Order" oder durch einen gleichbedeutenden Ausdruck untersagt, so hat das Indossament keine wechselrechtliche Wirkung.

**Artikel 10.** Durch das Indossament gehen alle Rechte aus dem Wechsel auf den Indossatar über, insbesondere auch die Befugnis, den Wechsel weiter zu indossieren. Auch an den Aussteller, Bezogenen,

Akzeptanten oder einen früheren Indossanten kann der Wechsel gültig indossiert und von denselben weiter indossiert werden.

**Artikel 11.** Das Indossament muß auf den Wechsel, eine Kopie desselben oder ein mit dem Wechsel oder der Kopie verbundenes Blatt (Allonge) geschrieben werden.

**Artikel 12.** Ein Indossament ist gültig, wenn der Indossant auch nur seinen Namen oder seine Firma auf die Rückseite des Wechsels oder der Kopie, oder auf die Allonge schreibt (Blanko-Indossament).

**Artikel 13.** Jeder Inhaber eines Wechsels ist befugt, die auf demselben befindlichen Blanko-Indossamente auszufüllen; er kann den Wechsel aber auch ohne diese Ausfüllung weiter indossieren.

**Artikel 14.** Der Indossant haftet jedem späteren Inhaber des Wechsels für dessen Annahme und Zahlung wechselmäßig. Hat er aber dem Indossamente die Bemerkung „ohne Gewährleistung", „ohne Obligo" oder einen gleichbedeutenden Vorbehalt hinzugefügt, so ist er von der Verbindlichkeit aus seinem Indossamente befreit.

**Artikel 15.** Ist in dem Indossamente die Weiterbegebung durch die Worte „nicht an Order" oder durch einen gleichbedeutenden Ausdruck verboten, so haben diejenigen, an welche der Wechsel aus der Hand des Indossatars gelangt, gegen den Indossanten keinen Regreß.

**Artikel 16.** Wenn ein Wechsel indossiert wird, nachdem die für die Protesterhebung mangels Zahlung bestimmte Frist abgelaufen ist, so erlangt der Indossatar die Rechte aus dem etwa vorhandenen Akzepte gegen den Bezogenen und Regreßrechte gegen diejenigen, welche den Wechsel nach Ablauf dieser Frist indossiert haben.

Ist aber der Wechsel vor dem Indossamente bereits mangels Zahlung protestiert worden, so hat der Indossatar nur die Rechte seines Indossanten gegen den Akzeptanten, den Aussteller und diejenigen, welche den Wechsel bis zur Protesterhebung indossiert haben. Auch ist in einem solchen Falle der Indossant nicht wechselmäßig verpflichtet.

**Artikel 17.** Ist dem Indossamente die Bemerkung „zur Einkassierung", „in Prokura" oder eine andere die Bevollmächtigung ausdrückende Formel beigefügt worden, so überträgt das Indossament das Eigentum an dem Wechsel nicht, ermächtigt aber den Indossatar zur Einziehung der Wechselforderung, Protesterhebung und Benachrichtigung des Vormanns seines Indossanten von der unterbliebenen Zahlung (Artikel 45), sowie zur Einklagung der nicht bezahlten und zur Erhebung der deponierten Wechselschuld. Ein solcher Indossatar ist auch berechtigt, diese Befugnis durch ein weiteres Prokura-Indossament einem anderen zu übertragen. Dagegen ist derselbe zur weiteren Begebung durch eigentliches Indossament selbst dann nicht befugt, wenn dem Prokura-Indossamente der Zusatz „oder Order" hinzugefügt ist.

Vgl. Art. 49, 81 Abs. 3. Art. 98 Nr. 2.

Dernburg §§ 264—268. Thöl S. 411 ff. B. und L. S. 51 ff., 68 ff. W. Bd. 1 S. 479 ff. W.W. §§ 54 ff. Grünhut Zeitschr. 13 S. 586 (fiduziarisches Indossament). Gruchot 47 S. 533 (Das versteckte Wechselinkassoindossament). D. JurZtg. 1901 S. 528. (Lehmann §§ 62. 65. 118. 122—126. v. Canstein

§ 20 II. § 27. Grünhut Bd. 1 § 28 unt. 2; Bd. 2 §§ 73, 81—97. Jacobi, Wertpapiere S. 45. Wieland, Der Wechsel und seine zivilrechtl. Grundlagen S. 280. Gruchot 50 S. 310 (Wechseleigentum und stilles Prokuraindossament). K. Lehmann §§ 141, 146.

---



**1.** Art. 9 stellt das Prinzip der Begebbarkeit des Wechsels fest; der Wechsel ist vermöge Gesetzes, ebenso wie die Namensaktie nach Art. 182, 220 HGB. I; §§ 222, 224, 320 HGB. II, und anders als die Orderpapiere der Art. 301, 302 HGB. I, § 363 HGB. II, auch wenn er die Orderklausel nicht enthält, Orderpapier. Die Art. 11—13 normieren die Form, Art. 10, 14, 15 die Wirkung des Indossaments nach seiner aktiven Seite (Recht des Indossatars) und seiner passiven Seite (Pflicht des Indossanten), Art. 16 die Wirkung des Nachindossaments, Art. 17 die des Prokuraindossaments. Die ökonomische Bedeutung des Indossaments (Giro, Transportvermerk) liegt darin, daß es den Wechsel zirkulationsfähig macht, die Verwertung vor Verfall und die bequeme Einkassierung bei Verfall ermöglicht, die Wechselgarantie durch die Haftung sämtlicher Indossanten für Annahme und Zahlung verstärkt. Andrerseits kann es die Regreßpflicht des Ausstellers durch die vermehrten Kosten beim Rückgang des Wechsels bedenklich steigern, wogegen die Vorschrift in Abs. 2 Schutz gewährt. Die rechtliche Bedeutung und das Wesen des Indossaments liegt in wesentlichem Unterschiede von der Zession darin, daß es nicht die Rechte des Indossanten aus dem Wechsel, sondern das Recht aus dem Wechsel nach Maßgabe des Inhalts der Wechselurkunde mit dem Wechsel als dem Träger des Rechtsverhältnisses als eigenes Recht überträgt, und zugleich den Indossanten durch seine Unterschrift unter dem Indossament wie jeden anderen Mitunterzeichner des Wechsels (Art. 81) haftbar macht, insoweit dem Aussteller gleichstellt, wenn er nicht gemäß Art. 14 Satz 2 die Haftung ausschließt. Vgl. RG. 47 S. 67 zu § 445 ZPO. (Juristische Natur des Indossaments; Rechtsnachfolge. Vgl. Romeick, zur Technik des BGB. Heft 3 S. 103). Aus jener, der aktiven Seite des Indossaments, folgt, daß dem Indossatar aus der Person seines Indossanten und dessen Vormänner wie seiner Nachmänner Einreden grundsätzlich nicht entgegengesetzt werden können, weil er nicht in die Rechte seines Vormannes eingetreten, wie der Gegensatz im Art. 16 Abs. 1

und 2 klar ergibt, daß zwar Indossamente an mehrere nicht ausgeschlossen, Anm. 6 Art. 4, Teilindossamente — in dem Sinne, daß ein Teil der Wechselsumme dem Indossatar übertragen, ein Teil dem Indossanten verbleibt, oder an verschiedene Personen indossiert wird, — nicht möglich, da Indossament ohne Wechsel bedeutungslos, B. und L. S. 67, Grünhut 2 § 92, RG. 11 S. 148; 41 S. 115, ObT. 43 S. 264 (die engl. WO. Sekt. 32 (1) sagt es ausdrücklich), daß das Indossament des Diebes, Fälschers, Finders in Verbindung mit der Übergabe der Wechselurkunde für den gutgläubigen Indossatar wirksam, d. h. ihm die Rechte aus dem W. (nur nicht gegen den Indossanten, dessen Unterschrift gefälscht) geben. Art. 36, 74. OHG. 2 S. 281 (Einrede der Fälschung des Indossaments); 23 S. 256; 25 S. 66. ObT. 29 S. 182, Präj. 2582. OHG. 16 S. 365; 10 S. 405 (mangelnde Berechtigung zur Vertretung des Indossanten); 1 S. 61; 5 S. 36; 7 S. 78, 112, 253, 317; 24 S. 1 ff. (keine Sukzession. Vgl. aber RG. 47 S. 69 zu § 445 ZPO.). Aus der passiven Seite des Indossaments folgt, daß die Wechselobligationen, die aus den verschiedenen auf demselben Wechsel befindlichen Unterschriften entspringen, voneinander unabhängig, jede durch Klage für sich verfolgbar sind, daß der Indossatar nicht bloß seinen Indossanten, sondern nach Wahl jeden Vorindossanten angreifen kann, Art. 49, daß jede Wechselobligation ihren Rechtsgrund in der Unterschrift hat, daß nur einfache Solidarverpflichtungen auf dasselbe Objekt vorliegen, keine Korrealschulden im Sinne des gemeinen Rechts, vgl. Art. 81 Anm. 3. Deshalb kann der Indossant aus der an einen Nachmann geleisteten Teilzahlung allein keinen Anspruch auf Erstattung gegen den Akzeptanten herleiten. ObT. 48 S. 278. Da Indossament Wechselunterschrift ist, gilt im übrigen alles, was von der Ausstellung gilt. Ob ein im Namen einer preuß. Landgemeinde gegebenes Indossament ohne Beobachtung der Bestimmungen des § 88 der LGO. v. 3. Juli 1891 (Zuziehung von Schöffen, Anführung des Gemeindebeschlusses und der Genehmigung der Aufsichtsbehörde, Untersiegelung) gültig ist, hängt davon ab, ob man in diesen Bestimmungen nur Formvorschriften oder zugleich eine Beschränkung der Vertretungsmacht des Gemeindevorstehers erblickt. Für ersteres RG. 50 S. 23; vgl. aber RG. in JW. 1905 S. 446$_{35}$, RG. 64 S. 408; 67 S. 269. Wie bei der Ausstellerunterschrift gilt auch beim Indossament der Satz, daß die bloße Unterschrift ohne Aushändigung des W. auf Grund eines Vertrages über Geben und Nehmen desselben den Indossanten nicht verpflichtet, kein Wechselrecht gegen ihn entstehen läßt, der Wechsel müßte denn in die Hände eines gutgläubigen Dritten gelangen. Vgl. OHG. 19 S. 31, 49, 382. RG. 5 S. 82 bei Art. 82 Anm. 3. RG. 2 S. 89; 41 S. 4. Ebenso OHG. 25 S. 66, wo der beklagte Akzeptant exzipierte, daß das Blankoindossament, aus welchem geklagt wurde, dem Kläger kein Recht übertragen, weil Kläger mit dem Aussteller und Indossanten zwar über die Begebung des W. an ihn unterhandelt, die Unterhandlungen sich aber zerschlagen und Kläger den aus Versehen in seinem Hause liegen gebliebenen W. sich dolose zugeeignet. Der Einwand ist zugelassen, mit der Begründung, daß die exceptio doli in diesem Falle als exc. doli in agendo durch Mißbrauch eines gefundenen W. zur Erhebung eines Anspruchs jedem Wechselverpflichteten zustehe, der rechtswidrig aus dem W. belangt werde. Vgl. Art. 74 WO., der übrigens einen wesentlich anderen Tatbestand voraussetzt. Die russ. WO. Art. 15, 89 verlangt ausdrücklich die Begebung des W. an den Remittenten. Ebenso die engl. WO. Sekt. 31 (2. 3).

2. Es steht nichts entgegen, das Wechselrecht durch Zession im oder außerhalb des Wechsels zu übertragen, ObT. 22 S. 409. OHG. 9 S. 64; 11 S. 250; 17 S. 403. RG. 3 S. 329; 12 S. 132; 26 S. 100. Lehmann § 121. Dernburg § 268. Grünhut 2 § 91. Vgl. RG. 33 S. 144, selbstverständlich solange es besteht. Deshalb kann der im Regreßwege auf Grund Judikats und Zwangsvollstreckung befriedigte Nachmann, der W. und Protest an den Vormann zurückgegeben hat, dem Vormann, der sein eigenes Recht hat verjähren lassen, nicht durch Zession seiner Rechte aus dem Judikate nachträglich das erloschene Wechselrecht wieder verschaffen. RG. 34 S. 50. Ohne Übergabe des Wechsels wird das Eigentum am Wechsel nicht übertragen, weil der Wechsel nicht bloße Beweis- und Legitimationsurkunde, sondern Träger der Forderung, das Recht aus dem Wechsel durch den Besitz des Wechsels bedingt ist, RG. 41 S. 4. Nach § 831 ZPO. erfolgt deshalb die Pfändung einer Wechselforderung dadurch, daß der Gerichtsvollzieher den Wechsel in Besitz nimmt, OHG. 11 S. 280, 362, wenn auch die weitere Vollstreckung in die Wechselforderung nur auf dem Wege der §§ 835 ff. ZPO. geschehen kann, RG. 35 S. 75, durch Versteigerung nur nach Maßgabe des § 844 ZPO., RG. 61 S. 330. Der Zessionar hat einen persönlichen Anspruch auf Auslieferung des Wechsels. Deshalb kann selbst dem im Besitz des W. und der Protesturkunde befindlichen Kläger vom Akzeptanten entgegengesetzt werden, daß er die Forderung aus dem W. nach Protest zediert und die Zession dem Akzeptanten von Zedenten und Zessionar notifiziert sei. § 25 I 10 ALR. RG. 26 S. 99. Bolze 10 Nr. 364. Das durch solche Zession begründete Legitimationsbedenken wird aber durch Rückzession selbst im Laufe des Prozesses beseitigt; ist im Wechselprozeß geklagt, wird durch die Rückzession kein neues, unzulässiges, urkundliches Klagefundament geschaffen. Über die Fragen, die durch Kollision der Rechte infolge mehrfacher Zession oder Zession und Indossament entstehen können, entscheidet das bürgerliche Recht. Daß der Zessionar nicht indossieren kann, RG. 43 S. 40, sich alle Einreden aus der Person des Zedenten gefallen lassen muß, und daß der Zedent ihm nicht wechselmäßig haftet, folgt von selbst aus der Natur der Zession. Grünhut 2 § 84. Die Art. 10, 14, 17, 36, 74 finden auf den Zessionar nicht Anwendung. RG. 33 S. 143 (Wechselvindikation gegen den Zessionar). Über Behandlung des Indossaments eines ungültigen W. als Zession vgl. Anm. 6 zu Art. 83. Vollmacht zur Zession berechtigt nicht zur Wechselindossierung. OHG. 2 S. 282. Für den Übergang durch Erbgang gilt nichts Besonderes, d. h. der Erbe indossiert wie der Erblasser. Zession und cessio legis liegt auch vor, wenn der Bürge des Ausstellers den Inhaber des protestierten Wechsels befriedigt und daraufhin den Wechsel vorbehaltlos ausgehändigt erhält; er erlangt dann nach BGB. §§ 774, 401 auch den Anspruch gegen den Akzeptanten. RG. 60 S. 191, RG. in JW. 1907 S. 745$_{10}$. Anders OHG. 9 S. 64.

3. Rektawechsel. Grünhut 2 § 82. Das Verbot der Begebung des Wechsels durch den Aussteller (Rektaklausel, Rektawechsel), Abs. 2 Art. 9, muß im Wechsel selbst ausgesprochen sein; ein auf der Rückseite geschriebenes Verbot hat keine Wirkung, OHG. 2 S. 409; 6 S. 457; 8 S. 141. Verbot durch den Akzeptanten ist beschränktes Akzept, aber schafft keinen Rektawechsel. Art. 22: OHG. 14 S. 61. Art. 15 (Rektaindossament). Das Verbot muß im Kontext deutlich ausgedrückt sein (nicht an Order, ohne Giro, ohne Zession, ohne Abtretung, nur an . . .); weder die Hinzufügung „selbst" zum Namen des Remittenten, noch die Bezeichnung des Wechsels als Depotwechsel, Kautionswechsel, zum Depot bestimmt,

genügt. OHG. 6 S. 437; 8 S. 141; 13 S. 236, 412; 16 S. 103; 17 S. 281. StrA. 29 S. 323. Das außerhalb des Wechsels erteilte Verbot kann nur Schadenersatzansprüche zwischen den unmittelbaren Kontrahenten zur Folge haben. Thöl S. 450 ff., 473 ff. B. u. L. S. 68. W. Bd. 1 S. 492. WW. § 55 und § 104 (Kautionswechsel).

4. Die Wirkung des gültigen Verbots ist, daß der Wechsel nicht übertragbar wird und der Aussteller wie der Akzeptant nur dem Remittenten haftbar sind, nicht dem Indossatar, sei es vor oder nach Protest. OHG. 14 S. 60. Die Streitfrage, ob trotz des Verbots zediert oder durch Prokuraindossament begeben werden kann, ist zu bejahen, da der Zweck des Verbots nur ist, dem Aussteller die Einreden gegen den Remittenten zu erhalten und die Retourspesen zu vermeiden; dem Zessionar gegenüber bleiben die Einreden aber ebenso wie dem Prokuraindossatar gegenüber gewahrt und von Retourspesen kann bei solcher Begebung nicht die Rede sein. Vgl. v. Canstein § 9 bei Anm. 20. Grünhut a. a. O. Dernburg § 268.

5. Form des Indossaments. Grünhut 2 § 83. Über Stelle und Form des Indossaments gibt die WO. keine Vorschrift; aus Art. 12 folgt nur, daß die einfache Namensschrift des Indossanten auf der Rückseite als Blankoindossament gilt. Namensschrift auf der Stempelmarke als Indossament? Vgl. OHG. 12 S. 206, OLGRspr. 10 S. 360. In RG. 46 S. 46 ist das Blankoindossament des Ausstellers mit der Überschrift „angenommen" für genügend erachtet zugunsten des gutgläubigen Wechselinhabers. Daß der Inhalt des über der Unterschrift stehenden Vermerks den Übertragungswillen nicht erkennen läßt, ist gleichgültig, solange er ihn nicht geradezu ausschließt. Vgl. auch RG. 61 S. 187, 188. Indossament an mehrere Personen ist sowenig ausgeschlossen, wie Remittieren. Für die Unterschrift gilt nichts Besonderes. Indossament in Blanko im weiteren Sinne, d. h. Übertragungsvermerk ohne Bezeichnung des Indossatars, ist auf der Vorderseite gültig, wenn es sich nur durch klare Zusätze (z. B. indossiert für mich an ..., oder der Name mit dem Zusatz als Indossant, Girant) als Indossament zu erkennen gibt. ObT. 27 S. 439. Thöl S. 435, 482 ff. B. und L. S. 75 ff. W. Bd. 1 S. 500 ff. W.W. § 57. Datierung des Indossaments ist nicht erforderlich, unrichtige Datierung deshalb unschädlich, ebenso unmögliches Datum. Indossament „an den Indossatar" ist kein Indossament, kann auch als Blankoindossament so wenig gelten wie ein Indossament ohne genügende Bezeichnung des Indossatars, OHG. 18 S. 419, oder Indossament an den Inhaber.

6. Aus Art. 13 folgt, daß es der Ausfüllung des Blankoindossaments weder zur Klage noch zu irgend einem anderen Wechselakt bedarf. So kann der Verwalter im Konkurse des Blankoindossanten den W. unter Benutzung dieses Indossaments begeben. RG. 43 S. 41. Auch das eigene Blankoindossament legitimiert, Bolze 3 Nr. 542, RG. in LZ. 2 S. 703, und der Wechselinhaber, der den W. durch Blankoindossament erhalten, kann Vollindossament für sich oder einen Dritten herstellen. Über die Benutzung des Blankoindossaments nach Protesterhebung durch den zeitigen oder einen anderen Inhaber und, wenn Namensindossamente folgen, nach Durchstreichung derselben, Art. 36, 55, vgl. Note 24. WW. § 58. Grünhut 2 § 90.

7. Die Umwandlung des Namensindossaments in ein Blankoindossament mittels Durchstreichung des Transportvermerks ist grundsätzlich unstatthaft, Art. 13, 36, 55, nur statthaft vor der Begebung durch den Indossanten, durch den In-

dossanten selbst oder mit seiner Genehmigung. Die Zweifel, welche auch berechtigtes Durchstreichen gegen die Legitimation erwecken (daß die Streichung berechtigt war, hat der Wechselinhaber zu beweisen), machen den Wechselprozeß bedenklich. RG. 41 S. 412. Vgl. unter Wechselprozeß. OHG. 16 S. 141; 17 S. 411. Der Indossant, dessen Indossament willkürlich verändert, ist nicht regreßpflichtig. Grünhut a. a. O. bei Anm. 21.

8. Die Ausfüllung des Blankoindossaments, Art. 13, darf die Verpflichtung des Indossanten nicht erschweren; der Zusatz „ohne Protest" ist deshalb unzulässig, ObT. 33 S. 425, ebenso der Zusatz, der eine längere Präsentationsfrist bestimmt, als der Aussteller angegeben, Art. 19, 31, OHG. 17 S. 267, wohl aber der Zusatz „ohne Obligo", „nicht an Order", „in procura". Art. 42, Art. 14. Vertragswidrige und nachteilige Ausfüllung begründet aber nur eine Einrede in personam, die weiteren Wechselerwerbern regelmäßig nicht entgegengesetzt werden kann.

9. Der Blankoindossatar, der unter Benutzung des Blankoindossaments ohne neues Giro, durch bloße Übergabe des W., oder durch Zession weitergibt, scheidet aus dem Wechselverbande; zivilrechtlich kann er aber seinem Nehmer verantwortlich sein. Vgl. OHG. 17 S. 403. Engl. WO. Sekt. 58 ($_3$).

10. Wirkung des Indossaments. Grünhut 2 §§ 86, 87, 88. Der Indossatar erwirbt durch das Indossament alle Rechte aus dem Wechsel gegen Vormänner und Akzeptanten, als eigenes Recht, nicht vermöge Eintritts in die Rechte des Indossanten, vgl. Anm. 1, und die Befugnis, weiter zu begeben. Für sein Verhältnis zum Wechselschuldner ist deshalb das dem Indossament zum Grunde liegende Rechtsgeschäft gleichgültig, dasselbe kommt nur zwischen Indossatar und Indossanten in Betracht, abgesehen von Widerrechtlichkeit und dolus. Der Wechselschuldner kann deshalb auch keine Einrede daraus entnehmen, daß das Indossament gefälscht, wenn der Indossatar in gutem Glauben und nicht fahrlässig gehandelt hat. Art. 74, 76. OHG. 2 S. 281; 9 S. 26. RG. 4 S. 174; 5 S. 84. Ebenso kann ihm nicht entgegengesetzt werden, daß der Indossant minderjährig, oder daß das Giro der Ehefrau nicht konsentiert, oder daß der Indossant sonst nicht legitimiert. OHG. 16 S. 366; 23 S. 357; 8 S. 355. Das durch das Indossament für den Indossatar begründete eigene Recht geht auch durch sein weiteres Indossament, durch welches er wiederum nur ein neues eigenes Recht für seinen Indossatar begründet, nicht verloren; wenn er den Wechsel späterhin im Regreßwege einlöst, so entsteht damit nicht sein Regreßanspruch gegen seine Vormänner und den Akzeptanten aus dem Gesichtspunkt eines neuen Geschäfts oder des Erwerbs der Forderung des Nachmannes, sondern sein Anspruch beruht auf dem Wechselnexus, in den er durch das ihm erteilte Indossament eingetreten; die Einlösung des Wechsels ist nur die Voraussetzung, an welche die Geltendmachung seines Anspruchs geknüpft ist. Dies wird namentlich für die Frage entscheidend, ob der einlösende Indossant im Konkurse des Akzeptanten mit dieser Forderung aufrechnen kann, obwohl er zur Zeit der Einlösung wußte, daß der Akzeptant seine Zahlungen eingestellt hat. §§ 96 Nr. 2, 97 Nr. 3 preuß. KO., §§ 54, 55 Nr. 2, 3 deutsche KO., OHG. 24 S. 1 ff. (Pl.-Beschl.) gegen OHG. 17 S. 336 u. 407. Ebenso ObT. 81 S. 113, StrA. 71 S. 310. Anders: ObT. 7 S. 359, StrA. 34 S. 26, ob. österr. Gerichtshof, Erk. v. 6. Mai 1879, österr. Ger.-Ztg. 1880 S. 315. Vgl. WW. § 56. Grünhut 2 § 111, § 131.

11. Andererseits überträgt das Indossament nur die Rechte aus dem Wechsel, nicht aber z. B. das Recht des Ausstellers auf die beim Bezogenen, der so-

dann nicht akzeptiert, oder dessen Verbindlichkeit erloschen ist, befindliche Deckung, vgl. WW. § 26, OHG. 18 S. 189 (zugleich nach franz. R.); 16 S. 147; 19 S. 170; 23 S. 216, RG. 28 S. 60; 39 S. 371 (Warenforderung, die dem W. zugrunde liegt), auch nicht Rechte aus einer außerhalb des W. übernommenen zivilrechtlichen Bürgschaft, die nur einem bestimmten Wechselgläubiger und nicht etwa ausdrücklich jedem künftigen Wechselinhaber gegenüber übernommen, was auch nach BGB. nicht ausgeschlossen ist. Von selbst versteht sich aber, daß der indossierende Wechselinhaber die Rechte aus der Bürgschaft durch Zession übertragen, dazu auch seinem Indossatar gegenüber sich verpflichten kann. Nur der Satz des § 401 BGB. ist nicht auf das Indossament anwendbar. Vgl. RG. 41 S. 171. Ist gemäß Art. 85 das Indossament nach Auslandsrecht zu beurteilen, so entscheidet dieses Recht auch über die Frage, ob eine stillschweigende Zession der zivilen Forderung anzunehmen ist, RG. 65 S. 358, 359 (franz. R.). Die engl. WO. Sekt. 53 bestimmt (mit einer Ausnahme für Schottland) ausdrücklich, daß der W. keine Anweisung auf die Deckung in den Händen des Bezogenen enthält.

**12.** Das Indossament begründet Rechte aus dem Wechsel nur, wenn es wechselrechtlich von Bedeutung ist, also nicht, wenn es mit dem vorhergehenden Indossament nicht im Zusammenhange steht, eine Lücke zwischen ihm und dem vorhergehenden vorhanden ist. So wenig es Wechselrechte begründet, so wenig begründet es Pflichten aus dem Indossament; auch die ihm nachfolgenden Indossamente sind bedeutungslos. Art. 36. Es gibt keinen Regreß bis zur Lücke, d. h. der Indossant nach der Lücke haftet seinen Nachmännern nicht. OHG. 15 S. 168; 16 S. 39; 18 S. 139. Legitimiert ist nur der durch das letzte Indossament vor der Lücke legitimierte Inhaber. Dies ist sehr bestritten, dem OHG. ist aber beizutreten, weil das Indossament nach der Lücke kein Wechselrecht gegen Aussteller und Akzeptanten begründet, Art. 36, die wechselrechtliche Bedeutung des Indossaments aber in diesem Wechselrecht wurzelt, ohne dasselbe in der Tat nichts ist. Lehmann § 118. Grünhut 2 § 85 zu Anm. 18, 19.

**13.** Rückindossament. Grünhut 2 § 93. Der Satz 2 des Art. 10 erschöpft die Personen, an die durch Indossament vor Verfall (Nachindossament: Art. 16) indossiert werden kann, nicht; auch an den Notadressaten, Ehrenakzeptanten, Domiziliaten, Avalisten kann indossiert werden. OHG. 5 S. 126; 10 S. 286.

**14.** Die Wirkung des im Satz 2 Art. 10 zugelassenen Indossaments an die bereits im Wechselverbande stehenden Personen (Aussteller, Akzeptant, Indossant) hängt natürlich von der Stellung des Indossatars im Wechselverbande ab. Vgl. Thöl S. 779 ff. Grünhut 2 § 93, 1 § 28. Während der Bezogene, bevor er akzeptiert hat, dem Wechsel gegenüber wie ein Fremder erscheint, dem mit voller Wirkung giriert werden kann, der deshalb auch gegen sich selbst Protest erheben kann und muß, ist der Akzeptant als Indossatar nur sein eigener Schuldner, kann durch das Indossament keine Rechte gegen die Vormänner erwerben, deren Schuldner er ist, da solche sofort durch Konfusion erlöschen, und kann deshalb nach Verfall oder gar nach Protest auch nicht indossieren, und wenn er durch Dritte zahlt, kann diesen eine Einrede entgegengesetzt werden. ObT. 43 S. 248. Vgl. OHG. 16 S. 39; 1 S. 102; 5 S. 126; 8 S. 389; 15 S. 23; 25 S. 18, RG. 65 S. 128. Vor Verfall hat das Indossament des Akzeptanten volle Wirkung; er haftet dann doppelt, ohne Rechte gegen seine Vormänner zu haben. Die Zession eines Regreßanspruchs an den Akzeptanten ist wirksam, sofern dem Zessionar nicht nach dem unterliegenden Verhältnis die Einrede entgegensteht, daß er fordert, was er, wenn es ihm gezahlt, sofort wieder zurückzahlen müßte, RG. 65 S. 128. Bei Indossament an einen früheren Indossanten erlangt dieser jedenfalls kein Regreßrecht gegen die Zwischenmänner, da er selbst diesen aus seinem Indossament haftet. Das gleiche muß bei Indossament an den Aussteller gelten. Gegenüber seinem Indossanten dringt der Aussteller durch, wenn er die Einrede durch eine aus dem Rechtsgrund des Indossaments entnommene Replik entkräftet. RG. 65 S. 407 (das Blankogiro, durch das der Aussteller legitimiert wurde, war in der Absicht erteilt, für den Akzeptanten die Bürgschaft zu übernehmen). Wird an einen von mehreren Ausstellern indossiert, so gewinnt dieser volles Recht gegen die übrigen Aussteller. Ob und welcher Anspruch auf Ausgleichung zwischen den mehreren Ausstellern besteht, ist aus dem zivilen Rechtsverhältnis zwischen ihnen und nach dem bürgerlichen Recht zu entscheiden. Vgl. darüber Anm. 4 zu Art. 81. Domiziliat als Wechselinhaber vgl. Grünhut 2 § 102 zu Anm. 12.

15. Art. 14. Der Indossant haftet aus seiner Unterschrift jedem nach Art. 36 legitimierten Inhaber des Wechsels nach dem Inhalt des Wechsels zur Zeit des Indossaments, aber auch nur nach diesem; die Echtheit des Akzepts ist gleichgültig. Art. 75, 76. OHG. 3 S. 124. Hat er einen Blankowechsel indossiert, so gilt gegen ihn, was gegen den Aussteller und Akzeptanten gilt. Zahlung durch den Akzeptanten befreit ihn, aber der Akkord des Akzeptanten berührt seine Verpflichtung nicht. § 198 preuß. KO., § 193 deutsche KO. Einreden gegen seinen Indossatar aus seinem Rechtsverhältnis zu diesem bleiben ihm natürlich immer, OHG. 1 S. 100, dagegen kann er sie gegen dessen Nachmänner nur in den in Anm. 7 zu Art. 82 erörterten Fällen geltend machen.

16. Ind. ohne Obligo. Rektaindossament. Grünhut 2 § 73 (Klausel ohne Obligo), § 82 zu Anm. 21 ff. (Rektaklausel). Seine wechselmäßige Regreßpflicht kann der Indossant aufheben durch die Klausel „ohne Gewährleistung", „ohne Obligo", „ohne Garantie", „ohne mein Präjudiz" („ohne Gewähr für den Akzeptanten", „o. Vertr." (ohne Vertretung) ObT. 32 S. 436, genügt nicht), Art. 14, beschränken auf seinen eigenen Indossatar durch die Rektaklausel, Art. 15. W. Bd. 1 S. 492, 505. Prokuraindossament und Zession sind in letzterem Falle nicht ausgeschlossen. Vgl. Anm. 3. Auch Vollindossament und Blankoindossament sind nicht verboten, aber sie geben kein Recht gegen den Rektaindossanten. Staub Anm. 2 Art. 15. v. Canstein § 20 Anm. 5. Im Falle der Klausel ohne Obligo haftet der Indossant auch seinem Indossatar nicht. In beiden Fällen kann er die Haftung seiner Vormänner und des Akzeptanten nicht ausschließen, und die Klausel (ohne Obligo) berührt die Haftpflicht weder der vorausgehenden, noch der nachfolgenden Indossamente. OHG. 1 S. 97; RG. 18 S. 112. Im Zusammenhang damit steht, daß der Aussteller des Wechsels an eigene Order durch die Klausel „ohne Obligo" bei seinem Indossament seine Haftung als Aussteller nicht beseitigt. Vgl. Art. 8 Anm. 2, 8 (die engl. WO. ausdrücklich anders). OHG. 1 S. 97; 21 S. 273; 24 S. 15, 16. Bolze 4 Nr. 541. RG. 18 S. 112. ObT. 55 S. 122; 51 S. 283; 29 S. 4 0. StrA. 64 S. 287; 51 S. 153 (anders StrA. 16 S. 161. ObT. 29 S. 400. Präj. 2591). B. und L. S. 25, 78. WW. §§ 59, 61. Gruchot 31 S. 422.

17. Nachindossament. Grünhut 1 §§ 94—96. Art. 16. Es liegt nicht vor, wenn der Wechsel nach Protest an den Aussteller zurückgegangen und von diesem an einen Hintermann, also an eine schon im Wechselverbande stehende Person,

zur Geltendmachung des Wechselrechts mit oder ohne Giro zurückgegeben ist. Letzterer ist Wechselberechtigter schon vor Protest und wird daher durch die dem Aussteller entgegenstehenden Einreden nicht getroffen. Anders RG. 55 S. 323, wo ausgeführt wird, daß der Aussteller dem Hintermann durch einfache Rückgabe des Wechsels nebst Protest die wechselrechtliche Legitimation nicht verschaffen könne. So richtig dies ist, so sehr muß betont werden, daß die von vornherein vorhandene Legitimation durch den vorübergehenden Rückgang des Wechsels auf den Aussteller nicht zerstört wird. Vgl. auch OHG. 7 S. 123, RG. 23 S. 50, 51.

**18.** Nach Verfall und bis zum Ablauf der Protestfrist (Art. 41, 98 Nr. 6) kann mit voller Wirkung indossiert werden, auch durch Blankoindossament; OHG. 13 S. 257. Unterläßt der Indossatar den Protest, so ist der Indossant ihm nicht verhaftet. Ist das Indossament aber so spät erteilt, daß der Protest nicht mehr zu ermöglichen, so wird das Indossament wie das des präjudizierten Wechsels zu behandeln sein.

**19.** Art. 16 läßt das Nachindossament allgemein zu, auch bei der nicht akzeptierten Tratte und der Tratte mit benanntem Domiziliaten, Thöl S. 486 ff. W. Bd. 1 S. 514 ff. WW. §§ 62, 63. Es ist aber selbstverständlich ausgeschlossen bei verjährten Wechseln, OHG. 7 S. 316, und ebensowenig kann der Akzeptant den bei Verfall eingelösten Wechsel noch indossieren. Vgl. Anm. 14.

**20.** Der Art. 16 scheidet genau das Nachindossament des präjudizierten Wechsels (Abs. 1) von dem Indossament nach rechtzeitig erhobenem Protest. Präjudiziert ist der Wechsel auch, wenn der Protest mangelhaft, verspätet; alle Indossamente nach Ablauf der Protestfrist sind in diesem Falle nach Abs. 1 zu beurteilen. Andrerseits fällt, wenn der Protest am Verfalltage erhoben, jedes spätere Indossament unter Abs. 2. OHG. 2 S. 62. RG. 1 S. 293. Nicht präjudiziert ist der Wechsel, wenn der Protest erlassen ist, in bezug auf den, der ihn erlassen hat. Grünhut 2 § 95 bei Anm. 11.

**21.** Grünhut 2 § 95 unt. 2. Das Nachindossament des verfallenen, präjudizierten Wechsels ist wahres, volles Indossament, gibt volles Wechselrecht gegen den Akzeptanten und die Vormänner nach dem Ablauf der Protestfrist, nicht bloß die Rechte des Indossanten, sondern eigenes selbständiges Recht. Der Art. 36 ist auch für die Legitimation nach Verfall maßgebend, ein Blankoindossament vor Verfall deshalb auch hier zur Legitimation bei Erwerb nach Verfall zu benutzen. RG. 33 S. 145. Die neue Giroreihe beginnt mit dem ersten Nachindossament, und dem Indossatar können vom Akzeptanten so wenig wie bei Indossament vor Verfall Einreden aus der Person der Vor- oder Nachmänner oder aus seinem Rechtsverhältnis oder aus dem Rechtsverhältnis des Akzeptanten zu diesen entgegengesetzt werden, namentlich z. B. nicht die Einrede der rechtskräftig entschiedenen Sache, wenn ein Nachindossatar mit der Klage gegen den Akzeptanten abgewiesen ist. OHG. 2 S. 62, 281; 6 S. 99; 7 S. 316; 8 S. 167; 12 S. 154; 16 S. 365; 23 S. 6. Vgl. Anm. 24. Lehmann § 125.

**22.** Das Nachindossament des präjudizierten Wechsels macht den Wechsel einem Sichtwechsel gleich, da der verfallene Wechsel dem Akzeptanten jederzeit zur Einlösung vorgelegt werden kann. Art. 31. (Thöl S. 491.) W. Bd. 2 S. 769. Die Regreßpflicht des Nachindossanten besteht in der Haftung für Zahlung bei Vorzeigung des verfallenen Wechsels; daß diese gefordert, muß durch Protest ebenso wie bei Indossament vor Verfall nachgewiesen, der Protest in der von der Vorzeigung beginnenden Frist des Art. 41 erhoben werden. (Artikel 31?) Die Vorzeigung zur

Einlösung muß jedenfalls innerhalb der Verjährungsfrist, Art. 77, 100, erfolgen. OHG. 6 S. 99.

23. Grünhut 2 § 95 unt. 1. Anders wirkt das Nachindossament des protestierten Wechsels. Lehmann § 124. Durch den Protest ist der Kreis der wechselmäßig Verpflichteten abgeschlossen; der Wechsel ist kein Umlaufspapier mehr; Gegenstand des Verkehrs ist nicht mehr der Wechsel, sondern die durch den Protest fixierten Regreßrechte. Wie der Abs. 2 Art. 16 klar ergibt, erlangt der Nachindossatar in diesem Falle kein selbständiges Wechselrecht, sondern tritt nur wie ein Zessionar in die Rechte des ersten Nachindossanten als dessen Rechtsnachfolger ein. Dies gilt für den ersten wie die folgenden Nachindossatare; die ganzen Nachindossamente erscheinen wie eine Reihe von Zessionen; weder der erste Nachindossant noch die nachfolgenden haften wechselmäßig, OHG. 23 S. 36, aber auch nicht als Zedenten, da das Nachindossament Zession nicht ist. RG. 23 S. 49. Gewährleistung kann nur aus besonderem Vertrage gefordert werden. Die Folge ist, daß dem Wechselschuldner, auch dem Akzeptanten, die vor oder nach Protest, RG. 14 S. 105, 109, entstandenen Einreden sowohl dem ersten wie dem letzten Indossatar gegenüber zustehen, und zwar dem letzten Indossatar gegenüber alle Einreden auch aus der Person der früheren Nachindossanten, namentlich auch die Einreden der Rechtshängigkeit und der rechtskräftig enschiedenen Sache. OHG. 2 S. 64; 3 S. 218; 7 S. 199; 8 S. 168 (Litispendenz); 23 S. 36, 406. (Einrede der Verj. der Regreßforderung.) RG. 14 S. 105, 109; 23 S. 51; 33 S. 147. Dies soll für die benannten Indossanten wie für solche, die den Wechsel durch Blankoindossament nach Verfall erworben und unter Benutzung desselben weiter gegeben, ohne sich zu nennen, gelten, OHG. 23 S. 36, anders Grünhut a. a. O. Anm. 8. Die Aufrechnung mit Forderungen an die Zwischeninhaber ist, da wirkliche Zession nicht vorliegt, nicht an die Schranken des § 406 BGB. gebunden, Staub Art. 16 Anm. 9. Vgl. noch OHG. 23 S. 406 (Unterbrechung der Verjährung durch den Indossanten zugunsten des Nachindossatars). Eigene Provision kann der Indossatar nicht fordern, OHG. 18 S. 140.

Aus der zessionsähnlichen Natur dieses Nachindossaments folgt, daß der Aussteller an eigene Order, der nach Protest indossiert, auch nicht als Aussteller haftet, da er Regreßrecht gegen sich selbst zur Zeit des Indossaments nicht besaß, also auch nicht übertragen konnte. OHG. 21 S. 273.

24. Grünhut 2 § 96. Ein vor Protest ausgestelltes Blankoindossament kann nach Protest zur Weiterbegebung nicht benutzt werden. RG. 2 S. 75 (Pl. der Zivilsenate), 33 S. 145, 148 gegen OHG. 3 S. 214; 18 S. 4; 23 S. 36 und Grünhut a. a. O. Vgl. Volkmar u. L. S. 196. Lehmann § 124. Iherings Jahrb. 34 S. 427. Staub Anm. 13 zu Art. 16. v. Canstein § 20 Anm. 37.

25. Der nach Protest einlösende Remittent ist befugt, den Wechsel weiter zu indossieren, und der Inhaber ist zur Klage legitimiert, auch wenn die alten Giros undurchstrichen. Art. 36, 51, 55. OHG. 13 S. 67.

26. Beweislast. Grünhut 2 § 95 bei Anm. 22. Bei undatiertem Indossament kann die Zeit der Indossaments in beiden Fällen des Art. 16 erheblich werden. Im Zweifelsfalle wird der Kläger, der aus dem Indossament Wechselrecht für sich herleitet, das Datum zu beweisen haben.

27. Prokuraindossament (zur Einkassierung, in procura, zum Inkasso, zur Vollmacht, für meine Rechnung; „Wert in Rechnuug" nicht genügend). Grünhut 2 § 97. Thöl S. 417; V. und L. S. 89; W. Bd. 1 S. 508, WW. § 60,

Lehmann § 126. Es überträgt im Gegensatz zum Vollindossament keine Gläubigerrechte aus dem Wechsel und begründet infolgedessen auch keine Wechselpflichten zwischen Indossanten und Indossatar, sondern erteilt nur Ermächtigung zum Handeln im Interesse des Indossanten in dem Umfange, den Art. 17 angibt, sei es durch den Prokuraindossatar selbst, sei es durch weitere Prokuraindossamente. Mit dem weiteren Prokuraindossament fällt die formelle Legitimation des ersten Prokuraindossatars fort und dieser kann ohne Durchstreichung des folgenden Indossaments weder Protest erheben noch die Rechte aus dem W. geltend machen. Daß aber auch der letzte Vollindossatar, der das Prokuraindossament ausgestellt hat, behufs Herstellung seiner Legitimation zum Protest das Indossament durchstreichen müßte, wie RG. 32 S. 75 annimmt, läßt sich nicht zugeben. Ist das Prokuraindossament auch kein gewöhnliches Mandat, so ist es doch immerhin eine Vollmacht. Vgl. gegen das RG. namentlich Staub Anm. 3 zu Art. 17. Lehmann in Iherings Jahrb. 34 S. 424. Grünhut a. a. O. bei Anm. 7. Das Prokuraindossament ist eine weitgreifende Vollmacht in Form des Giro. Eigentümer des Wechsels bleibt der Prokuraindossant, er ist auch im Falle der Klage die eigentliche Prozeßpartei, die z. B. Eide zu leisten hat. Die Folge ist, daß dem Wechselschuldner alle Einreden aus der Person des Indossanten erhalten bleiben, während Einreden aus der Person des Prokuraindossatars unzulässig sind, daß der Nachweis, das Indossament sei gefälscht, zulässig, weil die Vollmacht dadurch beseitigt, daß der Indossant jederzeit auch ohne Rückindossament zur Wechselklage legitimiert, daß jedes folgende Indossament nur als Prokuraindossament gilt, auch wenn es als Vollindossament erscheint, daß der Indossatar kein Regreßrecht gegen den Indossanten hat. OHG. 1 S. 170, 278; 5 S. 36; 6 S. 55; 10 S. 156, 322; 11 S. 107, 110; 13 S. 301; 19 S. 44; 21 S. 117; 22 S. 173; 24 S. 14. RG. 27 S. 128. Das Prokuraindossament kann auch als Blankoindossament erteilt werden; dann ist jeder Wechselinhaber auf Grund desselben Prokuraindossatar.

Die Rechte und Pflichten des Prokuraindossatars gegen den Indossanten ergeben sich aus dem zivilen Mandatsverhältnis, das in der Regel ein auf Geschäftsbesorgung gerichteter Werkvertrag sein wird, BGB. § 675. Der Prokuraindossatar ist zur Protesterhebung verpflichtet und macht sich durch Unterlassung derselben dem Indossanten verantwortlich, OHG. 17 S. 413; 12 S. 316 und zwar auf Höhe der Regreßsumme; die Pflicht zur Klagerhebung ist konkret zu beurteilen. RG. in Gruch. 25 S. 112. Vgl. OHG. 14 S. 417; 17 S. 413 wegen des Schadenersatzes. Der Widerruf der in dem Prokuraindossament enthaltenen Vollmacht und das Erlöschen derselben, sowie die Wirkung beider Tatsachen gegen Dritte bestimmt sich jetzt nach den §§ 168 ff. BGB. Rehb., BGB. 1 S. 270 ff. Der § 176 BGB. betr. die Kraftloserklärung der Vollmachtsurkunde kann indessen, da die Vollmachtsurkunde zugleich der Wechsel, nicht angewendet werden. Auch § 175 Satz 2, der dem Bevollmächtigten das Zurückbehaltungsrecht an der Vollmacht nach dem Erlöschen versagt, kann aus demselben Grunde nicht absolute Anwendung finden. BGB. §§ 273, 274. HGB. II §§ 369—372. Über die Einwirkung des Konkurses des Indossanten und des Indossatars vgl. KonkO. § 23. Rehb., BGB. 1 S. 276. Grünhut 2 § 97.

28. Die Unterzeichnung des Vollindossaments mit dem Zusatz: „Generalbevollmächtigter des N. N." macht das Vollgiro nicht zu einem Prokuraindossament, wenn N. N. das vorangehende Vollgiro unterschrieben. OHG. 22 S. 254.

29. Inkassoindossament. Fiduziarisches Indossament. Grün-

hut 2 § 89. Ist, wie häufig geschieht, Vollindossament (mit Namen oder in blanco) erteilt, obwohl der Indossatar nach der Abrede materiell nur Prokuraindossatar ist, weil er die Wechselforderung nur für Rechnung des Indossanten einziehen soll, so ist im Verhältnis zwischen Indossanten und Indossatar natürlich das materielle Rechtsverhältnis entscheidend. Der Indossatar hat gegen den Indossanten keinen Wechselregreß; die Einrede aus der Abrede steht dem Indossanten gegen seinen Indossatar zu, OHG. 1 S. 95; 10 S. 323, gegen weitere Nachmänner nach den in Anm. 7 zu Art 82 entwickelten Grundsätzen.

Im Verhältnis zum Indossanten kann in diesem Falle der Indossatar nicht als Eigentümer des Wechsels angesehen werden. RG. 27 S. 128 in den Gründen anders. Im Konkurse des Indossatars vindiziert der Indossant deshalb den Wechsel trotz des Vollindossaments, da die Konkursgläubiger kein Recht haben, das der Gemeinschuldner nicht hat. Kommission im Sinn HGB. I Art. 360, II § 383 liegt nicht vor, und selbst wenn Kommission zum Verkauf (Kauf) vorliegt, würde nach Art. 368 Abs. 2 I, § 392 Abs. 2 II vor Ausführung der Kommission die Vindikation zuzulassen sein.

Anders liegt die Sache bei dem fiduziarischen Vollindossament, durch das der Indossatar Eigentümer werden soll, wenn auch mit Beschränkung, z. B. bei Vollindossament zur Bestellung eines Pfandrechts, BGB. § 1294, oder bei Vollindossament zur Einziehung für eigene Rechnung. Vgl. RG. 41 S. 114 (Vollindossament zur Einziehung teils für eigene, teils für Rechnung des Indossanten). Anders liegt die Sache auch bei Vollindossament zum Zwecke der Diskontierung, des Verkaufs. Das Indossament ist hier zur Eigentumsübertragung erteilt, ohne die der Auftrag nicht zu erfüllen. Nur ist der zweite Indossatar abzuweisen, der in Kenntnis von dem Sachverhalt den Indossanten in Anspruch nimmt, ohne die Valuta an den ersten gezahlt zu haben, Bolze 5 Nr. 497, und der Indossant kondiziert den in der Konkursmasse des ersten Indossatars befindlichen, noch nicht diskontierten Wechsel nach KonkO. § 43 wie in dem obigen Falle.

**30.** Dem Wechselschuldner gegenüber steht der durch Vollindossament legitimierte Wechselinhaber als Wechselgläubiger, auch wenn er materiell nur für Rechnung des Indossanten einziehen soll, in Wahrheit also Prokuraindossatar ist. Bolze 12 Nr. 316. Der Wechselschuldner ist nicht nur berechtigt, ihn als Wechselgläubiger anzusehen, sondern auch verpflichtet, nicht anders als der deb. cessus dem Zessionar gegenüber, der ihm notifiziert ist, oder der sich durch Vorlegung der Zessionsurkunde legitimiert. BGB. § 409. Der Wechselschuldner hat deshalb alle Einreden, die ihm nach Art. 82 gegen den klagenden Indossatar zustehen, OHG. 21 S. 119; 22 S. 254, und das absolvierende Judikat, das er ihm gegenüber erstritten, gilt dem Indossanten gegenüber selbst dann, wenn der Indossatar im Prozeß zur Abwendung dieser Folge erklärt, er sei nur Prokuraindossatar. RG. 27 S. 128; 36 S. 54 (res jud.). RG. 43 S. 40 (res jud. gegen neuen Inkassomandatar). RG. 43 S. 90 (res jud. bei Abweisung wegen mangelnder Wechsellegitimation). OHG. 1 S. 277, Bolze 12 Nr. 320 anders. Vgl. Hellwig, Wesen und subjekt. Begrenzung der Rechtskraft §§ 42, 43. Auch Vergleich des Indossatars bindet den Indossanten, selbst wenn der Wechselschuldner Kenntnis von der materiellen Natur des Indossaments gehabt hat, es müßte denn Kollusion mit dem Indossatar vorliegen. OHG. 21 S. 117. Auf der anderen Seite ist der Inkassomandatar auch passiv legitimiert, wenn Zahlungen, Sicherstellungen, die ihm gegenüber vorgenommen wurden, von den Gläubigern des Wechselschuldners oder in dessen Konkurse vom Verwalter angefochten werden sollen, RG. 23. März 1906, VII. 330. 05.

**31.** Der Wechselschuldner ist verpflichtet, den Indossatar als den Wechselgläubiger anzusehen, d. h. er kann darauf allein, daß materiell nur Prokuraindossament vorliege, keine Einrede stützen, so wenig wie der deb. cessus darauf allein, daß die Zession nicht zur Übertragung des Gläubigerrechts erfolgt sei. Aber dem Wechselschuldner können seine Einreden gegen die Person des Indossanten nicht dadurch abgeschnitten werden, daß der Indossant formell ein Vollindossament erteilt, das in Wahrheit nur zur Einziehung für seine Rechnung instand setzen soll. Wer für Rechnung seines Indossanten handelt, muß sich die gegen diesen begründeten Einreden unter allen Umständen entgegensetzen lassen. Dieser Gedanke ist in der Rechtsprechung des RG. in der Form zum Durchbruch gelangt, daß ein Indossatar, der eine in Wirklichkeit nicht bestehende Forderung für Rechnung seines Indossanten einzieht, schon dadurch arglistig handle (exc. doli generalis, vgl. darüber Anm. 6 zu Art. 82). RG. 4 S. 100; 11 S. 10; 23 S. 125; 32 S. 129; 36 S. 56; 41 S. 114 (Fall, wo das Vollindossament gegeben, um einen Teil für sich, den anderen für den Indossanten beizutreiben); 51 S. 156 (bei Wechsel über Spiel- oder Wettschuld, § 762 BGB.). Grünhut a. a. O., Cosack, Handelsrecht § 53 III 2 b. Das OHG. (1 S. 270; 4 S. 191; 5 S. 36; 6 S. 44; 7 S. 245) nahm abweichend an, daß die exc. doli nur bei Absicht beider Teile, dem Wechselschuldner die Einreden abzuschneiden, offen stehe.

**32.** Nach französ. u. ital. R. ist der Wechsel nicht an sich Orderwechsel, sondern muß an Order gestellt sein, um begebbar zu sein. Die engl. WO. Sekt. 8, 55 (2) und die russ. WO. stimmen jetzt mit der D. WO. überein; die Übertragbarkeit versteht sich, wenn sie nicht ausgeschlossen. Die ungar. WO. fordert das Indossament in dorso. In bezug auf das Nachindossament weicht das ausl. R. vielfach ab. Das skandin. Ges. verwirft es ganz, das ital. R. gibt ihm nur die Wirkung der Zession. Auch die engl. WO. Sekt. 29 (1), 36 (2) behandelt es nicht als Indossament, im Sinne der Anm. 10, im Verhältnis zu dem Prinzipalverpflichteten. Nach Sekt. 10 (2), 55 (2) haftet der Indossant dem Indossatar aber wie aus einem Sichtwechsel. Nach französ., ital., span. R. muß das Indossament datiert sein und Valutabekenntnis enthalten, sonst gilt es nur als Vollmacht; ebenso nach holl. R. W. Bd. 1 S. 531 ff. Über den Anspruch des Indossatars der nicht akzeptierten Tratte auf die Deckung bei dem Bezogenen nach französ. R. vgl. OHG. 18 S. 189. Vgl. Anm. 1. Späing S. 38 ff. Vgl. RG. 23 S. 49 über Nachindossamente nach französ. R. — Indossament nach dänischem Recht: Bolze 8 Nr. 368. v. Canstein §§ 31, 32. Russ. WO. Art. 15—26; Art. 89.

## IV. Präsentation zur Annahme.

**Artikel 18.** Der Inhaber eines Wechsels ist berechtigt, den Wechsel dem Bezogenen sofort zur Annahme zu präsentieren und in Ermangelung der Annahme Protest erheben zu lassen. Eine entgegenstehende Übereinkunft hat keine wechselrechtliche Wirkung. Nur bei Meß- oder Marktwechseln findet eine Ausnahme dahin statt, daß solche Wechsel erst in der an dem Meß- oder Marktorte gesetzlich bestimmten Präsentationszeit zur Annahme präsentiert und in Ermangelung derselben protestiert werden können. Der bloße Besitz des Wechsels ermächtigt zur Präsentation des Wechsels und zur Erhebung des Protestes mangels Annahme.

**Artikel 19.** Eine Verpflichtung des Inhabers, den Wechsel zur Annahme zu präsentieren, findet nur bei Wechseln statt, welche auf eine bestimmte Zeit nach Sicht lauten. Solche Wechsel müssen bei Verlust des wechselmäßigen Anspruchs gegen die Indossanten und den Aussteller nach Maßgabe der besonderen im Wechsel enthaltenen Bestimmung und in Ermangelung derselben binnen zwei Jahren nach der Ausstellung zur Annahme präsentiert werden. Hat ein Indossant auf einem Wechsel dieser Art seinem Indossament eine besondere Präsentationsfrist hinzugefügt, so erlischt seine wechselmäßige Verpflichtung, wenn der Wechsel nicht innerhalb dieser Frist zur Annahme präsentiert worden ist.

**Artikel 20.** Wenn die Annahme eines auf bestimmte Zeit nach Sicht gestellten Wechsels nicht zu erhalten ist oder der Bezogene die Datierung seines Akzepts verweigert, so muß der Inhaber bei Verlust des wechselmäßigen Anspruchs gegen die Indossanten und den Aussteller die rechtzeitige Präsentation des Wechsels durch einen innerhalb der Präsentationsfrist (Artikel 19) erhobenen Protest feststellen lassen.

Der Protesttag gilt in diesem Falle für den Tag der Präsentation.

Ist die Protesterhebung unterblieben, so wird gegen den Akzeptanten, welcher die Datierung seines Akzepts unterlassen hat, die Verfallzeit des Wechsels vom letzten Tage der Präsentationsfrist an gerechnet.

Vgl. Art. 25—28, 24 Abs. 2, 91, 92, 98 Nr. 3.

Thöl S. 184, 260, 172, 176. B. und L. S. 91 ff. W. Bd. 2 S. 716, 882, Bd. 1 S. 58 ff. W.W. §§ 68, 82 (Protest). Über Sichtwechsel: W.W. §§ 52, 53. Lehmann §§ 95, 96, 116. v. Canstein §§ 11, 12. Grünhut 2 §§ 74, 98. Dernburg § 256. K. Lehmann § 148.

---

1. Zusätzliche Bestimmungen bezüglich der Meß- und Marktwechsel enthalten:

a) Das Gesetz v. 26. Februar 1850 für Frankfurt a. Main. § 1: Wechsel, welche auf die erste Meßwoche zahlbar lauten, können erst am Mittwoch dieser Woche, d. i. am ersten Tage der Messe zur Annahme präsentiert werden. Wechsel, welche auf die Messe ohne weitere Angabe oder auf die zweite oder auf die dritte Meßwoche zahlbar lauten, können erst an dem Mittwoch, mit welchem die zweite Meßwoche beginnt, zur Annahme präsentiert und in deren Ermangelung protestiert werden.

b) Die V. v. 13. Mai 1867 betr. die Einführung der WO. in das Gebiet des vormaligen Kurfürstentums Hessen hat den Abs. 2 des Art. 18 der kurhessischen WO. v. 26. Oktober 1859 aufrecht erhalten, wonach Meß- oder Marktwechsel erst mit dem Beginn der Messe oder des Marktes zur Annahme präsentiert werden können.

c) Der § 4 des EG. v. 11. Januar 1849 für Braunschweig: daß bei

Braunschweiger Meßwechseln Protest mangels Annahme erst zulässig mit dem Montag in der ersten Meßwoche.

d) Nach §§ 3 u. 5 des Ges. v. 25. April 1849 für das Kgr. Sachsen beginnt für Leipziger Meßwechsel die Frist der Präsentation zur Annahme am Tage nach Einläutung der Messe, in welcher die Zahlung geschehen soll, und dauert in der Jubilate- und Michaelismesse bis Donnerstag inkl. nach Ausläutung der Messe; in der Neujahrsmesse bis zum 12. Januar inkl. und, wenn dieser ein Sonntag, bis zum folgenden Tage.

e) Das ostpreuß. Provinzialrecht Zus. 143 setzt für Königsberg den 1. bis 5. Markttag abends 7 Uhr inkl., die KabO. v. 10. Dezember 1840 (GS. S. 15) für Breslau die Zeit von Montag bis Freitag Mittag 12 Uhr als Präsentationszeit fest.

f) Nach dem österr. Einf.Ges. § 3 dürfen inländische Meß- und Marktwechsel nicht vor Anfang und bei Dauer von 8 Tagen oder mehr nicht vor der zweiten Hälfte zur Annahme präsentiert werden, in Ungarn während der ganzen Dauer des Marktes, bei mehr als achttägiger Dauer bis zum achten Markttage. Grünhut a. a. O. Anm. 16.

g) Die Bestimmungen für Elbing, ALR. II. 8 § 968, und Naumburg, AKO. v. 24. März 1831, haben keine Bedeutung mehr. Bezüglich Frankfurt a. d. O. vgl. die AKO v. 31. März/31. Mai 1832 und die Bekanntm. v. 3. Febr. 1875 und 21. Juli 1885. Anm. 1. c. zu Art. 30ff.

Wo die Präsentationszeit nicht gesetzlich bestimmt ist, muß die Ortsgewohnheit entscheiden. Über den Begriff der Meß- und Marktwechsel vgl. zu Art. 35.

2. Präsentation und Protest muß an dem in der Adresse angegebenen Wohnort des Bezogenen, nicht im Domizil, OHG. 10 S. 49, RG. 8 S. 68, in dem in Art. 91 WO. bestimmten Lokal erhoben werden. Außerdem kommt für den Ort Art. 91a in Betracht; vgl. ferner Anm. 2 zu Art. 91ff. Jeder Inhaber, nicht nur der nach Art. 36 legitimierte, ist hierzu befugt. Art. 92 über Sonn- und Feiertage und über Proteststunden kommt auch hier zur Anwendung. Bedeutung haben Präsentation zur Annahme und Protest nur so lange, als bloß Annahme und nicht Zahlung gefordert werden kann.

3. Der Art. 18 setzt die Akzeptabilität der Tratte, die, als aus der Natur des gezogenen Wechsels hervorgehend, nicht ausgeschlossen werden kann, prinzipiell fest und das Recht des Inhabers, den Wechsel sofort zur Annahme zu präsentieren. Dies Recht ist nur im Abs. 2 für Meß- und Marktwechsel beschränkt. Aus diesem Recht folgt die Pflicht des Wechselverpflichteten zur Erstattung der Kosten des Protestes. Art. 8, 14. Eine gesetzliche Pflicht, zur Annahme zu präsentieren oder, wenn präsentiert, zu protestieren, was den Wechsel diskreditieren könnte, besteht für Wechsel auf bestimmte Zeit nach Sicht, um zu verhindern, daß deren Umlauf ins Ungewisse verlängert werde, Art. 19; über den Ort der Protestaufnahme vgl. Anm. 2 zu Art. 91ff. Auch für Domizilwechsel kann der Aussteller, nicht der Indossant, die Präsentation vorschreiben. Art. 24 Abs. 2. Bei anderen Wechseln kann der Aussteller (Indossant) durch das Gebot der Präsentation kein Präjudiz schaffen. Vgl. übrigens Art. 62. Ohne Vorschrift im Wechsel kann Präsentationspflicht durch Abrede, die nur zwischen den Kontrahenten wirkt, geschaffen werden. OHG. 4 S. 403.

4. Dadurch, daß Aussteller oder Indossant die Präsentationszeit bestimmen,

ist der Inhaber nicht behindert, sofort zur Annahme zu präsentieren. In allen Fällen enthält die Beifügung einer Präsentationsfrist nur eine Vorschrift für den Inhaber zugunsten dessen, der die Präsentation vorgeschrieben hat, nicht für den Akzeptanten. Die Nichtbeobachtung führt nur Verlust des Regreßanspruchs herbei, das Wechselrecht gegen den Akzeptanten geht nur durch Verjährung verloren.

5. Bei Wechseln auf bestimmte Zeit nach Sicht kann die Verfallzeit nur auf die im Art. 20 bestimmte Art festgestellt werden, also durch Datierung des Akzepts, Protest mangels Datierung oder Annahme, oder Ablauf der Präsentationsfrist. Das undatierte Akzept hat ohne Protest den Regreßpflichtigen gegenüber gar keine Bedeutung; der Akzeptant muß zahlen, aber erst nach Ablauf der zweijährigen Frist nach der Ausstellung und der hinzuzurechnenden Sichtfrist, von da läuft auch die Verjährung. Der gesetzliche Verfalltag nach Art. 20 Abs. 3 tritt selbst dann ein, wenn eine frühere Präsentation zur Sicht nicht stattgefunden hat. Ebenso bei nicht befristetem Sichtwechsel. OHG. 4 S. 344; 11 S. 47; 14 S. 30. Durch die unterlassene Präsentation und Protestlevierung geht nur der Regreß, nicht der Anspruch gegen den Akzeptanten verloren. StrA. 59 S. 341. OHG. 16 S. 346, 348. Nach OHG. 3 S. 300; 20, S. 174, RG. 8 S. 69, Bolze 2 Nr. 801; RG. im BankArch. 5 S. 191 soll dem Akzeptanten gegenüber der Verfalltag eines befristeten Sichtwechsels auch durch Klagerhebung bestimmt werden können (ebenso die früheren Aufl. zu Art. 30ff. Anm. 4). Das ist zweckmäßig, hat aber im Gesetz keinen Boden. Bernstein Anm. 2 zu Art. 20, Grünhut 1 § $51_{10}$. Auch ZPO. § 605 Abs. 1 ist angesichts des Abs. 2 von der Gegenansicht aus kaum verständlich. Vgl. im übrigen Art. 31. Auf beschränktes Akzept, Art. 22, findet Art. 20 keine Anwendung. Vgl. auch ObT. 41 S. 286. Thöl S. 172, 176. W. Bd. 2 S. 882.

6. Der inländische Aussteller und Indossant wird sich auf Art. 19, 20 auch dann berufen können, wenn der Wechsel im Auslande ausgestellt oder zahlbar; für die Regreßpflicht ist das Recht des Ortes maßgebend, nach welchem die Wechselerklärung zu beurteilen, auf der die Regreßpflicht beruht. Vgl. OHG. 1 S. 292; 11 S. 217; 21 S. 153.

7. Über Besorgung von Wechselakzepten durch Postaufträge vgl. Postordnung v. 20. März 1900 § 18 (Zentralbl. f. d. D. Reich S. 53) und Übereinkommen betr. die Postaufträge v. 4. Juli 1891 (RGBl. 1892 S. 579). Grünhut 2 § 79 Anm. 28. Über Haftung der Post dabei RG. 19 S. 101. Über ausl. R. s. Wächter Bd. 2 S. 725ff., 891ff., 58ff. Späing S. 64ff. Im allgemeinen stimmt dasselbe mit dem Deutschen überein. Nach der engl. WO. Sekt 39 besteht eine Verpflichtung zur Präsentation zur Annahme bei W. nach Sicht, und wo sie im W. vorgeschrieben, oder der W. außerhalb der Wohnung, des Geschäftslokals des Bezogenen zahlbar ist. v. Canstein § 32 A. 7. Sie weicht im übrigen mehrfach ab, Sekt. 10, 12, 13, 36 ($_3$), 45 ($_2$), behandelt als Sichtwechsel auch die W. ohne Zahlungszeit und die nach Verfall akzeptierten oder indossierten, läßt die Verfallzeit eintreten, wenn der W. unverhältnismäßig lange im Umlauf, und verpflichtet zur Präsentation in angemessener Zeit nach Begebung und Indossierung, um Aussteller und Indossanten verantwortlich zu machen. An die Stelle des Protestes tritt für Inlandwechsel auch hier die Notifikation. Vgl. bei Art. 41ff. Russ. WO. Art. 91ff.

## V. Annahme (Akzeptation).

**Artikel 21.** Die Annahme des Wechsels muß auf dem Wechsel schriftlich geschehen.

Jede auf den Wechsel geschriebene und von dem Bezogenen unterschriebene Erklärung gilt für eine unbeschränkte Annahme, sofern nicht in derselben ausdrücklich ausgesprochen ist, daß der Bezogene entweder überhaupt nicht oder nur unter gewissen Einschränkungen annehmen wolle.

Gleichergestalt gilt es für eine unbeschränkte Annahme, wenn der Bezogene ohne weiteren Beisatz seinen Namen oder seine Firma auf die Vorderseite des Wechsels schreibt.

Die einmal erfolgte Annahme kann nicht wieder zurückgenommen werden.

**Artikel 22.** Der Bezogene kann die Annahme auf einen Teil der im Wechsel verschriebenen Summe beschränken.

Werden dem Akzept andere Einschränkungen beigefügt, so wird der Wechsel einem solchen gleichgeachtet, dessen Annahme gänzlich verweigert worden ist, der Akzeptant haftet aber nach dem Inhalte seines Akzepts wechselmäßig.

**Artikel 23.** Der Bezogene wird durch die Annahme wechselmäßig verpflichtet, die von ihm akzeptierte Summe zur Verfallzeit zu zahlen.

Auch dem Aussteller haftet der Bezogene aus dem Akzepte wechselmäßig.

Dagegen steht dem Bezogenen kein Wechselrecht gegen den Aussteller zu.

**Artikel 24.** Ist in dem Wechsel ein vom Wohnorte des Bezogenen verschiedener Zahlungsort (Artikel 4 Nr. 8) angegeben (Domizilwechsel), so ist, insofern der Wechsel nicht schon ergibt, durch wen die Zahlung am Zahlungsort erfolgen soll, dies vom Bezogenen bei der Annahme auf dem Wechsel zu bemerken. Ist dies nicht geschehen, so wird angenommen, daß der Bezogene selbst die Zahlung am Zahlungsorte leisten wolle.

Der Aussteller eines Domizilwechsels kann in demselben die Präsentation zur Annahme vorschreiben. Die Nichtbeobachtung dieser Vorschrift hat den Verlust des Regresses gegen den Aussteller und die Indossanten zur Folge.

Vgl. Art. 43, 99.

Dernburg §§ 262, 263; § 257 (DomizilW.), § 270 (Revalierung). Thöl S. 267 ff., 638 ff. (Domiziltratten). B. u. L. S. 104 ff. W. Bd. 1 S. 27, 45, 219. W.W. §§ 19, 69, 51 (DomizilW.). §§ 69—72. Lehmann §§ 63, 64, 113—117. v. Canstein §§ 17, 19, 28. Grünhut 2 §§ 98, 99, 100, 101. K. Lehmann § 140.

---

**1.** Zu Art. 24 enthält der § 9 der V. v. 13. Mai 1867 betr. die Einführung der WO. in die Herzogtümer Holstein und Schleswig und der § 6 d. V. v. 5. März 1849 für Hamburg die durch § 3 des Ges. v. 5. Juni 1869, Art. 21 EG. z. HGB. II., aufrecht erhaltene zusätzliche Bestimmung, daß auf Altona, zahlbar Hamburg, gezogene Wechsel, wenn nicht ein bestimmter, in Hamburg wohnhafter Domiziliat benannt, nicht als Domizilwechsel gelten und daher in Altona zur Zahlung zu präsentieren sind, ebenso wenn umgekehrt Wechsel auf Hamburg, zahlbar Altona, gezogen. Zu erwähnen ist hier noch § 8 des EG. f. Bremen, wonach der Bezogene, der den ihm präsentierten Platzwechsel auf Zurückforderung nicht an demselben Tage zurückliefert, zu unbedingter Akzeptation verpflichtet ist. Eine wechselrechtliche Pflicht zum Akzept besteht nicht; der § 8 bestimmt solche auch nicht, sondern nur eine zivilrechtliche, deren Nichterfüllung die Verpflichtung zum Schadensersatz nach sich ziehen kann. Der § 8 ist deshalb unberührt geblieben.

**2.** Grünhut 2 § 99. Das Akzept muß ebenso wie seine Modifikationen Art. 22, auf dem formell gültigen, gezogenen Wechsel selbst schriftlich erfolgen; weder die mündliche Erklärung, bei Verfall zahlen zu wollen, begründet Wechselpflicht, OHG. 22 S. 212; 21 S. 163, noch ist Akzept auf Wechselkopie ausreichend; Art. 70, 71. (Anders bei Akzept auf Wechselduplikat, Art. 67 Nr. 2, und bei Ehrenakzept, Art. 62.) Deshalb genügt Präsentation der Kopie nicht zur Begründung des Regresses wegen Nichtannahme. Der Bezogene, der nur die (als solche bezeichnete) Kopie akzeptiert, hat den W. nicht akzeptiert. Aus Art. 81 folgt nur, daß Mitunterzeichnung des Akzepts auf Kopie genügt, wenn das Akzept auf dem Wechsel selbst vorhanden und die Kopie es ergibt. Akzept eines eigenen Wechsels ist wirkungslos. Über die Form und den Inhalt der Annahmeerklärung gibt die WO. keine Vorschrift, die einfache Namensschrift auf der Vorderseite des Wechsels genügt, RG. 12 S. 118, 120 (Namensunterzeichnung des Bezogenen unter der Ausstellerunterschrift). Wird der Namensschrift eine Erklärung, aus der die Annahme folgt (angenommen, anerkannt, gesehen, gut für . . . , u. a.), hinzugefügt, so ist die Stelle im Wechsel, wo sich das Akzept befindet, gleichgültig. Hat der Bezogene auf der Vorderseite akzeptiert, so kann er durch Bemerkung auf der Rückseite die Wirkung nicht aufheben. StrA. 30 S. 342. Die Zusätze dürfen nicht so sein, daß sie mit der Annahme, der Bezogene habe die Wechselverpflichtung übernehmen wollen, unvereinbar; drücken die Zusätze nicht unverkennbar die Nichtannahme aus, so sind sie unschädlich. Art. 21 Abs. 2. OHG. 24 S. 266 (prolongiert, gesehen). Vgl. OHG. 12 S. 148; 18 S. 302. RG. 50 S. 12. Unschädlich ist nach Art. 81 namentlich der Zusatz per aval. Im übrigen gilt für die Unterschrift des Akzeptanten (Name, Firma) alles, was für Wechselunterschrift im allgemeinen gilt. Vgl. Anm. 24—30 zu Art. 4. RG. 14 S. 17 (Firmastempel genügt, wenn Namensschrift hinzugefügt). RG. 34 S. 53 (offene Handelsges.). RG. 50 S. 54 (Akzept durch Prokuristen mit der Firma ohne eigene Namenszeichnung). RG. in JW. 1902 S. $636_{19}$.

**3.** Das Gesetz sagt nicht, wann das Akzept auf den W. gebracht werden muß. Art. 18 ff. Nach dem Eintritt der Verjährung hat es keine rechtliche Bedeutung mehr, aber solange ist es auch zulässig, namentlich auch nach Verfall.

4. Das Datieren des Akzepts ist nicht vorgeschrieben; eine Vermutung dafür, daß das Akzept gleichzeitig mit der Ausstellung erfolgt, besteht nicht, das Gegenteil ist die Regel und eher zu vermuten, daß nach Ausstellung akzeptiert. Jedenfalls ist Gegenbeweis auch nach dieser Richtung hin nicht ausgeschlossen, wenn es sich z. B. um Wechselfähigkeit und Vertretungsbefugnis handelt. RG. 11 S. 5, 7. Wer aus dem Akzept des Vertreters klagt, muß im Streitfall beweisen, daß die Vertretungsbefugnis zur Zeit des Akzepts bestand. OHG. 20 S. 100; 19 S. 317; 3 S. 52. Das Datum des Akzepts ist im Streitfalle von dem zu beweisen, der Rechte aus dem Akzept geltend macht, die von der Akzeptzeit abhängig. Über Datierung des Akzepts bei W. auf bestimmte Zeit nach Sicht vgl. Art. 19, 20.

5. Nach Abs. 4 Art. 21 kann die einmal (durch Niederschrift der Erklärung) erfolgte Annahme nicht wieder zurückgenommen werden. Das kann nur bedeuten, daß das aus der Annahme entstandene Recht willkürlich nicht beseitigt werden kann, sei es durch entgegengesetzte Erklärung, sei es durch Tilgung des Akzepts. In ALR. II 8 §§ 997, 998 war das ausdrücklich gesagt. Vgl. Dernburg § 253 II. Lehmann §§ 63, 113. Grünhut 2 § 77. Ob aus getilgtem Akzept geklagt oder im Wechselprozeß geklagt werden kann, ist eine andere Frage; für den Wechselprozeß ist es zu verneinen. In OHG. 1 S. 274 ist auch die ordentliche Klage nur auf Wiederherstellung des Akzepts zugelassen. Vgl. aber Art. 73. (Anders frühere Auflagen.) Aus Abs. 4 Art. 21 folgt natürlich nicht, daß der Akzeptant ein Akzept nicht durchstreichen kann, aus dem für niemand ein Recht erwachsen, weil ein Berechtigter noch nicht vorhanden oder als vorhanden zu denken, oder ein Akzept, dessen Verbindlichkeit durch Einlösung des W. erfüllt. Aber den behufs Leistung des Akzepts erhaltenen W. darf der Bezogene nach der Niederschrift des Akzepts ohne besonderes Recht nicht zurückhalten. Materiell befugte Tilgung der Niederschrift tilgt mit dieser auch die Verbindlichkeit daraus. Darauf, daß die Verflichtung aus dem Akzept durch die Niederschrift des Akzepts, nicht durch die Aushändigung begründet wird, beruht RG. 9 S. 56. In diesem Falle hatte A über Kaufpreis auf B gezogen, Sekunda giriert, Prima zum Akzept an B gesandt, B akzeptiert, vor Aushändigung aber C als Gläubiger des A einen Teil des Kaufpreises mit Beschlag belegt, was B der Klage des Sekundainhabers auf Aushändigung der Prima opponierte. Er ist in allen Instanzen verurteilt. Vgl. auch Bolze 11 Nr. 269. Anm. 4 zu Art. 66. Die engl. WO. fordert ausdrücklich auch für die Perfektion des Akzepts die Übergabe, Sekt. 21, 31, während die russ. WO. Art. 96 bestimmt, daß mit der Annahme der Akzeptant als verpflichtet gilt, zu zahlen. Ebenso das schweiz. und das skand. Ges. (Art. 740 § 21). Über das Durchstreichen des Akzepts vgl. W.W. § 72. Das skand., schweiz. Ges. erklären es für unwirksam. Über engl. R. vgl. engl. WO. Sekt. 63, 64. Ital. HGB. Art. 264. Art. 11 des belg. Ges. v. 1872. Russ. WO. Art. 95 Satz 2: Der Wechsel, auf dem das Akzept durchstrichen, gilt als nicht angenommen.

6. Qualifizierte, modifizierte Akzeptation. Grünhut 2 § 101. Die Einschränkungen des Akzepts im Sinne Art. 22 können sich, abgesehen von der Summe, auf Zeit, Ort beziehen; solche Einschränkungen sind für Aussteller und Indossanten kein Akzept, für das Rechtsverhältnis unter ihnen ist nur der Wechselinhalt maßgebend; dies ist erheblich für die Feststellung der Verfallzeit, die

Protestpflicht, die Verjährung, vgl. zu Art. 25, 41 und 77ff. Wer sich z. B. Akzept mit Änderung der Verfallzeit gefallen läßt, verliert den Regreß, wenn er nicht für die wechselmäßige Verfallzeit protestiert. Nur das Teilakzept darf nicht zurückgewiesen werden. Art. 22, 25. OHG. 21 S. 150, 152. Bedingtes Akzept ist kein Akzept, ebenso wie ein Akzept auf Raten, oder „zahlbar an mich selbst". Akzept mit Zahlstelle, OHG. 17 S. 53; 25 S. 107, RG. 14 S. 148 ist zulässig; der Zahlungsort, die Zahlungspflicht, also auch Protestort wird dadurch nicht geändert, Art. 91. Wegen der Lokalität vgl. Anm. 5 zu Art. 91ff. Beschränkt der Bezogene sein Akzept durch den Zusatz: „nicht an Order, nur an N. N.", so haftet er dem Indossatar nicht, und dem, dem er sich verpflichtet, auch nicht für Kosten aus dem weiteren Umlauf, OHG. 14 S. 61. Akzept auf eine höhere Summe, als die im Wechsel verschriebene, ist für den überschießenden Betrag bedeutungslos, da insoweit kein Wechsel vorhanden. Über Beschränkung des Akzepts durch Domizilierung vgl. Anm. 12. Thöl S. 281, 295, 789. B. u. L. S. 107, 115. W. Bd. 1 S. 37. W.W. § 71. Anders Grünhut a. a. O. Russ. WO. Art. 93, 95.

7. Der Akzeptant haftet aus seiner Unterschrift, nicht aus einem Vertragsverhältnis zwischen ihm und dem Aussteller, sondern aus seiner einseitigen Erklärung, dem Aussteller und jedem späteren Wechselnehmer; jeder hat ein besonderes selbständiges Forderungsrecht gegen ihn. RG. 24 S. 87; 9 S. 56. Anm. 4. Grünhut 2 § 74. Akzeptiert der Vorstand einer Aktiengesellschaft einen von ihm auf die Gesellschaft gezogenen Wechsel in deren Namen, so findet HGB. § 247, nicht aber BGB. § 181 Anwendung, RG. in LZ. 1 S. 218. Eine Unterschrift, die, weil gefälscht, nicht die Unterschrift des Bezogenen ist, bindet diesen nicht wechselmäßig, auch wenn er Einlösung verspricht, vgl. zu Art. 75, 76 Anm. 1a. Das Deckungsverhältnis zwischen dem Aussteller und Akzeptanten ist deshalb an und für sich dem dritten Wechselinhaber gegenüber unerheblich, der Akzeptant kann weder daraus, noch aus der Person der Vor- oder Nachmänner eine Einrede entnehmen. Er kann deshalb dem Dritten namentlich nicht entgegensetzen, daß er nur aus Gefälligkeit gegen den Aussteller akzeptiert habe, wenn der Dritte nicht unter seinem Namen den nicht vorhandenen Anspruch des Ausstellers geltend macht, Art. 82 Anm. 7. Ob der Dritte gewußt, daß der Bezogene nur aus Gefälligkeit akzeptierte, ist, abgesehen von diesem Falle, gleichgültig, da das Gefälligkeitsakzept regelmäßig gerade gegeben wird, um den Wechsel begebbar zu machen, Bolze 3 Nr. 545; 5 Nr. 497; 18 Nr. 314, RG. in Gr. 46 S. 137. Die empfangene Deckung hat der Bezogene zurückzuerstatten, wenn er nicht akzeptiert und nicht zahlt oder seine Verbindlichkeit aus dem Akzepte erloschen ist; in letzterem Falle kann er weder Vorlegung noch Rückgabe des W. fordern. RG. 4 S. 79. Der Aussteller hat nach Art. 23 Abs. 2 unmittelbares selbständiges Wechselrecht gegen den Akzeptanten, mag er an eigene Order oder an einen benannten Remittenten gezogen haben. Grünhut 2 § 75. Die Geltendmachung kann durch das hinter der Form des Mandats liegende materielle Rechtsverhältnis zwischen Aussteller und Akzeptanten ausgeschlossen sein. Hat er den Wechsel weiter gegeben, so ist selbstverständlich Voraussetzung der Klage gegen den Akzeptanten, daß dieser den Wechsel nicht bezahlt, der Aussteller ihn eingelöst hat; die Einlösung folgt aus dem Besitz des W. und Protestes; die Art der Einlösung, daß sie durch Zahlung erfolgt, hat der Aussteller nicht zu beweisen. OHG. 14 S. 327. ObT. 26 S. 386. RG. 21 S. 400. Aber selbst wenn der Aussteller den präjudizierten Wechsel eingelöst hat, kann der

Akzeptant daraus seine Befreiung nicht herleiten, nur die Zahlung der Retourkosten ablehnen, Art. 81, da er selbst nach erloschenem Regreß dem Remittenten und jedem Inhaber haftet. Damit hängt zusammen, daß der Akzeptant, wenn der Aussteller nach Einlösung weiter gegeben hat, dem Inhaber aus einer Lücke in den Giros vor dem des Ausstellers keine Einrede entgegensetzen kann. OHG. 24 S. 8, 123; 11 S. 219; 7 S. 288, 293, 294; 9 S. 42.

8. Zahlt der Bezogene, so ist die Wechselobligation getilgt, mag er akzeptiert haben oder nicht, mag die Zahlung vor oder nach Protest geschehen, er müßte denn ausdrücklich nur zu Ehren des Ausstellers oder eines Dritten zahlen. Art. 62 ff. OHG. 5 S. 125; 18 S. 368. Selbst wenn der Bezogene irrtümlich (in der Annahme, daß er akzeptiert oder sein Akzept echt) zahlt, kann er die Zahlung von dem Indossatar nicht zurückfordern, weil dieser durch die Zahlung sein Regreßrecht verloren hat. OHG. 17 S. 1.

9. Grünhut 2 § 100. Nur das Akzept des Bezogenen (oder seines Universalrechtsnachfolgers) verpflichtet wechselmäßig; der Nichtbezogene haftet nur, wenn Mitunterzeichnung, Art. 81, d. h. des gültigen Akzepts des Bezogenen vorliegt. OHG. 15 S. 346; 21 S. 416. StrA. 78 S. 251. RG. 10 S. 4. Begründete Zweifel über die Identität des Bezogenen und des Akzeptanten machen das Akzept wirkungslos; bloße Schreibfehler, Ungenauigkeiten in der Adresse, selbst Unterschied im Vornamen sind aber unschädlich, wenn nur klar, daß der gewollte Bezogene akzeptiert hat, OHG. 12 S. 172; 15 S. 283; 20 S. 262; 14 S. 201, 244, 172; 3 S. 271 (Akzept des Gesellschafters unter seinem persönlichen Namen, wenn die Gesellschaft bezogen, unwirksam). Bolze 17 Nr. 305 (gezogen auf Herrn P. Kl., während P. Kl. eine offene Handelsgesellschaft war). RG. 35 S. 38 (Akzept einer nicht eingetragenen Aktiengesellschaft auf einem W., der auf eine noch eingetragene offene Handelsgesellschaft gezogen, die das Handelsgeschäft auf die Aktiengesellschaft übertragen hatte und für deren Rechnung betrieb). OHG. 21 S. 416 war auf Herrn Em. F. gezogen, Em. F. akzeptiert, aber durch Frau Emilie F. Das Akzept ist für wirkungslos erklärt. War Em. F. eine Firma, die Frau Em. F. die Inhaberin, so wäre die Entscheidung nicht zu billigen. Vgl. oben Bolze 17 Nr. 305. Thöl S. 290. B. und L. S. 110. W. Bd. 1 S. 29.

10. Über Blankoakzept vgl. Anm. 3 zu Art. 7. W.W. § 70. Grünhut 1 § 64. Feststehender Rechtsgrundsatz ist: daß wer sein Akzept in blanco gibt, die Gefahr vertragswidriger, mißbräuchlicher Ausfüllung dem gutgläubigen Wechselinhaber gegenüber trägt und nur seinem unmittelbaren Kontrahenten und dem dolosen Erwerber gegenüber eine Einrede hat, auch stets den Beweis des Mißbrauchs führen muß. Bolze 11 Nr. 262. Vgl. Bolze 13 Nr. 309 über den Schadensersatzanspruch des Blankoakzeptanten gegen den, der das Blankett ohne Recht ausgefüllt hat. Dies gilt auch, wenn die außerhalb des Kontextes in Zahlen ausgedrückte Summe des Blanketts durch den Nehmer im offen gelassenen Kontext in Buchstaben vertragswidrig erhöht ist. Art. 5 Abs. 1. RG. 2 S. 97, 100. Über Ausfüllung akzeptierten Blanketts derart, daß der Akzeptant als Aussteller erscheint, vgl. RG. 12 S. 118. Genau zu trennen ist davon der Fall, wo der Inhalt des ausgefüllt begebenen Wechsels demnächst geändert ist; diese Einrede der Fälschung geht gegen jeden. OHG. 23 S. 211; 21 S. 324; 7 S. 233. ObT. 53 S. 205. StrA. 13 S. 278. Vgl. Grünhut 1 § 63.

11. Revalierungsklage. Dernburg § 270. Grünhut 1 § 68; 2 § 112. Vgl. Cosack § 57 I. Der zivilrechtliche Anspruch des Bezogenen gegen

den Aussteller, Art. 23 Abs. 3, geht nicht aus dem Wechsel hervor, beruht nicht auf demselben, kann nicht aus der in der Tratte liegenden Form der Anweisung hergeleitet und deshalb nicht lediglich auf die Einlösung des Wechsels als Erfüllung eines im Wechsel erteilten Zahlungsauftrages gegründet werden. Der Akzeptant, welcher mit der Zahlung nur sein eigenes, durch das Akzept erteiltes Zahlungsversprechen erfüllt hat, hat vielmehr zur Begründung des Ersatzanspruchs gegen den Aussteller unter Darlegung des gesamten Sachverhältnisses die Deckungspflicht des Ausstellers nachzuweisen, OHG. 7 S. 288, 351; 10 S. 110, 287. ObT. 26 S. 70, Präj. 2465. (Anders ObT. 13 S. 75.) Vgl. Bolze 7 Nr. 419. Es genügt aber, wenigstens unter Kaufleuten, die Behauptung, daß nur aus Gefälligkeit akzeptiert und gedeckt, OHG. 14 S. 225; 19 S. 251, RG. 32 S. 128, Bolze 5 Nr. 497, RG. in W. 1908. S. $410_{13}$, und jedenfalls der Nachweis, daß der Bezogene im Auftrage des Ausstellers akzeptiert hat, um ihm Kredit zu verschaffen. Bolze 1 Nr. 833. Der Erstattungsanspruch ist, wenn begründet, entstanden mit dem Akzept und der Aushändigung desselben an den Aussteller, OHG. 18 S. 66, und der Akzeptant hat Anspruch auf Deckung schon vor Verfall. ObT. 15 S. 354. Das folgt aus dem mandatsähnlichen Verhältnis. ALR. I. 13 § 70. BGB. § 669. Deshalb kann Zahlung zur Deckung des W. nicht von den Gläubigern des Zahlers im Konkurse gegen den Akzeptanten angefochten werden, der den W. damit gedeckt hat. RG. 35 S. 26. Über Revalierungsklage gegen die Inhaber einer aufgelösten Firma: OHG. 6 S. 333. Gegenorder vor Akzept oder Zahlung kann den Deckungsanspruch beseitigen. Vgl. W.W. § 28. Die Kosten des Prozesses auf Zahlung des Wechsels kann der Akzeptant vom Aussteller nicht ohne weiteres erstattet verlangen. OHG. 21 S. 323. Selbstverständlich geht der Deckungsanspruch des Bezogenen nur soweit, als er aus dem W. verpflichtet ist; ist seine Verpflichtung fortgefallen, so fällt auch der Deckungsanspruch fort und die erhaltene Deckung hat er herauszugeben (cond. s. c.). RG. 4 S. 79. Hat der Zieher akkordiert, so haftet er nur auf die Akkordrate, wenn der Akzeptant eingelöst hat. Wie sich die Sache gestaltet, wenn der Zieher seine Akkordrate an den Wechselgläubiger gezahlt hat, der ebenfalls in Konkurs verfallene Akzeptant ebenso, und ob die letztere Konkursmasse nun aus der Konkursmasse des Ziehers nochmals die Akkordsumme dessen fordern kann, was sie selbst gezahlt hat, darüber s. RG. 14 S. 172 (Plenum) gegen RG. 7 S. 81. Ebenso RG. 32 S. 84, wo der Zieher die für die Akzepte gegebene Deckung im Konkurse des Akzeptanten liquidierte, zu welchem die Wechselgläubiger liquidiert hatten. Stehen beide in Kontokurrent, so sind dem Akzeptanten die Akzeptbeträge gutzuschreiben, abzuschreiben, was der Zieher gezahlt hat; was er nachher nicht zahlt, hat der Akzeptant zu erstatten. RG. 4 S. 77. Thöl S. 247 ff. B. u. L. S. 118. W. Bd. 1 S. 50. Lehmann § 117. v. Canstein § 28.

**12.** Domizilwechsel. Grünhut 1 § 57, 2 § 102. Dernburg § 257. Derselbe ist aus dem Bedürfnis entstanden, Wechsel, die auf entfernte, schlecht erreichbare, dem Handelsverkehr unbekannte Plätze gezogen, durch Domizilieren auf einen Wechselplatz begebbar und einkassierbar zu machen oder beides zu erleichtern. B. und L. S. 119 ff. Der Domizilvermerk hat deshalb an sich nur Bedeutung für die Zahlung, nicht für andere Wechselakte. Vgl. OHG. 3 S. 291, 295, RG. 8 S. 67, 88 (Präsentation zur Sicht im Wohnort, nicht im Domizil). Nur der Aussteller, nicht der Indossant, kann einen Domizilwechsel schaffen, auch nicht der Nehmer eines Blankoakzepts; das bei Art. 7 Gesagte gilt im übrigen auch bezüglich der Beifügung eines Domizilvermerks. OHG. 3 S. 251; 15 S. 431;

23 S. 211; 24 S. 127. RG. 3 S. 61; 19 S. 136. Bolze 5 Nr. 492; 13 Nr. 308 (Einrede des Ausstellers bei nachträglich zugefügtem Domizil, daß unzulässig im Domizil protestiert). Auch der Aussteller ist nicht befugt, den akzeptierten W. nachträglich zu domizilieren; mindestens dem Akzeptanten gegenüber enthält dies eine Änderung, die er nicht zu beachten hat, OHG. 6 S. 24. Schon vor der Neufassung der Art. 43, 44 durch die Novelle v. 30. Mai 1908 bedurfte es bei nachträglicher Domizilierung zur Erhaltung des Wechselrechts gegen den Akzeptanten nicht der Protesterhebung; selbst sein stillschweigendes Einverständnis oder seine nachträglich im Prozeß erteilte Genehmigung konnte daran nichts ändern, RG. 28 S. 121. Hinzufügen des Domizils durch den Akzeptanten ohne ausdrückliche oder stillschweigende Genehmigung (RG. 18 S. 115) des Ausstellers ist beschränktes Akzept und macht den Wechsel nicht zum Domizilwechsel, d. h. zur Erhaltung des Regresses gegen den Aussteller ist Protest beim Akzeptanten, nicht im Domizil, erforderlich, und der Anspruch gegen den Akzeptanten war auch nach früherem Recht, auch wenn ein Domiziliat benannt war, vom Protest gegen diesen nicht abhängig. ObT. 29 S. 405. OHG. 17 S. 53; 25 S. 122. Der Protest beim Domiziliaten ist in solchem Falle dem Aussteller gegenüber wirkungslos und der daraus entnommene Einwand als aus dem Wechselrecht entspringend gegen jeden Inhaber durchgreifend, OHG. 3 S. 51; 6 S. 24; der Aussteller hat aber zu beweisen, daß der Domizilvermerk ohne sein Wissen und Willen auf den Wechsel gebracht. OHG. 7 S. 88; 11 S. 30; 13 S. 252; 24 S. 265. RG. 32 S. 38. Andrerseits ist der Domizilvermerk kein wesentliches Wechselrequisit, der Wechsel wird also durch unbefugte Hinzufügung oder Durchstreichung des Vermerks nicht ungültig, W. Bd. 1 S. 227; OHG. 12 S. 431; der Akzeptant, der den nicht domizilierten Wechsel akzeptiert, wird durch die spätere Hinzufügung des Domizilvermerks von der Verbindlichkeit aus dem Akzept nicht frei, vgl. OHG. 15 S. 431; 14 S. 382 (Fall des Blankoakzepts), dadurch entstandene Kosten wird er aber nicht zu tragen haben, und kann, wenn im Domizil verklagt, die Unzuständigkeit des Gerichts rügen, RG. 55 S. 339. Hat der Indossant den W. nachträglich domiziliert, so kann er sich gegen die Regreßklage natürlich darauf nicht berufen, daß der W. im Domizil und beim Domiziliaten und nicht beim Akzeptanten protestiert, RG. 32 S. 37, und der Wechselinhaber kann bei Regreß gegen seinen Vormann die unterlassene Protestlevierung gegen den Domiziliaten dadurch allein nicht motivieren, daß das Domizil nach dem Akzept ohne Wissen und Willen des Akzeptanten auf den Wechsel gebracht, wenn der in Anspruch genommene Vormann domiziliert oder den domizilierten W. indossiert hat. Vgl. Art. 75, 76 Anm. 4. ObT. 32 S. 438. Grundsätzlich gilt bei unbefugter Hinzufügung eines Domizils der Wechsel gegenüber denen, die ihn vorher gezeichnet haben, als nicht domiziliert, für die Zeichner nachher aber als domizilierter RG. 55 S. 339. Grünhut 1 § 33 Anm. 5. Derselbe Grundsatz hat nach dem neuen Abs. 2 Art. 43 beim Zahlstellenwechsel mit benannter Zahlungsperson Anwendung zu finden. Wie Durchstreichungen des Domizilvermerks im Wechselprozeß wirken, darüber vgl. unten im Wechselprozeß u. OHG. 7 S. 87; 1 S. 246. Ist bei Domizilierung Benennung des Domiziliaten verabredet, aber nicht erfolgt, so wird der Wechsel dadurch nicht ungültig, es genügt Präsentation am Zahlungsort und ev. Protest in den Wind gegen den Akzeptanten bzw. Aussteller des eigenen Wechsels. RG. 5 S. 76. In RG. 9 S. 135 ist angenommen, daß der Aussteller das nach dem Akzept auf den W. gebrachte Domizil nicht wieder streichen dürfe

und daß der Akzeptant befreit sei, wenn beim Domiziliaten nicht protestiert. (Die Begründung kann Bedenken erwecken.)

13. Domizil ist nur ein von dem im W. angegebenen Wohnort des Bezogenen verschiedener Zahlungsort, d. h. Ortschaft, nicht bloß Wohnung, Straße. Grünhut 1 § 57 bei Anm. 11. OHG. 5 S. 99; 18 S. 145. RG. 14 S. 148; 36 S. 97. Auch hier gilt der Satz, daß der bei dem Namen des Bezogenen angegebene Ort als Wohnort gilt, auch wenn er es nicht ist. OHG. 11 S. 186. Ist der Wohnort des Bezogenen in der Adresse nicht genannt, so bedeutet die Angabe eines Zahlungsortes, z. B. im Kontext, nur eine Zahlstelle, kein Domizil, der Wechsel ist gültig, aber kein Domizilwechsel. OHG. 21 S. 251; 18 S. 146; 2 S. 230. Bolze 2 Nr. 804; 6 Nr. 401. OHG. 17 S. 53; 25 S. 107, 108. RG. 14 S. 148; 36 S. 97, 101. Der vom Wohnort des Bezogenen verschiedene Zahlungsort muß aus dem Wechsel direkt erhellen, es genügt deshalb weder der Vermerk „zahlbar beim Aussteller", OHG. 3 S. 6; 17 S. 53, RG. 25 S. 60, noch die Angabe einer an einem andern, aber nicht genannten Orte wohnhaften Person, OHG. 2 S. 230; 5 S. 99; 11 S. 186; 25 S. 108, RG. 14 S. 198; 15 S. 113, noch z. B. der Vermerk „zahlbar im Kassenlokale der Driesener Sparkasse". OHG. 2 S. 230.

Durch die Novelle von 1908 hat der Unterschied zwischen Domizilwechsel und Zahlstellenwechsel seine Bedeutung im wesentlichen verloren, da einerseits auch beim Zahlstellenwechsel gegen die benannte Zahlungsperson protestiert werden muß, andrerseits der Anspruch gegen die Hauptwechselschuldner (Akzeptant, Aussteller des eignen Wechsels) auch beim Domizilwechsel nicht mehr von einer Protesterhebung abhängt, Art. 43 Abs. 2, Art 44, 99. Doch bleibt bestehen, daß nur bei der domizilierten Tratte die Präsentation zur Annahme bei Meidung des Verlustes der Regreßansprüche vorgeschrieben werden kann, Art. 24 Abs. 2.

14. Der Domiziliat muß eine bestimmte Person sein, darf nicht alternativ bezeichnet werden und wird entweder mit „zahlbar bei N. N." oder „zahlbar durch N. N." unter Hinzufügung des Namens bezeichnet, OHG. 5 S. 126; 9 S. 421, RG. 25 S. 56, 62; 28 S. 103, RG. 48 S. 139 (Gasthof ohne Nennung des Gastwirts), und muß eine zur Zahlung befähigte Person (Name, Firma) sein; das Sekretariat des Stadtgerichts Berlin ist kein Domiziliat. OHG. 3 S. 299; 4 S. 57. Lehmann in Iherings Jahrb. 34 S. 403, 410. Wo der Domizilvermerk steht, ist gleichgültig, er kann z. B. auch im Kontext stehen, RG. 15 S. 112. Den Domiziliaten kann auch der Akzeptant benennen, wenn der Aussteller ihn nicht benannt hat; die Benennung kann der Aussteller dem Bezogenen vorbehalten, indem er den Namen offen läßt und Präsentation zur Annahme vorschreibt. Art. 24. OHG. 3 S. 291. Hat der Aussteller ihn benannt, so ist die Benennung durch den Akzeptanten bedeutungslos. In RG. 1 S. 17 ist „zahlbar an der Gewerbskasse zu N." als genügende Bezeichnung des Domiziliaten erachtet. Vgl. RG. 15 S. 112 (Zahlen Sie . . . . an den Vorschußverein oder dessen Order oder bei dessen Kasse!). In RG. 28 S. 101 ist „zahlbar auf dem Kontor des Vorschußvereins zu . . . ." nicht als Bezeichnung des Domiziliaten zugelassen. Domiziliat kann auch der Trassant, Remittent, Indossant sein, natürlich nicht der Trassat. OHG. 5 S. 307; 11 S. 297; 12 S. 114; 15 S. 36. RG. 15 S. 114.

15. Der Domiziliat ist nicht Wechselverpflichteter, hat auch kein Wechselrecht; er ist Vertreter des Bezogenen für die Zahlung, Beauftragter des Ausstellers, wenn dieser ihn benannt hat. Zahlt er, so ist die Wechselobligation getilgt, auch wenn

das Domizil von Unberechtigtem darauf gesetzt. Bolze 4 Nr. 555. Dies gilt selbst dann, wenn der Aussteller zugleich Domiziliat; löst er den Wechsel ohne Protest ein, so hat er kein Regreßrecht gegen den Akzeptanten und auch nicht gegen den Honoraten, wenn er nachträglich Protest erhebt und zu Ehren interveniert. Ein Giro auf den Domiziliaten, der bei oder nach Verfall ohne weitere Erklärung, ohne Vorbehalt, nicht zu Ehren gezahlt hat, ist wirkungslos. OHG. 5 S. 125, 307; 12 S. 115; 15 S. 36. Bolze 4 Nr. 556; 2 Nr. 807. Die Ansprüche des Domiziliaten aus der Zahlung gegen Aussteller und Akzeptanten bestimmen sich lediglich nach Zivilrecht; das zum Grunde liegende Rechtsverhältnis ist von ihm zu diesem Behufe aufzudecken.

16. Vgl. über ausl. R. W. Bd. 1 S. 58ff. OHG. 18 S. 189, 193 über Akzeptzusage nach französ. und bad. LR. OHG. 15 S. 208 (österr. R.). Die engl. WO. hat keine besonderen Bestimmungen über Domizilwechsel. Vgl. aber zu Art. 18ff. und oben Anm. 4. Späing S. 80ff. Russ. WO. Art. 91ff. Art. 111.

## VI. Regreß auf Sicherstellung.

### 1. Wegen nicht erhaltener Annahme.

**Artikel 25.** Wenn die Annahme eines Wechsels überhaupt nicht oder unter Einschränkungen oder nur auf eine geringere Summe erfolgt ist, so sind die Indossanten und der Aussteller wechselmäßig verpflichtet, gegen Aushändigung des mangels Annahme aufgenommenen Protestes genügende Sicherheit dahin zu leisten, daß die Bezahlung der im Wechsel verschriebenen Summe oder des nicht angenommenen Betrags sowie die Erstattung der durch die Nichtannahme veranlaßten Kosten am Verfalltag erfolgen werde.

Jedoch sind diese Personen auch befugt, auf ihre Kosten die schuldige Summe bei Gericht oder bei einer anderen zur Annahme von Depositen ermächtigten Behörde oder Anstalt niederzulegen.

**Artikel 26.** Der Remittent sowie jeder Indossatar wird durch durch den Besitz des mangels Annahme aufgenommenen Protestes ermächtigt, von dem Aussteller und den übrigen Vormännern Sicherheit zu fordern und im Wege des Wechselprozesses darauf zu klagen.

Der Regreßnehmer ist hierbei an die Folgeordnung der Indossamente und die einmal getroffene Wahl nicht gebunden.

Der Beibringung des Wechsels und des Nachweises, daß der Regreßnehmer seinen Nachmännern selbst Sicherheit bestellt habe, bedarf es nicht.

**Artikel 27.** Die bestellte Sicherheit haftet nicht bloß dem Regreßnehmer, sondern auch allen übrigen Nachmännern des Bestellers, insofern sie gegen ihn den Regreß auf Sicherstellung nehmen. Dieselben sind weitere Sicherheit zu verlangen nur in dem Falle berechtigt, wenn sie gegen die Art oder Größe der bestellten Sicherheit Einwendungen zu begründen vermögen.

**Artikel 28.** Die bestellte Sicherheit muß zurückgegeben werden:

1. sobald die vollständige Annahme des Wechsels nachträglich erfolgt ist;

2. wenn gegen den Regreßpflichtigen, welcher sie bestellt hat, binnen Jahresfrist, vom Verfalltage des Wechsels an gerechnet, auf Zahlung aus dem Wechsel nicht geklagt worden ist;
3. wenn die Zahlung des Wechsels erfolgt oder die Wechselkraft desselben erloschen ist.

Vgl. Art. 56 ff., 69.

Dernburg § 272. Thöl S. 389 ff., 570 ff. B. und L. S. 125 ff. W. Bd. 2 S. 822. W.W. §§ 73, 84. Lehmann §§ 129, 130. v. Canstein § 24. Grünhut 2 §§ 119, 120. K. Lehmann § 149.

---

**1.** Der Grund des Regresses ist, daß durch die verweigerte oder beschränkte Annahme die Gefahr, der Wechsel werde bei Verfall nicht gedeckt werden, nahe gelegt und regelmäßig auch der Verkehrswert des Wechsels vermindert wird. Deshalb fällt der Regreß nicht bloß bei Eintritt der in Art. 28 angegebenen Tatsachen, sondern auch im Falle Annahme durch einen Notadressaten fort, Art. 56—61 WO., in letzterem Falle natürlich nur für die Hintermänner des Honoraten, Art. 59, 61, da nur diese durch die Annahme gedeckt sind, Art. 60. Konsequent fällt der Regreß gegen den fort, der schon vertragsmäßig für die Erfüllung Sicherheit bestellt hat, §§ 22, 23 I. 20 ALR., StrA. 68 S. 336, BGB. § 240, und gegen den, der überhaupt aus dem Wechsel nicht regreßpflichtig, z. B. gegen den Indossanten, der ohne Obligo indossiert hat. Art. 14, 15. Dagegen ist auch der regreßpflichtig, der nach Protest mangels Annahme indossiert, überhaupt alle in Art. 81 genannten Personen.

**2.** Voraussetzung des Regresses ist ein formgültiger Wechsel und Feststellung der mangelnden Annahme durch Protest, und daß der Protest zu Recht erhoben. Vgl. zu Art. 18, 21 ff. Notifikation, Art. 45, ist nicht erforderlich. Ist der Wechsel präjudiziert oder nach Verfall mangels Zahlung protestiert, so kann von dem Regreß nicht mehr die Rede sein. Bei mehreren Bezogenen ist der Regreß begründet, auch wenn nur Einer nicht akzeptiert.

**3.** Berechtigt zum Regreß ist der Remittent und jeder Indossatar, auch wenn er den Wechsel weiter begeben und auch wenn er selbst nicht auf Sicherstellung in Anspruch genommen ist, Art. 26 Abs. 3, oder in Anspruch genommen werden kann. Der Aussteller hat als Indossant den Regreß nicht, weil er selbst der letzte Regreßpflichtige ist. Vgl. OHG. 18 S. 413. Dasselbe gilt natürlich für jeden Indossatar gegen die Vormänner, denen er früher indossiert hat. Der Protest mangels Annahme legitimiert, weil die Wechselabschrift, die er enthält, die Person des Berechtigten und Verpflichteten erweist; soweit dies nicht der Fall, z. B. bei Indossament nach Protest mangels Annahme, muß der Wechsel selbst beigebracht werden.

**4.** Aus der im Art. 25 vorgeschriebenen Aushändigung des Protestes und Art. 26, 27 folgt, daß jeder Regreßpflichtige nur einmal Sicherheit zu bestellen verpflichtet ist, wenn sie genügend bestellt ist, und der Berechtigte nur einmal Sicherheit verlangen kann. Sobald Sicherheit gegen Aushändigung des Protestes bestellt, kann der Bestellende von seinem Vormann Sicherheit verlangen. Der Betrag, für den Sicherheit zu leisten, ergibt sich aus Art. 25 Abs. 1. Vgl. Staub Anm. 1 zu Art. 27.

**5.** Der Anspruch auf Sicherheit ist ein Anspruch aus dem Wechsel und nach der Vorschrift im Art. 26 im Wechselprozeß geltend zu machen; dies gilt auch für das Verfahren nach §§ 602 ff. der ZPO., vgl. § 13 EG. z. ZPO. S. unter Wechselprozeß. Was als genügende Sicherheit anzusehen, und wie dieselbe zu bestellen, bestimmte sich früher nach Landesrecht, § 429 der preuß. KO. und Art. 3 EG. zur preuß. KO., jetzt nach BGB. §§ 232 ff.: 240. Rehb. BGB. 1 S. 346 ff. Staub Anm. 6 Art. 26. In Preußen erfolgt die Hinterlegung gemäß §§ 1—4 der Hinterl.O. v. 14. März 1879. Vgl. EG. z. BGB. Art. 144—146. Preuß. Ausf.=Ges. z. BGB. v. 20. Sept. 1899 (GS. S. 177) Art. 84 ff. Die österr. und die ungar. WO. verlangen bare Hinterlegung. Die Klage hat korrekterweise ebenso wie das Urteil Art und Höhe der verlangten und zu stellenden Sicherheit bestimmt zu bezeichnen, da ohne dies Vollstreckung nicht statthaft ist. Vgl. Staub Anm. 7, 10 zu Art. 25, 26. RG. 13 S. 340; 19 S. 204, 206. Die bestellte Sicherheit wie die deponierte Summe, Art. 25 Abs. 2, haften den Berechtigten als Pfand. BGB. § 233. Vgl. ObT. 22 S. 152. StrA. 14 S. 173. Ebenso im Falle Art. 29. ObT. 76 S. 103, 108; 47 S. 385, 386.

6. Selbstverständlich ist, daß der Klage auf Sicherheit alle Einreden entgegengestellt werden können, welche die Haftung des Belangten aus dem Wechsel ausschließen, und daß der Protest mangels Annahme den Protest mangels Zahlung nach Verfall nicht überflüssig macht. ObT. 36 S. 282. Die Frist in Nr. 2 Art. 28 ist eine Präklusivfrist.

7. Ausl. R. f. W. Bd. 2 S. 828. Späing S. 97. Das skandin. Ges., die russ. WO. Art. 97 und die engl. WO. gehen viel weiter. Nach letzterer gilt der W. durch Nichtannahme wie durch Nichtzahlung dishonoriert, der Inhaber hat das Recht sofortigen Regresses auf Zahlung gegen die Vormänner und die Pflicht, den W. als dishonoriert zu behandeln, d. h. bei Inlandwechsel bei Verlust des Regresses zu notifizieren. (Vgl. zu Art. 41 ff.) Sekt. 43, 48: Auslandwechsel müssen bei Verlust des Regresses protestiert werden.

### 2. Wegen Unsicherheit des Akzeptanten.

## *Artikel 29.

Ist ein Wechsel ganz oder teilweise angenommen worden, so kann in betreff der akzeptierten Summe Sicherheit nur gefordert werden:

1. wenn über das Vermögen des Akzeptanten der Konkurs eröffnet worden ist oder der Akzeptant auch nur seine Zahlungen eingestellt hat;
2. wenn nach Ausstellung des Wechsels eine Exekution in das Vermögen des Akzeptanten fruchtlos ausgefallen ist.

Wenn in diesen Fällen die Sicherheit von dem Akzeptanten nicht geleistet und dieserhalb Protest gegen denselben erhoben wird, auch von den auf dem Wechsel etwa benannten Notadressen die Annahme nach Ausweis des Protestes nicht zu erhalten ist, so kann der Inhaber des Wechsels und jeder Indossatar gegen Auslieferung des Protestes von seinen Vormännern Sicherstellung fordern (Artikel 25 bis 28). Der bloße Besitz des Wechsels vertritt die Stelle einer Vollmacht, in den Nr. 1 und 2 genannten Fällen von dem Akzeptanten Sicherheitsbestellung zu fordern und, wenn solche nicht zu erhalten ist, Protest er-

**heben zu lassen. Der Wechselinhaber ist berechtigt, in den Nr. 1 und 2 genannten Fällen auch von dem Akzeptanten im Wege des Wechselprozesses Sicherheitsbestellung zu fordern.**

Art. 98 Nr. 4.

Thöl S. 402 ff. B. u. L. S. 134 ff. W. Bd. 2 S. 924. W.W. § 74. Dernburg § 272. Lehmann §§ 111, 127, 131, 132. v. Canstein § $19_{3a}$, § 24. Grünhut 2 § 120. K. Lehmann § 150.

---

1. Grund des Regresses und Voraussetzung desselben ist der Vermögensverfall des Akzeptanten; derselbe ist im Streitfalle vom Kläger zu erweisen; der bloße Protest stellt ihn naturgemäß nicht fest. ObT. 25 S. 379, Präj. 2435. Der Grund unter Nr. 2 muß jedenfalls nach der Ausstellung des W. (vor oder nach Akzept) eingetreten sein. Unter Nr. 1 muß der Konkurs oder die Zahlungseinstellung zur Zeit der Erhebung des Anspruchs auf Sicherstellung noch dauern, was aber nicht Gegenstand des Klagebeweises ist. Über den Begriff der Zahlungseinstellung vgl. OHG. 10 S. 69. RG. 6 S. 95; 21 S. 23; 25 S. 39; 51 S. 413. Vorausgesetzt ist aber nach dem Wortlaute in diesem Falle auch weiter nichts als dies, weder, daß die Unsicherheit nach der Ausstellung, noch gar, daß sie nach dem Akzept eingetreten. (Anders frühere Auflagen und Dernburg a. a. O. Anm. 2, Staub Anm. 2 zu Art. 29.) Die WO. bestimmt darüber nichts, ob die Sicherstellung gegen den Akzeptanten auch dann gefordert werden kann, wenn er den W. aus Gefälligkeit gegen den Inhaber (Aussteller, Remittenten) akzeptiert hat, was jedenfalls zu verneinen ist. Die ihm dann zustehende Einrede kann auch dann begründet sein, wenn der W. nach dem Eintritt des den Anspruch begründeten Umstandes akzeptiert ist und der Inhaber die eingetretene Unsicherheit wußte. Auch der belangte Vormann wird daraus unter Umständen eine Einrede erheben können. Voraussetzung ist ferner ein nicht fälliger W. Bei fälligem W. wird der Anspruch auf Sicherheit durch den Anspruch auf Zahlung ersetzt; eine nach Eintritt der Fälligkeit gewährte oder durch Pfändung erlangte Sicherung unterliegt deshalb der Anfechtung aus KO. § 30 Nr. 2. RG. 39 S. 122.

2. Verpflichtet ist der Akzeptant, auch der Ehrenakzeptant gemäß Art. 60, bei mehreren Akzeptanten nur der in Vermögensverfall geratene; gegen ihn bedarf es zur Klage des Protestes nicht, wohl aber bei Klage gegen die außerdem Verpflichteten, Aussteller und Indossanten. Die Verpflichtung fällt auch hier fort, wenn keine Regreßpflicht aus dem W. überhaupt vorhanden, vgl. Anm. 1, 2 zu Art. 25 ff., und im Falle der Ehrenannahme. Art. 56. Bei nachträglicher Ehrenannahme wird deshalb die Sicherheit zurückgegeben werden müssen. Vertragsmäßig vor der Unsicherheit bestellte Sicherheit beseitigt den Anspruch nicht unbedingt Bolze 3 Nr. 552. BGB. § 290.

3. Berechtigt ist jeder, der Zahlung aus dem Wechsel zu fordern berechtigt, wenn er im Besitze des Wechsels wäre. Zur Protestaufnahme genügt der bloße Besitz des Wechsels, zur Klage gegen den Akzeptanten ist dagegen nur der legitimierte Wechselinhaber befugt, und auch zur Klage gegen die Vormänner nur der, der sich durch den Protest als Wechselinhaber oder Indossatar erweist; der einfache Besitz des Wechsels genügt dazu nicht. Das unter Anm. 4 zu Art. 25 ff. Bemerkte gilt auch hier.

4. Für die Protesterfordernisse gelten die Art. 87 ff. 91 ff. WO. Der Protest ist auch nach der Konkurseröffnung nur gegen die Person des Akzeptanten selbst zu erheben, vgl. OHG. 24 S. 22 (Plenarbeschluß), nicht gegen den Konkursverwalter, nicht gegen den Domiziliaten; der Protest ist am Wohnort zu erheben.

5. Ist der W. vor dem Konkurs akzeptiert, so kann der Akzeptant doch im Wechselprozeß auf Sicherstellung belangt werden; die Sicherheit hat natürlich er, nicht der Verwalter, nicht aus der Konkursmasse, sondern aus sonstigem Vermögen zu bestellen, mag der W. vor oder nach der Konkurseröffnung akzeptiert sein. § 14 KO. findet nicht Anwendung. OHG. 24 S. 22. Von Bedeutung ist Art. 29 wegen der §§ 154, 156 KO. und weil nach § 30 Nr. 2 das. die Anfechtbarkeit der Sicherheitsbestellung nach Zahlungseinstellung ausgeschlossen ist, da Verpflichtung zur Sicherstellung vorliegt. Vgl. Anm. 5 zu Art. 25.

6. Wenn die Voraussetzungen des Art. 29 nicht vorliegen, ist doch die Verhängung von Arrestmaßregeln (§§ 916 ff. ZPO.) nicht ausgeschlossen. OHG. 20 S. 112. Wie Sicherheit zu bestellen, bestimmt sich auch hier nach BGB. §§ 232 ff.

7. Ausl. R. f. W. Bd. 2 S. 929. Engl. WO. Sekt. 51 (5). Späing S. 102.

## VII. Erfüllung der Wechselverbindlichkeit.

### 1. Zahlungstag.

**Artikel 30.** Ist in dem Wechsel ein bestimmter Tag als Zahlungstag bezeichnet, so tritt die Verfallzeit an diesem Tage ein. Ist die Zahlungszeit auf die Mitte eines Monats gesetzt worden, so ist der Wechsel am fünfzehnten dieses Monats fällig. Ist die Zahlungszeit auf Anfang oder ist sie auf Ende eines Monats gesetzt worden, so ist darunter der erste oder letzte Tag des Monats zu verstehen.

**Artikel 31.** Ein auf Sicht gestellter Wechsel ist bei der Vorzeigung fällig. Ein solcher Wechsel muß bei Verlust des wechselmäßigen Anspruchs gegen die Indossanten und den Aussteller nach Maßgabe der besonderen im Wechsel enthaltenen Bestimmung und in Ermangelung derselben binnen zwei Jahren nach der Ausstellung zur Zahlung präsentiert werden. Hat ein Indossant auf einem Wechsel dieser Art seinem Indossament eine besondere Präsentationsfrist hinzugefügt, so erlischt seine wechselmäßige Verpflichtung, wenn der Wechsel nicht innerhalb dieser Frist präsentiert worden ist.

**Artikel 32.** Bei Wechseln, welche mit dem Ablauf einer bestimmten Frist nach Sicht oder nach Dato zahlbar sind, tritt die Verfallzeit ein:

1. wenn die Frist nach Tagen bestimmt ist, an dem letzten Tage der Frist; bei Berechnung der Frist wird der Tag, an welchem der nach Dato zahlbare Wechsel ausgestellt oder der nach Sicht zahlbare zur Annahme präsentiert ist, nicht mitgerechnet;
2. wenn die Frist nach Wochen, Monaten oder einem mehrere Monate umfassenden Zeitraume (Jahr, halbes Jahr, Vierteljahr) bestimmt ist, an demjenigen Tage der Zahlungswoche oder des Zahlungsmonats, der durch seine Benennung oder Zahl dem Tage der Ausstellung oder Präsentation entspricht; fehlt dieser Tag in dem Zahlungsmonate, so tritt die Verfallzeit am letzten Tage des Zahlungsmonats ein.

Der Ausdruck „halber Monat“ wird einem Zeitraume von fünfzehn Tagen gleichgeachtet. Ist der Wechsel auf einen oder mehrere ganze Monate und einen halben Monat gestellt, so sind die fünfzehn Tage zuletzt zu zählen.

**Artikel 33.** Respekttage finden nicht statt.

**Artikel 34.** Ist in einem Lande, in welchem nach altem Stile gerechnet wird, ein im Inlande zahlbarer Wechsel nach Dato ausgestellt und dabei nicht bemerkt, daß der Wechsel nach neuem Stile datiert sei, oder ist derselbe nach beiden Stilen datiert, so wird der Verfalltag nach demjenigen Kalendertage des neuen Stiles berechnet, welcher dem nach altem Stile sich ergebenden Tage der Ausstellung entspricht.

**Artikel 35.** Meß- oder Marktwechsel werden zu der durch die Gesetze des Meß- oder Marktorts bestimmten Zahlungszeit und in Ermangelung einer solchen Festsetzung an dem Tage vor dem gesetzlichen Schlusse der Messe oder des Marktes fällig. Dauert die Messe oder der Markt nur einen Tag, so tritt die Verfallzeit des Wechsels an diesem Tage ein.

Vgl. Art. 92, 93, Art. 4 Nr. 4, Art. 98 Nr. 5. ZPO. § 605 Abs. 1.

Dernburg § 256. Thöl S. 170, 184, 189, 190. B. u. L. S. 141 ff. W. Bd. 2 S. 948, 949, 883. WW. §§ 52, 53. (Sichtwechsel) § 75. Lehmann §§ 93 bis 99. v. Canstein § 11 IV, §§ 12, 22, 24. Grünhut 2 § 103.

---

**1.** Zusätzliche Bestimmungen enthalten;

**a)** In bezug auf die sog. Usowechsel d. h. W., deren Zahlungszeit durch Bezug auf den Gebrauch bestimmt, der § 4 des Ges. v. 25. April 1849 für das Kgr. Sachsen, der § 2 des Ges. v. 9. Dezember 1848 für Sachsen-Weimar, und § 2 des sachsen-altenburgischen Ges. v. 8. Januar 1869, und der Art. 3 des Ges. v. 25. Juli 1850 für das Kgr. Bayern. Danach tritt bei Usowechseln, die vom Auslande eingehen und in den genannten Ländern zahlbar sind, die Verfallzeit am 14. Tage nach der Präsentation ein.

Die WO. kennt Usowechsel, bei denen der Verfalltag bald durch den Uso am Orte der Ausstellung, bald durch den am Orte der Zahlung, die Frist entweder von der Ausstellung, der Sicht, oder der Akzeptation bestimmt wird, nicht; im Inlande auf das Inland ausgestellte Usowechsel sind deshalb ungültig, ebenso im Auslande ausgestellte, im Inlande zahlbare überall da, wo es an gesetzlicher Bestimmung zur Fixierung des Verfalltages fehlt. Thöl S. 180. W. Bd. 1 S. 415, Bd. 2 S. 951. Das belg. Ges. v. 1872 Art. 20 ff. läßt Ziehen auf einen oder mehrere Uso (30 Tage) nach Sicht oder Dato zu. Die engl. WO. kennt den UsoW. nicht mehr. Grünhut 1 § 52 bei Anm. 8.

**b)** In bezug auf die Zahlungszeit der § 12 der V. v. 13. Mai 1867 für Schleswig-Holstein und der § 9 der V. v. 5. März 1849 für Hamburg, wonach in Banko zahlbare Wechsel, welche während der Zeit des Hamburger Bankschlusses verfallen, am nächsten Werktage, an welchem die Bank wieder geöffnet, zahlbar sind, — und der § 9 des Ges. v. 25. April 1849 für Bremen, wonach die Bezahlung eines Wechsels bis spätestens 4 Uhr nachmittags geschehen muß.

**c)** In bezug auf Meß- und Marktwechsel die in Anm. 1 zu Art. 18 ff. angeführten Gesetze. Grünhut 1 § 45. Danach sind Meßwechsel auf Frankfurt a. M. am Dienstag der benannten Meßwoche und, wenn solche nicht genannt, am Dienstag der dritten Woche fällig, — kurhessische Meß- oder Marktwechsel nach Ablauf der ersten Hälfte der Messe, bzw. am letzten Markttage, — Meßwechsel auf Braunschweig am Mittwoch der ersten Meßwoche, — Leipziger Meßwechsel am Donnerstag nach Ausläutung der Messe (dritte oder Zahlwoche), in der Neujahrsmesse am 12. Januar, wenn dieser ein Sonntag, am folgenden Tage; ist der Wechsel auf die Meßwoche gestellt, so ist darunter die zweite (eigentliche Meßwoche) zu verstehen. Besondere Bestimmungen bestehen außerdem für Breslau, KO. v. 10. Dezember 1840, für Frankfurt a. d. O. KO. v. 31. März/31. Mai 1832 (GS. S. 149), Bekanntm. v. 3. Febr. 1875 (GS. S. 95), v. 21. Juli 1885 (GS. S. 313) und jetzt Bek. v. 10. Sept. 1894 (GS. S. 163) betr. Dauer, Beginn und Ende der Messen in Frankfurt a. d. O., für Naumburg, KO. v. 24. März 1831. Thöl S. 184. Für Österreich bestimmt EG. § 4.

2. Vgl. zu Art. 30, 32 die §§ 187—192 BGB., EG. Art. 32. Der Verfalltag ist von wesentlicher Bedeutung als der Tag, an welchem zuerst Zahlung gefordert werden kann, für die Berechnung der Protestfrist, Art. 41, für den Anfangspunkt der Verjährung, Art. 77, 100. Eine Ausnahme von dem Grundsatz, daß am Verfalltage Zahlung zu leisten, statuieren die Art. 92 (Sonn- und Feiertage) und Art. 93 (Kassiertage). Über die Frage, ob mit dem Verfalltag auch die Verzugszinsen laufen, vgl. zu Art. 36 ff. Anm. 12.

3. Grünhut 1 §§ 46, 48. Bei reinen Sichtwechseln (auf, bei, nach Sicht zahlen Sie) ist das Verhältnis des Akzeptanten und das der Regreßpflichtigen genau zu trennen. Regelmäßig werden Sicht und Akzept zusammenfallen, wenn überhaupt akzeptiert und nicht ohne weiteres gezahlt wird. Es ist aber nicht ausgeschlossen, daß vor der Präsentation zur Sicht akzeptiert wird. Ist weder vom Aussteller noch von einem Indossanten eine Präsentationsfrist bestimmt, so ist der Wechsel innerhalb zwei Jahre nach der Ausstellung zur Zahlung (vgl. OHG. 6 S. 100; 14 S. 31) zu präsentieren und, wenn Zahlung nicht erfolgt, Präsentation und Nichtzahlung durch rechtzeitigen Protest festzustellen. Rechtzeitig ist nur der Protest, der spätestens am zweiten Werktage nach der Präsentation erhoben wird, Art. 41 Abs. 2. OHG. 6 S. 100. Daß allein der Protest den Verfalltag bestimme, eine frühere Präsentation unerheblich sei (so Adler, österr. Wechselrecht S. 148), läßt sich mit dem Wortlaut des Satz 1 Art. 31 nicht vereinbaren. Bei einer Mehrheit von Bezogenen muß jedem einzelnen präsentiert werden. Da aber der Verfalltag nur ein und derselbe sein kann, ist die letzte Präsentation für entscheidend zu erachten, so daß der Wechsel vor der Vorlegung an alle nicht fällig wird. Anders anscheinend die 7. Aufl., vgl. Anm. 34 zu Art. 4 ff.: durch Präsentation an einen der Bezogenen werde der Verfalltag allen gegenüber festgelegt; vgl. aber BGB. § 425 Abs. 1. Wieder anders Staub 5. Aufl. zu Art. 4 Anm. 43, wonach der Wechsel allen an demselben Tage präsentiert werden müßte, durch Vorlegung an verschiedenen Tagen ungültig würde; was unannehmbar ist. Ist der Protest ganz oder gegen einen unterblieben, so ist der Regreß verloren, die Verpflichtung des Akzeptanten erlischt aber erst durch Verjährung, Art. 77, und diese beginnt erst mit dem Ablauf der 2 Jahre nach der Ausstellung. (So ausdrücklich skandin. Ges. § 77.) Ist im Wechsel eine besondere Präsentationsfrist einmal oder mehrere Male vorgeschrieben, so geht ebenfalls nur der Regreß durch unterlassene Protestierung innerhalb dieser Frist verloren, nicht das Recht gegen den Akzeptanten, gegen den der Verfalltag durch den Ablauf der zweijährigen Frist bestimmt wird, wenn er sein

Akzept nicht datiert hat und nicht mangels Datierung und Zahlung Protest aufgenommen ist, oder wenn der Akzeptant nicht selbst bei Akzept seine Haftung durch Bestimmung einer Präsentationsfrist beschränkt hat. Auch hier wird durch einen Protest die Verfallzeit einheitlich festgestellt. Aus Art. 31 kann nicht gefolgert werden, daß gegen den Akzeptanten die Verfallzeit und die Verjährung durch Unterlassen der Präsentation zur Zahlung auf ganz unbestimmte Zeit hinausgeschoben werden kann. ObT. 55 S. 127. Vgl. Art. 18 Anm. 5.

4. Grünhut 1 §§ 49, 50, 51. Bei Wechseln auf bestimmte Zeit nach Sicht kommen die Art. 19, 20 zur Anwendung. Sicht und Akzept fallen regelmäßig zusammen. Vgl. oben OHG. 16 S. 348. Gegenüber den Regreßpflichtigen ist die Sicht nur durch Protest festzustellen, wenn undatiert akzeptiert oder nicht akzeptiert. Gegen den Akzeptanten kann die Verfallzeit nur durch Datieren des Akzepts, Protest wegen Nichtdatierens, oder Ablauf der zweijährigen Frist nach der Ausstellung festgestellt werden. Art. 20 Abs. 3, Anm. 5 zu Art. 18ff., OHG. 11 S. 47; 14 S. 30; 16 S. 346. RG. 3 S. 6; 8 S. 70. Dagegen Lehmann a. a. O. S. 361. In OHG. 23 S. 109 ist die Formel „8 Tage nach Sicht, spätestens am . . .“ nicht als Bestimmung einer Präsentationsfrist erachtet. Vgl. zu Art. 4 Anm. 12.

5. Respekttage, Grünhut 2 § 103 Anm. 4, durch welche der Verfalltag um eine gewisse, gesetzliche oder gewohnheitsmäßige Zeit hinausgeschoben wird, finden nach Art. 33 im Inlande nicht statt; bei im Auslande zahlbaren Wechseln wird sich der Inhaber auf die dort am Zahlungsort geltenden Respekttage nach Art. 85, 86 WO. berufen können. Anm. 5 zu Art. 84ff. Thöl S. 190, 194. B. und L. S. 144. In England finden nach engl. WO. Sekt. 14 drei Respekttage statt, ausgenommen bei reinen Sichtwechseln und wenn der W. selbst anders bestimmt; der letzte Respekttag ist der Zahlungstag, wobei Sonn- und Feiertage modifizierend einwirken. OHG. 12 S. 318.

6. Grünhut 2 § 43 zu Anm. 9ff. Wenn in einem nach beiden Stilen, welche jetzt um 13 Tage differieren (1. Januar alten = 14. Januar neuen) datierten Wechsel neben dem Datum des alten Stils (nach dem Julianischen Kalender) das des neuen (nach dem Gregorianischen Kalender) unrichtig angegeben, so wird daraus nicht gefolgert werden können, daß unzulässig doppelt datiert, sondern es wird das des alten entscheiden müssen, um den Ausstellungstag des im Gebiete des alten Stils (Rußland und griechische Länder) ausgestellten Wechsels festzustellen, bei Datowechseln ist danach auch der Verfalltag für das Inland zu berechnen. Ist der Verfalltag des im Inlande zahlbaren Wechsels nach beiden Stilen datiert, so wird der angegebene Tag des neuen Stils entscheiden müssen. OHG. 6 S. 128; 12 S. 317; 15 S. 242. Auf Tagwechsel und Wechsel, die im Inlande auf ein Land alten Stils gezogen und dort zahlbar, ist der Art. 34 nicht anwendbar. Thöl S. 170, 171. B. u. L. S. 145. W. Bd. 1 S. 414, Bd. 2 S. 955. WW. § 106 Anm. 19—28. Goldschmidt, Zeitschr. Bd. 27 S. 282. Skandin. Ges. § 34. Engl. WO. Sekt. 72 (5). Russ. WO. Art. 39.

7. Grünhut 1 § 45. Das Besondere der Meß- und Marktwechsel, Art. 4 Nr. 4, liegt darin, daß sie einen bestimmten Verfalltag nicht enthalten, der Verfalltag vielmehr durch besondere Gesetze und Meßordnungen bestimmt wird, solche Wechsel liegen daher nur vor, wenn sie ohne Angabe eines bestimmten Tages auf Messe oder Markt allgemein oder die Zahlwoche oder eine der Meßwochen lauten. Wechsel, deren Zahlungszeit auf eine Messe und zugleich auf einen bestimmten Monatstag in dieser Messe lauten (Leipziger Michaelismesse den 28. Sep-

tember) sind als Tagwechsel zu beurteilen. ObLG. 30 S. 176, Präj. 2607. Es folgt daraus zugleich, daß sie nicht domiziliert werden dürfen, da es für das Domizil an dem Zahlungstage fehlen würde. Thöl S. 184. B. und L. S. 146. W. Bd. 1 S. 414, Bd. 2 S. 953. Fortfall der Messe ist einflußlos, da sie die Bestimmung des Verfalltages nicht unmöglich macht; Verlegung der Messe verlegt auch den Verfalltag. Staub Anm. 4 zu Art. 35, Lehmann S. 371.

8. Ausl. R. s. W. Bd. 2 S. 957, 891 und oben Anm. 5. Späing S. 104 ff. Russ. WO. Art. 6; 37 Nr. 3, 4, 5, 6; Art. 38, 101.

## 2. Zahlung.

**Artikel 36.** Der Inhaber eines indossierten Wechsels wird durch eine zusammenhängende, bis auf ihn hinuntergehende Reihe von Indossamenten als Eigentümer des Wechsels legitimiert. Das erste Indossament muß demnach mit dem Namen des Remittenten, jedes folgende Indossament mit dem Namen desjenigen unterzeichnet sein, welchen das unmittelbar vorhergehende Indossament als Indossatar benennt. Wenn auf ein Blanko-Indossament ein weiteres Indossament folgt, so wird angenommen, daß der Aussteller des letzteren den Wechsel durch das Blanko-Indossament erworben hat. Ausgestrichene Indossamente werden bei Prüfung der Legitimation als nicht geschrieben angesehen. Die Echtheit der Indossamente zu prüfen, ist der Zahlende nicht verpflichtet.

**Artikel 37.** Lautet ein Wechsel auf eine Münzsorte, welche am Zahlungsorte keinen Umlauf hat, oder auf eine Rechnungswährung, so kann die Wechselsumme nach ihrem Werte zur Verfallzeit in der Landesmünze gezahlt werden, sofern nicht der Aussteller durch den Gebrauch des Wortes „effektiv" oder eines ähnlichen Zusatzes die Zahlung in der im Wechsel benannten Münzsorte ausdrücklich bestimmt hat.

**Artikel 38.** Der Inhaber des Wechsels darf eine ihm angebotene Teilzahlung selbst dann nicht zurückweisen, wenn die Annahme auf den ganzen Betrag der verschriebenen Summe erfolgt ist.

***Artikel 39.** Der Wechselschuldner ist nur gegen Aushändigung des quittierten Wechsels zu zahlen verpflichtet. Hat der Wechselschuldner eine Teilzahlung geleistet, so kann er nur verlangen, daß die Zahlung auf dem Wechsel abgeschrieben und ihm Quittung erteilt werde.

**Artikel 40.** Wird die Zahlung des Wechsels zur Verfallzeit nicht gefordert, so ist der Akzeptant nach Ablauf der für die Protesterhebung mangels Zahlung bestimmten Frist befugt, die Wechselsumme auf Gefahr und Kosten des Inhabers bei Gericht oder bei einer anderen zur Annahme von Depositen ermächtigten Behörde oder Anstalt niederzulegen. Der Vorladung des Inhabers bedarf es nicht.

Vgl. Art. 4 Nr. 2, Art. 11, 98 Nr. 5.

Dernburg, §§ 271, 273, 274. Thöl S. 304, 305, 504 ff., 681 ff. B. und L. S. 146 ff. W. Bd. 1 S. 631; Bd. 2 S. 1043. WW. § 67 (Legitimation), §§ 37, 78, 79, 80. Lehmann §§ 133—135. v. Canstein § 24. Grünhut 2 §§ 102 ff. § 85 (Legitimation). K. Lehmann § 151. Arch. f. bürg. Recht 30 S. 117.

**1.** Zusätzliche Bestimmungen enthalten:

**a)** zu Art. 37 der § 7 der V. v. 13. Mai 1867 für Schleswig-Holstein, wonach auf Altona gezogene Bankowechsel durch Abschreiben an die Hamburger Bank zu zahlen, der § 4 der V. v. 5. März 1849 für Hamburg über Zahlung von Wechseln auf fremde Landesmünzen, der § 7 des Ges. v. 25. April 1849 für das Kgr. Sachsen über Zahlung „nach Kurs".

**b)** zu Art. 39 der § 8 der V. v. 13. Mai 1867 für Schleswig-Holstein und der § 5 der V. v. 5. März 1849 für Hamburg, wonach bei in Hamburger Banko zahlbaren Wechseln das sog. Banko-Indorso, die Anweisung im Wechsel, an welches Bankokonto der Betrag abgeschrieben werden soll, die Stelle der vor dem Empfange vorzunehmenden Quittierung des Wechsels vertritt. Vgl. § 3 des Ges. v. 5. Juni 1869, BGBl. S. 379. W. Bd. 2 S. 1045.

**2.** Die Art. 36—40 bestimmen hauptsächlich, an wen der Wechselschuldner (Aussteller des eigenen, Akzeptant des gezogenen Wechsels) zahlen kann und muß, wie er zahlen muß und wann er sich durch Deposition befreien kann. Die Bestimmungen, an wen gezahlt werden kann und muß, Art. 36, 39, ergeben zugleich, wer Zahlung fordern kann, und sind deshalb zugleich von wesentlicher Bedeutung für die Frage, wer den in Art. 41 ff. vorgeschriebenen Protest mangels Zahlung erheben kann. Sie regeln die Legitimation des Zahlungsempfängers nach Verfall bis zum Protest, und wenn kein Protest erhoben wird; dabei kommt alles in Betracht, was über die Form, die sonstigen Erfordernisse, die Wirkung des Indossaments (Voll-, Prokura-, Blanko-Indossaments) vor und nach Verfall gilt. Für die Legitimation des Zahlungsempfängers nach erhobenem Protest wirken die Bestimmungen in Art. 41 ff., namentlich Art. 55, modifizierend ein. Beide Fälle sind deshalb genau zu trennen.

**3.** Grünhut 2 § 85, § 107. Grundsatz ist, daß die Legitimation nur durch den Besitz des Wechsels und zwar nur durch einen solchen Besitz hergestellt wird, der sich auf die von der WO. zugelassene Übertragsform, das Indossament, gründet. Der Besitz des Wechsels allein, den die WO. nur für bestimmte einzelne Wechselakte als ausreichend zuläßt, vgl. Art. 29 Abs. 2, genügt nicht. Das legitimierende Indossament muß ein wechselrechtlich gültiges sein, mit den vorangehenden Indossamenten im Zusammenhange stehen und eine ununterbrochene Reihe von Remittenten bis zum letzten Inhaber ergeben. Nicht im Zusammenhange stehende Indossamente schaden der Legitimation durch die früheren ordnungsmäßigen Indossamente nicht; aber die Indossamente nach der Lücke geben nicht etwa Regreß bis zur Lücke. OHG. 15 S. 168; 18 S. 138. Anm. 12 zu Art. 9 ff. Eine Lücke ist nicht anzunehmen, wenn das erste Indossament von dem Aussteller herrührt und auf den Remittenten lautet; jedes andere Indossament als das des Remittenten stört aber den Zusammenhang. OHG.

21 S. 230. RG. 47 S. 126, wo das erste Indossament auf dem an Order eines Dritten gezogenen W. vom Aussteller in blanco erteilt, und erst dann ein Vollgiro des Remittenten folgte. Datum und Ortsbezeichnung sind für den Zusammenhang in diesem Sinne nicht entscheidend, wesentlich die Zeichnung. Zwei Indossamente derselben Person auf denselben Indossatar und zwei Indossamente von verschiedenen Personen auf denselben Indossatar, wenn sie einander folgen, heben die Legitimation nicht auf, OHG. 18 S. 138; 15 S. 169; 16 S. 39; selbstverständlich auch nicht Indossament durch den legitimen Rechtsnachfolger des Indossatars, RG. 12 S. 132 (wo die Hauptniederlassung aus Indossament auf ihre Zweigniederlassung klagte, also Identität vorlag), oder Indossament, das von einem befugten und einem nicht befugten Vertreter gezeichnet ist. Daß der Indossatar, der durch Prokuraindossament begeben, nicht selbst durch eigenes Giro weiter begeben kann, folgt aus RG. 32 S. 78 nicht. Vgl. Staub Anm. 14 zu Art. 36. Differenzen in der Unterschrift des Indossaments und der Bezeichnung des Indossatars des vorhergehenden Indossaments sind konkret zu beurteilen. OHG. 21 S. 230, 231.

**4.** Nur die undurchstrichenen Indossamente sind zu berücksichtigen; das Durchstreichen nimmt dem Indossamente die Wechselkraft, mag es absichtlich oder irrtümlich geschehen sein. OHG. 19 S. 270. Damit ist aber nicht gesagt, daß Durchstreichen entgegenstehender Giros die sonst nicht vorhandene Legitimation herstellen kann, daß eine vorhandene Lücke durch Ausstreichen beseitigt werden kann; hier entscheidet, ob durchstrichen ist, — nicht, ob durchstrichen werden durfte; der Fall des Art. 55 ist ein anderer. Vgl. OHG. 22 S. 319. Anm. 6. OHG. 21 S. 231; 14 S. 153. Vgl. RG. 1 S. 32. Über Durchstreichen des Indossatarnamens vgl. Anm. 7 zu Art. 9ff.

**5.** Die so vorhandene Legitimation ist eine rein formale; ist sie vorhanden, so kann der Akzeptant dem legitimierten Inhaber nicht entgegensetzen, daß sein Vormann oder einer seiner Vormänner nicht wirksam habe indossieren können, es sei denn, daß zugleich der gute Glaube des Erwerbers bestritten wird, Art. 74, OHG. 23 S. 356; 16 S. 361, 365. So hat der Akzeptant zwar die Identität der Personen zu prüfen, OHG. 9 S. 25, nicht aber (wenn nicht die Gutgläubigkeit des Erwerbes angegriffen wird), ob das formell ordnungsmäßige Indossament echt oder falsch ist. Ist der Inhaber selbst der Fälscher oder Teilnehmer oder mit der Fälschung bekannt, so hat der Akzeptant Recht und Pflicht, dies einzuwenden; durch bewußte Zahlung an den Unberechtigten wird er nicht befreit. Lehmann in Iherings Jahrb. 34 S. 423. OHG. 2 S. 281; 10 S. 405; 15 S. 128; 16 S. 365; RG. 53 S. 207. Dagegen kann ihm nicht zugemutet werden, die Legitimation z. B. des indossierenden Vorstandes einer Gesellschaft, Genossenschaft zu prüfen, OHG. 10 S. 405, wennschon er dazu berechtigt ist, RG. 5 S. 84, Staub Anm. 24 zu Art. 36, anders RG. in JW. 1900 S. 472₁₈. Hat andrerseits der Akzeptant ohne Arglist oder grobe Fahrlässigkeit an den formell legitimierten Inhaber gegen Aushändigung des Wechsels gezahlt, so ist er gegen eine nochmalige Inanspruchnahme aus dem Wechsel geschützt. RG. 55 S. 49. Grünhut 2 § 107.

**6.** Nach Art. 36 ist die Legitimation des Inhabers vor und nach Verfall, wenn Protest nicht erhoben, zu prüfen. Wer nach Verfall den Wechsel von seinem Nachmann ohne Protest einlöst, muß die nachfolgenden Giros durchstreichen, um sich zur Weiterbegebung und Klage gegen den Akzeptanten zu legitimieren. OHG. 14 S. 152 (auch der Aussteller). ObT. 56 S. 266; 52 S. 240; 32 S. 427. RG.

1 S. 32; 27 S. 41. Bolze 11 Nr. 263. Anders Bernstein zu Art. 36, Adler österr. Wechselrecht § 29. Der durch den Protest als Indossatar legitimierte Inhaber aber ist nach Art. 51, 55 auch ohne Durchstreichung der nachfolgenden Giros zur Geltendmachung der Wechselrechte (Klage, Indossament) befugt, wenn er den Wechsel von seinem Nachmann im Regreßwege eingelöst hat; er bedarf keines Rückgiros. Anm. 4 zu Art. 41 ff., vgl. aber auch Anm. 11 zu Art. 87 ff. OHG. 24 S. 123, 124. OHG. 1 S. 247, 249; 14 S. 152; 18 S. 273; 7 S. 80; 12 S. 49, 106; 13 S. 67; 22 S. 319. Alles dies gilt auch für den Aussteller, der den Wechsel bei Verfall an den letzten Inhaber gezahlt hat, selbst wenn er gleichzeitig Notadressat ist. OHG. 14 S. 154; 6 S. 162. Er ist befugt, den eingelösten Wechsel ohne Durchstreichen des Giros weiterzugeben. Ohne neues Giro ist nach Einlösung des Wechsels durch den Aussteller als Notadressaten der Inhaber aber nicht legitimiert; er kann sich auf ein im Wechselgange erteiltes Giro und die Vermutung, daß er im Regreßwege eingelöst, nicht berufen. OHG. 6 S. 162. ObT. 56 S. 266. OHG. 7 S. 80; 12 S. 49; 13 S. 67; 22 S. 319. Auch wenn der Wechsel nach Protest zunächst weitergegeben und erst dann vom Aussteller eingelöst, kann derselbe sich auf die Präsumtion berufen, daß er im Regreßwege eingelöst habe; er kann weiter geben, und wenn auch in den Giros nach Protest bis zu ihm eine Lücke, so kann der Akzeptant dem Giratar, der den Wechsel vom Aussteller erhalten, daraus keinen Einwand entgegensetzen, weil ihm die Einrede nicht zusteht, daß der Aussteller den Wechsel nicht habe einlösen dürfen. OHG. 7 S. 288; 24 S. 123. Quittung des letzten Inhabers stellt für den Präsentanten gemäß Art. 296 HGB. I, der im HGB. II mit Rücksicht auf § 370 BGB. gestrichen ist, selbst ohne Durchstreichung und ohne Protest dem Akzeptanten gegenüber ausreichende Legitimation zum Zahlungsempfang her. Zur Klage legitimiert die Quittung nicht, auch nicht zur Protesterhebung mangels Zahlung, RG. in LZ. 2 S. 693, vgl. Anm. 4 zu Art. 41 ff.

7. Der Art. 37 stimmt im wesentlichen mit Art. 336 HGB. I überein, der im HGB. II mit Rücksicht auf §§ 244, 245 BGB. gestrichen ist. Er stellt eine Interpretationsregel für den Fall auf, daß eine fremde und am Zahlungsort nicht umlaufende Münzsorte angegeben oder der Wechsel auf eine Rechnungswährung lautet, und ergibt, daß die Wechselsumme, Art. 4 Nr. 2, auch in fremder Währung ausgedrückt sein darf, daß die Zahlung in Geldsorten jeder beliebigen Währung ausbedungen sein darf, daß nicht notwendig in dieser Geldsorte zu zahlen, ein Wahlrecht des Schuldners zwischen der ausgedrückten und einer anderen Geldsorte nicht ausgeschlossen ist. Die Reduktion auf den Wert in der Landesmünze erfolgt nach dem im Fall durch Sachverständige zu ermittelnden Börsenkurs. Vgl. § 4 des EG. für Hamburg. Thöl S. 199. W. Bd. 1 S. 396, 1043. W.W. § 37. Grünhut 2 § 106.

8. Der Art. 38 verpflichtet den Inhaber dem Akzeptanten und bez. dem Aussteller des eigenen Wechsels gegenüber, abweichend vom BGB. § 266, zur Annahme von Teilzahlungen, auch wenn die volle Wechselsumme akzeptiert ist. StrA. 24 S. 166. Es versteht sich dies aber nur bis zum Protest; nach erhobenem Protest kann der Inhaber volle Zahlung fordern, Teilzahlung ablehnen. Art. 48, 62. Der Regreßpflichtige, Aussteller und Indossant, kann sich nicht auf Art. 38 berufen. Lehnt der Inhaber die rechtmäßig angebotene Teilzahlung vor Protest ab, so geht er insoweit seines Regresses ver-

lustig. Vgl. StrA. 24 S. 166, 187, 188. Thöl S. 304. B u. L. S. 155, 157. W. Bd. 2 S. 1045. W.W. § 79. Anm. 16 zu Art. 41 ff. Grünhut 2 § 131.

**9.** Grünhut 2 § 106. Mit der Verpflichtung des Inhabers, bei Verlust des Regresses selbst Teilzahlungen anzunehmen, Art. 38, 41, 62, hängt die Bestimmung im § 100 der preuß. KO. und die korrektere Bestimmung in § 34 der deutschen KO. zusammen, wonach im Konkurse Wechselzahlungen durch den Gemeinschuldner nur dem letzten Regreßschuldner gegenüber, d. h. demjenigen, der schließlich für den Gemeinschuldner hätte aufkommen müssen, anfechtbar, wenn der Zahlungsempfänger bei Verlust des Wechselanspruchs gegen andere Wechselverpflichtete zur Annahme der Zahlung verbunden war. Dabei ist nur an Zahlung durch den Akzeptanten, den Aussteller des eigenen Wechsels, den Ehrenakzeptanten, den Notadressaten zu denken, da durch Ablehnung der Zahlung eines Indossanten der Regreß nie verloren geht. Aus dem im § 34 der KO. jetzt klar ersichtlichen Grunde des Gesetzes folgt, daß, wenn der Zahlungsempfänger der Aussteller des gezogenen Wechsels oder der Remittent des eigenen Wechsels, wenn zur Zeit der Zahlung schon Protest erhoben oder die Protestaufnahme erlassen oder nicht an Order oder ohne Obligo ausgestellt, oder giriert war, die Rückzahlung erfolgen muß, weil in allen diesen Fällen dem Empfänger kein Regreß zustand. Das Nähere gehört in das Konkursrecht. Vgl. Grünhut 2 § 131.

**10.** Grünhut 2 § 108. Die in Art 39 (vgl. Art. 48) ausgesprochene Verpflichtung zur Aushändigung des quittierten Wechsels bei Vollzahlung, Art. 50, 51, nicht bei Prolongation mit neuem Wechsel, beruht auf der rechtlichen Natur der Wechselverpflichtung, von der der Akzeptant (Aussteller) durch die bloße Zahlung nicht befreit wird, wenn der Wechsel im Umlauf bleibt und in die Hände eines gutgläubigen Dritten gerät. Auch der zahlende Domiziliat hat sie zu fordern, und obwohl die Aushändigung des W. die Vermutung, daß er bezahlt, begründet, ALR. I 16 § 97, OHG. 10 S. 153, so bleibt doch der Anspruch auf Quittung aus der Zahlung bestehen. RG. 28 S. 434. Thöl S. 243. B. u. L. S. 156. An die Stelle des W. tritt nach Art. 73, § 1017 ZPO., das Ausschlußurteil. So unbedenklich es ist, daß der Wechselprozeß ohne Vorlegung des Wechsels nicht statthaft, vgl. ZPO. §§ 602, 593, 595 Abs. 3, 592, so gewiß ist es, daß der Wechselschuldner auch im Zwangsvollstreckungsverfahren gegen Zahlung Auslieferung des vom Gerichtsvollzieher quittierten Wechsels zu fordern befugt ist, § 757 ZPO., und nach erfolgter Zahlung ohne gleichzeitige Aushändigung des W. zwar nicht kondizieren, aber Herausgabe des W. fordern, selbst kondizieren kann, wenn sich nachträglich ergibt, daß der bezahlte Gläubiger den W. schon zur Zeit der Zahlung nicht hatte und nicht beschaffen kann. Bolze 7 Nr. 424; 17 Nr. 189. RG. 4 S. 58. Verurteilung zur Zahlung ohne den Zusatz „gegen Aushändigung des W." verstößt nicht gegen das Gesetz, wenn solche Verurteilung nicht beantragt ist, Bolze 18 Nr. 319, sie ist so zu interpretieren. OHG. 11 S. 67; 21 S. 303. RG. 36 S. 105; 37 S. 5. Verschwindet der Wechsel im Laufe des Prozesses aus den Akten, so wird dadurch die Verurteilung zur Zahlung nicht ohne weiteres unmöglich, OHG. 21 S. 303, die Amortisation wird aber demnächst regelmäßig erforderlich werden, OHG. 11 S. 67. Die Beschlagnahme des Wechsels zu Untersuchungszwecken steht der Verurteilung zur Zahlung gegen Aushändigung des W. jedenfalls nicht entgegen, OHG. 15 S. 299, Bolze 17 Nr. 810, und sie hindert einen späteren

Giratar an der Klage nicht, wenn der W. dem Trassanten, gegen den die Beschlagnahme ergangen, nicht abgenommen wurde.

Teilzahlungen sind auf dem Wechsel abzuschreiben. Die Quittung, die der Wechselschuldner daneben verlangen kann, wird seit der neuen Fassung des Satz 2 Art. 39 nicht mehr auf eine Abschrift des Wechsels gesetzt. Ist dem Schuldner, der nur einen Teil gezahlt hatte, versehentlich der Wechsel ausgehändigt, so braucht ihn der Gläubiger nicht erst zu kondizieren, um dann nach durchgeführter Zwangsvollstreckung den Anspruch aus dem Wechsel geltend zu machen. Vielmehr kann er, auch ohne im Besitz des Wechsels zu sein, im ordentlichen Verfahren auf Zahlung des Restes klagen. OHG. 3 S. 9; 10 S. 154, RG. in W. 1902 Beil. S. $263_{187}$.

**11.** Über die Wirkung der Zahlung durch den Akzeptanten, der Quittung, der durchstrichenen Quittung vgl. zu Art. 82, und ObT. 39 S. 232 darüber, daß der nur die Akkordrate zahlende Akzeptant nicht Streichung seines Akzepts, sondern nur Quittierung fordern kann, sobald noch Regreßrechte vorhanden. Vgl. auch RG. 14 S. 107 (gem. R.).

**12.** Aus dem in Art. 40 ausgesprochenen Recht zur Deposition folgt nicht, daß der Wechselverpflichtete dazu verpflichtet. OHG. 5 S. 375; 6 S. 157; 22 S. 305. Grünhut 2 § 105, § 102 (Verzug). Macht er von seinem Recht Gebrauch, so tilgt er die Wechselschuld und hat nur noch in die Auszahlung der hinterlegten Summe zu willigen. § 378 BGB. Thöl S. 305. B. u. L. S. 159. W. Bd. 1 S. 211. Der Art. 30 ergibt nur, daß am Verfalltage und von da ab die Zahlung gefordert werden kann, und daß die Wechselschuld regelmäßig Holschuld ist. BGB § 295. Mit der Protesterhebung verwandelt sie sich in eine Bringschuld. Die Wechselklage kann mangels Präsentation nicht abgewiesen werden, da das Klagerecht mit dem Verfall vorhanden. Dagegen folgt weder aus Art. 30 noch aus Art. 40, daß mit dem Verfall auch Verzug eintritt und daß der Akzeptant bzw. der Aussteller des eigenen Wechsels ohne Präsentation des Wechsels und vor derselben Verzugszinsen zu zahlen hat. Zur Begründung der Klage auf solche ist die Behauptung und der Nachweis der Präsentation erforderlich, der auf jede zulässige Art geführt werden kann, im Wechselprozeß gemäß § 605 Abs. 1 ZPO. Ist solche nicht erfolgt, so hat der Wechselschuldner, der die Schuld bestreitet, von der Klagezustellung ab Zinsen zu zahlen. BGB. §§ 284 ff. OHG. 5 S. 315, 316, 374; 6 S. 157; 14 S. 31, 32. Bolze 17 Nr. 177. Die Verzugszinsen betragen stets 6 Prozent. Vgl. OHG. 1 S. 249 Daran ist durch § 246 BGB. nach EG. z. BGB. Art. 32 und Art. 2 Abs. 2 EG. z. HGB. II nichts geändert. Vgl. Anm. 10 zu Art. 41—55, Anm. 14 zu Art. 96—100. Die Zahlung hat aber, wenn Präsentation nicht erfolgt ist, nur am Zahlungsort im Geschäftslokal oder in der Wohnung des Akzeptanten zu erfolgen. ObT. 46 S. 260. Protest gegen den Domiziliaten verpflichtet den Akzeptanten zur Verzinsung ohne erneute Präsentation und Zahlungsaufforderung; er hat insofern die Stellung eines Regreßpflichtigen. Art 50, 51. OHG. 6 S. 155. Ist die Präsentation im oder außerhalb des Wechsels erlassen, so tritt mit dem Verfall Verzug ein, OHG. 5 S. 101; 19 S. 130; 8 S. 164; 21 S. 26, ebenso in all den Fällen, wo die Wechselschuld ausnahmsweise Bringschuld ist, wie z. B. wenn Wohnung oder Geschäftslokal des Remittenten im W. als Zahlstelle benannt, OHG. 8 S. 164, oder bei Verzug infolge Präsentation. OHG. 5 S. 386. Dem Regreßpflichtigen ist nicht zu präsentieren. Anm. 3 zu Art. 41. Über Präs. z. Zahlung WW. §§ 77, 80. Grünhut 2 § 102.

**13.** Deposition vor Ablauf der Protestfrist ist unwirksam. Dagegen ist die

Deposition in anderen Fällen als in dem des Art. 40 nicht ausgeschlossen, z. B. wo die formell vorhandene Legitimation des Klägers aus sachlichen Gründen zweifelhaft ist. Die Zulässigkeit in solchen Fällen ist nach Landesrecht, jetzt nach §§ 372 ff. BGB. zu beurteilen. OHG. 6 S. 230, 233. ObT. 27 S. 55. ALR. I 16 §§ 215, 222 (der von A eingeklagte W. ist von B verloren; A hat Blankoindossament, B interveniert). Vgl. ALR. II 8 §§ 893 ff. Lehmann § 135. Preuß. Hinterlegungs-O. v. 14. März 1879 (GS. S. 253) und dazu preuß. AusfGes. z. BGB. v. 20. Sept. 1899 Art. 84 ff. RG. 53 S. 204 und 55 S. 47 (Hinterlegung wegen subjektiver Ungewißheit über die Person des Wechselgläubigers).

14. Ausl. R. W. Bd. 2 S. 1052 ff. Für das engl. R. sind von besonderer Bedeutung die Bestimmungen in Sekt. 8 (3), 29, 30, 32, 36, 38, 54, 55, 60, mit teilweise sehr beachtenswerten Abweichungen. Über „effektiv" nach italien. R. HGB. Art. 228, vgl OHG. 1 S. 238, 239, 242. Späing S. 115 ff. Ruff. WO. Art. 99, 100—103.

## VIII. Regreß mangels Zahlung.

**Artikel 41.** Zur Ausübung des bei nicht erlangter Zahlung statthaften Regresses gegen den Aussteller und die Indossanten ist erforderlich:

1. daß der Wechsel zur Zahlung präsentiert worden ist und
2. daß sowohl diese Präsentation als die Nichterlangung der Zahlung durch einen rechtzeitig darüber aufgenommenen Protest dargetan wird.

Die Erhebung des Protestes ist am Zahlungstage zulässig, sie muß aber spätestens am zweiten Werktage nach dem Zahlungstage geschehen.

**Artikel 42.** Die Aufforderung, keinen Protest erheben zu lassen („ohne Protest", „ohne Kosten" usw.) gilt als Erlaß des Protestes, nicht aber als Erlaß der Pflicht zur rechtzeitigen Präsentation. Der Wechselverpflichtete, von welchem jene Aufforderung ausgeht, muß die Beweislast übernehmen, wenn er die rechtzeitig geschehene Präsentation in Abrede stellt. Gegen die Pflicht zum Ersatze der Protestkosten schützt jene Aufforderung nicht.

***Artikel 43.** Domizilierte Wechsel sind dem Domiziliaten oder, wenn ein solcher nicht benannt ist, dem Bezogenen selbst an demjenigen Orte, wohin der Wechsel domiziliert ist, zur Zahlung zu präsentieren und, wenn die Zahlung unterbleibt, dort zu protestieren.

Ein Wechsel, dessen Zahlung am Wohnorte des Bezogenen durch eine andere Person erfolgen soll, ist dieser Person zur Zahlung zu präsentieren und, wenn die Zahlung unterbleibt, gegen sie zu protestieren.

***Artikel 44.** Zur Erhaltung des Wechselrechts gegen den Akzeptanten bedarf es weder der Präsentation am Zahlungstage noch der Erhebung eines Protestes.

**Artikel 45.** Der Inhaber eines mangels Zahlung protestierten Wechsels ist verpflichtet, seinen unmittelbaren Vormann innerhalb zweier Tage nach dem Tage der Protesterhebung von der Nichtzahlung des Wechsels schriftlich zu benachrichtigen, zu welchem Ende es genügt, wenn das Benachrichtigungsschreiben innerhalb dieser Frist zur Post gegeben ist. Jeder benachrichtigte Vormann muß binnen derselben, vom Tage des empfangenen Berichts zu berechnenden Frist seinen nächsten Vormann in gleicher Weise benachrichtigen. Der Inhaber oder Indossatar, welcher die Benachrichtigung unterläßt oder dieselbe nicht an den unmittelbaren Vormann ergehen läßt, wird hierdurch den sämtlichen oder den übersprungenen Vormännern zum Ersatze des aus der unterlassenen Benachrichtigung entstandenen Schadens verpflichtet. Auch verliert derselbe gegen diese Personen den Anspruch auf Zinsen und Kosten, sodaß er nur die Wechselsumme zu fordern berechtigt ist.

**Artikel 46.** Kommt es auf den Nachweis der dem Vormanne rechtzeitig gegebenen schriftlichen Benachrichtigung an, so genügt zu diesem Zwecke der durch ein Postattest geführte Beweis, daß ein Brief von dem Beteiligten an den Adressaten an dem angegebenen Tage abgesandt ist, sofern nicht dargetan wird, daß der angekommene Brief einen anderen Inhalt gehabt hat. Auch der Tag des Empfanges der erhaltenen schriftlichen Benachrichtigung kann durch ein Postattest nachgewiesen werden.

**Artikel 47.** Hat ein Indossant den Wechsel ohne Hinzufügung einer Ortsbezeichnung weiter begeben, so ist der Vormann desselben von der unterbliebenen Zahlung zu benachrichtigen.

**Artikel 48.** Jeder Wechselschuldner hat das Recht, gegen Erstattung der Wechselsumme nebst Zinsen und Kosten die Auslieferung des quittierten Wechsels und des wegen Nichtzahlung erhobenen Protestes von dem Inhaber zu fordern.

**Artikel 49.** Der Inhaber eines mangels Zahlung protestierten Wechsels kann die Wechselklage gegen alle Wechselverpflichtete oder auch nur gegen einige oder einen derselben anstellen, ohne dadurch seinen Anspruch gegen die nicht in Anspruch genommenen Verpflichteten zu verlieren. Derselbe ist an die Reihenfolge der Indossamente nicht gebunden.

**Artikel 50.** Die Regreßansprüche des Inhabers, welcher den Wechsel mangels Zahlung hat protestieren lassen, beschränken sich auf:

1. die nicht bezahlte Wechselsumme nebst sechs Prozent jährlicher Zinsen vom Verfalltag ab;
2. die Protestkosten und anderen Auslagen;
3. eine Provision von ein Drittel Prozent.

Die vorstehenden Beträge müssen, wenn der Regreßpflichtige an einem anderen Orte als dem Zahlungsorte wohnt, zu demjenigen Kurse gezahlt werden, welchen ein vom Zahlungsort auf den Wohnort des Regreßpflichtigen gezogener Wechsel auf Sicht hat. Besteht am Zahlungsorte kein Kurs auf jenen Wohnort, so wird der Kurs nach demjenigen Platze genommen, welcher dem Wohnorte des Regreßpflichtigen am nächsten liegt. Der Kurs ist auf Verlangen des Regreßpflichtigen durch einen unter öffentlicher Autorität ausgestellten Kurszettel oder durch das Attest eines vereideten Mäklers oder in Ermangelung derselben durch ein Attest zweier Kaufleute zu bescheinigen.

**Artikel 51.** Der Indossant, welcher den Wechsel eingelöst oder als Rimesse erhalten hat, ist von einem früheren Indossanten oder von dem Aussteller zu fordern berechtigt:

1. die von ihm gezahlte oder durch Rimesse berichtigte Summe nebst sechs Prozent jährlicher Zinsen vom Tage der Zahlung;
2. die ihm erstandenen Kosten;
3. eine Provision von ein Dritttel Prozent.

Die vorstehenden Beträge müssen, wenn der Regreßpflichtige an einem anderen Orte als der Regreßnehmer wohnt, zu demjenigen Kurse gezahlt werden, welchen ein vom Wohnorte des Regreßnehmers auf den Wohnort des Regreßpflichtigen gezogener Wechsel auf Sicht hat. Besteht im Wohnorte des Regreßnehmers kein Kurs auf den Wohnort des Regreßpflichtigen, so wird der Kurs nach demjenigen Platze genommen, welcher dem Wohnorte des Regreßpflichtigen am nächsten liegt. Wegen der Bescheinigung des Kurses kommt die Bestimmung des Artikel 50 zur Anwendung.

**Artikel 52.** Durch die Bestimmungen der Artikel 50 und 51 Nr. 1 und 3 wird bei einem Regreß auf einen ausländischen Ort die Berechnung höherer dort zulässiger Sätze nicht ausgeschlossen.

**Artikel 53.** Der Regreßnehmer kann über den Betrag seiner Forderung einen Rückwechsel auf den Regreßpflichtigen ziehen. Der Forderung treten in diesem Falle noch die Mäklergebühren für Negozierung des Rückwechsels sowie die etwaigen Stempelgebühren hinzu. Der Rückwechsel muß auf Sicht zahlbar und unmittelbar (a drittura) gestellt werden.

**Artikel 54.** Der Regreßpflichtige ist nur gegen Auslieferung des Wechsels, des Protestes und einer quittierten Retourrechnung Zahlung zu leisten verbunden.

**Artikel 55.** Jeder Indossant, der einen seiner Nachmänner befriedigt hat, kann sein eigenes und seiner Nachmänner Indossament ausstreichen.

Vgl. Art. 78, 79, 81, 87, 91, 98 Nr. 6, 99.

Dernburg §§ 271, 273, 274. Thöl S. 357 ff., 504, 638 ff. (Domiziltratten), S. 395 (Notifikation). B. u. L. S. 163 ff., W. Bd. 2 S. 756 ff., S. 676 (Notif.), S. 833 ff. (Regreß). WW. §§ 85, 77, 81, 95, 86, 92—95. Lehmann §§ 128, 136—138. v. Canstein §§ 19, 20, 22—24. Grünhut 2 §§ 121—130. K. Lehmann §§ 151—153.

1. Vgl. wegen der Altona-Hamburger Domizilwechsel die Anm. 1 zu Art. 21 ff.

2. Die Art. 41—55 normieren die Voraussetzungen, Bedingungen, Wirkungen und den Inhalt des Anspruchs des letzten Wechselinhabers gegen die regreßpflichtigen Vormänner, Aussteller und Indossanten, und der Indossanten untereinander. Der Akzeptant und der Aussteller des eigenen Wechsels sind nicht Regreßpflichtige, sondern Hauptverpflichtete, Art. 44, 99. Die Regreßpflicht wird durch die Bestimmungen der Art. 41 ff. geregelt, wenn der Wechsel im Inlande ausgestellt und giriert, auch wenn der Bezogene im Auslande domiziliert; sie sind für die Frage entscheidend, ob, wann und wie Präsentation und Protest erforderlich, weil die materiellrechtlichen Voraussetzungen der Regreßpflicht nach dem Gesetze des Orts zu beurteilen sind, wo die die Regreßpflicht begründende Wechselerklärung abgegeben ist. OHG. 21 S. 151. Das Rechtsverhältnis ausländischer Indossanten unter sich bestimmt sich nach dem auch von dem inländischen Wechselverpflichteten anzuerkennenden ausländischen Recht; die Regreßpflicht des inländischen Verpflichteten kann durch das ausländische Recht weder erschwert noch erweitert werden. OHG. 5 S. 101.

3. Grünhut 2 § 121. Wesentliche Bedingung jedes Regresses, Fundament der Regreßklage, deshalb von Amts wegen zu berücksichtigen, OHG. 1 S. 294; 18 S. 272; 12 S. 113; 7 S. 183, ist: daß der gültige Wechsel zu der im Wechsel angegebenen Zahlungszeit an dem Zahlungsort von dem wechselmäßig legitimierten Inhaber, Art. 36, welcher Zahlung fordern kann und welchem Zahlung zu leisten, dem Zahlungsverpflichteten bzw. allen Zahlungsverpflichteten, Art. 81, 62, innerhalb der Protestfrist präsentiert und mangels Zahlung protestiert ist, wenn nicht der Protest erlassen ist. Fehlt der Regreßklage eines dieser Erfordernisse, so ist sie abzuweisen; kann das fehlende aber noch nachgeholt werden, so kann der neuen, vollständigen Klage deshalb konsequent auch nicht die Einrede der rechtskräftig entschiedenen Sache entgegengesetzt werden. OHG. 7 S. 184. Die Notifikation von der Nichtzahlung, Art. 45—47, ist dagegen nur nebensächlich, nicht Bedingung des Regresses, nicht Klagegrund, ihr Unterlassen hat nur zivilrechtliche Folgen (Schadenersatz, Verlust der Zinsen und Kosten), ist vom Beklagten zu exzipieren. OHG. 2 S. 125, 219. Vgl. RG. 9 S. 22, 26. Zu präsentieren ist dem Regreßpflichtigen nicht. StrA. 52 S. 12, anders OHG. 23 S. 7. Maßgebend ist BGB. §§ 269, 270. Über Rückforderung des trotz ungültigen Protestes an den Nachmann Gezahlten vgl. Bolze 17 Nr. 309. Staub Anm. 6 zu Art. 54. Vgl. auch OHG. 17 S. 1; Grünhut 2 § 107 Anm. 12, 13, § 121 bei Anm. 2; BGB. §§ 813, 814, und über Anfechtbarkeit der geleisteten Zahlung, KO. § 34, Grünhut 2 § 110.

4. Nur der gemäß Art. 36 legitimierte Inhaber ist zu Zahlungsforderung und Protest berechtigt, darauf beruht die Vorschrift in Art. 88 Nr. 1, daß aus dem Protest erhellen muß, für wen protestiert. Protest durch den nicht legitimierten Inhaber ist kein gültiger Protest und zur Erhaltung des Regresses nicht geeignet; deshalb muß derjenige, der nach Verfall vor Protest den Wechsel vom Inhaber als Vormann einlöst, die dem seinen nachfolgenden Giros durchstreichen. RG. 1 S. 32; 27 S. 41; 32 S. 78; RG. in JW. 1906 S. $467_{25}$, RG. in LZ. 2 S. 703, und wird dieser Mühe trotz BGB. § 370 auch nicht durch eine auf dem Wechsel befindliche Quittung überhoben, RG. in LZ 2 S. 693. Zahlt ein Dritter nicht im Wechselverbande Stehender den Wechsel, so muß er sich durch Giro

legitimieren, um den Wechselanspruch geltend machen zu können. OGH. 18 S. 273, 138; 1 S. 247; 6 S. 163; 7 S. 80; 12 S. 47; 13 S. 67; 14 S. 152; RG. 2 S. 75; 33 S. 143, 148 und Anm. 27 zu Art. 9 ff. (Prokuraindoss.), Anm. 6 zu Art. 36 ff. Alles das gilt selbstverständlich auch für Domizilwechsel mit benanntem Domiziliaten.

**5.** Der Protest muß am Zahlungsort, zur wechselmäßigen Zahlungszeit, innerhalb der Protestfrist, Art. 41 Abs. 2, d. h. am Zahlungstage, der ein Werktag sein muß, oder innerhalb der nächsten 2 Werktage, gegen den Zahlungspflichtigen erhoben werden, bei Meß- und Marktwechseln jedenfalls innerhalb der Meß- und Marktzeit. ObT. 58 S. 336. RG. 1 S. 294. Anm. 20 zu Art. 16. (Nach dem Cod. c. Art. 162 ist am Tage nach Verfall, nach ital. R. Art. 295 am ersten Werktage nach dem Zahlungstage, in Belgien am zweiten Tage nach Verfall zu protestieren. Engl. WO. Sekt. 51 (4), 93, schreibt das Notieren des Protestes am Tage der Dishonorierung vor.) Protest vor Verfall ist ebenso ungültig wie Protest an einem falschen Zahlungsort; hat der Bezogene für eine andere als die im Wechsel angegebene Zahlungszeit akzeptiert, so muß doch zu der im Wechsel angegebenen protestiert werden. Für die Verpflichtung der Indossanten und des Ausstellers ist lediglich der Wechselinhalt entscheidend. OHG. 21 S. 150. ObT. 26 S. 378. Ob dies auch für die Indossatare nach dem beschränkten Akzept gilt, ist fraglich; es ist aber zu bejahen, da der Wechselinhalt nur ein und derselbe sein kann. Auch Prolongationen ändern den Verfalltag nicht, geben nur Zahlungsfrist. Die Protesterhebung am Verfalltag wird dadurch nicht ungültig, der Regreß gegen die andern Wechselschuldner nicht ausgeschlossen. RG. 61 S. 182. Grünhut 2 § 104.

**6.** Protestat, vgl. Art. 88 Nr. 1, ist der Zahlungspflichtige, der Bezogene, selbst nach verweigerter Annahme, der oder die Akzeptanten, der Aussteller des eigenen Wechsels, der Domiziliat, Notadressat, Ehrenakzeptant, Art. 62, oder deren Rechtsnachfolger. OHG. 2 S. 218; 18 S. 327. Im Falle des Konkurses ist gegen den Gemeinschuldner selbst, nicht gegen den Verwalter, zu protestieren. OHG. 24 S. 22 (Plenarbeschluß) gegen OHG. 22 S. 424. Vgl. Art. 29. Nicht anders verhält es sich, wenn der Zahlungspflichtige geschäftsunfähig ist. Ist er verstorben, so wird in der Sterbewohnung ein Protest dahin aufgenommen, daß er nicht anzutreffen war; doch genügt auch ein gegen die Erben oder den Nachlaßpfleger aufgenommener Protest, OHG. 2 S. 218, RG. 58 S. 48. Vgl. zu Art. 87 ff. Anm. 6, Art. 91 ff. Anm. 3. Ist bei einem nicht domizilierten Wechsel eine Person benannt, bei der die Zahlung erhoben werden soll, so mußte nach bisherigem Recht bei dieser Person gegen den Akzeptanten protestiert werden, OHG. 17 S. 53; 25 S. 107; jetzt ist der Protest, wie beim eigentlichen Domizilwechsel, gegen die benannte Person zu richten, Art. 43 Abs. 2.

**7.** Aus Art. 21, 39, 48, 54 folgt, daß der Regreß die Vorlegung des Originalwechsels voraussetzt; die Wechselkopie genügt nicht, Art. 72. Dabei versteht sich von selbst, daß die Wechselurkunde in derart ordnungsmäßiger Beschaffenheit sein muß, daß der Regreßpflichtige seine Rechte gegen seine Vormänner und den Akzeptanten zu verfolgen imstande ist. Weder Akzept, noch die zur Legitimation des Regreßpflichtigen erforderlichen Indossamente dürfen durchstrichen sein; ob die Tilgung durch Zufall oder Schuld erfolgt, ist gleichgültig. OHG. 11 S. 217, Anm. 4 zu Art. 8. Auch nach Verjährung des W. gegen den Akzeptanten kann der Regreßpflichtige nicht mehr in Anspruch genommen werden. RG. 9 S. 21. Über Duplikate vgl. Art. 68, 69.

8. Der Protest ist absolutes Erfordernis des Regresses: Aussteller und Indossanten haften nur für Zahlung zur Verfallzeit unter der Bedingung rechtzeitiger Präsentation und Protestes. Der Inhaber hat in seinem Interesse zu protestieren, zufällige Verhinderung trifft ihn ebenso wie verschuldete Unterlassung. Auch bei Prolongation der Verfallzeit durch ausländisches Gesetz (Moratorium, Indult) ist die Prolongation nur von denjenigen Wechselverpflichteten anzuerkennen, welche dem ausländischen Gesetz unterworfen. OHG. 1 S. 288 ff.; 9 S. 197. Vgl. 6 S. 125; 11 S. 219; 5 S. 101. Grünhut 2 § 121 Anm. 12. Thöl S. 727 ff. B. u. L. S. 171. W. Bd. 2 S. 766, 770. Über gesetzliche Moratorien vgl. Grünhut 2 § 104 Anm. 3. W.W. §§ 76, 4. (Die engl. WO. Sekt. 41, 46, 50, 51, 81 ($_3$) und das skandin. Ges. § 92 lassen dagegen höhere Gewalt sowohl die Verzögerung der Präsentation, wie das Unterbleiben derselben und der Notierung oder des Protestes bez. der Notifikation entschuldigen.)

9. Wie die Regreßpflicht des Indossanten dem Inhaber gegenüber auf seinem Indossament beruht, wenn es nicht ohne Obligo gegeben, Art. 14, so beruht sein Regreßrecht aus dem gehörig protestierten Wechsel auf dem ihm erteilten Indossament, welches mit dem Wiedererwerb des Wechsels im Regreßwege von neuem in Kraft tritt; die Voraussetzung seiner Geltendmachung ist eingetreten. OHG. 24 S. 1 ff. Vgl. Anm. 10 zu Art. 9 ff. Durch die freiwillige oder erzwungene Einlösung des Wechsels sind die ihm nachfolgenden Indossamente in ihrer Wirksamkeit beseitigt. Es ist selbstverständlich, daß er gegen seine Hintermänner, denen er selbst verhaftet sein würde, keinen Regreß hat, ebensowenig wie gegen einen Vormann, der zugleich sein Nachmann ist, weil niemand wegen seines Anspruchs zu klagen berechtigt, wegen dessen er dem Beklagten selbst regreßpflichtig. OHG. 18 S. 413; 7 S. 290. Weil aber das Indossament Fundament der Regreßpflicht, so fällt das Regreßrecht fort, wenn das Indossament ohne Obligo, OHG. 1 S. 225, oder nicht in der Absicht gegeben, dem Indossatar Regreßrechte zu geben, z. B. also in dem Falle, wo die beiden aufeinander folgenden Giros gegeben, um damit für ein von dem Akzeptanten auf den Wechsel zu nehmendes Darlehn Bürgschaft zu leisten. OHG. 19 S. 48. In solchem Falle steht dem klagenden Indossatar, der mitverbürgt, die Einrede aus Art. 82 offen. RGAnn. 1 S. 290. Vgl. auch Bolze 5 Nr. 491 (Ind. zum Zweck der Diskontierung), 5 Nr. 495, OHG. 14 S. 417; 19 S. 171; 21 S. 38 (Ind. zahlungshalber).

10. Nicht die Zahlung der Regreßsumme ist das Fundament des Regresses, sondern das dem Regreßnehmer erteilte Indossament in Verbindung mit dem Besitz des Wechsels und des Protestes; daß er den Nachmann bezahlt oder sonst befriedigt hat, braucht er deshalb nicht zu beweisen, nur die Höhe der aus dem Wechsel nicht hervorgehenden Nebenforderungen, Art. 51. Die Zinsen vom Verfalltage fordert er als gesetzliche Zinsen, nicht als Verzugszinsen, Art. 50, 51. OHG. 3 S. 128; 14 S. 327; 24 S. 1, 5, 6; 16 S. 362; 12 S. 105. Der Zinssatz ist durch § 246 BGB. nicht berührt. EG. z. BGB. Art. 32. EG. z. HGB. II Art. 2 Abs. 2. Der Gegenbeweis, daß Einlösung nicht vorliegt, d. h. der W. nicht im Regreßwege an den Inhaber zurückgelangt, es ist natürlich nicht ausgeschlossen. Staub Anm. 3—5 zu Art. 51.

11. Weil durch die Einlösung des gehörig protestierten Wechsels von dem legitimierten letzten Inhaber oder dem Nachmann das Recht des Einlösenden aus dem ihm erteilten Indossament wieder auflebt, kann er nunmehr von seinem Recht

gemäß Art. 10, 16 Abs. 2 wieder Gebrauch machen; zum Durchstreichen der nachfolgenden Giros ist er berechtigt, Art. 55, aber nicht verpflichtet. OHG. 12 S. 47; 24 S. 124. Anm. 6 zu Art. 36 ff. RG. 12 S. 131, 134. Grünhut 2 § 127 zu Anm. 6, 7. Das Wechselrecht des befriedigten Nachmanns erlischt mit der Befriedigung und der Rückgabe des W. an den einlösenden Vormann. Vgl. Anm. 2 Art. 9 ff. RG. 34 S. 50. So wenig der Akzeptant ihm Einreden aus der Person seiner Vormänner entgegensetzen kann, so wenig kann der von ihm belangte Vormann ihm Einreden aus der Person des befriedigten Nachmanns, oder aus der Person der Zwischenmänner entgegensetzen, weder die Einrede der Fälschung des Indossaments, noch die Einrede, daß gegen den Nachmann rechtskräftig entschieden, noch daß er nicht wirklicher Eigentümer des Wechsels, sondern nur vorgeschoben sei, vorbehältlich der Fälle der Anm. 7 zu Art. 82. OHG. 2 S. 281; 5 S. 411; 7 S. 78; 16 S. 365; 23 S. 358.

**12.** Der Protesterlaß, Art. 42, Grünhut 2 § 122, W.W. § 89, Thöl S. 323, B. und L. S. 173, W. Bd. 2 S. 771, — kann naturgemäß nur von einem Regreßpflichtigen ausgehen, Protesterlaß durch den Akzeptanten ist bedeutungslos, weil er auch ohne Protest verpflichtet ist. Anders nach früherem Recht, wonach auch der Akzeptant eines domizilierten Wechsels den Protest erlassen konnte, vgl. Art. 43 Satz 2 der bisherigen Fassung. Eine Form für den Protesterlaß ist nicht vorgeschrieben, OHG. 17 S. 266; er kann auch mündlich, außerhalb des Wechsels erfolgen. OHG. 5 S. 102; 23 S. 218, hat aber selbstverständlich nur demgegenüber Wirkung, von dem er und für den er erteilt ist; auch die vom Aussteller des gezogenen Wechsels im Wechsel ausgesprochene Erlaßklausel schützt den Regreßnehmer nur gegen die Einrede des Ausstellers, nicht der sonstigen Regreßpflichtigen. Der Wechselinhaber muß deshalb, wenn nicht alle Vormänner den Protest erlassen haben, stets Protest erheben. OHG. 5 S. 101; 14 S. 415; 17 S. 261, 274. (Erlaß durch vorbehaltlose Annahme einer Faktura, in welcher Verbindlichkeit wegen Protest oder Verspätung abgelehnt.) OHG. 19 S. 167; 23 S. 217, 218. (O.K. = ohne Kosten als Erlaßklausel. OHG. 17 S. 261; 19 S. 164.) Bolze 17 Nr. 303 (früheres Recht; Erlaß seitens des Akzeptanten eines domizilierten W. durch Ersuchen an den Aussteller). OHG. 17 S. 261 und Anm. 8 zu Art. 9 ff. (Einfügung der Erlaßklausel in Blankoindossament ohne Genehmigung des Blankoindossanten). Allgemeine Ablehnung der Garantie für rechtzeitige Präsentation und Protest entbindet nicht von der Haftung für Verschulden. Bolze 16 Nr. 292. OHG. 14 S. 417. Aus Art. 42 Satz 3 geht übrigens klar hervor, daß der Protesterlaß den Inhaber berechtigt, aber nicht verpflichtet, den Protest zu unterlassen.

**13.** Aus Art. 42 folgt nicht, daß nicht auch die Präsentation erlassen werden kann. OHG. 5 S. 101; 14 S. 416. Ist sie nicht erlassen, so hat die vom Regreßpflichtigen nachgewiesene Unterlassung der Präsentation dieselben Folgen wie das Unterlassen des Protestes. WW. § 77. Die Notifikationspflicht besteht auch bei Protesterlaß, Art. 45; erlassen kann sie auch werden.

**14.** Domizilwechsel. Platzwechsel mit besonderer Zahlungsperson. Nach dem bisherigen Recht kam, was den Anspruch gegen den Akzeptanten betrifft, dem Domizilvermerk eine erhöhte Bedeutung zu. Zwar wenn der Domiziliat nicht benannt war, bedurfte es zur Erhaltung jenes Anspruchs nicht der Protesterhebung, OHG. 20 S. 414, RG. 28 S. 102. Dagegen war nach Art. 43 Satz 2 der bisherigen Fassung bei benanntem Domiziliaten der Protest gegen den Domiziliaten (nicht den Akzeptanten) unter allen Umständen erforderlich, selbst bei Identität des Inhabers und des Ausstellers mit dem Domiziliaten, OHG. 8 S. 89; 11 S. 188; 14 S. 160; 15 S. 207. Der Akzeptant wurde dadurch zu einem bedingt Verpflichteten, wenn auch nicht zum Regreßschuldner, OHG. 6 S. 159; 23 S. 412. Nur wenn der Domizilvermerk erst nach dem Akzept ohne Wissen und Willen des Akzeptanten auf den Wechsel gebracht war, konnte das Unterlassen des Protestes ihm gegenüber ebensowenig schaden, wie wenn er selbst domiziliert hatte, vgl. zu Art. 21 ff. Anm. 12.

Die Novelle von 1908 bestimmt in Art. 44, daß es zur Erhaltung des Wechselrechts gegen den Akzeptanten in keinem Falle der Präsentation am Zahlungstage oder der Erhebung eines Protestes bedarf. Andrerseits müssen nunmehr zur Wahrung der Regreßansprüche auch solche Wechsel, deren Zahlung am Wohnort des Bezogenen durch eine andere Person erfolgen soll, dieser Person präsentiert und gegen sie protestiert werden, Art. 43 Abs. 2. Durch diese Bestimmungen hat die Unterscheidung zwischen Domizilwechsel und Zahlstellenwechsel (Platzwechsel) in der Hauptsache ihre praktische Bedeutung verloren, vgl. Anm. 13 zu Art. 21 ff. Statt dessen ist jetzt zwischen Wechseln mit und ohne besondere (vom Bezogenen bzw. beim eigenen Wechsel vom Aussteller verschiedene) Zahlungsperson zu scheiden, vgl. Art. 90 Abs. 2 Nr. 5, insofern bei ersteren der Protest behufs Erhaltung der Regreßrechte gegen die Zahlungsperson erhoben werden muß. Dabei ist festzuhalten, daß Zahlungsperson nur eine Person sein kann, nicht ein Lokal (nicht die Börse, das Gericht, ein Hotel), OHG. 3 S. 299; 4 S. 57, RG. 48 S. 139, und daß es eine einzige Person sein muß, RG. 25 S. 62. Vgl. Anm. 14 zu Art. 21 ff.

Nur der Art. 43 Abs. 2, nicht auch die neue Vorschrift in Art. 44, ist sofort mit dem 1. Okt. 1908 in Kraft getreten. Bei den vor diesem Zeitpunkt ausgestellten Wechseln hängt, auch wenn sie später fällig, von der Protesterhebung gegen den Domiziliaten nicht nur die Erhaltung der Regreßansprüche, sondern auch die des Anspruchs gegen den Akzeptanten ab. Vgl. im Anhang Ges. v. 30. Mai 1908 § 6.

**15.** Notifikation. Art. 45, 46, 47. Grünhut 2 § 123, Thöl S. 395, B. und L. S. 180, WW. § 90, sie muß schriftlich innerhalb zwei Tagen nach der Protesterhebung bzw. nach der erhaltenen Benachrichtigung, auch bei erlassenem Protest, dem regreßpflichtigen Vormann, auch dem Aussteller, OHG. 2 S. 125, 220, nicht aber dem Akzeptanten, wenn er nicht zugleich Vormann, OHG. 14 S. 329, auch nicht dem Indossanten ohne Obligo, geschehen, RG. 1 S. 45. Die Notifikation ist nicht Teil des Fundaments der Regreßklage, die Unterlassung deshalb vom Beklagten zu rügen, OHG. 2 S. 118, 216, Bolze 4 Nr. 549, aber vom Kläger zu beweisen. OHG. 16 S. 366, RG. 9 S. 22, 26. Ist das Indossament des Vormannes nicht datiert, so kann dieser sich auf die persönliche Kenntnis des Regreßnehmers von seinem Wohnort nicht berufen; wer nicht datiert, verzichtet. OHG. 18 S. 139. Art. 47. Dasselbe gilt, wenn der Wohnort des Ausstellers aus der Unterschrift nicht zu ersehen. Bolze 11 Nr. 267. Notifikation an den unmittelbaren Vormann erhält den Anspruch auf Zinsen und Kosten, RG. 14 S. 107 (auch Provision), gegen sämtliche Vormänner, auch wenn diese nicht benachrichtigt, Notifikation an einen Vormann erhält den Anspruch jedenfalls gegen diesen und dessen Vormänner. Andrerseits setzt der angedrohte Verlust des Anspruchs natürlich Pflicht zur Notifikation voraus, und geht nicht weiter als auf die in Art. 45 bezeichneten Zinsen und Kosten, d. h. die Zinsen der Wechselsumme bis zu anderweit begründeter Zinspflicht, und die

Wechselunkosten. Staub Anm. 11 zu Art. 45. Nachholung der Notifikation kann für den Schadensersatzanspruch von Bedeutung sein. Der Prokuraindossatar hat nach Art. 17 dem Vormann seines Indossanten zu notifizieren. Art. 92 (Verfalltag an Sonntag, Feiertag) ist für die Notifikation nicht direkt anwendbar, da er nur von der Protesterhebung und im übrigen von Handlungen spricht, die der Wechselverpflichtete zu leisten hat. Sein Prinzip trifft aber auch für die wechselrechtliche Notifikationspflicht zu. Vgl. § 48 I 3 ALR. BGB. § 193. Der Art. 46 (Beweis der Notifikation) beruht darauf, daß die Notifikation im Interesse des regreßpflichtigen Vormannes, und wenn die Benachrichtigung durch die Post geschieht, auf dessen Gefahr erfolgt.

**16.** Art. 48. Grünhut 2 § 124. Unter den Kosten ist die Provision, Art. 50 Abs. 1 Nr. 3, mitverstanden, überhaupt alles, was der Inhaber nach Art. 51 zu fordern hat. Inhaber ist der zur Empfangnahme, Quittung, Aushändigung des W. legitimierte Inhaber. Aus Art. 48 folgt, daß der Inhaber nach Protest sich auf Teilzahlungen, Art. 38, nicht einzulassen braucht. Ein Präjudiz ist übrigens an die Ablehnung der Annahme der Zahlung in diesem Falle nicht geknüpft. Die Klage auf Auslieferung des Wechsels, die auch dem Akzeptanten und dem Avalisten zusteht, ist keine Wechselklage, auch nicht vindic. oder exhibit., sondern Klage auf Erfüllung der durch die Zahlung begründeten Obligation auf Quittung und Auslieferung des Wechsels. Der Beweis des Besitzes des Wechsels in den Händen des Beklagten ist deshalb nicht erforderlich. RG. 4 S. 58, 61; 28 S. 434. Über Zahlungsanerbieten nach Protest: Thöl S. 572. B. u. L. S. 183ff. W. Bd. 1 S. 349ff. Daß der Inhaber in Annahmeverzug gerät, wenn er die Annahme gehörig offerierter Zahlung verweigert, folgt aus allgemeinen Grundsätzen. BGB. §§ 293, 300ff. Vgl. RG. 14 S. 105. Ohne Erstattung der Wechselsumme und Kosten kann der Inhaber zur Auslieferung des W. nicht gezwungen werden. Der nicht beklagte Aussteller kann deshalb den Akzeptanten nicht dadurch befreien, daß er dem Inhaber Aufrechnung mit einer Forderung gegen denselben erklärt und dem Akzeptanten den Anspruch auf Herausgabe des W. zediert, RG. in JW. 1902 S. $364_{22}$.

**17.** Solidare Haftung. Grünhut 2 §§ 129, 130. Art. 49 beruht auf dem Art. 81 und der auf demselben folgenden Solidarhaftung aller Wechselverpflichteten, auch des Akzeptanten, vgl. Bolze 15 Nr. 270, auch für die Prozeßkosten. RG. 15 S. 381; 33 S. 79, 88. Die Art. 50, 51 bestimmen den Umfang des Regreßanspruchs und des Interesses, für welches Aussteller und Vormänner wechselrechtlich haften. Zu zahlen ist danach die Wechselsumme und was zur Erhaltung des Wechselrechts notwendig aufgewendet, Provision für eigene Mühwaltung, Porto, Courtage, Stempel, Protestkosten. Die Prozeßkosten, welche durch den Versuch der Beitreibung gegen einen Verpflichteten entstanden, sind nicht genannt, nicht Teil der Wechselregreßsumme, der Anspruch auf Erstattung solcher ist kein wechselmäßiger, besonders auf Vertrag, Auftrag u. a. zu gründen. OHG. 24 S. 88, 93. Vgl. Art. 81. Dagegen sind die Zinsen der Wechselsumme vom Verfalltage ab (die Auslagen sind nicht zu verzinsen) ein Teil des Interesses der Nichterfüllung, keine Verzugszinsen, deshalb auch von dem Akzeptanten des beim Domiziliaten protestierten Wechsels zu zahlen. OHG. 6 S. 155; 14 S. 327. Vgl. Wechselprozeß und Anm. 10.

**18.** Art. 50, 51. Grünhut 2 §§ 125, 126. Der letzte Inhaber erhält die Wechselsumme nach dem Kurse (Börsen-, Marktpreis) eines Sichtwechsels vom

Zahlungsort auf den Wohnort des Indossanten, weil der Indossant für Zahlung bei Verfall am Zahlungsort garantiert; er erhält damit dasjenige, was er aufzuwenden hat, um sich am Zahlungsort in den Besitz der Wechselsumme zu setzen. Der einlösende Vormann dagegen erhält die von ihm gezahlten Beträge zum Sichtkurse seines Wohnorts auf den des von ihm in Anspruch genommenen Indossanten, weil sein Interesse darin besteht, daß er erhält, was er hat leisten müssen. Vgl. OHG. 24 S. 4, 5. Auch die Haftung des Akzeptanten nimmt danach einen verschiedenen Umfang an, je nachdem er von dem Inhaber oder dem einlösenden Vormann belangt wird; auch gegen ihn bestehen aber dieselben Ansprüche, wie sie in Art. 50, 51 normiert, namentlich der Anspruch auf sechs Prozent Zinsen vom Verfalltage. OHG. 1 S. 251; 5 S. 104. Gegen die Provision ist er geschützt, wenn ein Regreßanspruch nicht vorhanden, z. B. der Wechsel in der Hand des Ausstellers geblieben ist, RG. 41 S. 126, a. A. Grünhut 2 § 129. Dagegen haftet er für die Kosten des Protestes, der schon wegen der Gestaltung des Wechselprozesses niemals als schlechthin überflüssig bezeichnet werden kann, RG. a. O. Staub Anm. 14—17 zu Art. 50. Bolze 11 Nr. 268 (Provision des Ausstellers, Art. 50). Busch, Archiv für Handels- und WR. Bd. 48 S. 314. Über Akzept „nicht an Order“ vgl. Anm. 6 zu Art. 21 ff. Vgl. über Kurs: Thöl S. 134, 361, 466. B. u. L. S. 187, 191. W.W. § 24. v. Canstein § 5 II.

19. Art. 52 besagt, daß, wenn der Wechsel im Auslande ausgestellt oder indossiert, die höheren, an dem ausländischen Ort zulässigen Sätze vom Inländer berechnet, auch im Inlande verlangt werden können; d. h. der Umfang der Regreßpflicht wird nach dem Recht des Ortes beurteilt, wo ausgestellt, indossiert ist, weil sie dort zu erfüllen ist, und der inländische Vormann kann nicht einwenden, daß die liquidierten Sätze nach Art. 50, 51 dem inländischen Regreßnehmer gegenüber zu hoch. Zugunsten des ausländischen Wechselinhabers und Regreßnehmers gilt dies aber dem Akzeptanten und Regreßpflichtigen gegenüber, der im Inlande akzeptiert oder indossiert hat, nicht. Vgl. Grünhut 2 §§ 125, 126. B. u. L. S. 192. W.W. § 95 (Retourrechnung). Staub zu Art. 52.

20. Art. 53. Grünhut 2 § 128, W.W. § 95. Der Rückwechsel repräsentiert gewissermaßen den Hauptwechsel; er darf nicht Datowechsel sein, muß a drittura gestellt sein, d. h. direkt auf den Regreßpflichtigen und dessen Wohnort gezogen werden, nicht domiziliert sein, um unnötige Kosten zu vermeiden; es ist selbstverständlich, daß er nur gegen Herausgabe des Hauptwechsels und Protestes eingelöst zu werden braucht. Art. 54. Thöl S. 365. B. u. L. S. 193. W. Bd. 2 S. 877. (A drittura kommt hier und da auch in der Bedeutung: unmittelbar zwischen Nehmer und Geber, ohne Vermittelung eines Mäklers, vor.)

21. Zu Art. 54 vgl. oben Anm. 7, 11 u. Art. 39. Grünhut 2 § 127.

22. Art. 55 bezieht sich nur auf den gehörig nach Verfall protestierten Wechsel, vgl. oben Anm. 4 und 11, gibt aber auch dem Honoraten das Recht, wenn er den W. vom Ehrenzahler einlöst. RG. 12 S. 131, 134, OHG. 12 S. 47. Durch das Durchstreichen der Nachindossamente sichert der Einlösende, der durch die Einlösung wieder in seine frühere rechtliche Stellung als Indossatar getreten ist, sich gegen seine Nachmänner und ist nunmehr imstande, den Wechsel weiter zu begeben, zu welchem Zwecke es übrigens dieses Durchstreichens nicht bedarf. Vgl. Anm. 11. Vgl. RG. 41 S. 412, 414. Zum Zwecke des Regresses gegen die Vormänner muß er den Protest dem Nachindossatar natürlich aushändigen; gegen den Akzeptanten bedarf es dessen nicht. Über Benutzung eines Blankoindossaments

vor Protest zur Weiterbegebung nach Protest unter Durchstreichung der nachfolgenden Giros vgl. Anm. 24 zu Art. 9 ff. Der Besitzer und Indossatar vor Protest braucht die nachfolgenden Indossamente nicht zu durchstreichen. Bolze 9 Nr. 277. Grünhut 2 § 127 bei Anm. 6, 7. — Befugt zur Durchstreichung seines Indossaments ist auch derjenige Indossant, der die Abweisung der Wechselklage seines Nachmanns als materiell unbegründet erzielt hat, RG. 5. April 1906, IV. 87. 06.

23. Über ausl. R. W. Bd. 2 S. 850 ff. Dasselbe weicht hier vielfach ab. Vgl. Anm. 5, 8. Schon nach dem früheren engl. R. war die Notifikation unerläßlich, um Aussteller und Indossanten zur Wechselzahlung zu verpflichten, ObT. 36 S. 289, 299. Nach der engl. WO. Sekt. 51 ist bei Inlandwechseln, d. h. nach Sekt. 4 Wechseln, die innerhalb der britischen Inseln gezogen und zahlbar, oder auch nur innerhalb der britischen Inseln auf eine daselbst wohnende Person gezogen, oder sich so darstellt, der Protest überhaupt nicht erforderlich, nur bei Auslandwechseln. Dagegen hat die engl. WO. Sekt. 48, 49, 50, 52 das sog. strenge Notifikationssystem, wonach der Regreßanspruch durch ordnungsmäßige Benachrichtigung, wenn die Unterlassung nicht entschuldigt, von der Benachrichtigung aller Vormänner bei Dishonorierung durch Nichtannahme oder Nichtzahlung abhängig; jeder nicht benachrichtigte Vormann ist liberiert. Notifikation wegen Nichtannahme macht aber die wegen Nichtzahlung überflüssig, wenn nicht nachträglich akzeptiert. Das französische R., art. 165—171 c. d. c., und das belg. Ges. verlangen nicht Notifikation, aber beim Ausbleiben der Einlösung Klage in sehr kurzen Fristen. Über brasil. R. vgl. OHG. 19 S. 203. ObT. 14 S. 813. Über russ. R. vgl. OHG. 9 S. 358 und jetzt russ. WO. Art. 40 ff., 49 ff., 102, 103. Späing S. 132 ff.

## IX. Intervention.

### 1. Ehrenannahme.

**Artikel 56.** Befindet sich auf einem mangels Annahme protestierten Wechsel eine auf den Zahlungsort lautende Notadresse, so muß, ehe Sicherstellung verlangt werden kann, die Annahme von der Notadresse gefordert werden. Unter mehreren Notadressen gebührt derjenigen der Vorzug, durch deren Zahlung die meisten Verpflichteten befreit werden.

**Artikel 57.** Die Ehrenannahme von seiten einer nicht auf dem Wechsel als Notadresse benannten Person braucht der Inhaber nicht zuzulassen.

**Artikel 58.** Der Ehrenakzeptant muß sich den Protest mangels Annahme gegen Erstattung der Kosten aushändigen und in einem Anhange zu demselben die Ehrenannahme bemerken lassen. Er muß den Honoraten unter Übersendung des Protestes von der geschehenen Intervention benachrichtigen und diese Benachrichtigung mit dem Protest innerhalb zweier Tage nach dem Tage der Protesterhebung zur Post geben. Unterläßt er dies, so haftet er für den durch die Unterlassung entstehenden Schaden.

**Artikel 59.** Wenn der Ehrenakzeptant unterlassen hat, in seinem Akzepte zu bemerken, zu wessen Ehren die Annahme geschieht, so wird der Aussteller als Honorat angesehen.

***Artikel 60.** Der Ehrenakzeptant wird den sämtlichen Nachmännern

**des Honoraten durch die Annahme wechselmäßig verpflichtet. Diese Verpflichtung erlischt, wenn dem Ehrenakzeptanten der Wechsel nicht spätestens am dritten Werktage nach dem Zahlungstage zur Zahlung vorgelegt wird.**

**Artikel 61. Wenn der Wechsel von einer Notadresse oder einem anderen Intervenienten zu Ehren angenommen wird, so haben der Inhaber und die Nachmänner des Honoraten keinen Regreß auf Sicherstellung. Derselbe kann aber von dem Honoraten und dessen Vormännern geltend gemacht werden.**

Dernburg, § 275. § 258 (Notadresse). Thöl S. 520ff., 534ff. B. und L. S. 197ff. W. Bd. 1 S. 264. WW. §§ 96—99, 73, 87 (Interventionsproteste). Lehmann §§ 119, 132. v. Canstein § 21. Grünhut 2 §§ 133, 134. K. Lehmann §§ 142, 143, 151, 152.

---



1. Zusätzliche Bestimmungen enthalten der § 7 der V. v. 5. März 1849 für Hamburg und der § 10 des Ges. v. 13. Mai 1867 für Schleswig-Holstein, wonach die Art. 56 und 62 auch für Hamburgische Notadressen, welche sich auf einem auf Altona gezogenen, und für Altonaer Notadressen, welche sich auf einem auf Hamburg gezogenen Wechsel befinden, gelten. Vgl. Ges. v. 5. Juni 1869 § 3. EG. z. HGB. II Art. 21, oben S. 4 Anm. 3.

2. Grünhut 2 § 133. Die Intervention ist begriffsmäßig Eintritt eines Dritten in den Wechselverband durch Ehrenakzept, von dem bei eigenen W. nicht die Rede sein kann, oder Ehrenzahlung, um die Nachteile zu verhindern, welche für die Regreßpflichtigen aus dem Notleiden des Wechsels infolge Nichtannahme, Unsicherheit oder Nichtzahlung entstehen können. (Zwang zur Sicherstellung, Art. 25, 29, Retourkosten). Voraussetzung jeder Intervention ist deshalb ein Notleiden des Wechsels, Nichtannahme, Unsicherheit oder Nichtzahlung; dies muß durch Protest festgestellt sein, Art. 56, 62, 63, 29, und der Wechsel darf nicht präjudiziert sein, da dann Regreß nicht mehr möglich. OHG. 24 S. 126. Ist der Protest erlassen, Art. 42, so wird das Notleiden des W. durch den nach Art. 62 erforderlichen Protest festgestellt. Art. 88 Nr. 4. Intervention ohne Notleiden ist bedeutungslos, gibt keine Rechte, verpflichtet aber den Ehrenakzeptanten nach Art. 81 wie den Avalisten. Intervenieren kann jeder Dritte, der nicht im Wechselverbande steht; Intervention durch Ehrenannahme kann aber vom Wechselinhaber ohne Nachteil abgelehnt werden, wenn nicht im Wechsel selbst Auftrag dazu erteilt (Notadresse), Art. 57, 29, während Intervention durch Ehrenzahlung seitens eines Nichtbeauftragten nicht abgelehnt werden darf. Art. 62 letzter Satz. Intervenieren kann mit Bewilligung des Inhabers im Falle Art. 57 auch der Bezogene, der nicht akzeptieren will, und der Domiziliat, da beide nicht Wechselverpflichtete sind. Als Hauptverpflichtete

sind begriffsmäßig von der Intervention ausgeschlossen der Akzeptant und der Aussteller des eigenen Wechsels, der nicht zahlt. Dasselbe müßte konsequent von dem Aussteller des gezogenen Wechsels gelten. Die Ehrenzahlung gibt dem Intervenienten nach Art. 63 Wechselrechte gegen den, für den er interveniert, dessen Vormänner und den Akzeptanten. Wechselrecht gegen den Akzeptanten hat der Aussteller bereits, Wechselrechte gegen seine Hintermänner kann er aber nicht erlangen, da er selbst der letzte Regreßpflichtige ist. Gleichwohl ist die Notadresse des Ausstellers bei sich selbst für zulässig erklärt. OHG. 20 S. 164 (Ehrenakzept des Ausstellers); 6 S. 162, StrA. 38 S. 362. Die kaufmännische Übung und Sitte spricht dafür und der praktische Gesichtspunkt, daß es gerade im Interesse des Ausstellers liegt, die Kosten des Regresses zu vermeiden, indem, falls der Wechsel ihm nicht zur Zahlung vorgelegt wird, bei Zahlungsverweigerung durch den Bezogenen, der Regreß gegen ihn verloren geht. Art. 62. Auch dem Indossanten ist Notadresse bei sich nicht versagt. RG. 36 S. 97, 103. OHG. 10 S. 286, 20 S. 164. Grünhut 2 § 136 bei Anm 10. Es versteht sich aber von selbst, daß der Indossant, der durch Ehrenzahlung einlöst, dadurch nicht Regreßrechte gegen seine Hintermänner erlangen kann, denen er selbst verpflichtet ist; der Indossant interveniert immer zu Ehren seines eigenen Giros. Vgl. OHG. 2 S. 162; 10 S. 286. (Giro an Notadressaten.) RG. 36 S. 97, 103, 104.

3. Grünhut 2 § 136. Aus dem Begriff der Intervention folgt, daß nur zugunsten eines Regreßpflichtigen interveniert werden kann, daß Honorat also nicht sein kann der Akzeptant, der Aussteller des eigenen Wechsels, eine nicht im Wechselverbande stehende Person. Der Aussteller des trassiert-eigenen Wechsels, Art. 6 Abs. 2, steht dem Aussteller des gezogenen Wechsels auch hierin gleich. Nach dem Recht vor der Novelle von 1908 konnte bei Domizilwechseln mit benanntem Domiziliaten auch zugunsten des Akzeptanten interveniert werden, da ein solcher Akzeptant zum Domiziliaten wie ein Regreßpflichtiger stand. OHG. 11 S. 297, 305.

4. Die Intervention muß am Zahlungsort des Wechsels geschehen, die Notadresse muß auf diesen lauten, weil die Regreßpflichtigen für Zahlung am Zahlungsort stehen. Art. 56, 62. Enthält die Notadresse keine Ortsangabe, so schadet das der Gültigkeit der Notadresse nicht, vielmehr ist ohne weiteres anzunehmen, daß sie am Zahlungsort zu suchen; die Wiederholung des Zahlungsorts in der Notadresse ist nicht üblich. OHG. 11 S. 297ff., 301. Dagegen ObT. 56 S. 397. In StrA. 38 S. 362 ist angenommen, daß das Dasein der Notadresse am Zahlungsort überhaupt aus dem Wechsel hervorgehen müsse, wenn auch nicht durch ausdrücklichen Zusatz bei der Notadresse, z. B. Notadresse beim Aussteller. Notadresse auf einen andern Ort als den Zahlungsort des Wechsels braucht nicht beachtet zu werden.

5. Grünhut 2 § 133. Dernburg § 258. Die Notadresse („nötigenfalls bei", „im Fall der Not", „im Falle", „in Ermangelung der Honorierung", „à (au) besoin" à défaut, „al bisogno", in „case of need"), muß im Wechsel selbst oder einer Kopie enthalten sein, Art. 62, und kann nur von einem Regreßpflichtigen ausgehen. Vgl. Anm. 2. Ebenso muß die Ehrenannahme auf dem Wechsel selbst oder einer Kopie erfolgen. Eine besondere Form für das Ehrenakzept ist nicht vorgeschrieben, namentlich nicht der Zusatz „zu Ehren", s. p. (sopra prot.), unter Protest, p. onor. Art. 59. Die Eigenschaft als Ehrenakzept ergibt sich aus dem Protest. Die Bestimmung Art. 22 Abs. 1 über be-

schränktes Akzept kann auf das Ehrenakzept nach seinem Zweck nicht Anwendung finden; der Inhaber braucht sich auf ein solches nicht einzulassen und der Regreß wird dadurch nicht abgewendet. Mehrere Ehrenakzepte sind mit Rücksicht darauf, daß der Protest ausgehändigt werden muß, nicht zulässig; gemeinschaftliches Ehrenakzept mehrerer ist indessen nicht ausgeschlossen. Ist das versprochene Ehrenakzept demnächst nicht geleistet, so ist dies durch Protest festzustellen. Vgl. OHG. 11 S. 297, 304.

6. Das Ehrenakzept, Art. 57—60. Grünhut 2 § 134. Nach seiner rechtlichen Natur und seinen Wirkungen ist es von dem eigentlichen Akzept wesentlich verschieden. Der Ehrenakzeptant tritt an die Stelle des Bezogenen, OHG. 6 S. 164, aber nicht im Interesse dieses oder des Inhabers und nicht, um der Wechselobligation durch sein Akzept den durch das Akzept des Bezogenen beabsichtigten Inhalt zu geben, sondern um denjenigen, zu dessen Ehren akzeptiert, von der Regreßverbindlichkeit gegen den Inhaber und die Hintermänner zu befreien. Das Ehrenakzept ist in Wahrheit Übernahme der Regreßverbindlichkeit des Honoraten, Zahlung durch den Ehrenakzeptanten (oder Ehrenzahler) deshalb konsequent nicht Tilgung des Wechsels, sondern nur Tilgung der Regreßpflicht. Die Folgen sind, daß der Ehrenakzeptant wie der Regreßpflichtige nur haftet, wenn Regreßfall vorliegt, also nicht, wenn der Wechsel präjudiziert ist, daß es rechtzeitiger Präsentation und Protestes bei ihm und des Protestes gegen den Bezogenen bedarf, Art 60, 62, daß er durch die Zahlung Regreßrechte gegen den Honoraten und dessen Vormänner erwirbt, Art. 63, daß ohne den Wechsel kein Recht gegen ihn geltend zu machen, das Amortisationsverfahren kein Recht gegen ihn gibt, Art. 73, daß er mit der Bereicherungsklage, Art. 83, nicht haftet, und daß die Rechte gegen ihn nicht wie gegen den Akzeptanten in drei Jahren, Art. 77, sondern gemäß Art. 78 verjähren. Alles dies ist bestritten. Grünhut 2 § 134 bei Anm. 20ff. Staub 4. Aufl. zu Art. 60. v. Canstein § 21 unter 3. Im übrigen haftet er den Hintermännern des Honoraten aus seiner Unterschrift direkt, er kann deshalb dem Inhaber Einreden aus der Person des Honoraten nicht entgegensetzen, namentlich nicht, daß eine Regreßpflicht des Honoraten nicht bestehe. Wer Honorat, muß aus der Ehrenannahme erhellen, sonst gilt der Aussteller als Honorat. Art. 59. Die Vorschrift ist eine absolute. Der Inhalt des Protestes entscheidet nicht.

7. Die Intervention durch Ehrenannahme bezweckt die Abwendung der Pflicht zur Sicherheitsleistung, die dem Regreßpflichtigen nach Art. 25, 26 gegenüber dem Wechselinhaber, dem Remittenten und allen Indossataren obliegt. Nach Art. 56 kann die Sicherstellung wegen Nichtannahme, Art. 25, nur verlangt werden, wenn die Annahme auch von der Notadresse nicht zu erlangen; auf Intervention durch eine andere als die Notadresse braucht sich der Wechselinhaber nicht einzulassen. Nach Art. 29 Abs. 2, Art. 61 kann auch Sicherheitsleistung wegen Unsicherheit des Akzeptanten (Ehrenakzeptanten) nur gefordert werden, wenn die Annahme auch von den Notadressen nicht zu erlangen. Befreit von der Sicherheitsleistungspflicht wird in beiden Fällen aber nur derjenige, zu dessen Ehren die Annahme erfolgt (Honorat) und dessen Nachmänner; die Vormänner des Honoraten bleiben dem Honoraten verpflichtet; er hat gegen jeden Vormann und jeder seiner Vormänner gegen seinen Vormann das Recht auf Sicherheitsleistung. Art. 25, 26, 59, 61. Nach Art. 56 Satz 2 soll

unter mehreren Notadressen die den Vorzug haben, durch deren Zahlung die meisten Regreßpflichtigen befreit werden, d. h. konkret die Notadresse des Ausstellers oder die des früheren Vormannes in der Reihe der Giros hat den Vorzug von der Notadresse des späteren Giros. Praktische Bedeutung hat diese Vorschrift nur, wenn aus dem Wechsel zu ersehen, wer der Notadressant ist. Ist das nicht der Fall, so hat der Wechselinhaber alle Notadressen anzugehen, bis er eine findet, die das Ehrenakzept gibt, die alle deckt, die eine Notadresse gegeben haben.

Mehrere Notadressen, deren Reihenfolge zu ersehen, können einen verschiedenen Sinn haben. Der spätere Adressant kann die Notadresse für den Fall geben, daß die frühere nicht honoriert wird, oder der frühere Adressat erscheint ihm nicht kreditwürdig. In beiden Fällen muß der Wechselinhaber, um Regreß auf Sicherheitsleistung nehmen zu können, die erste Notadresse zuerst und sodann, bei Nichterfolg, die spätere angehen. Versäumt er das Angehen bei einer Notadresse, so geht der Regreß gegen alle verloren, die durch das Akzept der Notadresse befreit worden wären. Art. 56, 61. Erlangt er ein Ehrenakzept, so muß nach Art. 58 der Protest mangels Annahme dem Ehrenakzeptanten ausgehändigt werden und damit ist nach Art. 26 jeder Regreß auf Sicherheitsleistung mangels Annahme ausgeschlossen. Im Falle des Art. 29 gestaltet sich die Sache ebenso. Alles dies ist kontrovers, die Kontroverse aber von geringer praktischer Bedeutung. Vgl. Grünhut 2 § 134 bei Anm. 28ff., § 137. Staub Anm. 10 zu Art. 56, Canstein § 21 bei Anm. 23, 24.

8. Die engl. WO. bestimmt über Notadresse und Ehrenannahme in Sekt. 15, 65—67. Die Ehrenannahme ist nur Personen, die nicht im Wechselverbande stehen, gestattet, aber auch für einen Teil der Wechselsumme. Notadresse kann Aussteller und jeder Indossant beifügen. Wichtig ist die Bestimmung Sekt. 15, daß es von dem Inhaber abhängt, ob er die Notadresse beachten will oder nicht. Nach dem C. d. c. Art. 126, 128 kann nur ein Dritter intervenieren, und die Intervention nimmt dem Inhaber kein Recht aus dem mangelnden Akzept. Vgl. W. Bd. 1 S. 278. Späing S. 177. Russ. WO. Art. 60—66, 105—109, 110.

## 2. Ehrenzahlung.

***Artikel 62.** Befinden sich auf dem von dem Bezogenen nicht eingelösten Wechsel oder der Kopie Notadressen oder ein Ehrenakzept, welche auf den Zahlungsort lauten, so muß der Inhaber den Wechsel spätestens am dritten Werktage nach dem Zahlungstage den sämtlichen Notadressen und dem Ehrenakzeptanten zur Zahlung vorlegen und den Erfolg im Proteste mangels Zahlung oder in einem Anhange zu demselben bemerken lassen. Unterläßt er dies, so verliert er den Regreß gegen den Adressanten oder Honoraten und deren Nachmänner. Weist der Inhaber die von einem anderen Intervenienten angebotene Ehrenzahlung zurück, so verliert er den Regreß gegen die Nachmänner des Honoraten.

**Artikel 63.** Dem Ehrenzahler muß der Wechsel und der Protest mangels Zahlung gegen Erstattung der Kosten ausgehändigt werden. Er tritt durch die Ehrenzahlung in die Rechte des Inhabers (Artikel 50 und 52) gegen den Honoraten, dessen Vormänner und den Akzeptanten.

**Artikel 64.** Unter mehreren, welche sich zur Ehrenzahlung er=

**bieten, gebührt demjenigen der Vorzug, durch dessen Zahlung die meisten Wechselverpflichteten befreit werden. Ein Intervenient, welcher zahlt, obgleich aus dem Wechsel oder Protest ersichtlich ist, daß ein anderer, dem er hiernach nachstehen müßte, den Wechsel einzulösen bereit war, hat keinen Regreß gegen diejenigen Indossanten, welche durch Leistung der von dem anderen angebotenen Zahlung befreit worden wären.**

**Artikel 65. Der Ehrenakzeptant, welcher nicht zur Zahlungsleistung gelangt, weil der Bezogene oder ein anderer Intervenient bezahlt hat, ist berechtigt, von dem Zahlenden eine Provision von ein Drittel Prozent zu verlangen.**

Vgl. Art. 98 Nr. 7, 88 Nr. 5.

Dernburg § 275, III. Thöl S. 520ff., 536ff. B. u. L. S. 217ff. W. Bd. 1 S. 290. WW. § 99. Lehmann §§ 140, 142, 143. v. Canstein § 24 III. Grünhut 2 § 135; §§ 133, 137.

---

**1.** Zusätzliche Bestimmungen enthalten der § 11 des Ges. v. 13. Mai 1867 für Schleswig-Holstein, der § 8 der V. v. 5. März 1849 für Hamburg, der Art. 5 des Ges. v. 28. April 1849 für Lübeck. Danach ist es in Altona, Hamburg, Lübeck dem Ehrenakzeptanten gestattet, Zahlung nach Verfall auch vor erhobenem Protest zu leisten; er tritt dadurch in die Rechte des Inhabers, hat aber sodann die zur Ausübung dieser von der WO. vorgeschriebenen Förmlichkeiten an Stelle des Inhabers zu erfüllen. Anm. 4 a. E.

**2.** Vgl. die allgemeinen Bemerkungen in den Anm. 2, 3, 4, 5 zu Art. 56ff.

**3.** Ehrenzahlung ist nach dem Begriff der Intervention Zahlung durch Notadressaten, Ehrenakzeptanten oder dritten Intervenienten zugunsten eines Regreßpflichtigen. Wer für den Akzeptanten, den Bezogenen, den Aussteller des eigenen Wechsels zahlt, ist kein Ehrenzahler, kann durch die Zahlung keine Regreßrechte gegen die Aussteller und Indossanten erwerben und folgerichtig auch gegen den Akzeptanten ohne Zession oder Giro nicht klagen. OHG. 5 S. 125 (Domiziliat). ObT. 48 S. 272. Dasselbe gilt notwendig für jeden Dritten, nicht im Wechselverbande Stehenden, der den Wechsel nach Protest einfach an den Inhaber zahlt. Deshalb kann der Wechselinhaber die einfache Zahlung durch einen Dritten, ALR. I. 16 § 49, BGB. § 267, ohne Präjudiz ablehnen. Art. 62 Satz 3. Einfache Zahlung an den Wechselinhaber durch einen Dritten, der nicht interveniert, d. h. nicht ausdrücklich zugunsten eines Regreßpflichtigen zahlt und dies dadurch erweist, daß er sich Wechsel und Protest mit Quittung des Inhabers, aus der vorsichtshalber wird erhellen müssen, durch wen die Zahlung erfolgt und daß sie zu Ehren erfolgt, hat aushändigen lassen — gibt dem Dritten selbstverständlich kein Wechselrecht. Denn solche Zahlung tilgt den Wechsel. Selbst die einfache Aushändigung des W. nützt ihm nicht, denn sie legitimiert ihn ohne Giro oder Zession nicht, Präj. 1858. ObT. 14 S. 458 (ohne Gründe), auch nicht dem Akzeptanten gegenüber, für den es Ehrenzahlung überhaupt nicht gibt. StrA. 42 S. 341 und das Nachwort von Volkmar das. 348. StrA. 46 S. 248. Anders StrA. 38 S. 326.

**3a.** Daß der Wechselinhaber Ehrenzahlung durch einen dritten Intervenienten zu jeder Zeit, d. h. auch nach Ablauf der Protestfrist, zulassen müßte, ist aus Art. 62 nicht zu entnehmen. Der Regreß, der abgewendet werden soll, ist dann nicht mehr abzuwenden, wenn die Regreßverbindlichkeit bereits definitiv erwachsen ist.

4. Wirkliche Ehrenzahlung verschafft dagegen dem Zahler die Wechselrechte des Inhabers gegen den Honoraten, dessen Vormänner und den Akzeptanten d. h. nicht die Rechte des von ihm bezahlten Inhabers, etwa wie der Indossatar nach Protest nur die Rechte seines Indossanten erwirbt, Art. 16 Abs. 2, sondern die Rechte, die nach Art. 50, 52 der durch Wechselakt Inhaber gewordene hat. Die Ehrenzahlung ist im Sinne der WO. ein wechselmäßiger Akt, der dem Ehrenzahler selbständige Rechte verschafft. Vgl. v. Canstein § 21 Anm. 14, § 24 Anm. 69. Staub Anm. 8 zu Art. 63. Vgl. Anm. 6. Er bedarf zu seiner Legitimation keines Giros, nur des Wechsels und des Protestes, beide weisen seine Legitimation aus; und dasselbe gilt für den Honoraten, der den W. vom Ehrenzahler eingelöst hat. Art. 55. OHG. 12 S. 47. RG. 12 S. 184. Da nach der WO. Ehrenzahlung nur bei einem notleidenden, d. h. protestierten Wechsel statthaft, so ist sehr fraglich, ob die in Anm. 1 mitgeteilten zusätzlichen Bestimmungen jetzt noch Bestand haben, nachdem die WO. Reichsgesetz geworden und nur die ergänzenden Bestimmungen aufrecht erhalten sind.

5. Auch der Domiziliat kann zu Ehren eines Regreßpflichtigen, und wenn er zugleich Indossant, zu Ehren seines eigenen Giros zahlen; daß er als Ehrenzahler zahlt, muß aber durch den Protest oder durch den Quittungsinhalt klar festgestellt sein, sonst gilt seine Zahlung als Zahlung für den Akzeptanten und tilgt die ganze Wechselobligation. RG. 36 S. 97, 99, 103. Hat er ausdrücklich zu Ehren eines Regreßpflichtigen gezahlt, so hat er die Rechte aus Art. 63. OHG. 12 S. 48; 5 S. 125.

6. Die notwendige Konsequenz aus Art. 63 ist, daß wenn zu Ehren des Ausstellers des gezogenen Wechsels gezahlt und der Aussteller den Wechsel vom Ehrenzahler einlöst, sämtliche Regreßpflichtige befreit sind, da der Aussteller gegen sie keinen Regreß hat. Der Aussteller kann den Wechsel durch sein Giro oder unter Benutzung eines vorhandenen Blankogiros weiter geben, die Wirkung ist aber nur die des Indossaments nach Protest, Art. 16 Abs. 2, der Nachindossatar gewinnt weder gegen die Indossanten, noch gegen die Aussteller Regreßrecht, sondern Wechselrecht nur gegen den Akzeptanten. OHG. 6 S. 162; 12 S. 49.

7. Der W. ist unter allen Umständen dem Bezogenen vorzulegen, auch wenn Ehrenakzept vorhanden, und bei Nichthonorierung Protest m. Z. gegen ihn zu erheben, der W. dann den Notadressaten, auch wenn Ehrenakzept verweigert worden, und dem Ehrenakzeptanten in der Protestfrist vorzulegen und im Protest oder in einem Anhange der Erfolg, d. h. ob die Ehrenzahlung angeboten oder abgelehnt, zu bemerken. Für den Wechselinhaber ist es gleich, von welcher der mehreren Notadressen und ob er Befriedigung von dieser, dem Ehrenakzeptanten oder einem dritten Intervenienten erhält. Aus Art. 64 ergibt sich aber, daß die Beobachtung der Reihenfolge hier für den Intervenienten, der zu Ehren zahlt, bedeutsam ist. Vgl. auch Art. 65. Grünhut 2 § 137 Anm. 14. Wenn der Notadressat oder Ehrenakzeptant bei Vorlegung des Wechsels und des Protestes m. Z. Zahlung verspricht, demnächst aber nicht leistet, so muß auch diese Nichtzahlung innerhalb der Protestfrist, Art. 60, 22, durch Protest, sog. Kontraprotest, festgestellt werden, sonst verliert der Inhaber den Regreß gegen den Adressanten, Honoraten und deren Nachmänner, natürlich nicht die Klage gegen den Akzeptanten und den Ehrenakzeptanten aus Art. 60. OHG. 11 S. 297. RG. 36 S. 97, 104. Der Erfolg, den der Protest nach Art. 62 feststellen soll, ist eben, ob Zahlung geleistet oder nicht, und dieser Erfolg wird für den Regreß nicht festgestellt, wenn

sich aus dem Protest das Zahlungserbieten ergibt und der Regreßnehmer sich demnächst auf die Behauptung beschränkt, daß trotzdem Zahlung nicht geleistet sei. Der Ehrenzahler hat Zug um Zug gegen Aushändigung von W. und Pr. zu zahlen. Daß bei Vorlegung des W. auch der Protest vorgelegt wird, ist nicht erforderlich; der Kontraprotest setzt aber immer voraus, daß W. und Pr. vorgelegt. Thöl S. 528, 566. OHG. 20 S. 113, 116. Werden diese Vorschriften nicht beachtet, so geht der Regreß gegen den Honoraten und dessen Nachmänner auch dann verloren, wenn der Intervenient zugleich Aussteller ist und zu eigenen Ehren interveniert, RG. 67 S. 298. Da die Einhaltung der bisher vorgeschriebenen Frist von zwei Tagen bei einer größeren Anzahl von Notadressen Schwierigkeiten bereitete, sind die Art. 60 Satz 2 und Art. 62 Satz 1 durch die Novelle von 1908 dahin geändert, daß die Frist um einen Tag erstreckt worden ist.

8. Voraussetzung des Regresses des Ehrenzahlers ist, daß er wirklich zu Ehren zahlt, die volle Regreßsumme zahlt, welche der Inhaber zu fordern hat, Wechsel und Protest erhält, und daß ein gültiger Protest vorliegt, da ohne diesen kein Regreß gegeben. Daß der Ehrenzahler gegen die etwa vorhandenen sonstigen Ehrenakzeptanten kein Recht hat, versteht sich von selbst. Ob der Ehrenzahler gegen den Honoraten, wenn derselbe wechselrechtlich nicht haftet, aus der nützlichen Verwendung oder Geschäftsführung Anspruch hat, bestimmt sich nach Zivilrecht. OHG. 24 S. 126. In diesem Falle hatte der Domiziliat zu Ehren eines Indossanten gezahlt. Es stellte sich heraus, daß der Domizilvermerk ohne Genehmigung des Indossanten, seiner Vormänner und des Ausstellers nach der Begebung auf den W. gebracht, der Regreß also verloren, da der Protest gegen den Domiziliaten statt gegen den Akzeptanten erhoben war. Auch die Klage aus der neg. g. ist abgewiesen, da die Wechselverpflichtung gegen den Indossanten zur Zeit der Ehrenzahlung nicht bestand, entschuldbarer Irrtum irrelevant. l. 9 § 1 i. f. D. de neg. gest. 3, 5, BGB. § 683.

9. Die Unterlassung des Protestes bei der Notadresse, dem Ehrenakzeptanten, die Ablehnung der Zahlung seitens eines Intervenienten hebt das Wechselrecht gegen den Akzeptanten nicht auf, da die Intervention nur Abkürzung des Regresses bezweckt. OHG. 11 S. 297, 305; 14 S. 152, 154.

10. Ausl. R. W. Bd. 1 S. 308 ff. Code de comm. art. 158, 159. Engl. WO. Sekt. 68. Für den Ehrenakzeptanten fordert auch die engl. WO. Sekt. 66, 67 Protest mangels Zahlung beim Bezogenen, Notifikation davon, Präsentation zur Zahlung am zweiten Tage nach der Fälligkeit und, wenn er nicht zahlt, Protest mangels Zahlung gegen ihn. Späing S. 185. Russ. WO. Art. 60—66, 105 bis 109, 110.

## X. Vervielfältigung eines Wechsels.

### 1. Wechselduplikate.

**Artikel 66.** Der Aussteller eines gezogenen Wechsels ist verpflichtet, dem Remittenten auf Verlangen mehrere gleichlautende Exemplare des Wechsels zu überliefern. Dieselben müssen im Kontext als Prima, Sekunda, Tertia usw. bezeichnet sein, widrigenfalls jedes Exemplar als ein für sich bestehender Wechsel (Solawechsel) erachtet wird. Auch ein Indossatar kann ein Duplikat des Wechsels verlangen. Er muß sich dieserhalb an seinen unmittelbaren Vormann wenden, welcher wieder an seinen Vormann zurückgehen muß, bis die Anforderung an den Aussteller gelangt. Jeder Indossatar kann von seinem Vormanne verlangen, daß die früheren Indossamente auf dem Duplikate wiederholt werden.

**Artikel 67.** Ist von mehreren ausgefertigten Exemplaren das eine bezahlt, so verlieren dadurch die anderen ihre Kraft. Jedoch bleiben aus den übrigen Exemplaren verhaftet:

1. der Indossant, welcher mehrere Exemplare desselben Wechsels an verschiedene Personen indossiert hat, und alle späteren Indossanten, deren Unterschriften sich auf den bei der Zahlung nicht zurückgegebenen Exemplaren befinden, aus ihren Indossamenten;
2. der Akzeptant, welcher mehrere Exemplare desselben Wechsels akzeptiert hat, aus den Akzepten auf den bei der Zahlung nicht zurückgegebenen Exemplaren.

**Artikel 68.** Wer eines von mehreren Exemplaren eines Wechsels zur Annahme versandt hat, muß auf den übrigen Exemplaren bemerken, bei wem das von ihm zur Annahme versandte Exemplar anzutreffen ist. Das Unterlassen dieser Bemerkung entzieht jedoch dem Wechsel nicht die Wechselkraft. Der Verwahrer des zum Akzepte versandten Exemplars ist verpflichtet, dasselbe demjenigen auszuliefern, der sich als Indossatar (Artikel 36) oder auf andere Weise zur Empfangnahme legitimiert.

**Artikel 69.** Der Inhaber eines Duplikats, auf welchem angegeben ist, bei wem das zum Akzepte versandte Exemplar sich befindet, kann mangels Annahme desselben den Regreß auf Sicherstellung und mangels Zahlung den Regreß auf Zahlung nicht eher nehmen, als bis er durch Protest hat feststellen lassen:

1. daß das zum Akzepte versandte Exemplar ihm vom Verwahrer nicht verabfolgt worden ist und
2. daß auch auf das Duplikat die Annahme oder die Zahlung nicht zu erlangen gewesen.

Dernburg § 261. Thöl S. 653 ff. B. und L. S. 227 ff. W. Bd. 1 S. 238. WW. §§ 100, 88 (Protest wegen Nichtausfolge). Lehmann § $89_{15a, 16}$, § $108_{34}$, § $137_{26}$, § 129. v. Canstein §§ 14 und 22. Grünhut 2 §§ 114—117. K. Lehmann §§ 136, 158.

---

1. Das vielfach bedenkliche Institut der Wechselduplikate bezweckt namentlich, die sofortige Begebung des nicht akzeptierten Wechsels zu ermöglichen; während das eine Exemplar zum Akzept versandt, kann der Inhaber das andere begeben. Für eigene Wechsel gibt es nach Art. 98 keine Duplikate. RG. 9 S. 113. Art. 98. Außerdem schützt es den Inhaber gegen die Gefahren des Verlustes des Wechsels und des Wechselrechts infolge nicht rechtzeitiger Präsentation. Bedenklich ist das Institut, weil es die Möglichkeit gibt, jedes Exemplar in eine andere Hand und dadurch auch den redlichen Besitzer des einen um sein gutes Recht dadurch zu bringen, daß ihm der andere Besitzer zuvorkommt. Der Erwerb von Duplikaten

ohne den Erwerb aller Exemplare ist immer bedenklich. Wechselduplikat ist nur ein vom Aussteller unterschriebenes Exemplar des Wechsels, welches in allen wesentlichen Stücken mit dem zuerst ausgestellten Exemplar übereinstimmt und sich im Kontext des Wechsels selbst durch die im Art. 66 vorgeschriebenen Worte (Prima, Sekunda) als solches bezeichnet. Duplikate können daher im wesentlichen Unterschied von Wechselkopien, Art. 70, nur vom Aussteller ausgehen; jedes Exemplar muß erkennen lassen, daß es Duplikat des anderen. Die notwendige Folge ist, daß, wenn der Wechsel nicht von Anfang an in mehreren Exemplaren ausgestellt wird, dem Aussteller das ursprüngliche Exemplar zugestellt werden muß, um es nachträglich als Prima-Wechsel zu bezeichnen; denn ohne diese Bezeichnung würde er dem gutgläubigen Inhaber gegenüber aus dem ersten Wechsel voll und selbständig neben dem zweiten haften. Ist der als Sola-Wechsel bezeichnete oder gegebene Wechsel verloren, so kann ein Duplikat nicht nachträglich verlangt werden, weil der Aussteller den verlorenen W. nicht nachträglich als Prima bezeichnen kann, wie Art. 66 vorschreibt. Jedenfalls muß dem Aussteller der Sekunda in diesem Falle gestattet sein, die kassatorische Klausel zu seiner Sicherheit hinzuzufügen. Vgl. Dernburg a. a. O. Anm. 10. Vgl. dagegen Grünhut 2 § 115 bei Anm. 19, 20, 21. Wiederholung des Akzepts kann nach Art. 73 jedenfalls nicht verlangt werden. Art. 67 Nr. 2. Ein wechselrechtlicher Anspruch ist der Anspruch auf Duplikate nicht; er geht aus dem Wechsel nicht hervor. OHG. 20 S. 92. Anders Staub Anm. 14 zu Art. 66.

2. Grünhut 2 § 116. Mehrere Exemplare desselben Wechsels gelten, wenn sie den Erfordernissen des Art. 66 entsprechen, nur als ein Wechsel. RG. 9 S. 60. Der Akzeptant haftet nur einmal; er müßte denn beide Exemplare akzeptiert haben, Art. 67 Nr. 2, in welchem Falle er jedem redlichen Inhaber auch des wiederholten Akzepts haftet. Es ist deshalb nicht richtig, daß der Akzeptant, der mehrere Exemplare akzeptiert hat, nur gegen Aushändigung aller Exemplare zu zahlen verpflichtet ist (Lehmann § $134_8$). Es ist gleichgültig, welches der verschiedenen Exemplare er akzeptiert, der vorsichtige Bezogene wird nur das zum Akzept bestimmte Exemplar akzeptieren. Zahlung durch ihn, Verjährung oder Präjudiz, tilgt beide Wechsel, deshalb auch jede Regreßpflicht der Indossanten, ausgenommen den Fall Art. 67 Nr. 1. Der Bezogene zahlt in diesem Falle gültig an den, der sich zuerst meldet, bei gleichzeitigem Auftreten der mehreren Indossatare nach seiner Wahl an einen derselben. RG. 9 S. 60. Die nicht befriedigten haben dann wie in jedem anderen Falle Protest zu erheben, um ihren Regreß an den Indossanten, von welchem die Indossamente an verschiedene Personen herrühren, und an die Zwischenmänner zu nehmen. Wer mehrere Exemplare durch Blankoindossament an dieselbe Person gibt, verstößt nicht gegen Art. 67 Nr. 1, handelt aber unvorsichtig, insofern er seinen Indossatar in den Stand setzt, die Exemplare an verschiedene Personen weiter zu geben, ohne sich selbst wechselrechtlich haftbar zu machen. Dem gutgläubigen Inhaber gegenüber kann sich ein solcher Blankoindossant nicht darauf berufen, daß er an dieselbe Person gegeben. Er steht darin nicht anders als jeder, der einen Wechsel in Blanko abgibt. Volkmar und L. S. 243. Anders Staub Anm. 6 zu Art. 67.

3. Der Inhaber des Duplikats hat als solcher das Recht aus dem Wechsel, Art. 38, wenn er gutgläubig, was präsumiert wird. Den Regreß nimmt er auf Grund der Sekunda und des Protestes. Art. 69. Sein Recht ist an sich nicht abhängig von dem Besitz der anderen Exemplare, eben weil das Duplikat den voll=

ständigen, gültigen Wechsel repräsentiert. Nur wenn in dem Duplikat angegeben, wo sich das zum Akzept versandte Exemplar befindet, ist der Regreß gegen die Vormänner an den Protest mangels Herausgabe, Art. 69 Nr. 1, geknüpft. Enthält das Duplikat diese Angabe nicht, so genügt der Protest mangels Zahlung. Deshalb kann der Inhaber auch nicht dafür stehen, daß die Prima in unversehrtem Zustande seinem Vormanne übergeben werde, der Regreß aus der Sekunda ist an sich unabhängig davon, ob die Prima extradiert wird, oder ob die Extradition nicht geschieht, sei es weil der Verwahrer die Prima nicht hat, oder nicht unversehrt hat, oder der Einsender den Auftrag zurückgenommen hat oder der Verwahrer willkürlich handelt. Der Inhaber kann jedenfalls dafür nicht verantwortlich gemacht werden, daß ihm die Prima nicht unversehrt ausgehändigt worden; er hat sie nur so, wie er sie erhalten, auszuliefern, vorher trägt er die Gefahr für dieselbe nicht. OHG. 21 S. 135. Delieren der Prima hemmt den Regreß erst, wenn nach der Aushändigung erfolgt; es kommt lediglich auf den Zustand zur Zeit der Aushändigung an, der Inhaber hat aber den Zustand zur Zeit der Aushändigung zu beweisen, empfing er sie deliert, so hat er dies durch Protest feststellen zu lassen. OHG. 11 S. 217.

**4.** Das Recht, die Herausgabe des Akzeptexemplars vom Verwahrer zu fordern, ist ein selbständiges Recht des legitimierten Inhabers des Duplikats, der als solcher zugleich Berechtigter aus dem Akzeptexemplar ist, Art. 68 Satz 3. Die Klage auf Herausgabe ist eine act. ad exhib. auf Grund Eigentums am Akzeptexemplar als gesetzlichen Zubehörs des Duplikats (vindic., publ.), die als solche voraussetzt, daß der Verwahrer zur Zeit der Klagezustellung besitzt oder vorher den Besitz unredlich aufgegeben hat; das tut er jedenfalls nicht, wenn vor Meldung des Inhabers die Rücksendung des verwahrten Exemplars erfolgt. Vgl. Lehmann § $123_{26}$. In OHG. 11 S. 390, 401 ist dasselbe angenommen, wenn vor der Meldung auch nur der Auftrag zur Rücksendung eingegangen ist. Grünhut 2 § 117 bei Anm. 22. Zu beweisen hat dies der beklagte Verwahrer. Vor der Präsentation des Duplikats, Art. 91, steht der Verwahrer in keinem Rechtsverhältnis zu dem Inhaber des Duplikats, sondern nur zu dem Deponenten, dessen Anweisungen er bis dahin nachzukommen hat. Nach der Präsentation ist er dem Inhaber des Duplikats für die Herausgabe und event. wenn die Herausgabe nicht erfolgt, auf Entschädigung verhaftet. Denn wenn auch der Inhaber bei verweigerter Herausgabe den Regreß gegen sämtliche Vormänner hat, sobald er die Vorschrift des Art. 69 erfüllt, so kann er doch noch ein weiteres Interesse an der Herausgabe des Akzeptexemplars haben, wenn der Bezogene dasselbe akzeptiert hat, das Akzept des Duplikats verweigert und deshalb wenigstens im Wechselprozeß nicht in Anspruch genommen werden kann, OHG. 11 S. 390, 398, oder wenn der Wechsel gegen die Vormänner präjudiziert ist. Nach Hellwig, Vertr. auf Leistung an Dritte § 67, liegt das Fundament der Klage in einem zwischen Versender und Verwahrer zugunsten des künftigen Indossatars geschlossenen Vertrage; dafür auch Dernburg § 261 I 4. RG. 9 S. 56, vgl. dessen Tatbestand Anm. 4 Art. 21, nimmt an, daß dem legitimierten Inhaber der Sekunda die Klage auf Herausgabe auch gegen den Bezogenen zusteht, der die akzeptierte Prima hinter sich hat. Mit derselben muß die Klage auf Zahlung verbunden werden können, da die Zahlung jedenfalls das Interesse darstellt, für welches der Bezogene haftet, selbst wenn man die Klage auf Zahlung nicht aus Art. 23 zulassen will.

**5.** Ausl. R. W. Bd. 1 S. 252 ff. Die engl. WO. behandelt die Duplikate in Sekt. 71. In Sekt. 69 ist bestimmt, daß, wenn ein Wechsel vor Verfall verloren, der Inhaber vom Aussteller gegen Sicherheit Ausstellung eines anderen W. verlangen kann. Späing S. 194. Russ. WO. Art. 115—119.

2. Wechselkopien.

**Artikel 70.** Wechselkopien müssen eine Abschrift des Wechsels und der darauf befindlichen Indossamente und Vermerke enthalten und mit der Erklärung „bis hierher Abschrift (Kopie)“ oder mit einer ähnlichen Bezeichnung versehen sein. In der Kopie ist zu bemerken, bei wem das zur Annahme versandte Original des Wechsels anzutreffen ist. Das Unterlassen dieses Vermerkes entzieht jedoch der indossierten Kopie nicht ihre wechselmäßige Kraft.

**Artikel 71.** Jedes auf einer Kopie befindliche Original-Indossament verpflichtet den Indossanten ebenso, als wenn es auf einem Originalwechsel stünde.

**Artikel 72.** Der Verwahrer des Originalwechsels ist verpflichtet, denselben dem Besitzer einer mit einem oder mehreren Original-Indossamenten versehenen Kopie auszuliefern, sofern sich derselbe als Indossatar oder auf andere Weise zur Empfangnahme legitimiert. Wird der Originalwechsel vom Verwahrer nicht ausgeliefert, so ist der Inhaber der Wechselkopie nur nach Aufnahme des im Artikel 69 Nr. 1 erwähnten Protestes Regreß auf Sicherstellung und nach Eintritt des in der Kopie angegebenen Verfalltags Regreß auf Zahlung gegen diejenigen Indossanten zu nehmen berechtigt, deren Original-Indossamente auf der Kopie befindlich sind.

Vgl. Art. 98 Nr. 8.

Dernburg § 261, II. Thöl S. 667ff. B. u. L. S. 248ff. W. Bd. 1 S. 184. WW. §§ 101, 88 (Protest wegen Nichtausfolge). v. Canstein § 14 II Grünhut 2 §§ 134, 118.

---

1. Während das Duplikat der Originalwechsel ist, deshalb nur vom Aussteller ausgehen kann, vom Bezogenen akzeptiert werden kann, ist die Kopie Abschrift des Wechsels, kann nie vom Aussteller ausgehen, der nicht zugleich Remittent ist, nur vom Inhaber, kann nicht akzeptiert werden (was das ital. R., HGB. Art. 281, zuläßt), d. h. solch Akzept ist bedeutungslos, und ist Wechsel nur in Verbindung mit dem Originalwechsel. Die Kopie dient wesentlich dazu, das Akzept auf dem Wechsel herbeizuführen, während sie zirkuliert, und das Original in Händen des Akzeptverwahrers bleibt und so auch gegen Verlust gesichert ist, außerdem zum Quittieren von Teilzahlungen, Art. 39, zur Erlangung von verpflichtenden Mitunterschriften, Bürgschaften, Art. 81, Notadressen, Ehrenakzepten. Art. 62. Die Gefahr für den Verkehr ist bei der Kopie noch größer, als beim Duplikat, da jeder Kopie anfertigen oder sich verschaffen, mehrere Kopien an verschiedene Personen indossieren kann.

2. Wesentlich ist die Bezeichnung als Kopie (Arretierungsvermerk) und die Bemerkung, wo der Originalwechsel befindlich. Die Stelle der Bezeichnung als Kopie ist nicht direkt vorgeschrieben, indessen ergibt sich aus Art. 70, daß sie im Sinne des Gesetzes da zu stehen hat, wo die Kopie aufhört (bis hier Kopie). Steht sie über dem Wechsel, so muß der ganze Wechsel als Kopie

gelten, und dann hat er gar keine Bedeutung, die er nach Art. 71 eben nur durch ein Originalindossament gewinnt. Fehlt die Angabe, wo der Originalwechsel zu treffen, sog. Depositionsvermerk, so ist die Kopie, auch wenn sie Originalindossamente trägt, bedeutungslos, falls der Inhaber nicht ohne die Angabe den Besitz des Originals zu erlangen vermag, Dernburg a. a. O. Anm. 13, weil ohne Angabe des Verwahrers in der Kopie wechselmäßig nicht festzustellen, wer Verwahrer, und deshalb der Regreß ausgeschlossen ist. Art. 72. Indessen ist streitig, ob ohne den in Art. 72 vorgeschriebenen Protest auch die Originalindossanten nicht haften. v. Canstein a. a. O. Anm. 27. Vgl. Staub Anm. 7 zu Art. 70 und Anm. 1 zu Art. 71. Grünhut 2 § 118 bei Anm. 12. Der Aussteller und der Akzeptant können jedenfalls nur bei Vorlegung des Originalwechsels belangt werden. Ist der Protest mangels Herausgabe des Originalwechsels erhoben, der Originalwechsel aber nicht zu erlangen gewesen, so bedarf es des Protestes mangels Zahlung nicht noch außerdem, weil dieser Protest stets die Vorlegung des Originalwechsels voraussetzt, der Bezogene auf die Kopie nicht zur Annahme oder Zahlung angehalten werden kann. StrA. 18 S. 226.

Aus demselben Grunde bedarf es in diesem Falle zur Erhaltung des Rechts gegen die Originalindossanten auch der Beachtung der auf der Kopie befindlichen Notadressen, Art. 62, nicht. Vgl. Art. 56 ff. Der Protest mangels Herausgabe ist spätestens innerhalb der Protestfrist, Art. 41, zu erheben.

3. Die Klage auf Herausgabe des Originals gegen den Verwahrer ist keine Wechselklage, sondern eine zivilrechtliche Klage. Vgl. die Anm. zu Art. 66 ff.

4. Ausl. R. W. Bd. 1 S. 189, 252. Vgl. Anm. 1. Die engl. WO. läßt Kopie nicht zu, bestimmt aber in Sekt. 32 ($_1$), daß ein Indossament, welches in einem Lande, welches Kopie zuläßt, auf solche gesetzt, als Indossament auf dem W. selbst gilt. Auch der Code kennt die Kopie nicht. Späing S. 198. Russ. WO. Art. 120—124.

## XI. Abhanden gekommene Wechsel.

### Artikel 73.

**Der Eigentümer eines abhanden gekommenen Wechsels kann die Amortisation des Wechsels bei dem Gerichte des Zahlungsorts beantragen. Nach Einleitung des Amortisationsverfahrens kann derselbe vom Akzeptanten Zahlung fordern, wenn er bis zur Amortisation des Wechsels Sicherheit bestellt. Ohne eine solche Sicherheitsstellung ist er nur die Deposition der aus dem Akzepte schuldigen Summe bei Gericht oder bei einer anderen zur Annahme von Depositen ermächtigten Behörde oder Anstalt zu fordern berechtigt.**

Vgl. Art. 98 Nr. 9, 10.

Dernburg, § 280. Thöl S. 704 ff. B. und L. S. 252 ff. W. Bd. 2 S. 992. WW. § 108. v. Canstein § 14 III. Lehmann §§ 67, 134$_{10}$, 135, 145. Gruchot Bd. 32 S. 278 ff. Grünhut 2 § 109. Goldschmidts Z. 59 S. 447.

1. Über den Anspruch des Verlierers gegen den Besitzer des verlorenen W. vgl. Art. 74. Die Art. 73 und 98 Nr. 9 der WO. erklären gezogene und eigne

Wechsel für amortisierbar, die abhanden gekommen sind. Abhanden gekommen ist der verlorene und der vernichtete Wechsel. Der § 1004 ZPO. sagt ausdrücklich, daß abhanden gekommene oder vernichtete Urkunden dem Aufgebote zum Zwecke der Kraftloserklärung unterliegen. Vernichtet ist der Wechsel auch dann, wenn er z. B. durch Feuer so beschädigt, daß er unleserlich ist. Vgl. § 15 EG. für Elsaß-Lothringen v. 19. Juni 1872. Der Art. 73 bestimmt die Wirkung der Einleitung des Verfahrens. Vor erfolgter Amortisation soll der Verpflichtete nur gegen Sicherstellung oder zur gerichtlichen Verwahrung zahlen, weil er vor der Amortisation vor nochmaliger Zahlung an den sich etwa meldenden Wechselinhaber nicht sicher ist. Selbstverständlich ist, daß die Klage aus Art. 73 erst mit dem Verfalltage entsteht, daß diese Klage auf Zahlung die frühere Existenz eines Wechsels voraussetzt, aus dem zu klagen, wenn er vorhanden wäre, daß also aus einem W., den der gewollte, bestimmte Aussteller vor der Unterschrift verloren, auf Zahlung weder vor noch nach der Amortisation geklagt werden kann, OHG. 25 S. 16. Nach erfolgter Amortisation ist dagegen Zahlung ohne Kaution an den Antragsteller zu leisten. Vgl. ZPO. § 1018.

2. Die Klage aus Art. 73 ist gegen den Akzeptanten bzw. nach Art. 98 Nr. 9 gegen den Aussteller des eigenen Wechsels gegeben, der also auch hier dem Akzeptanten des gez. W. gleich behandelt wird. Nach Art. 82 gilt dies auch für alle Mitunterzeichnete (Avalisten). Die Art der Sicherheitsstellung bestimmt sich jetzt nach BGB. §§ 232 ff. Die bestellte Sicherheit dient dem Akzeptanten als Pfand für den Fall, daß sich vor der Amortisation der Wechselinhaber meldet. Von selbst versteht sich, daß dem Akzeptanten alle Einreden offen bleiben, die er hätte, wenn der Wechsel selbst vorläge. OHG. 14 S. 176. Von der Klage gegen Regreßschuldner, den Aussteller des gezogenen Wechsels und die Indossanten, spricht der Art. 73 nicht. OHG. 1 S. 172. Von solcher Klage kann selbstverständlich nicht die Rede sein, wenn der W. vor Präsentation und Protest verloren gegangen ist. Präsentation und Protest wird durch den Verlust des W. unmöglich, aber nicht erübrigt, und durch die Amortisation nicht ersetzt. Das Regreßrecht ist in diesen Fällen durch den Verlust des Wechsels verloren. Dasselbe galt nach dem Recht vor der Novelle von 1908 auch für den Akzeptanten des domizilierten Wechsels mit benanntem Domiziliaten, wenn der Wechsel vor Protest verloren gegangen, ObT. 48 S. 268, und gilt in demselben Falle ganz unbedenklich für den Ehrenakzeptanten, der ohne Protest, Art. 60, nicht zahlungspflichtig ist. Der § 1018 ZPO. kann darin nichts geändert haben; er bestimmt nur die formale Legitimation des Antragstellers zur Geltendmachung der vorhandenen Rechte, nicht den nur aus der WO. zu entnehmenden Umfang dieser Rechte. Außerdem sichert er den, der auf Grund des Ausschlußurteils an den durch dasselbe Legitimierten gutgläubig gezahlt hat, gegen nochmalige Zahlung, wenn das Ausschlußurteil auf Anfechtungsklage aufgehoben ist. Der Akzeptant, der auf Grund Art. 73 vor der Amortisation gezahlt hat, bedarf dieses Schutzes nicht, da er durch die Sicherheit (Hinterlegung) geschützt ist, auch wenn er dem Wechselinhaber, der vor der Amortisation mit dem W. hervortritt, nochmals zahlen muß. Ist der W. vor Verfall verloren gegangen, so kann die Klage gegen die Regreßschuldner überhaupt nicht in Frage kommen. Präsentation und Protest können wegen § 1014 ZPO. und weil die Amortisation den W. nicht wieder herstellt, nie nachgeholt werden. Die Frage kann überhaupt nur aufgeworfen werden, wenn der W. nach Präsen-

tation und Protest, oder wenn beides erlassen, verloren gegangen ist. Hier wird der Regreß aber ausgeschlossen durch die strikte Vorschrift des Art. 54. Von der gleichen Vorschrift für den Hauptverpflichteten in Art. 39 macht nur der Art. 73 die ausdrücklich auf den Akzeptanten und den Aussteller des eigenen W. beschränkte Ausnahme. So sicher es ist, daß der Regreß nach Verlust des Protestes und bei Unmöglichkeit, ihn zu ersetzen, nicht genommen werden kann, so wenig bedenklich kann es sein, den Regreß nach Verlust des W. auszuschließen. Ohne den W. kann der Inhaber vor Amortisation nicht einmal vom Akzeptanten Zahlung fordern, viel weniger vom Regreßpflichtigen, den er in den Stand setzen muß, seinerseits Regreß zu nehmen. Selbst wenn der Regreß nach erfolgter Amortisation zugelassen würde, würde er regelmäßig an der Verjährung scheitern, da dafür, daß durch den Verlust des W. der Beginn oder der Lauf der Verjährung gehindert wird, kein gesetzlicher Anhalt vorliegt. BGB. §§ 202, 203, 208ff. Aber auch nach erfolgter Amortisation ist der Regreß ausgeschlossen. Der § 1018 ZPO. gibt mit gutem Grunde das Recht aus der amortisierten Urkunde dem, der das Ausschlußurteil erwirkt hat. Dies Recht könnte dem Regreßpflichtigen zediert werden; dies wäre aber nicht das Verschaffen des Regresses aus dem W. gegen die Vormänner des in Anspruch Genommenen. Nach der Amortisation kann ein anderer als der Extrahent des Verfahrens ein Recht aus ihm überhaupt nicht mehr geltend machen, und der Regreßpflichtige kann sich deshalb darauf nicht berufen, daß er ohne den W. Gefahr laufe, noch einmal zahlen zu müssen. Aber es ist unrichtig, daß der W. durch die Amortisation wieder hergestellt wird. Das sagt das Gesetz nicht und konnte es nicht sagen, denn beim Wechsel wenigstens stellt das Ausschlußurteil über den Inhalt des W. nichts fest. Alles beruht in dieser Beziehung auf den einseitigen Angaben des Extrahenten des Verfahrens über den Inhalt des Papiers. Durch den Protest können diese Angaben eine erhebliche Sicherheit erhalten. Trotzdem wäre es unbillig, den Regreß zu geben ohne den W. Die Lage des Regreßpflichtigen ist ohne den W. eine ganz andere, als mit dem W., erheblich erschwert, namentlich für den von ihm selbst wieder zu nehmenden Regreß. Es ist billig, daß der verlierende Eigentümer die Nachteile des Verlustes trägt. Der Art. 73 WO. ist deshalb dahin aufzufassen, daß er, wenn nicht direkt, doch indirekt den Regreß aus dem amortisierten W. ausschließt und mit gutem Grunde hat ausschließen wollen. Der § 1018 der ZPO. hat, wie bereits hervorgehoben, an der Bedingung der Geltendmachung der Rechte aus der Urkunde nichts geändert. Anders auf Grund ZPO. § 1018 RG. 49 S. 132 mit ausführlicher Begründung und Dernburg a. a. O. Anm 8, Staub Anm. 19. Grünhut 2 § 109 bei Anm. 18ff. Vgl. die Literatur bei RG. a. a. O. S. 141, Goldschmidts Z. 59 S. 480. Durch die neuen Vorschriften über die Protesturkunde, Art. 88a Abs. 1, Art. 90 Abs. 2, ist die Kontroverse nicht erledigt, vgl. Anm. 15 zu Art. 87ff.; a. A. Stranz in Staub Anm. 21 zu Art. 73. Die russ. WO. gibt die Klage gegen Regreßschuldner nicht.

Der Art. 73 betrifft nur den Fall des Verlustes vor der Klage. Geht der W. nach der Klageerhebung verloren, so wird dadurch allein weder die Fortsetzung des Prozesses, noch die Verurteilung zur Zahlung gegen Aushändigung des W. oder zur Hinterlegung gehindert, StrA. 3 S. 170, soweit es sich um Akzeptanten bzw. Aussteller handelt. Der Regreßpflichtige kann auch in diesem Falle exzipieren, daß der Regreß verloren. Wenn Judikat gegen sämtliche Regreßpflichtige rechtskräftig ergangen, ist der Kläger in der Lage, durch Zession der Rechte aus dem Judikate und dem Ausschlußurteil den Regreßpflichtigen in den Stand zu setzen, von seinem Vormann zu erhalten, was er selbst hat zahlen müssen. In diesem Falle ist die Vollstreckung des Judikats gegen Aushändigung des Ausschlußurteils statt des W. zuzulassen.

Bei dem gezogenen W. bietet das Institut der Duplikate, Art. 66ff., das Mittel, dem Inhaber den Regreß zu erhalten.

3. Über die Frage, ob die Klage aus Art. 73 im Wechselprozeß zulässig, vgl. unten beim Wechselprozeß. Grünhut 2 § 109 Anm. 11.

4. Kommt der Wechsel nach erfolgter Amortisation zum Vorschein, so können Wechselrechte aus ihm nicht mehr geltend gemacht werden Kommt er im Lauf des Amortisationsverfahrens zum Vorschein, so muß der Akzeptant bzw. Aussteller des eigenen Wechsels, wenn er noch nicht deponiert hat, auf Klage des Inhabers jedenfalls zur gerichtlichen Verwahrung zahlen, BGB. § 372 Satz 2, auch wenn er schon gegen Kaution gezahlt hatte. An die Kaution kann er den berechtigten Inhaber in keinem Falle verweisen.

5. Ausl. R.: W. Bd. 2 S. 1003. Die engl. WO. Sekt. 69, 70 gibt dem Verlierer des noch nicht verfallenen W. das Recht, von dem Aussteller gegen Sicherheit die Ausstellung eines anderen W. zu verlangen. Späing S. 202. Russ. WO. Art. 78—81, 105.

6. Das Verfahren war durch § 837 ZPO. in der alten Fassung speziell für die Kraftloserklärung abhanden gekommener und vernichteter Wechsel geordnet. Die ZPO. in der neuen Fassung, § 1003, kennt kein besonderes Verfahren für die Amortisation von Wechseln. Sie ordnet das Verfahren zum Zweck der Kraftloserklärung von Urkunden allgemein. Die Erörterung dieser Vorschriften gehört lediglich in die Zivilprozeßordnung und ist deshalb hier ganz ausgeschieden. Zu bemerken ist nur folgendes:

a) Die ZPO. ordnet nicht nur das Verfahren; sie gibt allgemein gültige und zwingende Vorschriften über die Bedingungen der Einleitung, die materiellen Grundlagen und die Wirkung des Verfahrens. Die Vorschriften der Landesgesetze über die Amortisation von Wechseln sind beseitigt. Zulässig ist das Verfahren, sobald und solange der Wechsel Urkunde ist. Es ist unerheblich, ob der Verlust vor oder nach Akzept, vor oder nach Verfall, vor oder nach Protest eingetreten, ob der Wechsel verjährt oder präjudiziert ist, ob Urteil ergangen ist oder nicht. Obwohl aus einem unvollständigen Wechsel weder vor noch nach der Amortisation geklagt werden kann, OHG. 25 S. 16, bleibt doch die Gefahr der unbefugten Ausfüllung, und bei verjährten und präjudizierten Wechseln das Interesse an dem Wechsel mit Rücksicht auf die Bereicherungsklage, Art. 83, ObT. 58 S. 346, auf die Pflicht zur Rückgabe des zahlungshalber genommenen Wechsels für die Klage aus der ursprünglichen Schuld, und auf die Vorschrift des Art. 39 WO. Deshalb kann die Amortisation auch bei Blankowechseln geboten und durch das Interesse des Antragstellers begründet sein. Das Interesse des Antragstellers wird durch das in Art. 73, 98 Nr. 9 gegebene Klagerecht nicht erschöpft. OHG. 6 S. 381, 385, 388; 10 S. 43; 11 S. 67, 71; 14 S. 176. ObT. 80 S. 64 (Blankoakzept). Auch der Akzeptant, der das Blankoakzept vor der Aushändigung verloren hat, ist deshalb zum Antrag wohl berechtigt.

b) Der Art. 73 WO., der nur von dem Eigentümer des Wechsels spricht, ist materiell geändert. Nach § 1004 ZPO. ist bei indossablen, mit Blankoindossament versehenen Papieren der bisherige Inhaber des Papiers, bei anderen Urkunden derjenige zum Antrag auf Kraftloserklärung berechtigt, der das Recht aus der Urkunde geltend machen kann, bei Wechseln mit Blankoindossament also der Inhaber zur Zeit des Verlustes oder der Vernichtung, bei anderen Wechseln der legitimierte Inhaber, Art. 9, 10, 12, 13, 36 WO., auch der Prokuraindossatar, der Zessionar, der Pfandgläubiger, der, dem die Wechselforderung zur Einziehung überwiesen, der Wechselschuldner, der den eingelösten Wechsel verloren hat, bei Blankoakzepten auch der designierte Aussteller, OHG. 25 S. 16, der Blankoakzeptant, weil er vor der Aushändigung gegenüber Dritten der allein Berechtigte sein kann.

c) Nach § 1014 ZPO. kann der Wechsel vor Eintritt des Verfalls nie amortisiert werden. § 2 preuß. EG. v. 15. Februar 1850. Seinen guten Grund hat dies darin, daß nur dann, wenn der Verfalltag fruchtlos vorübergegangen, die Wahrscheinlichkeit für den Untergang des Wechsels besteht.

d) Wird der aufgebotene Wechsel vor oder in dem Termin oder auch nur vor Erlaß des Ausschlußurteils vorgelegt, ZPO. § 951, so findet der § 953 ZPO. keine Anwendung. Nach § 1016 ZPO. ist der Antragsteller davon zu benachrichtigen, ihm die Einsicht des Wechsels zu gestatten oder Termin zur Vorlegung auf Antrag des Inhabers anzuberaumen. Steht die Identität fest, so ist das Verfahren erledigt; ein Ausschlußurteil kann nicht mehr ergehen; wird es beantragt, so ist es abzulehnen. ZPO. § 952 Abs. 4, § 1022. Vgl. OHG. 14 S. 175. ObT. 66 S. 328. Wird zu Unrecht ein Urteil mit Vorbehalt der Rechte für einen Prätendenten erlassen, so kann es nur bedeuten, daß in bezug auf diesen der Wechsel nicht als kraftlos erklärt gilt, ein Ergebnis, das dem Zweck des Verfahrens nicht entspricht. Die Berechtigung an dem vorgelegten Wechsel ist im ordentlichen Wege Rechtens zwischen dem Antragsteller und dem Prätendenten auszumachen. Anm. 5.

e) Ergeht das Ausschlußurteil, ZPO. §§ 952, 957, 1008, 1017, so gilt der Wechsel rechtlich als tot, auch dem gutgläubigen Besitzer gegenüber. Anm. 5. Es wird rechtlich fingiert, daß derjenige, der das Urteil erwirkt hat, ihn zur Zeit des Verlustes besaß, OHG. 25 S. 18, und die Rechte aus ihm hat, die er nach seiner damaligen Beschaffenheit hatte, § 1018 ZPO. Was nachher mit dem Wechsel geschehen, ist rechtlich indifferent; nach diesem Zeitpunkte kann er nicht mehr indossiert werden, so daß der, der ihn gestohlen, gefunden, weder Rechte hat noch übertragen konnte. Selbstverständlich ist, daß der Antragsteller durch das Ausschlußurteil nicht mehr Rechte erlangt, als er zur Zeit des Verlustes hatte; weder der Akzeptant noch der Aussteller des eigenen Wechsels haben deshalb nötig, ihre Einwendungen gegen den Bestand der Wechselverpflichtung und die Legitimation des Antragstellers aus dem Wechsel geltend zu machen. Eines Vorbehaltes ihrer Rechte im Sinne des § 953 ZPO. bedarf es für sie nicht.

Wenn der abhanden gekommene Wechsel vor der Amortisation begeben ist, aber erst nach der Amortisation zum Vorschein kommt, können zwischen den an dem Umlauf Beteiligten Rechtsverhältnisse entstehen; diese sind nicht nach Wechselrecht, sondern nach bürgerlichem Recht zu beurteilen. Unerlaubte Handlung und Bereicherung werden insbesondere dabei in Betracht kommen.

## Artikel 74.

**Der nach den Bestimmungen des Artikel 36 legitimierte Besitzer eines Wechsels kann nur dann zur Herausgabe desselben angehalten werden, wenn er den Wechsel in bösem Glauben erworben hat oder ihm bei der Erwerbung des Wechsels eine grobe Fahrlässigkeit zur Last fällt.**

Vgl. Art. 98 Nr. 9.

Dernburg § 249 II. Thöl S. 705. V. und L. S. 258. W. Bd. 2 S. 992 ff. WW. § 67 Anm. 72, § 108. Lehmann §§ 62, 66, 68, 121, 123. D. Jur.Ztg. 1900 S. 170. v. Canstein §§ 15, 27. Grünhut 1 § 28 bei Anm. 30. Cosack § 50.

---

1. Der Art. 74 bestimmt, wer die Herausgabe eines Wechsels verlangen kann und wer sie zu leisten hat; er begründet zugleich weitere wichtige Folgerungen für die Natur des Wechseleigentums und der Wechselberechtigung, regelt aber nicht die ganze Lehre von der Wechselvindikation und besagt namentlich nicht, daß die Vindikation unbedingt gegen den stattfindet, der den W. durch einen zivilrechtlichen Akt der Eigentumsübertragung (Zession u. Übergabe) erworben hat. Vgl. Art. 36, 73, RG. 33 S. 143; 26 S. 99, 100. Der gutgläubige Besitz des Wechsels in Verbindung mit der formellen Legitimation, welche die WO. an das Indossament, mit Ausnahme des Prokuraindossaments in Art. 17, knüpft, gibt das wechselrechtliche Eigentum, d. h. nicht sowohl das Eigentum an dem Papier, sondern das durch die WO. Art. 82 besonders gestaltete Dispositionsrecht über das Gläubigerrecht aus dem Wechselpapier. Das fällt nicht notwendig mit dem Eigentum am Papier zusammen. Der durch Vollindossament legitimierte Inkassoindossatar oder fiduziarische Indossatar ist regelmäßig gewiß nicht Eigentümer des Papiers, aber regelmäßig Wechselgläubiger. Weder der Besitz des Wechsels allein, noch die Legitimation durch Indossament ohne den Besitz des Wechsels genügt; vgl. OHG. 11 S. 250, 253, 362; 19 S. 325, 328. Beides zusammen genügt aber auch; der formellen Legitimation braucht kein materielles Recht zur Seite zu stehen, wenn nur der Wechselbesitzer, sei er Indossatar oder Remittent, in gutem Glauben und nicht grob fahrlässig gewesen, als er den Wechselbesitz erwarb. v. Canstein § 15. Der Art. 74 beruht auf demselben Rechtsgedanken wie die §§ 932 ff. BGB., § 366 HGB. II (Art. 306 HGB. I). Doch findet nach EG. z. BGB. Art. 32 der § 935 BGB. auf den Erwerb abhanden gekommener Wechsel keine Anwendung, RG. in Seuff.Bl. 1907 S. 987. Auch sonst reicht der Schutz des guten Glaubens nach Art. 74 weiter als nach den Bestimmungen des bürgerlichen und des Handelsrechts. Der Mangel der Verfügungsbefugnis oder der Vertretungsmacht des Veräußerers wird auch dann geheilt, wenn der Veräußerer kein Kaufmann ist; ebenso wird fehlende Geschäftsfähigkeit des Veräußerers durch guten Glauben des Erwerbers unschädlich gemacht. Vgl. Staub Anm. 3, anders Düringer-Hachenburg HGB. § 365 II 3. Nur wenn der Veräußerer sich in Konkurs befand, hilft der gute Glaube dem Erwerber nichts, KO. § 7, wogegen derjenige, der von einem solchen Erwerber weitererwirbt, durch den guten Glauben wieder geschützt wird, Jäger KO. § 7 Anm. 37. Die Wirkung des Schutzes ist jedesmal die, daß der Erwerber nicht zur Herausgabe des Wechsels angehalten werden kann. Dies auch nicht auf Grund der Vorschriften des bürgerlichen Rechts über ungerechtfertigte Bereicherung. Anders die 7. Aufl. nach RG. 45 S. 261; vgl. aber Staub Anm. 13.

Zivilrechtliches Eigentum wird durch Zession und Übergabe des Wechsels erworben, Anm. 2 zu Art. 9. Aber auf den Art. 74 kann sich der Zessionar nicht berufen. War der Zedent nicht Eigentümer, so hat auch er kein Eigentum erlangt und nur die Rechte des redlichen Besitzers, wenn nicht BGB. §§ 932—936, HGB. II §§ 366, 367 anwendbar sind, RG. 33 S. 147. Auch bleibt hier der unentgeltliche Erwerber trotz des Eigentumsübergangs zur Herausgabe verpflichtet, BGB. § 816 Abs. 1 Satz 2.

Über Eigentumserwerb am Blankowechsel vgl. RG. 28 S. 60, Art. 7 Anm. 3; über schenkungsweisen Wechselerwerb Art. 82 Anm. 8.

2. Die Klage auf Herausgabe des Wechsels setzt früheren wechselmäßigen Besitz beim Kläger, beim Beklagten Besitz und bösen Glauben oder grobe Fahrlässigkeit voraus, und dies hat der Kläger zu beweisen. RG. 4 S. 149. Wer noch nicht besessen hat, kann aus Art. 74 nicht klagen; das in ALR. I 10 §§ 23, 25 anerkannte, in ALR. II 8 § 814 auch für den W. statuierte, durch das BGB. beseitigte Recht zur Sache konnte hier so wenig wirken wie auf dem Gebiet des HGB., weil der böse Glaube im Sinne des Art. 74 das Wissen (Wissenmüssen) des Mangels im Recht oder der Verfügungsfähigkeit des Auktors ist. Ob grobe Fahrlässigkeit beim Besitzerwerb anzunehmen, wird von den Umständen abhängen; eine genügende Prüfung der Identität des Wechselinhabers und desjenigen, den der Wechsel als Berechtigten nennt, wird stets verlangt werden müssen. Vgl. RG. 33 S. 143. Überall kommt für den guten Glauben nur der Veräußerer, der letzte Vorgänger, in Betracht. An sein Eigentum (seine Vertretungsmacht, Verfügungsbefugnis), an seine Geschäftsfähigkeit muß geglaubt werden. Ob der Erwerber wußte, daß in der Person eines früheren Vorgängers ein Mangel begründet war, ist ohne Erheblichkeit, Bolze 11 Nr. 38, Staub Anm. 5.

3. Der Art. 74 findet auch Anwendung, wenn es sich nicht um Herausgabe des Wechsels, sondern um die von dem Wechselverpflichteten deponierte Wechselsumme handelt, über welche der Verlierer des Wechsels und der gutgläubige legitimierte Wechselinhaber streiten. StrA. 26 S. 185.

4. Die engl. WO. enthält in Sekt. 21, 29, 30, 36 (5), 38 Bestimmungen, welche weitergehende Ansprüche machen. Besonders wichtig ist Sekt. 29, wonach legitimierter Inhaber nur der ist, der den äußerlich unverdächtigen W. vor Verfall, ohne Kenntnis der Dishonorierung, in gutem Glauben, gegen Valuta, ohne Kenntnis der vorhandenen Mängel im Rechte seines Vormannes erworben. Vgl. Sekt. 90, wo der gute Glaube als die tatsächliche Ehrenhaftigkeit definiert wird. Späing S. 208. Russ. WO. Art. 16, 24, 90.

## XII. Falsche Wechsel.

**Artikel 75.** Auch wenn die Unterschrift des Ausstellers eines Wechsels falsch oder verfälscht ist, behalten dennoch das echte Akzept und die echten Indossamente die wechselmäßige Wirkung.

**Artikel 76.** Aus einem mit einem falschen oder verfälschten Akzept oder Indossamente versehenen Wechsel bleiben sämtliche Indossanten und der Aussteller, deren Unterschriften echt sind, wechselmäßig verpflichtet.

Vgl. Art. 94, 98 Nr. 9. Art. 82.

Dernburg § 276[10, 11]. Thöl S. 669 ff. B. und L. S. 260 ff. W. Bd. 1 S. 456. WW. §§ 35, 43, 69, 109. Lehmann §§ 108, 109. v. Canstein § 13 IV. Grünhut 1 §§ 22, 63.

1. Die Art. 75, 76 lassen als allgemeinen Rechtsgrundsatz nur entnehmen, daß die Fälschung oder Verfälschung einer einzelnen Wechselunterschrift weder die Existenz des Wechsels noch die Verbindlichkeit aus den echten Unterschriften auf-

hebt. OHG. 1 S. 97, 286. Jeder haftet eben, weil er unterschrieben, OHG. 17 S. 1 (cond. bei Zahlung auf Grund gefälschter Unterschr.) nicht, weil die anderen haften. Darum ist z. B. das echte Akzept verbindlich, auch wenn die Ausstellerunterschrift gefälscht ist, und umgekehrt, und der Aussteller haftet als solcher, selbst wenn das erste Indossament des an seine Order gestellten Wechsels falsch ist, der Akzeptant, auch wenn ein Indossament gefälscht, und dem gutgläubigen Indossatar kann die Fälschung des Indossaments, durch das er erworben, auch von dem Aussteller und den Vormännern, deren Unterschrift echt, nicht entgegengesetzt werden. Grünhut 1 § 36, 2 § 74. OHG. 2 S. 281. Alles dies gilt auch für die sog. Kellerwechsel, d. h. Wechsel, welche mit der Unterschrift nicht existierender Personen versehen. Grünhut 1 § 62. Thöl S. 670. WW. § 110. Vgl. engl. WO. Sekt. 5 ($_2$). Mit Art. 76 hängt der wiederholt betonte Rechtsgrundsatz zusammen, daß dem gutgläubigen Wechselinhaber aus der Fälschung der ihn legitimierenden Wechselunterschrift von dem Akzeptanten, Aussteller, Indossanten, deren Unterschriften echt, ein Einwand nicht entgegengesetzt werden kann. Daraus folgt aber auch mit Notwendigkeit, daß für alle im Wechselverkehr vorkommenden Handlungen, namentlich Präsentation und Protest, jede Unterschrift zu beachten ist, mag sie echt oder falsch sein. Staub Anm. 4 zu Art. 76. Vgl. auch Anm. 3 zu Art. 82.

**1a.** Gefälschte Wechselunterschriften sind unabänderlich nichtig und erlangen auch durch Genehmigung desjenigen, dessen Unterschrift gefälscht ist, keine Gültigkeit. Genehmigt werden kann nur auftraglose Geschäftsführung, die ein Handeln im Interesse des Namensträgers voraussetzt, OHG. 21 S. 165, RG. 17. Januar 1903, I 482. 02, RG. in JW. 1904 S. 497$_{27}$. Damit ist nicht gesagt, daß die Genehmigung der Fälschung nicht zivilrechtlich verpflichten könnte. Eine zivilrechtliche Wirkung, nämlich Schadensersatzpflicht nach BGB. § 826, kann auch eintreten, wenn der, dessen Name gemißbraucht ist, die Fälschung kennt und dem ihm gleichfalls bekannten Inhaber des Wechsels keine Mitteilung macht. Doch hängt dies ganz von den Umständen des Einzelfalles ab. RG. in Holdheim 1904 S. 26; RG. 16. November 1905, VI 67. 05; 10. November 1906, I 219. 06; 15. Dezember 1906, I 61. 06.

**2.** Verfälschungen des Wechsels sind nicht bloß in den Unterschriften möglich, sondern auch in dem sonstigen Inhalt, Wechselsumme, Zahlungszeit, Zahlungsort. Der Inhalt des Wechsels kann durch solche Verfälschungen beseitigt, verändert, durch Zusätze alteriert werden. Durchstreichungen, Rasuren, Korrekturen, Zerreißen des ganzen Wechsels, Abtrennung einzelner Teile, Hinzufügung von Vermerken, welche die Wechselobligation berühren, kommen hier in Betracht. Vorausgesetzt wird nach dem Begriff der Fälschung (Verfälschung), daß die Veränderung ohne Zustimmung desjenigen geschieht, der durch sie betroffen wird. OHG. 14 S. 14; 24 S. 261. Wesentlich ist dabei, daß der Wechsel einerseits Träger der Wechselobligation selbst ist, so daß ihre Geltendmachung durch seine Existenz bedingt ist, soweit das Gesetz nicht Amortisation zuläßt, andrerseits aber auch die Bedeutung eines Beweismittels hat, wie jede andere Urkunde.

**3.** Aus der Natur des Wechsels als Träger der Obligation folgt, daß jede Beseitigung wesentlicher Bestandteile des Wechsels, d. h. solcher Bestandteile, ohne welche der Wechsel kein Wechsel ist, die Existenz des Wechsels tilgt, und von jedem geltend gemacht werden kann. Ist z. B. der Name des Ausstellers durchstrichen, so fehlt dem Wechsel die Klagbarkeit, während Durchstreichen des Namens eines von mehreren Ausstellern an sich unerheblich ist. Unerheblich ist auch, wenn nach Protest die bei dem Verfalltag fehlende Jahreszahl, welche aber aus dem sonstigen Wechselinhalt zu ergänzen, nachgetragen ist. OHG. 13 S. 93; 18 S. 353, 367; 13 S. 254, 412; 25 S. 237. Dasselbe gilt für Zahlungszeit, Zahlungsort, Wechselsumme.

4. Grünhut 1 § 61 (vitiose Wechsel). Sind unwesentliche Bestandteile des Wechsels, z. B. Akzept, Domizilvermerk, Rektaklausel, der Vermerk „ohne Obligo" gestrichen, so haftet der dadurch benachteiligte Wechselverpflichtete lediglich nach dem Inhalt der von ihm unterschriebenen Wechselerklärung bzw. nach dem Inhalt des Wechsels zur Zeit seiner Unterschrift. Selbstverständlich kann der Indossant, der selbst nachträglich unberechtigt ein Domizil hinzufügt, sich nicht darauf berufen, daß in diesem Domizil nicht habe protestiert werden dürfen. Vgl. zu Art. 21—24 Anm. 12. RG. 32 S. 37. Es wird also der Zeitpunkt der Fälschung entscheidend. So braucht der Indossant, der indossiert, während das Akzept unversehrt, den Wechsel mit durchstrichenem Akzept nicht zurückzunehmen, ist deshalb vom Regreß frei. Der Bezogene, der den domizilierten Wechsel mit benanntem Domiziliaten akzeptierte, war gemäß dem früheren Satz 2 Art. 43 auch nach durchstrichenem Domizilvermerk frei, wenn der Protest unterblieb. Wer in blanco akzeptierte mit der Abrede, daß der Nehmer domizilieren solle, konnte, wenn dies geschehen, das Domizil aber nachträglich durchstrichen war, Fälschung geltend machen und war, wenn kein Protest erhoben, von dem Wechselanspruch frei. RG. 53 S. 261. Auch jetzt gilt, daß der Indossant, der den Wechsel ohne Domizilvermerk begab, vom Regreß frei ist, wenn der Wechsel später domiziliert und infolgedessen der Protest nicht beim Akzeptanten erhoben wurde. Art. 41, 91. Dasselbe gilt jetzt mit Bezug auf die Benennung einer am Wohnort des Trassaten aufzusuchenden besonderen Zahlungsperson, und ebenso mit Bezug auf Veränderungen solcher Vermerke ohne volle Beseitigung. Daß der Verpflichtete nur nach dem Inhalt des Wechsels, den er unterschrieben, haftet, ist wechselrechtlicher Grundsatz, der Einwand daraus aus dem Wechselrecht entnommen. Darauf beruht RG. 32 S. 37 zu Art. 21 ff. Anm. 12, OHG. 3 S. 51; 6 S. 24, 44; 7 S. 219; 9 S. 263; 11 S. 31; 13 S. 412; 14 S. 383; 23 S. 211. Ist die Tilgung oder Veränderung klar, so hat der Inhaber den entscheidenden Zeitpunkt zu beweisen, andernfalls der Verpflichtete. OHG. 5 S. 373; 11 S. 30; 24 S. 264. RG. 8 S. 42; 32 S. 38; 66 S. 201. Namentlich hat der aus seinem Indossament in Anspruch genommene Indossant, der bestreitet, daß zur Zeit der Zeichnung des Indossaments der Wechsel auf die eingeklagte Summe lautete, die Fälschung zu beweisen. RG. 47 S. 66.

5. Fälschungen, welche wesentliche Bestandteile des echten Wechsels durch andere, falsche, ersetzen, den Inhalt des ausgefüllten Wechsels nach der Begebung des Wechsels ohne Genehmigung des Verpflichteten in dem ausgefüllten Teil ändern, geben dem der den Wechsel vor der Verfälschung gezeichnet, die gegen jeden Inhaber des Wechsels durchgreifende Einrede der Fälschung und beseitigen die Verpflichtung aus dem Wechsel für ihn überhaupt, da der ursprüngliche verpflichtende Inhalt nicht vorhanden, der vorhandene nicht verpflichtend. Dies muß auch für die Wechselsumme gelten. Staub Anm. 16 zu Art. 76. OHG. 3 S. 51; 23 S. 339; 20 S. 403; 19 S. 270; 13 S. 155, 251; 11 S. 267; 7 S. 221. RG. Ann. 1 S. 178. RG. 8 S. 42. In RG. 54 S. 386 lautete der Wechsel

zur Zeit des Indossaments auf 750 und war nachträglich durch Vorsetzen des Wortes Dreitausend in der Buchstabenschrift gefälscht. Hier hat das RG. die Verurteilung zur Zahlung von 750 aufrecht erhalten, weil trotz der Fälschung der ursprüngliche wahre Inhalt des Wechsels unberührt und erkennbar geblieben, ein Satz, der sich rechtfertigen läßt. Vgl. Dernburg a. a. O. Anm. 12. Anders OHG. 23 S. 342, D. Jur.Ztg. 1904 S. 693.

6. Zerrissene Wechsel stehen durchstrichenen gleich. OHG. 5 S. 245; 7 S. 221; 12 S. 194, 371, 375. Regelmäßig lassen sie jedenfalls den Wechselprozeß nicht zu, OHG. 1 S. 49; 7 S. 88; 12 S. 371, wenn auch der Wechsel nur durch öfteres Kniffen gebrochen, dies aber nicht sofort erkennbar.

7. Über Ausfüllung von Blankowechseln, Ausfüllung mangelhafter Wechsel und Änderungen anderer Art. vgl. die Anm. 2, 4 zu Art. 7, Anm. 7 zu Art. 9ff.; Anm. 4, 10, 12 zu Art. 21ff., Anm. 4 zu Art. 36ff., Anm. 11, 12 zu Art. 41ff.

8. Über ausl. R. s. W. Bd. 1 S. 467 und OHG. 1 S. 225. WW. § 109 Anm. 29. Über das engl. R. vgl. jetzt engl. WO. Sekt. 5, 7, 12, 13, 23, 24, 54, 60, 64. Späing S. 210. Russ. WO. Art. 13.

## XIII. Wechselverjährung.

**Artikel 77.** Der wechselmäßige Anspruch gegen den Akzeptanten verjährt in drei Jahren, vom Verfalltage des Wechsels an gerechnet.

**Artikel 78.** Die Regreßansprüche des Inhabers (Artikel 50) gegen den Aussteller und die übrigen Vormänner verjähren:

1. in drei Monaten, wenn der Wechsel in Europa, mit Ausnahme von Island und den Faröern, zahlbar war;
2. in sechs Monaten, wenn der Wechsel in den Küstenländern von Asien und Afrika längs des Mittelländischen und Schwarzen Meeres oder in den dazu gehörigen Inseln dieser Meere zahlbar war;
3. in achtzehn Monaten, wenn der Wechsel in einem anderen außereuropäischen Lande oder in Island oder den Faröern zahlbar war.

Die Verjährung beginnt gegen den Inhaber mit dem Tage des erhobenen Protestes.

**Artikel 79.** Die Regreßansprüche des Indossanten (Artikel 51) gegen den Aussteller und die übrigen Vormänner verjähren:

1. in drei Monaten, wenn der Regreßnehmer in Europa, mit Ausnahme von Island und den Faröern, wohnt;
2. in sechs Monaten, wenn der Regreßnehmer in den Küstenländern von Asien und Afrika längs des Mittelländischen und Schwarzen Meeres oder in den dazu gehörigen Inseln dieser Meere wohnt;
3. in achtzehn Monaten, wenn der Regreßnehmer in einem anderen außereuropäischen Lande oder in Island oder den Faröern wohnt.

Gegen den Indossanten läuft die Frist, wenn er, ehe eine Wechselklage gegen ihn angestellt worden, gezahlt hat, vom Tage der Zahlung, in allen übrigen Fällen aber vom Tage der ihm geschehenen Behändigung der Klage oder Ladung.*)

Vgl. Art. 98 Nr. 10, Art. 100.

Dernburg § 277. Thöl S. 783 ff. B. u. L. S. 266 ff. W. Bd. 2 S. 966. WW. § 107. Lehmann § 142. v. Canstein § 26 VII. Grünhut 1 § 23; 2 §§ 138—140.



1. Die Grundsätze der WO. über die Wechselverjährung finden Anwendung auf alle im Inlande entstandenen und zu erfüllenden Wechselobligationen; nicht das Recht des zufälligen Prozeßorts entscheidet, sondern das Recht des Sitzes der Obligation. OHG. 18 S. 186; 14 S. 258. In bezug auf den Akzeptanten und den Aussteller des eigenen Wechsels entscheidet demnach das Recht des Wechseldomizils als Erfüllungsorts, in bezug auf die Regreßpflichtigen das Recht des Wohnsitzes als des Erfüllungsorts, wenn nicht anzunehmen, daß sie sich dem Rechte des Ausstellungs- bzw. Indosierungsorts haben unterwerfen wollen. Denn der Regreßpflichtige will nicht selbst am Wechseldomizil zahlen, sondern nur dafür einstehen, daß dort gezahlt werde. OHG. 1 S. 289; 14 S. 258; 18 S. 187; 19 S. 203. RGAnn. 1 S. 187. RG. 1 S. 125; 2 S. 13; 6 S. 24; 7 S. 21. An alle dem ist durch das BGB. nichts geändert, dessen EG. über das örtliche Recht der Verjährung nichts sagt. Der Art. 169 EG. entscheidet nur die Kontroverse über die Bedeutung des Wechsels der Gesetzgebung. Da die Art. 77, 78, 79 durch das BGB. unberührt geblieben, kommt nur die Aufhebung des Art. 80 in Betracht. Aus EG. Art. 169 ergibt sich klar, daß die vor dem 1. Januar 1900, mit dem auch der Art. des EG. z. HGB. v. 10. Mai 1897 in Kraft trat, vollendete Verjährung in allen Beziehungen nach dem früheren Recht beurteilt wird, daß Beginn, Hemmung und Unterbrechung der laufenden Verjährung für die Zeit vor dem 1. Januar 1900 nach dem früheren Recht, für die Zeit nach dem 1. Januar 1900 dagegen Hemmung und Unterbrechung auch der Wechselverjährung nach dem BGB. §§ 202—207, 208—217 zu beurteilen ist. Art. 32 EG. z. BGB.

2. Die Wechselverjährung ist als Verjährung bezeichnet und grundsätzlich als V. durch Nichtgebrauch, Anspruchsverjährung, zu behandeln. RG. 27 S. 78. Dagegen Lehmann und v. Canstein a. a. O. Vgl. Lehmann in Iherings Jahrb.

*) Art. 80, betr. die Unterbrechung der Verjährung, ist aufgehoben durch EG. z. HGB. v. 10. Mai 1897 Art. 8 Nr. 2. Vgl. Anm. 6, 7.

34 S. 433. Vgl. auch OHG. 19 S. 311, 313. Die WO. gibt die Grundsätze über Anfang, Unterbrechung und Wirkung. Daneben blieben die allgemeinen Grundsätze der Landesrechte über den Ausschluß des Anfangs der Verjährung und der Verjährung selbst durch Vertrag anwendbar, soweit die Natur und der Zweck der kurzen Wechselverjährung nicht entgegenstand. StrA. 31 S. 348; 32 S. 243; 38 S. 77; 41 S. 197. OHG. 12 S. 241; 19 S. 313; 22 S. 307. RG. 27 S. 78. Mit Rücksicht auf letztere wurde angenommen, daß der Anfang der Wechselverjährung durch die Minderjährigkeit des Wechselgläubigers nicht gehindert, auch nicht durch Unkenntnis, Abwesenheit. Die §§ 512 ff., 518, 524 ff., §§ 535 ff. I. 9 ALR. sollten nicht zur Anwendung kommen. OHG. 3 S. 418; 19 S. 311; 15 S. 248; 22 S. 270; 22 S. 307 (gem. R.). ObT. 3 S. 323; RG. 27 S. 78, 79; 10 S. 44. Die im gemeinen und preuß. Recht zugelassene Restitution gegen den Ablauf der Verjährung galt als nicht ausgeschlossen, was aber kontrovers. OHG. 22 S. 307, RG. 27 S. 78, 79. Alle objektiven Hindernisse, welche die Behändigung der Klage und damit das in dem früheren Art. 80 allein zugelassene Mittel der Unterbrechung der Verjährung hindern, galten als Hindernisse für den Anfang der Wechselverjährung, so die Überlegungsfrist der Erben des Wechselschuldners, weil innerhalb derselben mit Erfolg Klagezustellung nicht erfolgen konnte, § 386 I. 9 ALR., OHG 15 S. 248, RG. 27 S. 78 (wo der Tod des Schuldners im Laufe des ersten Tages der Frist eingetreten war, das Vorhandensein des Hindernisses ist angenommen), ebenso Unterbrechung der Kommunikation, Stillstand der Rechtspflege, nicht aber bloße Abwesenheit und die Deliberationsfrist der Erben des Wechselgläubigers. OHG. 19 S. 311, 313; 15 S. 248; 22 S. 270 (Frankfurt a. M.). Die Eröffnung des Konkurses über das Vermögen des Wechselschuldners hinderte den Anfang der Verjährung nach § 13 der KO. v. 10. Februar 1877 nicht (anders bis dahin nach § 8 der preuß. KO. OHG. 8 S. 144; 12 S. 237). Vgl. StrA. 31 S. 341, 348, 136. Dagegen hemmte der Konkurs über das Vermögen einer Handelsgesellschaft die Verjährung der Klage aus dem W. gegen die Gesellschafter, weil nach Art. 112, 122 HGB. durch die Eröffnung des Konkurses die prinzipielle Haftung des Gesellschafters in eine subsidiäre auf den Ausfall verwandelt wurde. Während des Konkurses ruhte deshalb die Verjährung. RG. 5 S. 57. Der Ausschluß der Verjährung durch Vertrag war nach gemeinem, französ., österr. Recht überhaupt unzulässig, Windscheid Pand. § 106, C. civ. art. 2220, österr. BGB. § 1502, nach preuß. Recht nur in gerichtlicher Form gültig, § 566 I. 9 ALR. Verzicht auf die Verjährung im Wechsel selbst war bedeutungslos, machte den Wechsel aber nicht ungültig. OHG. 23 S. 29; 2 S. 65; 4 S. 376; 6 S. 228 (gem. Recht); 6 S. 365; 13 S. 89 ff. (hessisches R.), vgl. 11 S. 347. Anerkenntnis der verjährten Forderung wurde nach Landesrecht beurteilt. Vgl. OHG. 11 S. 347.

Diese Sätze werden für die am 1. Januar 1900 laufende Wechselverjährung durch die Vorschriften des BGB. wesentlich berührt. Nach § 225 BGB. kann die Verjährung durch Rechtsgeschäft weder ausgeschlossen (Verzicht) noch erschwert werden; nur Erleichterung der Verjährung, insbesondere Abkürzung der Verjährungsfrist, ist zulässig; einer besonderen Form bedarf das Rechtsgeschäft nicht. Alles dies kann für Verträge, die vor dem 1. Januar 1900 geschlossen, nicht gelten. Art. 170 EG. z. BGB. Art. 30 EG. trifft nicht zu. Im übrigen vgl. das Folgende.

3. Die Verjährung beginnt für den Akzeptanten und den Aussteller

des eigenen Wechsels mit dem aus dem Wechsel ersichtlichen oder durch das Gesetz, Art. 19, 20, 31, 32, 34, 35, normierten Verfalltage. Die Art. 77, 100 sind nach Art. 32 EG. z. BGB. nicht berührt. Der Verfalltag wird in die Frist nicht eingerechnet. OHG. 3 S. 415, 418. RG. 11 S. 45; 27 S. 78, 80. (Dagegen Lehmann, v. Canstein, Staub 4. Aufl.). Darüber besteht nach § 187 Abs. 1 BGB. kein Bedenken mehr. Soweit die WO. nicht selbst Bestimmungen enthält, finden die §§ 186 ff. BGB. auch sonst für die Berechnung der Fristen Anwendung. Von der Verjährung der Regreßansprüche gegen Aussteller und Indossanten ist die Verjährung gegen den Akzeptanten unabhängig, OHG. 7 S. 41, 289 (der Akzeptant kann nicht einreden, daß der Kläger den W. von seinem Hintermanne nach Ablauf der Verjährungsfrist des Art. 78, 79 eingelöst hat, und der klagende Inhaber nicht, daß er den W. hat bezahlen müssen). Über die Bestimmung des Verfalltages bei Tratten auf Sicht, auf bestimmte Zeit nach Sicht und bei eigenen Wechseln auf Sicht vgl. die Anm. 5 zu Art. 18 ff. und die Anm. 3, 4 zu Art. 30 ff. Wechsel, deren Verfalltag in blanco gelassen ist, sind aber keine Sichtwechsel, RG. 58 S. 188. In bezug auf den Ehrenakzeptanten kommt nicht Art. 77, sondern Art. 78 zur Anwendung, weil er die Stellung des Regreßpflichtigen einnimmt, Art. 60. Vgl. zu Art. 56 Anm. 6, Dernburg § 275 Anm. 8; anders Thöl, Lehmann S. 574. Dagegen war der Akzeptant eines Domizilwechsels mit benanntem Domiziliaten auch schon vor der Novelle von 1908 nach Art. 77 zu beurteilen. Ebenso gilt dieser Art. für diejenigen Wechselschuldner, deren Verpflichtung nach Art. 81, 95 der Verpflichtung aus dem Akzept gleichsteht.

Prolongationen des Wechsels können nach der klaren Vorschrift in Art. 77, 100 den wechselmäßigen Verfalltag nicht ändern und so wenig den Lauf der Verjährung wie die Protestfrist berühren. OHG. 4 S. 365. (Anders das schweiz. R.) Daran ist durch § 202 Abs. 1 BGB. nach der besonderen Natur des Wechsels nichts geändert, weil der Verfalltag durch den Kontext des Wechsels allein bestimmt wird und unabänderlich ist. Prolongation begründet als Stundung vor Verfall eine persönliche Einrede zwischen den Kontrahenten, RG. 61 S. 182, und Prolongation durch Stundung nach Verfall wird regelmäßig selbst, nach Aufhebung des Art. 80, Unterbrechung der Verj. bewirken, da sie stets Anerkenntnis enthalten wird. Zinsen können nur von Ablauf der Zahlungsfrist gefordert werden. Prolongation über die Verjährungsfrist hinaus hebt das Wechselrecht auf; Prolongation über die Verjährungsfrist hinaus für den Aussteller des eigenen W. entzieht dem Mitaussteller, der nur als Bürge unterzeichnet hat, nicht die Einrede der Verjährung. OHG. 25 S. 26. Thöl S. 727 ff. Auch Zusätze beim Akzept, welche die Zahlungszeit ändern, ändern den Verfalltag des Wechsels nicht, Art. 22 Abs. 2. Hat der Akzeptant im Akzept den Verfalltag hinausgerückt, so beginnt die Verjährung doch mit dem Verfalltage; hat er sie vorgerückt, so kann das nur bedeuten, daß er jedenfalls am Verfalltage zahlen wird; die Verjährung läuft deshalb auch dann gegen ihn erst vom Verfalltage, der allein durch den Wechseltext bestimmt wird und nur einer und derselbe sein kann. Ist im Akzept die Zahlungszeit über die Verjährungszeit des Wechsels hinausgerückt, so steht das der Ablehnung der Wechselhaft gleich. OHG. 4 S. 375. Dagegen Staub Anm. 8 zu Art. 77. Akzept nach Verjährung ist Akzept ohne Wechsel. Über Prolongation vgl. WW. § 76, Dernburg § 256 III, Grünhut 2 § 104, oben zu Art. 4 Anm. 22, Art. 41 Anm. 5.

4. Gegen den Inhaber, der den Wechsel hat protestieren lassen, läuft die Ver-

jährung mit dem Protesttage, Art. 50, 78, da erst nach erhobenem Protest Regreß genommen werden kann. Das gilt auch für den Nachindossatar des präjudizierten W., vgl. Art. 9ff. Anm. 22, und den Ehrenzahler. Art. 63. Anders Staub Anm. 1 zu Art. 78. Vgl. Grünhut § 139 Anm. 15 bezüglich des Nachindossaments bei präjudiziertem Wechsel. Ist der Protest erlassen und deshalb nicht protestiert, so kann der Lauf der Verjährung nur mit dem Tage beginnen, an welchem ohne den Protesterlaß hätte protestiert werden müssen, d. h. dem letzten Protesttage. OHG. 4 S. 376. Für die Berechnung der Fristen kommt Art. 32, § 187 BGB., zur Anwendung. Der Protesttag wird nicht mitgerechnet. Art. 328 HGB. I. ObT. 59 S. 300; 61 S. 178. OHG. 3 S. 124, 415, 418. RG. 11 S. 44, 48; 27 S. 78, 80.

5. Gegen den im Regreßwege einlösenden Indossanten, Art 79, und denjenigen, der den Ehrenzahler bezahlt hat, beginnt die Verjährung mit der Zahlung, welcher jede andere Art der Einlösung des Wechsels (dat. in sol., Aufrechnung usw.) gleichsteht, StrA. 31 S. 17, OHG. 3 S. 124, 129, oder mit der früheren Behändigung der Klage auf Regreßleistung als den Momenten, wo er in der Lage ist, seinen eigenen Anspruch geltend zu machen, sei es durch Klage, sei es durch Streitverkündung. Der Begriff der Klagebehändigung ergibt sich auch hier aus ZPO. §§ 253, 281, 500 Abs. 2, 510 Abs. 2. Vgl. EG. z. ZPO. § 13 Abs. 3. Der Klagebehändigung steht die Zustellung des Zahlungsbefehls, ZPO. § 693 gleich. Im Falle der §§ 203ff. ZPO. muß aber die Zustellung wirklich erfolgt sein; nur diese setzt den in Anspruch Genommenen in den Stand, seinen eigenen Regreß zu nehmen, nur mit dieser kann die Verjährung beginnen. Anmeldung der Regreßforderung im Konkurse des Indossanten muß, da sie Befriedigung fordert und den Verwalter in den Stand setzt, den Regreß geltend zu machen, der Behändigung der Klage oder Ladung gleichgestellt werden. v. Canstein S. 400. Staub Anm. 4 zu Art. 79. Es wäre ein unleidlicher Formalismus, außer der Anmeldung zum Konkurse noch die Klage gegen die Person des Indossanten zu fordern. Ladung des Indossanten im Sinne des Art. 79 ist auch, was kontrovers, die Ladung unter Streitverkündung. ZPO. §§ 72, 73. Anders Grünhut § 139 Anm. 19; § 140 Anm. 5. Voraussetzung ist immer, daß die Klage erhoben, die Streitverkündung durch einen Regreßberechtigten, der Wechsel und Protest aushändigen konnte, geschehen ist. Grünhut § 139 Anm. 21. Die Verjährung gegen jeden einzelnen Indossanten hat ihren besonderen Anfang. Hat der letzte Inhaber sämtliche Vormänner gleichzeitig belangt, so ist damit die Verjährung für ihn in bezug auf alle unterbrochen; für das Verhältnis der Vormänner untereinander beginnt die Verjährung, und jeder Hintermann hat zur Erhaltung seines Rechts dem Vormann den Streit zu verkünden oder die Klage gegen ihn anzustellen; die durch die Klage des Inhabers zu dessen Gunsten eingetretene Unterbrechung wirkt darüber hinaus nicht. OHG. 5 S. 361; 22 S. 413. Bei einer langen Reihe von Indossanten kann es dadurch dahin kommen, daß der zuletzt einlösende gegen den Akzeptanten nicht mehr klagen kann, weil die absolute Verjährungsfrist des Art. 77 abgelaufen ist. In solchem Falle bleibt nur die Bereicherungsklage aus Art. 83 offen, OHG. 7 S. 41. Der in Anspruch genommene Regreßpflichtige muß aber in der Lage sein, seine Regreßpflicht abzulehnen, wenn zur Zeit der Regreßnahme der Anspruch aus dem Wechsel gegen den Akzeptanten (Aussteller des eigenen W.) bereits durch Verjährung erloschen ist oder der Regreßpflichtige zu dieser Zeit nicht mehr in der Lage ist, den Eintritt dieser Verjährung durch eigene Diligenz zu hindern, sei es

durch Klage oder durch Streitverkündung. Nach Art 54 ist der Regreßpflichtige zur Zahlung nur gegen Auslieferung des Wechsels verpflichtet, und unter Auslieferung des Wechsels ist Auslieferung eines intakten, rechtlich wirksamen Wechsels zu verstehen. RG. 9 S. 21. Vgl. Anm. 7 zu Art. 54. Verschulden eines Dritten kann dem Regreßpflichtigen dies Recht so wenig nehmen, wie Zufall ohne eigenes Verschulden. Anders Grünhut § 139 S. 549.

Für die Fristdauer ist der Wohnsitz zur Zeit des Beginnes der Verjährung entscheidend. Staub Anm. 2 zu Art. 79.

Daß die gegen den letzten Inhaber vollendete Verjährung, Art. 78, alle Vormänner befreit, ist unbedenklich, v. Canstein § 26 Anm. 50. Jeder Vormann kann sich darauf oder auf die gegen seinen Hintermann eingetretene Verjährung, Art. 79, berufen, er hat aber die Voraussetzung seiner Befreiung, namentlich die Zeit der Einlösung des W., zu beweisen, was regelmäßig schwierig sein wird, OHG. 2 S. 123; 3 S. 131. Bolze 1 Nr. 837. Gegen den Intervenienten, Art. 63, läuft die Verjährung wie gegen den Inhaber, gegen den Honoraten von der Zahlung an den Intervenienten, gegen den Indossatar nach Protest, Art. 16 Abs. 2, wie gegen den ersten Indossanten nach Protest. Über die Verjährung der Regreßansprüche und den Einfluß des Konkurses des Indossanten vgl. noch ObT. 40 S. 260, 264.

**5a. Hemmung der Verjährung.** Da die Vorschriften der Landesgesetze über die Verjährung, nach denen beim Mangel einer Vorschrift der WO. die Hemmungsgründe der Wechselverjährung zu beurteilen waren, mit dem 1. Januar 1900 nach Art. 55 EG. z. BGB. außer Kraft treten, ist die Frage der Hemmung der Wechselverjährung für die Zeit vom 1. Januar 1900 ab, d. h. die Frage, ob eine am 1. Januar 1900 oder später laufende Verjährung durch eine juristische Tatsache nach dem 1. Januar 1900 gehemmt ist, gemäß Art. 169 Abs. 1 Satz 2 EG. nach BGB. zu beurteilen, während die Frage, ob eine Verjährung vor dem 1. Januar 1900 gehemmt worden ist, nach dem damaligen Landesrecht zu beurteilen ist.

Nach BGB. sind Hemmungsgründe, d. h. Gründe, die den Beginn der Verjährung und bei Eintritt im Laufe der Verjährung den Weiterlauf hindern, so daß die Verjährung ruht, solange das Hindernis besteht, BGB. § 205, nur die in §§ 202, 203, 204 bezeichneten. Soweit nicht die WO. selbst oder die Natur der Wechselverbindlichkeit entgegensteht, gelten sie auch für wechselrechtliche Ansprüche. Gegen das frühere Recht sind die Gründe sehr beschränkt; Abwesenheit, Unkenntnis des Rechts, Gutsverpachtung, Krieg als solcher, Deliberationsfrist der Erben sind gestrichen, die rest. in integr. überall beseitigt. Auch Minderjährigkeit ist kein Hemmungsgrund. Konkurs ist als Hemmungsgrund schon durch § 13 der alten KO. beseitigt. Übrig geblieben ist nur **1.** Hemmung durch Stundung oder sonstige Berechtigung des Verpflichteten zur vorübergehenden Verweigerung der Leistung, § 202; **2.** Hemmung durch tatsächliche objektive Verhinderung der Rechtsverfolgung infolge Stillstandes der Rechtspflege oder durch höhere Gewalt innerhalb der letzten sechs Monate der Verjährungsfrist, § 203; **3.** Hemmung durch den Umstand, daß der Anspruch zwischen Ehegatten, Eltern und minderjährigen Kindern, zwischen Vormund und Mündel besteht, solange das persönliche Verhältnis dauert, § 204.

Das Nähere gehört in das BGB. Hier ist nur zu bemerken: Der § 202 ist anwendbar. Obwohl die Stundung (Prolongation) den wechselmäßigen Verfalltag nicht ändert, gewährt sie unter den unmittelbaren Kontrahenten doch eine Einrede, weshalb sie die Verjährung hemmt, RG. 63 S. 367. Die frühere, auf den gestrichenen Art. 80 und dessen Vorgeschichte gestützte Rechtsprechung, OHG. 4 S. 375; 25 S. 26, kommt nicht mehr in Betracht. Eine nach Verfall bewilligte Stundung wird regelmäßig mit einem Anerkenntnis verbunden sein und führt dann gemäß § 208 Unterbrechung herbei.

Der Hemmungsgrund in § 203 wurde, da er ein objektives Hindernis, das dem Wechselgläubiger die Anstellung der Klage unmöglich macht, schon bisher als solcher anerkannt.

Dem § 204 BGB. liegt der Gedanke zugrunde, daß es nicht angemessen, Ehegatten, Eltern und minderjährige Kinder, Vormund und Mündel zur Rechtsverfolgung gegeneinander durch die Befürchtung zu zwingen, eine Forderung durch Verjährung zu verlieren. Aus der besonderen Natur des Wechsels ist kein Grund gegen die Anwendung dieses Gedankens auf die Wechselverjährung zu entnehmen. Im allgemeinen widerspricht es zwar dem Wechselrecht und den Interessen des Wechselverkehrs, den Wechselschuldner über die Dauer der gewöhnlichen Verjährungsfrist hinaus aus Gründen zu binden, die nur in der Person des Wechselgläubigers liegen. Aber im § 204 liegt der Grund in einem Verhältnis, das Gläubiger und Schuldner umfaßt. Von großer praktischer Bedeutung ist dieser Hemmungsgrund nicht.

Die §§ 206, 207 BGB. bestimmen keine Hemmungsgründe der Verjährung. Nach § 206 kann nur eine Verjährung gegen die nach §§ 104, 106, 114 BGB. geschäftsunfähigen oder in der Geschäftsfähigkeit beschränkten Personen, wenn sie ohne gesetzlichen Vertreter, nicht vollendet werden, solange sie geschäftsunfähig, in der Geschäftsfähigkeit beschränkt und ohne gesetzlichen Vertreter, vielmehr wird die Verjährungsfrist von dem Zeitpunkte ab, wo der Gläubiger geschäftsfähig wird oder der Mangel der Vertretung aufhört, um 6 Monate, bei Verjährungsfristen unter 6 Monaten um die kürzere Verjährungsfrist verlängert. Ähnlich ist die Vorschrift des § 207 betreffend die Verjährung eines Anspruchs gegen einen Nachlaß und die Verjährung von Ansprüchen eines Nachlasses gegen den Nachlaßschuldner. Auch hier handelt es sich nicht um Hemmung der Verjährung, sondern es ist die Fürsorge getroffen durch Erstreckung der Verjährungsfrist für den Fall, daß die Forderung gegen den Nachlaß oder die Forderung des Nachlasses vor Annahme der Erbschaft, Eröffnung des Nachlaßkonkurses oder Bestellung eines Vertreters des Nachlasses ohne die Erstreckung der Frist verjähren würde.

Gegen die Anwendung der §§ 206, 207 auf die Wechselverjährung ist aus der Natur des Wechsels ein durchschlagender Grund nicht zu entnehmen. Wohl aber kann in Frage gezogen werden, ob diese Vorschriften mit der abstrakten Vorschrift in Art. 77, 78, 79 WO. über die Frist zu vereinen.

Dernburg, § 277 unter III, will die subjektiven Hindernisse in §§ 204, 206, 207 für die Wechselverjährung nicht gelten lassen, weil sie die Verjährung zu weit hinausschieben würden.

Nach §§ 425, 429 BGB. wirkt die Verjährung, deren Hemmung und Unterbrechung, nur für und gegen den Wechselschuldner und Wechselgläubiger, in dessen Person sie eingetreten.

Nach Fortfall des Art. 122 HGB. I durch Streichung im HGB. II gilt der Satz, daß durch die Eröffnung des Konkurses die Verjährung nicht gehemmt wird, auch für den Fall der Eröffnung des Konkurses über das Vermögen der offenen Handelsgesellschaft gegenüber dem Wechselanspruche gegen die Gesellschafter. Vgl.

RG. 5 S. 52; 35 S. 10. Anders, wenn Gesellschaftskonkurs und Konkurs über das Vermögen der Gesellschafter eröffnet ist: KO. § 212.

6. Unterbrechung der Wechselverjährung. Nach Art. 80 WO. in Verbindung mit KO. v. 10. Febr. 1877 § 13, EG. z. KO. § 3 Abs. 3 und EG. z. ZPO. § 13 Abs. 3 wurde jede Wechselverjährung, Art. 77—79, nur durch die Behändigung der Klage (ZPO. alte Fassung §§ 230, 190, 254, 461 Abs. 2, § 471 Abs. 2), durch Streitverkündung (ZPO. § 70), und durch Anmeldung im Konkurse unterbrochen. Die Unterbrechung wirkte nur in bezug auf den, gegen den sie erfolgte. Kontrovers war, ob die Zustellung des Zahlungsbefehls im Mahnverfahren (ZPO. §§ 633, 635, 637) die Verjährung unbedingt unterbrach. RG. 14 S. 31; 17 S. 281; 24 S. 995; 39 S. 59. Keine Unterbrechung bewirkte Anerkenntnis, Teilzahlung, Stundung durch Gewährung von Zahlungsfrist, Teilklage. Vgl. OHG. 4 S. 375; RG. 10 S. 103; 34 S. 262.

Vgl. auch OHG. 5 S. 301; 19 S. 311; 27 S. 78, 82, Bolze 8 Nr. 362 bezüglich der Unterbrechung gegen andere Wechselverpflichtete und für andere Wechselgläubiger. Kontroversen bestanden über die Dauer der Unterbrechung bei Zurücknahme der Klage, OHG. 23 S. 406; 5 S. 276; ObT. 56 S. 976; RG. 32 S. 354; 33 S. 394, — bei Nichtverfolgung der Klage, RG. 32 S. 354, OHG. 16 S. 362, — bei Anmeldung im Konkurse, — bei Streitverkündung.

Unstreitig war, daß bei rechtskräftiger Abweisung der Wechselklage, ohne daß dadurch der Anspruch selbst beseitigt, mit der Rechtskraft des Urteils die neue Verjährung begann, für welche wie bei jeder Unterbrechung die Fristen der Art. 77—79, 100 maßgebend. RG. 5 S. 122 (gem. Recht. Abweisung angebrachtermaßen); 24 S. 199, 202. Ebenso war unstreitig, daß die Art. 77ff., 100 nicht mehr anwendbar, wenn die Klage zu rechtskräftiger Verurteilung geführt hatte; in diesem Falle traten die Verjährungsfristen der Landesgesetze für Judikatforderungen ein. ObT. 56 S. 272. OHG. 4 S. 374; 13 S. 267.

7. Durch Art. 8 unter 2 des EG. z. HGB. v. 10. Mai 1897 ist der Art. 80 aufgehoben; er trat mit dem 1. Januar 1900 außer Kraft. Vom 1. Januar 1900 ab ist die Frage, ob die Wechselverjährung unterbrochen, nach den Vorschriften des BGB. über die Unterbrechung der Verjährung zu beurteilen, soweit nicht Vorschriften der WO. oder die Natur des Wechselanspruchs entgegenstehen. Nach der klaren Vorschrift des Art. 169 Abs. 1 Satz 2 EG. z. BGB. gilt dies aber nur für die unterbrechende Wirkung juristischer Tatsachen, die in die Zeit vom 1. Januar 1900 ab fallen. Ob eine Wechselverjährung, die vor dem 1. Januar 1900 zu laufen begonnen, durch juristische Tatsachen vor dem 1. Januar 1900 unterbrochen, ist lediglich nach dem damals geltenden Recht, d. h. nach Art. 80 WO., KO. § 13, EG. z. KO. § 3 Abs. 3, EG. z. ZPO. § 13 Abs. 3 zu beurteilen.

Die Bestimmungen des BGB. über Unterbrechung der Verjährung sind in den §§ 208—217 (220) enthalten. Danach wird die Wechselverjährung unterbrochen: a) durch Anerkenntnis des Anspruchs seitens des Verpflichteten dem Berechtigten gegenüber, sei es durch Abschlagszahlung, Zinszahlung, Sicherheitsleistung, sei es in anderer Weise. In Art. 78 begründet Anerkenntnis durch einen Regreßpflichtigen keine Unterbrechung gegenüber dem anderen. In Art. 79 könnte, worauf Grünhut 2 § 138[3] aufmerksam macht, vgl. Dernburg § 277 IV, die Zulassung der Unterbrechung durch Anerkenntnis dahin führen, daß zum Nachteil des regreßpflichtigen Vormannes die Verjährung ungemessen verlängert würde, da nach Abs. 2, wenn er nicht zahlt, die Verjährung gegen den Nachmann erst von der Klageerhebung läuft, die Klageerhebung aber durch Anerkenntnis hingehalten werden kann. Das ist mit dem Zweck der kurzen Fristen des Art. 79 unverträglich. Hier muß deshalb dem Anerkenntnis, sobald es zum Nachteil des Regreßpflichtigen gereicht, die Wirkung versagt werden. **b)** Durch Klageerhebung auf Befriedigung oder Feststellung, und der Klageerhebung steht gleich die Zustellung des Zahlungsbefehls im Mahnverfahren, die Anmeldung im Konkurse, die Geltendmachung durch Aufrechnung im Prozeß, die Streitverkündung. Die Klageerhebung muß natürlich formgerecht und wirksam geschehen. Das lag nicht vor in RG. 45 S. 424, wo die Klage erst nach dem zur Verhandlung angesetzten Termin zugestellt war. Der § 210 ist insofern auch für die Wechselverjährung von Bedeutung, als er bestimmt, daß bei Notwendigkeit der Bestimmung des zuständigen Gerichts durch ein höheres Gericht die Verjährung durch die Einreichung des Gesuchs an das höhere Gericht unterbrochen wird, falls die Klage binnen 3 Monaten nach der Erledigung des Gesuchs erhoben wird. Die §§ 211, 212, 213, 214, 215 bestimmen die Dauer der Wirkung der Unterbrechung unter Beseitigung einzelner bisheriger Kontroversen. Nach § 217 bewirkt die Unterbrechung wie nach bisherigem Recht nicht Ruhen, sondern Tilgung der Verjährung für die Vergangenheit und Beginn einer neuen Verjährung nach dem Aufhören der Unterbrechung. Die Frist dieser neuen Verjährung ist wie bisher die ordentliche Wechselverjährung, OHG. 5 S. 277; 23 S. 407; RG. 32 S. 37, mit Ausnahme des Falls, wo nach der Unterbrechung rechtskräftige Verurteilung eingetreten ist. An die Stelle der landesgesetzlichen Verjährungsfristen für Judikatforderungen treten jetzt die der §§ 218, 219 BGB.

Nach den §§ 218, 219 unterliegt der rechtskräftig festgestellte Wechselanspruch wie nach bisherigem Recht stets der dreißigjährigen Verjährung. Vgl. preuß. Ges. v. 31. März 1838 § 10, SBGB. § 169. Nach § 219 gilt das auch für das Vorbehaltsurteil im Wechselprozeß, für das Urteil unter Vorbehalt von Einreden überhaupt, ZPO. §§ 302, 540, 599. Dem Judikat steht der vollstreckbare Vergleich, die vollstreckbare Urkunde, die Feststellung im Konkurse, KO. §§ 145 Abs. 3, 164 Abs. 2, 194, 206 gleich, und als rechtskräftig festgestellt muß der Wechselanspruch gelten, für den ein definitiv vollstreckbarer Vollstreckungsbefehl erlangt ist: ZPO. §§ 700, 794 Nr. 4. Vgl. auch § 220, wonach §§ 218, 219 auch für das Schiedsgerichtsurteil gelten, nicht der Vergleich vor dem Schiedsgericht.

Für die Unterbrechung der Verjährung des Judikatanspruchs kommt besonders als Mittel die Vornahme von Vollstreckungshandlung und der Antrag auf Zwangsvollstreckung in Betracht, § 209 Nr. 5. Der Satz des Art. 80 WO., daß die Unterbrechung der Wechselverjährung durch Klage nur in bezug auf den wirkt, gegen den sie gerichtet ist, folgt für das BGB. für alle Unterbrechungsmittel aus den oben erwähnten §§ 425, 429. Die Klage gegen einen Miterben unterbricht danach auch in Zukunft die Verjährung gegen die anderen Erben nicht. OHG. 5 S. 361; 19 S. 311.

8. Das Nähere gehört in die Lehre des BGB. Hier ist nur auf folgendes noch hinzuweisen.

**a)** Nicht unterbrochen wird die Wechselverjährung auch in Zukunft durch Mahnung, durch Ladung zum Sühneversuch, ZPO. § 510, Anmeldung zu den Nachlaßakten des Schuldners.

Sicherstellung nach Art. 25ff., 29 unterbricht die Verjährung nicht, da sie immer nur vor der Fälligkeit des Wechsels stattfindet, die noch nicht begonnene Verjährung nicht unterbrochen werden kann. BGB. § 208,

RG. 39 S. 38, 43, 44. Nach Art. 28 muß die Sicherheit in allen Fällen (Art. 29) zurückgegeben werden, wenn die Wechselkraft des Wechsels erloschen. Der § 223 BGB. findet keine Anwendung. Sicherheitsstellung nach dem Beginn der Verjährung wirkt nach § 208 BGB. als Anerkenntnis unterbrechend. Vgl. unter 9.

b) Die Unterbrechung durch Klage erfolgt nach BGB. § 209 Abs. 1, abweichend von dem früheren Art. 80 WO., nicht durch Behändigung der Klage, sondern durch Klageerhebung, deren Begriff sich aus ZPO. §§ 207, 281, 500 Abs. 2, 510 Abs. 2 ergibt, so daß § 13 Abs. 3 EG. z. ZPO. obsolet geworden ist. Die Verjährung des Wechseljudikatanspruchs wird durch Erhebung der Klage auf Erteilung der Vollstreckungsklausel und auf Erlaß des Vollstreckungsurteils unterbrochen. ZPO. §§ 731, 796, 722ff., 1042ff. Zu § 210 BGB. vgl. oben. Vgl. auch § 220 Abs. 2 BGB.

Durch § 209 Abs. 2 BGB. sind frühere Kontroversen beseitigt und KO. § 13, EG. z. KO. § 3 Abs. 3 obsolet geworden.

Teilklage unterbricht die Verjährung nur bezüglich des geltend gemachten Teils. Vgl. RG. 57 S. 372; 65 S. 398; 66 S. 366.

Wichtig ist § 212 BGB. Die Unterbrechung durch Klageerhebung gilt als nicht erfolgt, wenn die Klage zurückgenommen oder durch ein nicht in der Sache selbst entscheidendes Urteil rechtskräftig abgewiesen, die Unterbrechung gilt aber als perpetuiert, wenn binnen 6 Monaten von neuem Klage erhoben wird. Beides ist neues Recht, das für die Zeit vor dem 1. Januar 1900 nicht anzuwenden. Vgl. RG. 32 S. 354; 33 S. 394. ObT. 56 S. 276. OHG. 3 S. 420; 23 S. 406. ZPO. § 271 Abs. 3. Ein nicht über den Anspruch selbst entscheidendes Urteil liegt vor bei Abweisung in der gewählten Prozeßart, ZPO. §§ 597, 601 auf Grund prozeßhindernder Einreden, ZPO. § 274, RG. 24 S. 199, bei Abweisung angebrachtermaßen, die eigentlich nach der ZPO. nicht vorkommen soll, aber vorkommen kann. Die neue Klage muß in diesem Falle aber immer nicht neue, sondern nur verbesserte sein. Klage mit neuer Aktivlegimation ist stets andere Klage, ebenso wie die aus neuen Fundamenten. Ist die Wechselklage wegen mangelnder Legitimation durch das Giro, aus dem der Kläger seine Legitimation ableitete, rechtskräftig abgewiesen, so wird die Unterbrechung durch eine neue Klage auf Grund desselben Giro niemals perpetuiert, selbst wenn das Judikat die Legitimation zu Unrecht verneint hat.

Von Bedeutung ist ferner § 211, wonach im Falle Stillstands des Prozesses die Unterbrechung mit der letzten Partei- oder Gerichtshandlung aufhört.

c) Über Unterbrechung durch Zustellung des Zahlungsbefehls im Mahnverfahren vgl. früher RG. 14 S. 32; 24 S. 197; 39 S. 59. Die Unterbrechung ist jetzt unterschiedslos anerkannt und es ist gerechtfertigt, darin eine Entscheidung der Kontroverse auch für die Zeit vor dem 1. Januar 1900 zu finden. Der § 213 BGB. sagt nichts über die Dauer der Wirkung dieser Unterbrechung, sondern gibt nur eine dem § 212 Abs. 1 analoge Bestimmung über den Fortfall der Wirkung. Mit dem Ablauf der Zahlungsfrist des Zahlungsbefehls hört die Wirkung der Unterbrechung auf; der Gläubiger kann und muß nun die Sache weiter betreiben; die Verjährung beginnt von neuem, sie wird durch das Gesuch auf Vollstreckbarkeitserklärung unterbrochen, dies Gesuch muß aber innerhalb der Wechselverjährungsfrist gestellt werden, die kürzer sein kann als die Frist des § 701 ZPO. Mit der Rechtskraft des Vollstreckungsbefehls beginnt die Verjährung nach

§ 218 BGB. Mit der Versagung des Befehls oder Versäumung der Frist für das Gesuch auf die Erteilung, ZPO. §§ 699, 701, fällt nach § 213 BGB., ZPO. § 701 die Wirkung der Unterbrechung überhaupt rückwärts fort. Insoweit gelten die Rechtssätze in RG. 39 S. 59 weiter. Dasselbe gilt, wenn nach erhobenem Widerspruch, ZPO. § 694, die Klage nicht in der gesetzlichen Frist erhoben wird, ZPO. §§ 697, 700. Aber die Klage muß in der Wechselverjährungsfrist erhoben werden, wenn diese kürzer als die Frist der §§ 697, 700 ZPO. Und wo der Wechselanspruch als durch die Zustellung des Zahlungsbefehls beim Amtsgericht durch Klage erhoben gilt ZPO. § 694, muß diese Klage beim Amtsgericht durch Ladung erfolgt werden, wenn die Wechselverjährung nicht eintreten soll.

**d)** Für die Dauer der Wirkung der Unterbrechung durch Streitverkündung ist nach § 215 Abs. 1 nicht mehr zweifelhaft, was bisher kontrovers war, daß die Unterbrechung bis zur Rechtskraft der Entscheidung im Hauptprozeß oder der sonstigen Erledigung desselben dauert, mag der Regreß anerkannt, der Denuntiat beigetreten sein oder nicht. Vgl. OHG. 16 S. 361; 11 S. 287. ObT. 78 S. 259 (StrA. 96 S. 328). Wichtig ist die Vorschrift des § 215 Abs. 1 a. E., daß die Vorschrift des § 211 Abs. 2 Anwendung findet. D. h. wenn der Hauptprozeß in Stillstand gerät, endigt die Unterbrechung der Verjährung durch die Streitverkündung auch demgegenüber, dem der Streit verkündet. Ohne diese billige und gerechte Vorschrift könnte der Regreßanspruch unabsehbar hingezogen werden, was namentlich für den Wechselregreßanspruch nicht zugelassen werden kann. Eine weitere Fürsorge nach dieser Richtung trifft § 215 Abs. 2. Die Frist von 6 Monaten ist natürlich nicht anwendbar, wenn die Verjährungsfrist des Wechselregreßanspruchs eine kürzere. Vgl. § 490 Abs. 2 BGB.

**e)** Die Dauer der Wirkung der Unterbrechung durch Anmeldung im Konkurse stellt sich nach § 214 BGB. anders, als nach früherem Recht. Durch Zurücknahme der Anmeldung wird die Unterbrechung wirkungslos wie bei Zurücknahme der Klage, § 214 Abs. 2. Sonst wirkt die Anmeldung ohne Unterschied, ob die Forderung bestritten oder festgestellt, bis zur Beendigung des Konkurses, § 214 Abs. 1, und im Falle des § 214 Abs. 3 selbst darüber hinaus. War die Wechselforderung vor dem Konkurse rechtshängig, die Verjährung unterbrochen, so beginnt der Lauf der Verjährung wieder mit der Unterbrechung des Verfahrens, ZPO. § 240, und wird erst durch Anmeldung im Konkurse wieder unterbrochen. KO. §§ 10, 12, immer vorausgesetzt, daß es sich um Befriedigung aus der Konkursmasse handelt. Vgl. KO. § 4 Abs. 2. Wird die Forderung festgestellt, KO. § 144 Abs. 1, § 145 Abs. 2, so beginnt die Verjährung auch dieser Judikatforderung erst wieder nach § 214 Abs. 1 BGB. Als festgestellt gilt die Forderung, wie aus KO. § 194 zu entnehmen, auch gegen den Gemeinschuldner, der die Forderung nicht ausdrücklich bestritten hat. KO. § 141 Abs. 2. Hat der Gemeinschuldner die Forderung bestritten, so beginnt die Verjährung auch für ihn nach § 214 Abs. 1 BGB. erst mit der Beendigung des Konkurses. KO. § 144 Abs. 2 steht nicht entgegen. Dasselbe gilt, wenn die Forderung im Sinne KO. § 144 Abs. 1 bestritten und deshalb nicht festgestellt, auch wenn die Feststellung vom Gläubiger nicht im Konkurse betrieben wird. KO. § 146. Ist die Klage auf Feststellung während des Konkurses erhoben und ist deshalb gemäß KO. §§ 152, 168 der auf sie fallende Betrag bei der Schlußverteilung zurückbehalten, so soll nach § 214 Abs. 3 BGB. die Unterbrechung auch nach der Beendigung des Konkurses fortdauern, bis die Wirkung der Unterbrechung gemäß § 211 BGB. aufhört, d. h. bis der Gläubiger den Rechtsstreit liegen läßt. Hat er ihn schon vor der Beendigung des Konkurses liegen lassen, so muß die Wirkung der Unterbrechung mit Beendigung des Konkurses aufhören.

Beendigt wird der Konkurs nach KO. §§ 163, 190, 202, 203, 204. In allen Fällen muß dem Beschluß die vorgeschriebene öffentliche Bekanntmachung hinzutreten, für deren Wirkung KO. § 76 Abs. 1 Satz 2, Abs. 3 den festen Termin angibt. Vgl. ObT. 41 S. 293.

Wird durch den Akkord Zahlung in Raten stipuliert, so wird dadurch der wechselmäßige Verfalltag so wenig geändert, wie sonst. Aber dem früheren Gemeinschuldner erwächst daraus die Einrede der Stundung. BGB. § 202. Vgl. OHG. 8 S. 144.

f) Die Unterbrechung durch Aufrechnung im Prozeß hat Bedeutung nur, wenn es nicht zur Aufrechnung kommt. Kommt es zur Entscheidung darüber nicht, so gilt nach § 215 Abs. 2 dasselbe, was § 212 Abs. 2 vorschreibt, und nach § 215 Abs. 1 muß der Aufrechnende für den Betrieb des Prozesses, in dem er aufrechnet, ebenso sorgen wie der, der den Streit verkündet hat. § 211 Abs. 2.

9. Wirkung der Verjährung. Nach § 222 Abs. 1 BGB. gewährt die Verjährung nur eine ausschließende Einrede gegen den Anspruch auf Leistung. Aus den Worten des Art. 83 „ist die wechselmäßige Verbindlichkeit erloschen" entnahm die 7. Aufl. mit Dernburg § 277 V zu Unrecht das Gegenteil, vgl. Staub. Anwendbar ist § 222 Abs. 2, § 813 Abs. 1 Satz 2 BGB. über den Ausschluß der Kondiktion des Gezahlten und die Wirkung vertragsmäßigen Anerkenntnisses verjährter Schuld. Festzuhalten ist nur, daß durch ein solches Anerkenntnis eine Wechselverbindlichkeit nicht geschaffen wird. Auch § 390 Satz 2 findet Anwendung. Ebenso aber auch § 223, und zwar sowohl gegen die Indossanten, wie, trotz Art. 83, gegen Akzeptanten und Aussteller (anders auch insoweit die 7. Aufl.). Über die Replik der Arglist vgl. RG. 57 S. 376; 60 S. 392; 64 S. 220 (zu eng), RG. in LZ. 2 S. 59.

10. Der Beweis der Verjährung ist wie bei jeder Verjährung von dem zu führen, der sich darauf beruft, RG. 4 S. 236. OHG. 14 S. 257, ebenso Hemmung und Unterbrechung. StrA. 90 S. 278, 37 S. 175. OHG. 6 S. 228; 3 S. 125. Bolze 1 Nr. 837. Grünhut 2 § 138 Anm. 10.

11. Ausl. R. W. Bd. 2 S. 981 ff. Nach engl. R. beträgt die Verjährungsfrist gegen den Akzeptanten 6 Jahre vom Verfall. OHG. 18 S. 186, 188. Die engl. WO. bestimmt über die Verjährung nichts; die früheren Gesetze sind insoweit nicht berührt. Bezüglich der Regreßansprüche kommt die wesentliche Abweichung des engl. R. von der D. WO. in Betracht, nach welcher infolge des strengen Notifikationssystems der Regreß an die Einhaltung der Frist für die Notifikation von der Dishonorierung (Nichtannahme, Nichtzahlung) gebunden ist. Sekt. 48, 49, 51, 52. Vgl. die Art. 41 ff. Auch der Code Art. 165 ff., und das belg. Ges. v. 1872, Art. 51, 56 ff., 61, 62, 82 setzten zunächst viel kürzere Fristen für die Regreßklage und daneben die Verjährung von 5 Jahren für alle Ansprüche aus dem W. C. de comm. art. 189. Auch das schweiz., skandin., ital. R. haben andere Fristen für den Regreß. Vgl. Anm. 3. Späing S. 217 ff. RG. 24 S. 383, 392 über die Natur der Verj. nach engl. R. Die russ. WO. enthält über die Verjährung beim eigenen W. in Art. 73—77, beim gezogenen W. in Art. 112—114 sehr beachtenswerte Vorschriften. Der Lauf der Frist wird in keinem Falle gehemmt. Nur Klageerhebung, Streitverkündung, Anmeldung im Konkurse unterbrechen. Die Fristen sind anders als in der D. WO. bestimmt.

## XIV. Klagerecht des Wechselgläubigers.

### Artikel 81.*

**Die wechselmäßige Verpflichtung trifft den Aussteller, Akzeptanten und Indossanten des Wechsels sowie einen jeden, welcher den Wechsel, die Wechselkopie, das Akzept oder das Indossament mitunterzeichnet hat, selbst dann, wenn er sich dabei nur als Bürge (per aval) benannt hat. Die Verpflichtung dieser Personen erstreckt sich auf alles, was der Wechselinhaber wegen Nichterfüllung der Wechselverbindlichkeit zu fordern hat. Der Wechselinhaber kann sich wegen seiner ganzen Forderung an den einzelnen halten; es steht in seiner Wahl, welchen Wechselverpflichteten er zuerst in Anspruch nehmen will.**

Vgl. Art. 49, 51, 98 Nr. 10.

Dernburg § 269, § 259 (Aval). Thöl S. 574 ff., 587 ff. (Bürgschaft), 597 (Pfand). B. und L. S. 278 ff. W. Bd. 1 S. 106. WB. §§ 102, 115. Lehmann §§ 65, 120. v. Canstein § 21. Grünhut 2 § 76. Cosack § 56 IV. Wieland, der Wechsel und seine zivilrechtlichen Grundlagen §§ 21—24. K. Lehmann § 144.

* Der Artikel 80 ist aufgehoben, vgl. S. 107.

**1.** Art. 81 bestätigt den Grundsatz, daß Wechselverpflichtung nur durch Unterschrift auf dem Wechsel begründet wird. Der Bezogene ist vor dem Akzept nicht Wechselschuldner. Wechselklage gibt es nur gegen die in Art. 81, 41 bezeichneten Personen und deren Rechtsnachfolger. Wer nicht unterschrieben hat und nicht Rechtsnachfolger ist, kann zivilrechtlich, aber nicht nach Wechselrecht haften. Selbstverständlich gilt das nicht für die Gesellschafter einer Gesellschaftsfirma gegenüber einer durch den vertretungsberechtigten Gesellschafter abgegebenen Wechselunterschrift, so wenig wie für die Fälle der Wechselschrift durch gesetzliche oder gewillkürte Vertreter. Art. 112 HGB. I, § 128 HGB. II. Bolze 9 Nr. 469. Daß das Judikat gegen die offene Handelsgesellschaft gegen den einzelnen Gesellschafter als solchen nicht vollstreckbar ist, HGB. II § 124 Abs. 2, § 129 Abs. 4 (ZPO. § 736), beruht darauf, daß im Prozeß gegen die Gesellschaft kein Platz ist für die Einreden des einzelnen Gesellschafters, RG. 3 S. 57; 5 S. 55; 17 S. 367. Ehefrauen oder Witwen, die nach früherem Statutarrecht für die Wechselschuld des Mannes zivilrechtlich einstehen mußten, wurden wechselrechtlich nur verpflichtet, wenn sie mitunterschrieben oder der Mann Vertretungsmacht hatte, OHG. 24 S. 57. Der Ehemann haftete nach § 329 II. 1 ALR. aus der Genehmigung der Wechselerklärung der Frau zivilrechtlich, nicht wechselmäßig, ObT. 50 S. 248, OHG. 19 S. 206. Nach dem BGB. tritt selbst eine zivilrechtliche Haftung aus solcher Genehmigung nicht ein; noch weniger haftet die Ehefrau jemals persönlich nach Güterrecht aus einem Wechsel, den sie nicht gezeichnet hat. Über die Haftung aus Erwerb von Handelsgeschäften vgl. HGB. II §§ 25 ff.; vgl. ferner BGB. § 419 (Vermögensübernahme), §§ 2382 ff. (Erbschaftskauf).

**2.** Der Umfang der Rechte des Inhabers gegen die Wechselverpflichteten wird durch Art. 81 nicht bestimmt. Darüber entscheiden die Art. 50, 51. Zu entnehmen ist aus dem Satze 2 nur, daß die Verpflichtung aller gleich ist, namentlich in bezug auf die Zinsen (6 Prozent), OHG. 1 S. 251. Aus Satz 2 folgt namentlich nicht, daß der Wechselinhaber die Kosten eines früheren Prozesses von dem Mitverpflichteten zu fordern hätte, OHG. 24 S. 88. Vgl. Anm. 17 zu Art. 41 ff.

3. Nach Satz 3 des Art. 81 kann sich der **Wechselinhaber** an jeden einzelnen Wechselschuldner halten; er hat den Sprungregreß. **Die Wechselverpflichteten stehen ihm als Solidarschuldner gegenüber.** Die Selbständigkeit ihrer Verpflichtungen ließ sich zur Zeit des gemeinen Rechts durch den Gegensatz zur Korrealschuld kennzeichnen, vgl. z. B. OHG. 5 S. 363; 11 S. 92; 13 S. 270. Jetzt sind die §§ 422—425 BGB. anwendbar. Doch übt bei den Gründen, die eine Obligation aufheben oder ändern, die Eigenart der wechselrechtlichen Verhältnisse ihren Einfluß aus. Über die verschiedenen Wirkungen der Zahlung vgl. Art. 82 Anm. 4; s. auch Anm. 9 das. (Erlaß, Stundung).

4. Der **Ausgleich der Wechselverpflichteten untereinander** richtet sich nach den Bestimmungen des bürgerlichen Rechts.

Haben mehrere den Wechsel an derselben Stelle unterschrieben (mehrere Akzeptanten, mehrere Aussteller usw.), so sind sie nach BGB. § 426 Abs. 1 in Ermangelung anderweiter Abrede zu gleichen Anteilen verpflichtet. Darauf, ob eine besondere Vereinbarung dieses Inhalts getroffen wurde, kommt es nicht an. Der Fall einer sog. unechten Solidarität, in welchem die Vorschriften des § 426 ausgeschlossen wären, RG. 61 S. 60; 67 S. 128, **Rehbein** BGB. 2 S. 451, liegt nicht vor; der gemeinschaftliche Zweck wird immer gegeben sein. Vgl. für das preuß. Recht §§ 373 ff. I 14, §§ 443 ff. I 5 ALR., OHG. 2 S. 349; 18 S. 171, Bolze 18 Nr. 518, RG. 51 S. 69. Nach Abs. 2 des § 426 BGB. geht zwar die Forderung des Gläubigers auf den Zahlenden über, doch nur insoweit, als dieser von den übrigen Ersatz verlangen kann. Weitergehende Rechte erwirbt der Zahlende auch dann nicht, wenn er den nach Verfall eingelösten Wechsel auf sich girieren läßt, vgl. Anm. 6 zu Art. 82, OHG. 1 S. 102, RG. 52 S. 220; anders OHG. 14 S. 405; 18 S. 369.

Von einem Übergang der Forderung des befriedigten Gläubigers kann keine Rede sein, wenn sich die mehreren im Wechsel als Vormann und Nachmann gegenüberstehen. Dann erlischt die Gläubigerforderung; der Einlösende ist auf die ursprünglich eigenen Rechte beschränkt, die er durch Indossierung des Wechsels nicht verlor, vgl. RG. 34 S. 50, Anm. 10 zu Art. 9 ff. Maßgebend ist hier lediglich das kausale Verhältnis, durch das die Wechselschuldner miteinander verbunden sind. Während der Vormann nur mit ziviler Klage Regreß nehmen kann, ist der einlösende Nachmann nicht gehindert, den Wechsel zur Regreßnahme zu benutzen. Doch tritt der Klage, soweit die Schuld im Verhältnis zum Vormann materiell ihm selbst zur Last fällt, eine Einrede nach Art. 82 entgegen. Unter Umständen kann fraglich werden, wann ein kausales Verhältnis zwischen den Wechselschuldnern angenommen werden darf. Keineswegs genügt die Tatsache, daß jeder seine Wechselunterschrift in der Absicht gab, für einen Dritten zu interzedieren; auch das bloße Wissen jedes einzelnen um die Interzessionsabsicht der anderen reicht hierfür nicht aus, OHG. 11 S. 354, Bolze 22 Nr. 318, RG. 48 S. 152, RG. in JW. 1903 S. 245[29], ObG. Wien in Seuff. 56 S. 60. Soll der Regreß auf gemeinsame Interzession gestützt werden, so muß eine Vereinbarung darüber getroffen sein, OHG. 3 S. 181. Über einen Sozietätsausgleich s. Bolze 12 Nr. 319; 14 Nr 323a; vgl. im allgemeinen Anm. 6 zu Art. 82.

5. Über den **Einfluß des Konkurses mehrerer Wechselschuldner** vgl. KO. §§ 68, 103. **Grünhut** 2 § 131. Der Gläubiger darf den Nennbetrag seiner Forderung bis zur vollen Befriedigung bei allen Konkursen geltend machen. Zahlungen anderer Schuldner nach der Konkurseröffnung mindern die bei Verteilungen und Akkorden zu berechnende Dividende nicht, RG. 2 S. 178. Neben

dem Gläubiger darf nicht noch der regreßberechtigte Solidarschuldner Dividende beanspruchen, RG. 14 S. 172 (Plen.); 42 S. 35, RG. in JW. 1900 S. $184_{11}$, 1903 S. $245_{28}$.

6. Mitunterschrift, Aval, ist Mitunterzeichnung des Wechsels, des Akzepts oder des Giro. Art, Zeit und Ort der Mitunterzeichnung ist nicht vorgeschrieben. Sie erfordert, wie die prinzipalen Unterschriften, die Zeichnung des bürgerlichen Namens oder der Firma, RG. 68 S. 155. Der Aval ist zulässig auch nach Verfall, auch über den Ablauf der Verjährung hinaus; anders die 7. Aufl., vgl. aber Staub Anm. 12. Aus Ort oder Inhalt des Vermerks muß aber hervorgehen, daß und welche solidarische wechselmäßige Mitverpflichtung übernommen werden soll. Vgl. z. B. OHG. 12 S. 257. Ist dies klar, so sind Zusätze wie „als Bürge", „übernehme Bürgschaft", „hafte für Einlösung", „hafte als Selbstschuldner" nach der ausdrücklichen Vorschrift des Art. 81 unerheblich, OHG. 19 S. 89, RG. 30 S. 25. Zusätze wie als „Zeuge", „als Assistent", „als ehelicher Beistand", „genehmigt", schließen die Annahme wechselmäßiger Mithaftung aus, OHG. 12 S. 150; 18 S. 141, 302. Dasselbe muß gelten, wenn die Avalerklärung auf dem Wechsel so erscheint, daß nicht zu ersehen, für welche Verpflichtung sie gegeben ist (z. B. auf der Rückseite „für den Wechselbetrag"). Avalieren kann jeder, auch wer schon im Wechselverbande steht. Da aber der Aval die Wechselgarantie verstärken soll, hat er praktische Bedeutung nur, wenn ein Dritter avaliert. Daß die Mithaftung auf eine geringere Summe beschränkt werden kann, ist unbedenklich, OHG. 12 S. 258; über die Haupthaftung kann sie so wenig hinausgehen, wie das Akzept über die Wechselsumme. Aval ohne Obligo ist ohne Bedeutung.

Als formell akzessorischer Wechselakt setzt der Aval eine Erstunterschrift voraus. Er kann daher weder auf der Kopie noch auf dem Duplikat erfolgen, wenn die Erstunterschrift nicht aus diesen Exemplaren ersichtlich ist. Bei Mitunterschrift des Akzepts muß dieses selbst formell in Ordnung sein; die Mitunterzeichnung des Akzepts eines Nichtbezogenen oder eines nicht nach Art. 94 beglaubigten Akzepts ist ebenso wirkungslos, wie die Mitunterschrift eines Giro ohne Obligo oder eines Giro nach einer Lücke, OHG. 15 S. 346, RG. 10 S. 1; 40 S. 58; 50 S. 14. Materiell gültig braucht die Erstverpflichtung nicht zu sein; sie kann von einem Geschäftsunfähigen herrühren, sie kann gefälscht sein, Bolze 3 Nr. 546, RG. 40 S. 59. Anders Wieland a. a. O. S. 262. Ob Mitunterschrift oder prinzipale Unterschrift mehrerer Unterzeichner vorliegt, ergibt sich beim Akzept und Indossament von selbst aus dem Wechselinhalt; prinzipales Akzept mehrerer gibt es nur bei Wechselzug auf mehrere Personen, prinzipales Indossament nur, wenn die mehreren Indossanten durch den Wechsel als Remittenten oder Indossatare legitimiert sind. Bei der Ausstellerschrift wird prinzipale Schrift stets anzunehmen sein, wenn nicht einer der Vermerke sich selbst durch Zusatz als Mitunterschrift kennzeichnet; ob der Wechsel in der Einzahl oder Mehrzahl lautet, kann nicht entscheiden. Vgl. RG. 66 S. 7, 10. Mitunterschrift bei der Ausstellerunterschrift des Trassanten mit dem Zusatz „akzeptiert" ist natürlich kein Ausstelleraval, sondern entweder Akzept des Bezogenen oder, wenn ein formell gültiges Akzept schon vorhanden ist, Akzeptaval.

7. Der Aval begründet eine Verpflichtung von der Art derjenigen, zu der er hinzutritt. Der Avalist des Akzeptanten haftet wie ein Akzeptant, der Avalist des Ausstellers oder eines Indossanten nach Art der Regreßschuldner. Doch wird durch die akzessorische Form der Unterzeichnung zum Ausdruck

gebracht, daß der Avalist Hauptzeichner (Akzeptant, prinzipaler Regreßschuldner) nicht ist. Auch wer für den Akzeptanten oder den Aussteller avaliert hat, ist der Haftung aus Art. 83 nicht unterworfen. Die wechselmäßigen Diligenzakte brauchen nur dem Hauptzeichner gegenüber vorgenommen zu werden. Zur Erhaltung der Regreßansprüche gegen Aussteller und Indossanten bedarf es des Protestes gegen den Akzeptanten oder die besonders benannte Zahlungsperson, Art. 43; ein Protest gegen den Akzeptavalisten ist weder genügend noch erforderlich. Wer den Ausstelleraft oder ein Indossament mitunterschrieben hat, haftet auch dann für die volle Regreßsumme, wenn nur dem Aussteller, dem Indossanten notifiziert ist. Indes ist die Avalverpflichtung nur formell akzessorisch. Aus dem Schuldverhältnis, vgl. BGB. § 425 Abs. 1, ergibt sich nicht, was nach RG. 8 S. 66, auch von den früheren Aufl., gelehrt wird, daß die Präsentation eines Sicht- oder Nachsichtwechsels an den Akzeptanten die Fälligkeit gegenüber dem Akzeptavalisten herbeiführte. Materiell ist die Verpflichtung eine selbständige (anders Wieland a. a. O. S. 244 ff.). Der Avalist hat keineswegs alle Einreden, die dem Hauptzeichner zustehen (gegenüber Grünhut 2 S. 29 f. vgl. S. 25, 28); braucht doch, wie in Anm. 6 bemerkt, die Erstunterschrift nicht materiell gültig zu sein. Auch ein zwischen Gläubiger und Hauptzeichner geschlossener Erlaßvertrag befreit ihn nur, wenn dies im Einzelfall von den Kontrahenten gewollt war; vgl. BGB. § 423 mit § 768, RG. 40 S. 59. Nur unter der gleichen Voraussetzung kommt ihm nach § 425 eine dem Hauptzeichner gewährte Prolongation zustatten, RG. 45 S. 71, Anm. 9 zu Art. 82. Auch im übrigen bestimmt sich die Wirkung von Tatsachen, die in der Person des Hauptzeichners eintreten, nach BGB. §§ 422 ff. Daß der Avalist befreit wird, wenn der Wechsel gegen den Hauptzeichner präjudiziert ist, daß auch die Verjährungsfrist bei beiden die gleiche ist, liegt an der Gleichartigkeit der übernommenen Verpflichtung. Unterbrechung und Hemmung der Verjährung sind für jeden gesondert zu beurteilen, OHG. 25 S. 26. Selbstverständlich greift eine Einrede der Vorausklage, BGB. §§ 771 ff., nicht Platz; auch auf § 776 kann sich der Avalist nicht berufen.

Eigene Wechselrechte hat der Avalist nicht. In seinem Verhältnis zum Hauptzeichner ist die Kausa der Interzession entscheidend. Während er selbst dem Hauptzeichner nicht haftet, RG. 52 S. 223, steht ihm gegen den Hauptzeichner, sofern er in Ersatzabsicht dessen Geschäfte besorgt hat, ein Anspruch nach BGB. §§ 670, 683, 684 zu. Löst er den Wechsel ein, so geht unter Wahrung der aus diesem Kausalverhältnis entspringenden Einreden das Recht des Wechselgläubigers gegen den Hauptzeichner auf ihn über, BGB. § 426 Abs. 2. Nach §§ 401, 412 erwirbt er zugleich die Rechte des Gläubigers gegen diejenigen Wechselverpflichteten, die sowohl dem Gläubiger wie dem Hauptzeichner haften, RG. 60 S. 193; 65 S. 170; RG. in JW. 1907 S. $745_{16}$. Rechte gegen die Nachmänner des Hauptzeichners erwirbt er nicht, da er diesen infolge des Avals selbst verpflichtet ist. Von den Mitavalisten kann er, falls nichts anderes vereinbart, nur anteilsweisen Ersatz verlangen, BGB. § 426, OHG. 4 S. 325; 6 S. 114.

8. Dem Zwecke wechselmäßiger Verbürgung kann außer dem Aval auch die prinzipale Mitunterzeichnung dienen (vgl. Anm. 4: mehrere Akzepte, Ausstelleratte, Indossamente). Noch häufiger kommt es vor, daß ein einzelner Wechselakt (das Akzept, die Ausstellerunterschrift, ein Indossament) in Bürgschaftsabsicht gegeben wird: Gefälligkeitsunterzeichnung, verkleidete Bürgschaft, vgl. Anm. 7, 11 zu Art. 21 ff., Grünhut 2 § 76 Anm. 7. Inwieweit hier die Bürgschaftsabsicht zu Ausgleichszwecken berücksichtigt werden darf, darüber vgl. Anm. 4.

Für jede wechselmäßige Verbürgung gilt, daß die Unterzeichner nicht ohne weiteres auch eine zivilrechtliche Bürgschaft eingehen. Vgl. Danz, Auslegung der Rechtsgeschäfte 2. Aufl. S. 191. Durch Präjudizierung oder Verjährung des Wechsels werden sie daher befreit, OHG. 2 S. 366, RG. 4 S. 11. Allerdings ist möglich, daß eine Kumulation von wechselmäßiger und zivilrechtlicher Verbürgung beabsichtigt wurde. Doch müssen für solche Absicht besondere Umstände nachgewiesen werden, RG. 4 S. 11, auch muß die Form des § 766 BGB., vgl. RG. 57 S. 260; 62 S. 382, sofern sie nicht nach HGB. II 350, 351 entbehrlich ist, erfüllt sein. Soweit es sich nur um die Haftung aus dem Wechsel handelt, wird jene Form durch die Wechselform ersetzt, RG. 51 S. 114, vgl. Anm. 8a zu Art. 82. Bedenklich ist der Satz des RG. 40 S. 60, daß trotz der Wechselunterschrift lediglich die Wirkung der zivilrechtlichen Bürgschaft gewollt sein könne. Das ließe sich nur bei ausdrücklicher Erklärung annehmen, OHG. 18 S. 303.

Einen Fall einer außerhalb des Wechsels in besonderer Urkunde übernommenen zivilen Bürgschaft behandelt RG. 41 S. 170. Dort ist dargelegt, daß und warum die Bürgschaft auch den Indossataren des ursprünglich ins Auge gefaßten Gläubigers zugute kommt. Vgl. Art. 9ff. Anm. 11.

**9.** Nach der engl. WO. Sekt. 56 übernimmt jeder, der den W. nicht als Aussteller oder Akzeptant zeichnet, die Verbindlichkeit eines Indossanten gegen den Inhaber. Auch die ungar. WO. §§ 66ff., das ital. R. (HGB. Art. 273—275) und die russ. WO. Art. 57—59, 104 behandeln die Wechselbürgschaft (Aval) wesentlich abweichend von der D. WO.; sie geben dem Avalisten namentlich die Rechte des befriedigten Inhabers gegen den, für den die Bürgschaft übernommen, und die früher Verpflichteten.

## Artikel 82.

**Der Wechselschuldner kann sich nur solcher Einreden bedienen, welche aus dem Wechselrechte selbst hervorgehen oder ihm unmittelbar gegen den jedesmaligen Kläger zustehen.**

Vgl. Art. 98 Nr. 10. HGB. II § 364 Abs. 2. ALR. II 8 §§ 916, 927. Dernburg § 276. Thöl S. 734ff. B. und L. S. 289ff. W. Bd. 1 S. 357. WW. § 117. Lehmann §§ 37, 110, 112, 123. v. Canstein §§ 18, 27. Werthauer, das fiduziarische Indossament und die Einrede des dolus in Grünhut, Zeitschr. Bd. 13 S. 586. Harburger in Gruchot's Beitr. 40 S. 515. Cosack §§ 50, 53. Grünhut 1 § 35 (Willensmängel); 2 §§ 86, 87, 88. D. Jur.Ztg. 1900 S. 171.

---

1. Der Wechselverkehr erfordert schleunige Erledigung der Streitigkeiten; diesem Zweck dient der Art. 82 durch Beschränkung der zulässigen Einreden und die Vorschrift des Wechselprozesses, § 595 ZPO., daß als Beweismittel für die zugelassenen Einreden nur Urkunden und Eideszuschiebung statthaft. Dem materiellen Recht tut die ZPO. jetzt dadurch Genüge, daß es dem Wechselverpflichteten gestattet ist, alle zulässigen Einreden, welche er durch die Beweismittel des Wechselprozesses nicht hat dartun können, nach dem Erlaß des Wechselurteils in demselben Verfahren (Nachverfahren) durch alle im ordentlichen Verfahren zulässigen Beweismittel zu erweisen.

2. Art. 82 scheidet die Einreden aus dem Wechselrecht und die Einreden gegen die Person des Klägers; er läßt erkennen, daß jene eine gleichsam dingliche Wirkung haben, exceptiones in rem, diese nur gegen die Person des Klägers wirken, exceptiones in personam, Grünhut 2 § 86. Staub Anm. 1 zu Art. 82. Die Einreden aus dem Wechselrecht bezeichnet Art. 82 nicht näher; sie sind aus der Natur der Wechselobligation und den Bestimmungen der WO. zu folgern. Der Satz aber, daß alle Einreden zulässig, die unmittelbar gegen den jedesmaligen Kläger zustehen, greift in dieser allgemeinen Fassung teils über sein Ziel hinaus, teils erschöpft er den Inhalt des Gesetzes nicht und hat deshalb zu unzähligen Kontroversen Anlaß gegeben. Denn er sagt in Wahrheit nichts, als daß der Wechselschuldner alle Einreden gegen den jedesmaligen Kläger erheben kann, die er unmittelbar gegen ihn zu erheben berechtigt ist, was so gut wie nichts bedeutet, und nur aus dem Gegensatz zu den Einreden aus dem Wechselrecht verständlich wird.

3. Einreden aus dem Wechselrecht sind alle Einreden im weiteren Sinne, welche behaupten, daß nach Wechselrecht, welches auch alle die zivilrechtlichen Grundsätze umfaßt, auf denen das Wechselrecht mitberuht, oder nach der Natur der Wechselobligation ein Recht aus dem Wechsel überhaupt nicht, oder nicht gegen den Verklagten oder nicht für den Kläger, oder nicht in dem verlangten Umfange, entstanden, oder daß der entstandene Wechselanspruch nach Wechselrecht verloren gegangen, untergegangen, getilgt sei. Zu diesen bei den einzelnen Art. der WO. bereits erörterten Einreden im weiteren Sinne gehört dem gutgläubigen Inhaber gegenüber nicht die Einrede, daß der Wechsel gestohlen oder verloren gegangen, vgl. BGB. § 794 Abs. 1, dagegen namentlich die Einrede der mangelnden Wechselfähigkeit der Ungültigkeit des Wechsels mangels eines wesentlichen Erfordernisses, Art. 4, 96, der Nichtverbindlichkeit der Wechselunterschrift durch einen anderen, vgl. OHG. 16 S. 337 (wonach Widerruf

der Vollmacht ohne Abnahme derselben dem Dritten, Gutgläubigen, nicht entgegensteht, vgl. BGB. §§ 171, 172), Bolze 14 Nr. 322 (Wechselschrift durch Vater für Hauskind), der Fälschung der Unterschrift oder des Wechselinhalts, die Einrede aus dem Verbot der Begebung des Wechsels, der Klausel „ohne Obligo", die Einrede der mangelnden Legitimation nach Wechselrecht, die Einrede aus der Ungültigkeit oder dem Mangel des Protestes, die Einrede der Verjährung und der Tilgung, der Kraftloserklärung (zu Art. 73), die Einrede, daß ein Wechselvertrag überhaupt nicht abgeschlossen sei. Grünhut 2 § 86. Cosack § 53 I. Vgl. BGB. § 796. RG. 2 S. 89; 5 S. 82 (Einrede, daß der Wechselinhaber trotz wechselmäßiger Legitimation den W. nicht ordnungsmäßig erlangt, z. B. gestohlen hat), 14 S. 22, 24. Zu verweisen ist dabei auf die Anm. 3 zu Art. 7, Anm. 10 und 12 zu Art. 21 ff., wo namentlich der Unterschied zwischen der wechselrechtlichen Einrede der Fälschung und der nur gegen die Person gehenden Einrede der vertragswidrigen, mißbräuchlichen Ausfüllung des Blankowechsels hervorgehoben ist. RG. 23 S. 109. Die exc. falsi aus der Fälschung des fertigen W. nach der fertigen Herstellung ist eine in rem wirkende exc. gegen jeden Inhaber. OHG. 23 S. 211. RG. 53 S. 262. Sie traf z. B. nicht zu in Bolze 10 Nr. 363, wo im Blankett die Summe nur in Ziffern, nicht in Buchstaben ausgedrückt, die Ziffer gefälscht, und dementsprechend die Summe in Buchstaben eingerückt war. Art. 5. Der Zeichner der Wechselschrift (Trassant, Akzeptant, Indossant) haftet nur nach dem Inhalt des W. zur Zeit seiner Unterschrift. Dagegen gibt Mißbrauch des Vertrauens bei der Ausfüllung nur eine Einrede gegen den unredlichen Inhaber. RG. 2 S. 97; 3 S. 62; 14 S. 22, 23. OHG. 6 S. 43; 15 S. 432; 14 S. 382; 19 S. 136 (dolus). Vgl. Bolze 7 Nr. 427. Art. 7 Anm. 3 RG. 33 S. 44; 32 S. 69. Die Einrede daraus, daß der Verfalltag auf einen früheren Tag als verabredet eingesetzt, ist aber ohne Bedeutung, wenn der wahre Verfalltag zur Zeit der Verurteilung eingetreten und Zinsen nur von da ab gefordert werden. Daraus, daß die Wechselsumme leicht hat gefälscht werden können, z. B. 800 in 1800, folgt selbstverständlich nicht, daß die exc. falsi ex culpa in contrahendo fortfällt. RG. 8 S. 42. Auch Veränderung der Ausstellerunterschrift in Akzeptunterschrift ist als Fälschung zu behandeln. In RG. 5 S. 82 war der Akzeptant zur Zahlung an den Inhaber im Wechselprozeß verurteilt, verlangte dann aber im ordentlichen Verfahren Erstattung mit der Behauptung, daß der Aussteller den Wechsel dem Kläger auf eine Forderung in Zahlung gegeben, daß Kläger die Annahme des Wechsels in Zahlung abgelehnt, der Aussteller dann bar gezahlt und den Wechsel zurückgefordert. Der Einwand ist zugelassen, weil er aus dem Wechselrecht entnommen, da, wenn die Einredetatsache erwiesen, trotz des Indossaments keine Wechselbegebung vorläge. Vgl. OHG. 19 S. 31 bei Art. 8 Anm. 2, wo übrigens unentschieden gelassen, ob der Einwand bei weiterer Indossierung auch dem dritten Inhaber gegenüber geltend zu machen. Vgl. auch OHG. 25 S. 66. Thöl S. 735, 738. Die Einrede der mangelnden Prozeßfähigkeit gewinnt ihre gegen jeden wirkende Kraft nicht aus dem Wechselrecht, sondern aus dem Prozeßrecht.

4. Die Einrede der Zahlung (Leistung, Erfüllung, Annahme an Erfüllungsstatt, BGB. §§ 362, 363, 364 ff.). — Grünhut 2 § 87, Cosack § 54, Dernburg § 278, Staub Anm. 51 ff. zu Art. 82, — fällt unter beide Kategorien des Art. 82. Vgl. ObT. 19 S. 266, 271, Bolze 16 Nr. 293 (Ersatz eines W. durch neuen W.). Zahlung ist der recht eigentliche und regelmäßige Weg der Tilgung der Wechselobligation, und ihr steht die gemäß Art. 40, §§ 372 ff. BGB.

erfolgte rechtmäßige Hinterlegung gleich. Ist das Wechselgläubigerrecht erloschen, so kann es so wenig wie ein anderes Gläubigerrecht Gegenstand eines Übertragsakts sein, noch weniger durch einfache Rückgabe des W. an den Gläubiger wiederhergestellt werden. Es kommt dabei indessen in Betracht:

**a)** Nur die unter Aushändigung des Wechsels und Quittierung auf dem Wechsel erfolgte Zahlung wirkt regelmäßig zerstörend gegen jeden, Art. 39. RG. 9 S. 62. Ist die Zahlung auf dem Wechsel nicht vermerkt und der Wechsel dem Inhaber belassen, so besteht die Wechselobligation formell fort, der Wechsel kann weiter gegeben werden, und nur derjenige, der bezahlt hat oder für den bezahlt ist, kann gegen den Zahlungsempfänger und denjenigen, der den Wechsel, wissend daß er bezahlt, erworben hat, die Zahlung geltend machen, wenn nicht der Fall Art. 16 Abs. 2 vorliegt. OHG. 2 S. 62; 5 S. 126; 8 S. 387; 7 S. 245. RG. 11 S. 20. Wird durch Parteiabrede für den in den Händen des Inhabers belassenen Wechsel nach Erledigung des ursprünglichen Schuldgrundes ein neuer geschaffen, so greift die Einrede nicht durch, RG. 61 S. 5. Eine durchstrichene Quittung gilt als nicht vorhanden, OHG. 3 S. 98; nach Art. 39 und nach der Übung des Geschäftsverkehrs wird die Quittung regelmäßig vor der Zahlung auf den Wechsel gesetzt; das Durchstreichen ist deshalb nicht einmal geeignet, die Wechselurkunde zu verdächtigen. Wer aus solchem Quittungsvermerk Rechte herleitet, hat zu beweisen, daß der Inhaber den Wechsel mit undurchstrichenem Vermerk erworben oder beim Erwerb gewußt hat, der Vermerk sei trotz der Zahlung durchstrichen. OHG. 1 S. 241; 3 S. 98; 4 S. 248, 251; 7 S. 121, 245; 8 S. 389; 5 S. 126; 15 S. 22; 11 S. 308; 12 S. 246; 6 S. 1. Selbst undurchstrichener Quittungsvermerk steht der Klage nicht entgegen, wenn die Protesturkunde ergibt, daß er sich zur Zeit des Protestes auf dem W. befunden, RG. 7 S. 67, und bei jedem solchen Vermerk ist die rechtliche Natur und Wirkung der konkreten Zahlung zu prüfen; nicht jeder generelle Quittungsvermerk tilgt alle Rechte aus dem W. RG. 9 S. 62. Vgl. unter b.

**b)** Die Wirkung der Zahlung ist nach der Person des Zahlenden, dessen Stellung im Wechselverbande, der Absicht des Zahlenden verschieden. RG. 38 S. 97; 9 S. 62; 6 S. 67. OHG. 1 S. 241; 3 S. 98; 8 S. 389. Zahlung durch den Akzeptanten oder den Bezogenen, der nicht akzeptiert hat, OHG. 5 S. 128; 18 S. 368, oder für ihn durch den Domiziliaten oder für den Bezogenen oder den Akzeptanten durch einen Dritten, OHG. 25 S. 19, Bolze 3 Nr. 551, OHG. 8 S. 390; 16 S. 218, kann regelmäßig keinen anderen Effekt haben als Tilgung der ganzen Wechselobligation; sie kann deshalb von jedem Wechselverpflichteten dem Zahlungsempfänger und bei quittiertem Wechsel oder im Falle Art. 16 Abs. 2 jedem Inhaber gegenüber geltend gemacht werden, bei fehlender Quittung dem dolosen Inhaber gegenüber. Vgl. Anm. 16 zu Art. 96ff. Anm. 3ff. zu Art. 62ff. Anders ObT. 19 S. 266, wo der Einwand des beklagten Ausstellers, daß der Akzeptant gezahlt, der Protest nur zum Schein aufgenommen, zurückgewiesen ist. OHG. 9 S. 65. Bolze 1 Nr. 841 (Einr. gegen den Aussteller). Der Akzeptant kann durch Zahlung nach Protest seine zivilrechtliche Deckungsforderung nicht zu einer wechselrechtlichen Regreßforderung machen. OHG. 25 S. 18, ObT. 43 S. 248. (Zession an den Akzeptanten.) Der Domiziliat, der vor oder nach Verfall für den Bezogenen (Akzeptanten) zahlt, kann auf Grund Giro des Inhabers nicht gegen den Aussteller klagen. OHG. 5 S. 125. Dagegen ist Zahlung durch den Domiziliaten zu Ehren eines Regreßpflichtigen, oder Zahlung durch den Domiziliaten nach Protest für Rechnung des Ausstellers, oder Zahlung des Domiziliaten, der zugleich Indossant, zu Ehren seines eigenen Giros (wenn er selbst die Notadresse beigefügt hat), nicht Zahlung des Wechsels. OHG. 6 S. 162; 10 S. 286, Bolze 14 Nr. 320, RG. 36 S. 97. Ebensowenig kann Tilgung des Wechsels angenommen werden, wenn ein Dritter, der nicht im Wechselverbande steht, dem Inhaber zahlt und sich den Wechsel mit Giro aushändigen läßt. OHG. 12 S. 68. Zahlung der Zwangsvergleichsrate im Konkurse des Akzeptanten befreit den Akzeptanten von der ganzen Obligation auch dem Aussteller gegenüber, auch wenn dieser den Rest im Regreßwege hat decken müssen und den Wechsel vom Akzeptanten zahlungshalber zur Deckung einer Zivilschuld erhalten; auch letztere ist getilgt. OHG. 24 S. 140. Vgl. RG. 14 S. 172; 32 S. 84.

Bei Zahlung durch Dritte oder andere im Wechselverbande stehende Personen und bei Zahlung durch Personen, die im Wechselverbande stehen und zugleich außerhalb desselben (Aussteller ist Notadresse, Domiziliat, Indossant) wird es zunächst tatsächliche Frage sein, ob die Zahlung für den Bezogenen (Akzeptanten) und mit der Intention, die Wechselobligation objektiv zu tilgen, erfolgt ist. Bolze 15 Nr. 270 (französ. R.). Der Akzeptant kann sich auf die nicht von ihm selbst geleistete Zahlung jedenfalls nur dann berufen, wenn sie erkennbar für ihn und mit dem Willen, seine Verpflichtung oder die sämtlicher Verpflichteten zu lösen, geschehen, und grundsätzlich hat, wer sich auf die Tilgung der ganzen Wechselobligation beruft, die Tilgung und demgemäß die Umstände zu beweisen, durch welche die Zweifel, ob Tilgung oder Einlösung vorliegt, beseitigt werden. RG. 36 S. 97. Als solche Zahlung kann die des Ausstellers regelmäßig nicht gelten; sie kann sehr wohl nur Befreiung des Ausstellers von der Regreßpflicht ohne Befreiung des Akzeptanten beabsichtigen, und dem Inhaber kann deshalb aus der Zahlung des Ausstellers an ihn von dem Akzeptanten eine Einrede nur entgegengesetzt werden, wenn die Abrede dahin gegangen, daß der Akzeptant befreit sein sollte oder sonst ein Grund für die Erstreckung der Zahlungswirkung vorliegt, z. B. der Aussteller im Auftrage des Akzeptanten eingelöst hat. Bolze 3 Nr. 551, 6 Nr. 289. Dasselbe gilt von der Zahlung des Indossanten; an sich kann der Akzeptant daraus keine Rechte herleiten. OHG. 5 S. 313; 8 S. 387; 7 S. 123, 295; 9 S. 42; 11 S. 311; 12 S. 113, 247; 14 S. 154; 16 S. 216. OHG. 18 S. 309; 23 S. 336. RG. 11 S. 18, 20. Bolze 2 Nr. 807; 4 Nr. 555, 556. RG. 48 S. 214, 216; 23 S. 125. Bolze 8 Nr. 364. Daß der Akzeptant der Abrede, z. B. zwischen Inhaber und Aussteller, der W. solle durch Hingabe eines anderen W. durch den Aussteller getilgt sein, beigetreten, ist nach allgemeinem Rechtsgrundsatz nicht nötig. ALR. I. 16 § 43. BGB. § 267 Abs. 1 Satz 2. OHG. 8 S. 387. StrA. 28 S. 298; 29 S. 371; 33 S. 198. Dagegen ObT. 19 S. 266; 23 S. 288. StrA. 5 S. 324; 32 S. 161; 40 S. 197, 199. In StrA. 51 S. 177 hatte der Mitakzeptant nach Verfall gezahlt, Giro erhalten und weitergegeben. Die Klage des Inhabers gegen den anderen Akzeptanten ist zugelassen.

c) Im Verhältnis der Regreßpflichtigen untereinander tilgt dagegen Zahlung durch den Aussteller als den letzten Regreßpflichtigen die gesamte Regreßpflicht, vorausgesetzt, daß die Zahlung nach Verfall und Protest im Regreßwege erfolgt ist.

Der einlösende Aussteller kann weiter begeben, Regreßrecht aber nicht einmal gegen sich selbst übertragen, da er solches gegen sich nicht hat. Ist die Zahlung vor Verfall erfolgt, so ist sie als Wechselzahlung nicht anzusehen, sondern nur wie jede andere Verwertung des Wechsels. ObT. 57 S. 266, Art. 41, 55.

d) Zahlung des Indossanten an den Indossatar, des Nachmannes an den Vormann, tilgt den Wechsel nicht, nur die Regreßpflicht des Indossanten; regelmäßig kann nur angenommen werden, daß der Indossant sich von dem Regreß hat befreien wollen. Zahlt der Indossant, ohne sich den quittierten Wechsel aushändigen zu lassen, so steht ihm zwar die Befugnis zu, die nachträgliche Aushändigung des Wechsels oder sein Interesse von dem Zahlungsempfänger zu fordern. Diese Befugnis ist aber sein persönliches Recht, beeinträchtigt weder das Eigentum des Empfängers am Wechsel, noch sein Forderungsrecht gegen die übrigen Wechselverpflichteten. Noch weniger kann der Indossant aus der Tatsache allein, daß er an seinen Indossatar oder einen anderen Nachmann eine Teilzahlung geleistet, Anspruch auf Erstattung gegen den Akzeptanten herleiten. ObT. 48 S. 278; 23 S. 288. Der Einwand der Zahlung durch einen Nachmann steht deshalb nach Wechselrecht dem Vormann nicht zu; die Berufung darauf würde aus dem Recht eines Dritten entnommen sein, da er selbst ja immer trotz der Einlösung durch den Nachmann dem Regreß seitens dieses oder der Zwischenmänner ausgesetzt bleibt. Der Einwand der Zahlung kann nur als sog. Einrede der Arglist, vgl. Anm. 6, in Betracht kommen, wenn der Wechsel dem bezahlten Indossatar zur Geltendmachung im Interesse des zahlenden Indossanten belassen und die Geltendmachung des Wechselrechts durch diesen gegen den Vormann nach den Umständen des Falls als unberechtigt erscheinen würde, der Kläger noch einmal fordert, was er schon erhalten hat. RG. 11 S. 18. Bolze 8 Nr. 364. Ob dies der Fall, ist immer konkret zu prüfen. Es steht nichts entgegen, daß der zahlende Wechselschuldner, der andere Wechselschuldner neben sich hat, bei der Zahlung bedingt, daß sie ihm zurückzugeben, falls der andere Schuldner zahlt, oder daß der Zahler die Geltendmachung seiner Rechte aus der Zahlung dem Wechselinhaber überläßt und ihm dazu den Wechsel beläßt. Daraus allein, daß der Kläger die Wechselregreßsumme von seinem Vormann bezahlt erhalten hat, kann eine Einrede nicht hergeleitet werden, wenn nicht zugleich dabei verabredet, daß der Kläger nunmehr nur noch für Rechnung des Zahlungsleisters klagen soll. RG. 23 S. 125, OHG. 2 S. 121; 11 S. 110; 15 S. 22; 18 S. 309; 8 S. 333; 9 S. 42. Regelmäßig ist der einlösende Remittent befugt, die Geltendmachung des Anspruchs gegen den Aussteller seinem Indossatar zu überlassen. OHG. 9 S. 42, ObT. 62 S. 133. Bolze 8 Nr. 364. RG. in JW. 1904 S. $75_{49}$. Der Fall in RG. 34 S. 50, Anm. 2 zu Art. 9, lag noch anders; die Zession war unwirksam, weil das zedierte Wechselrecht erloschen war. Vgl. Grünhut 2 § 88.

e) Über Zahlung durch Wechsel vgl. die Anm. 4, 5 zu Art. 83. Thöl S. 707 ff. RG. 31 S. 109 (Wechselrembours).

5. Scherz, Schein, Zwang, Irrtum, Betrug. Grünhut 1 §§ 35 62, Cosack §§ 50, 53, K. Lehmann § 138. Jede Wechselschrift, die des Ausstellers, Akzeptanten, Indossanten, Avalisten, ist einseitige Willenserklärung (Rechtsgeschäft), die durch sich selbst, durch die Schrift, bei Erfüllung ihrer Form wirkt, deshalb nicht empfangsbedürftig ist, wenn auch Aushändigung des Wechsels oder gutgläubiger Besitz hinzutreten muß, um die Geltendmachung des Rechts aus dem Wechsel zu ermöglichen. Nach Art. 32 EG. z. BGB. finden auf sie die Vorschriften der WO.

Anwendung, mögen sie sich direkt aus der WO. oder aus der Rechtsnatur des Wechsels ergeben, soweit nicht die Aufhebung dieser Vorschriften aus dem BGB. oder dem EG. folgt. Diese enthalten nichts, wodurch die rechtliche Natur des Wechsels geändert würde. Aus der WO. folgt direkt nur, daß die Wechselschrift dessen keine rechtliche Bedeutung hat, der sie nicht gezeichnet hat und der sich wechselmäßig nicht verpflichten kann. Art. 3, 75. Nichtig ist nach WO. und BGB. §§ 104, 105 Abs. 2 die Wechselschrift des Geschäftsunfähigen und dessen, der in vorübergehender Bewußtlosigkeit oder Störung der Geistestätigkeit gezeichnet hat, vgl. zu Art. 4, und nichtig muß nach WO. und BGB. auch die Wechselschrift dessen sein, dem sie durch körperliche Übergewalt (vis absoluta) abgezwungen, oder der durch psychischen Zwang in einen solchen Zustand versetzt ist, daß er seines Willens im Sinne § 105 Abs. 2 BGB. nicht Herr war. In beiden Fällen liegt eine Willenserklärung in der Wechselschrift nicht vor. W. 1 S. 446. OHG. v. 28. März 1871 in Calm's Wochenschr. 1871 S. 352. Von solcher Willenserklärung kann auch nicht in dem Falle die Rede sein, wo die zu einem anderen Zwecke gegebene Namensschrift benutzt ist, um einen Wechsel darüber zu setzen, der ganze Wechsel fälschlich hergestellt ist. Vgl. dagegen RG. 14 S. 22 in Anm. 3 zu Art. 7. Die Formalnatur des Wechsels und die Rücksicht auf die Verkehrssicherheit kann nicht dahin führen, wechselrechtliche Folgen an die nackte Tatsache des Vorhandenseins der Namensschrift auf einem Papier auch dann zu knüpfen, wenn das Papier kein Wechsel war und auch zu einem Wechsel nicht bestimmt war, als die Namensschrift gegeben wurde. Soweit geht nicht einmal für Schuldverschreibungen auf den Inhaber der § 794 (796) BGB. Anders Grünhut 1 § 35.

Dagegen können die Sätze von der Nichtigkeit und Anfechtbarkeit der Willenserklärung, die aus Scherz oder zum Schein abgegeben, oder durch Irrtum oder Drohung oder arglistige Täuschung hervorgerufen, nicht mit der Erstreckung auf alle Wechselinhaber Anwendung finden, sondern nur da, wo sie eine Einrede aus der Person des Inhabers begründen. Von selbst versteht sich, daß wer einem anderen eine Wechselschrift ohne den Willen, sich zu verpflichten, aus Scherz oder zum Schein gibt, diesem anderen, wenn derselbe Rechte aus der Wechselschrift geltend macht, obwohl er weiß, daß kein Wille, sich zu verpflichten, vorhanden, nicht haftet, dem dritten gutgläubigen Wechselinhaber gegenüber aber ist die Anwendung der §§ 116, 117 BGB. schon nach ihrem Wortlaute wie bisher ausgeschlossen. OHG. 6 S. 45, 60. Bolze 3 Nr. 800. Über die Einrede des Inkassomandats gegenüber dem mit Vollindossament Klagenden, vgl. Anm. 31 zu Art. 9ff. Der Fall des § 118 ist auch beim Wechsel denkbar, aber kaum praktisch, da nicht abzusehen, wie jemand bei einem für den Verkehr bestimmten Papiere erwarten soll, der Mangel der Ernstlichkeit werde von jedem Dritten nicht verkannt werden. Bei dem unmittelbaren Nehmer ist das wohl denkbar; für den weiteren Verkehr kann der Scherzende die Erwartung des § 118 nicht leicht hegen. Das negative Interesse, das § 122 dem Dritten zubilligt, der den Mangel der Ernstlichkeit ohne Fahrlässigkeit nicht erkannt hat, wird regelmäßig mit der Wechselsumme übereinstimmen; nur ist dieser Anspruch auf Ersatz des negativen Interesse kein Wechselanspruch.

Bei Irrtum und Betrug, der gegen den, der die Wechselschrift gegeben, bei dem Rechtsgeschäft untergelaufen, das der Wechselschrift zugrunde gelegen, kann von Anfechtung gegen den dritten gutgläubigen Inhaber des Wechsels nie die Rede sein, weil die Wechselschrift an sich von diesem Rechtsgeschäft unabhängig ist. In diesem Falle ebenso wie in dem Falle, wo das Rechtsgeschäft und die Wechselschrift durch psychischen Zwang (Drohung) beeinflußt und deshalb anfechtbar ist, können die §§ 119, 121, 123, 143 BGB. nicht angewendet werden. Aus Art. 74 WO. ist zu folgern, daß der gutgläubige Wechselerwerber unanfechtbares Wechseleigentum und damit auch unanfechtbares Gläubigerrecht aus dem Wechsel erwirbt, ohne daß das Wechseleigentum keinen Inhalt hat. Der unberührt gebliebene Art. 74 WO. steht der Anwendung des BGB. entgegen. Die Anfechtbarkeit des BGB. läßt die Wechselschrift rechtsgültig bis zur Anfechtung bestehen, § 142, und die Anfechtung gegen den Dritten in gutem Glauben wird durch Art. 74 WO. ausgeschlossen. Nur wo, wie in dem Falle RG. 14 S. 22 (Anm. 3 a. E. zu Art. 7) Irrtum und Betrug der Art, daß die Wechselschrift nicht als solche gewollt und in Wirklichkeit keine Wechselerklärung ist, rechtfertigt sich, der Einrede dingliche Wirkung beizulegen. Anders lag OHG. 4 S. 389, wo der Aussteller seine Wechselschrift mit der Abrede gegeben, daß der Kläger den Wechsel gegen ihn nicht einklagen werde; das begründete eine Einrede gegen den Kläger, würde sie aber gegen einen Dritten der Regel nach (vgl. Anm. 7) so wenig begründet haben wie simulierte Wechselschrift. Grünhut 1 § 35 stimmt im wesentlichen überein, geht aber noch weiter. Cosack § 50 läßt die Einrede des Betrugs nicht zu, auch nicht die der Simulation; § 118 BGB. hält er für anwendbar, aber auch §§ 119, 122, 123. Vgl. Lehmann § 110, Dernburg 2 § 276 III 1d, Thöl S. 740, 742, 776.

6. Die zweite Kategorie wird durch diejenigen Einreden gebildet, die dem Wechselschuldner unmittelbar gegen den jedesmaligen Kläger zustehen. Namentlich handelt es sich um Einreden aus dem unterliegenden Kausalverhältnis und aus besonderen Vereinbarungen dahin, daß der Wechsel nicht oder nur unter bestimmten Bedingungen geltend gemacht werden soll. Diese Einreden sind in erster Linie gemeint, wenn von einer Einrede der Arglist gesprochen wird. Der Ausdruck ist ein bloßer Sammelname, eine Übersetzung der römischen exc. doli generalis. Subjektive Widerrechtlichkeit wird durchaus nicht notwendig gefordert. Nicht einmal im Prozeß braucht der Kläger die Überzeugung von der Unbegründetheit seines Anspruchs zu erlangen; es genügt, wenn der Anspruch in Wirklichkeit unbegründet ist. Das Wesen der Arglisteinrede liegt in der Hervorkehrung des materiellen Rechts gegenüber der formalen Wechsellegitimation. Sie greift überall durch, wo die Geltendmachung des Wechselrechts derartig gegen die Rechtsordnung verstößt, daß ihr der Rechtsschutz versagt werden muß. In diesem Sinne ist sie zugelassen: dem Akzeptanten gegen den Aussteller, wenn verabredet wurde, daß der Aussteller selber decken oder bis Verfall Deckung schaffen soll, was für Kaufleute schon im Begriff des Gefälligkeitsakzeptes liegt, Anm. 11 zu Art. 21 ff., OHG. 14 S. 225; 19 S. 251, RG. in JW. 1908 S. $410_{13}$. Ferner: dem Akzeptanten gegen den Aussteller, der den Wechsel an eigne Order zum Diskontieren erhalten hat und einklagt, Thöl S. 499, — dem Wechselgeber, wenn er den Wechsel gegeben, damit der Nehmer ihn von einer Schuld befreie, der Nehmer aber klagt, ohne die Befreiung bewirkt zu haben, OHG. 13 S. 167; vgl. 3 S. 360; 6 S. 203; 8 S. 136; 11 S. 217, — dem aus dem Akzept des Sozius unter der Gesellschaftsfirma belangten Mitsozius, wenn das Akzept dem Kläger unter doloser Kollusion mit dem Sozius gegeben wurde, um ihn wegen einer persönlichen Schuld des letzteren zu befriedigen, OHG. 7 S. 403, vgl. RG. 57 S. 391, Bolze 4 Nr. 544; 5 Nr. 496; 6 Nr. 631; 21 Nr. 552, — dem Aussteller, der ohne Obligo begeben, gegen den Nehmer des Wechsels, dem

er erklärt, daß er aus dem Wechsel überhaupt nicht haften wolle, OHG. 1 S. 100, — dem Mitunterzeichner des Wechsels gegen den Remittenten, wenn verabredet wurde, daß der Mitunterzeichner nur unter bestimmten Voraussetzungen haften solle (für Ausfall, nach Verkauf eines Pfandes u. a.), OHG. 1 S. 366; 5 S. 257; 8 S. 136. Andere Beispiele s. in Bolze 1 Nr. 835; 2 Nr. 815; 4 Nr. 544, 547; 5 Nr. 496, 497; 6 Nr. 634; 7 Nr. 420; 10 Nr. 365b usw.; vgl. auch Art. 9 Anm. 15, 29, 31, Art. 81 Anm. 4. Einen Fall der replica doli s. RG. 65 S. 407.

7. Nach der Fassung des Art. 82 scheinen sich die Einreden der zweiten Kategorie grundsätzlich auf den Wechselnehmer zu beschränken im Verhältnis zu dem sie ursprünglich entstanden sind. Natürlich ist es gleichgültig, ob der Aussteller, der zugleich Indossatar ist, in dieser oder jener Eigenschaft klagt, OHG. 1 S. 61. Durch das Eingreifen des bürgerlichen Rechts wird aber auch eine Reihe von Ausnahmen von dem Grundsatz hervorgerufen.

a) Zunächst gilt hier wie überall sonst, daß Einreden, die dem Zedenten oder dem Erblasser entgegenstehen, auch dem Zessionar (BGB. § 404), dem Erben (§ 1922) schaden. Dem Zessionar steht nach ZPO. § 835 der Gläubiger gleich, dem die Forderung aus dem Wechsel an Zahlungsstatt überwiesen ist. Ferner ist ebenso zu behandeln, wer den Wechsel nach Protest durch Indossament oder Blankotradition erwirbt, Art. 16 Abs. 2. Daß der Prokuraindossatar, Art. 17, sich die Einreden gefallen lassen muß, erklärt sich aus seiner Vertretereigenschaft, Anm. 27 zu Art. 9. Materiell werden aber auch dann die Rechte des Indossanten geltend gemacht, wenn ein Vollindossament zu Inkassozwecken erteilt ist. Wie in Anm. 31 zu Art. 9 bemerkt, hat diese Erwägung in der Rechtsprechung des RG. dazu geführt, daß auch ein solcher Inkassomandatar von den gegen den Mandanten erwachsenen Einreden getroffen wird.

b) Weitere Ausnahmen werden, was die früheren Auflagen noch nicht beachtet hatten, durch die Rechtssätze von der ungerechtfertigten Bereicherung geschaffen. Die exc. indebiti, BGB. § 821, ist gegen den abstrakten Wechselanspruch in demselben Umfang zulässig, in dem die condictio dagegen zulässig ist. Aus dem § 816 Abs. 1 Satz 2 hatte zuerst Hellwig, Wesen und subjektive Begrenzung der Rechtskraft S. 295, Zivilprozeßrecht 1 S. 285, hergeleitet, daß alle Einreden aus der Person des Indossanten auch dem unentgeltlichen Indossatar entgegengesetzt werden können. Diese Ansicht wird durch die Bemerkung Staubs, Anm. 4 zu Art. 82, die angeführte Gesetzesstelle beziehe sich nur auf das Verhältnis des an einem Gegenstande Berechtigten zu dem Erwerber des Gegenstandes, nicht erledigt. Es handelt sich um analoge Anwendung des in § 816 und § 822 (welch letzteren Hellwig nicht erwähnt) ausgesprochenen Rechtsgedankens. Der Gedanke kann nur darin gefunden werden, daß ein lukrativer Erwerb nicht stark genug ist, um auf Kosten eines Dritten aufrecht zu bleiben, v. Tuhr in Iherings Jahrb. 48 S. 52. Unmittelbar aus § 812 ist ferner zu folgern, daß die Einreden aus der Person des Indossanten dem Indossatar dann schaden, wenn zugleich er selbst im Verhältnis zum Indossanten ohne Rechtsgrund erwarb, vgl. Enneccerus BR. 3. Aufl. 1 § 425 I 2, § 442 I 4, Kohler BR. 2 § 171 II, III. In beiden Beziehungen war schon das römische Recht für die Delegation zu demselben Ergebnis gelangt, l. 2 §§ 3, 4 D. de donat. 39, 5 l. 7 pr. § 1 D. de doli exc. 44, 4 (habet haec sententia Juliani humanitatem, § 1 cit.), vgl. Windscheid Pand. § 355 Anm. 9.

c) Endlich wirken die Einreden gegen denjenigen Indossatar, der den Wechsel dolos erworben hat. Doch kommt es darauf an, den Begriff des Dolus richtig zu bestimmen. Zweifellos genügt es nicht, wenn der Erwerber wußte, daß Einreden behauptet wurden; auch nicht, wenn ihm nur die einredebegründenden Tatsachen bekannt waren und er aus Rechtsirrtum nicht die richtige Folgerung daraus zog, RG. 57 S. 391. Aber auch die mehrfach vertretene Ansicht, daß Kenntnis der Einreden beim Erwerb schlechthin schade, muß abgelehnt werden. Es fehlt hierfür an einem Rechtsgrunde. Die Vorschriften des BGB. über den Schutz des gutgläubigen Erwerbers, auf welche Hellwig a. a. O. verweist, sind Sonderbestimmungen, die eine Anwendung im Gebiet des Art. 82 nicht gestatten. Noch weniger kann von einem Gewohnheitsrecht des behaupteten Inhalts, vgl. Stranz in Staub Anm. 16, die Rede sein. Die Rechtsprechung der obersten Gerichte hat stets daran festgehalten, daß der Erwerber nur dann von den Einreden gegen die Person des Vormanns betroffen wird, wenn er mit dem Vormann kolludiert hat, um dem Schuldner die Einreden abzuschneiden, OHG. 6 S. 4; 7 S. 253; 8 S. 357; 10 S. 391; 13 S. 262; 25 S. 302, RG. 57 S. 63, 391. Ebenso die früheren Aufl., Grünhut 2 § 88, Dernburg 2 § 276 Anm. 34, Staub-Könige HGB. § 364 Anm. 14, Düringer-Hachenburg § 364 IV 3c (wo es aber exc. doli specialis heißen sollte statt generalis). In diesem Falle, aber auch nur in diesem, wird die Erstreckung der Einreden auf den Erwerber durch BGB. §§ 826, 830, 853 gerechtfertigt. Der Veräußerer, der den Wechsel, aus dem er selbst nicht klagen könnte, zum Zwecke der Vereitelung der Einreden begibt, fügt dem Schuldner vorsätzlich in einer gegen die guten Sitten verstoßenden Weise Schaden zu, RG. 51 S. 357; 56 S. 321; der Erwerber, der hierzu mitwirkt, macht sich des gleichen Deliktes schuldig. Bloßes Wissen um die Einrede erfüllt den Tatbestand des § 826 nicht (anders Staub Anm. 16). Was namentlich Mängel des Kausalverhältnisses anlangt, so darf der Erwerber regelmäßig davon ausgehen, daß sie zwischen dem Veräußerer und dem Wechselschuldner geregelt werden. Immerhin wird die Grenze zwischen Kenntnis des Erwerbers und Kolussion in der Praxis oft flüssig sein, vgl Wieland, der Wechsel und seine zivilrechtlichen Grundlagen S. 98. Ist doch der Vorsatz, den der § 826 erfordert, schon mit dem Bewußtsein der Schädigung gegeben, ohne daß diese den Endzweck des Handelns zu bilden brauchte, RG. 57 S. 241; 58 S. 216, 397; 62 S. 139; 63 S. 148.

Steht dem Wechselschuldner eine Gegenforderung an den Veräußerer zu und ist die Aufrechnung nach den Umständen zu erwarten, so wird die Anwendung der §§ 826, 853 BGB., wenn deren sonstige Voraussetzungen vorliegen, nicht dadurch gehindert, daß die nach § 388 nötige Erklärung zur Zeit der Veräußerung noch nicht erfolgt war, OHG. 13 S. 262, Dernburg 2 § 276 III 2 g, Staub 4. Aufl. § 29. Anders Grünhut 2 § 88, Bernstein S. 321, Stranz in Staub, der mit Unrecht auch die früheren Auflagen dieses Buches für seine Meinung anführt. Dagegen kommt ein deliktischer Wechselerwerb nicht in Frage, wenn Anhaltspunkte für die beabsichtigte Aufrechnung nicht ersichtlich sind. Auch die Kenntnis von der Eigenschaft des Akzeptes als Gefälligkeitsakzept kann dem Erwerber des Wechsels in der Regel nicht schädlich sein, denn damit wußte er, daß der Akzeptant dem Dritten haften wollte. Nur darf der Dritte sich nicht dazu hergeben, die Forderung für Rechnung des Ausstellers beizutreiben. Vgl. Anm. 7 zu Art. 21. Stets versagt der Vorwurf des Delikts, wenn der Kläger den Wechsel von einem gutgläubigen Vormann erworben hat, gegen den die Einreden des Schuldners nicht durchgreifen würden. In diesem Falle kommt auf die Kenntnis des Klägers von den Einreden überhaupt nichts an, Bolze 10 Nr. 365 e, RG. 21. April 1900, I 55. 00.

8. Wie schon in Anm. 6 bemerkt, besteht eine Hauptfunktion der sog. Arglisteinrede darin, das dem Wechselzuge zugrunde liegende Kausalverhältnis zur Geltung zu bringen. In dieser Hinsicht ist noch folgendes hervorzuheben.

a) Nichtigkeit des Kausalgeschäfts wegen Wuchers, BGB. § 138 Abs. 2, RG. 8 S. 96; 39 S. 142, Bolze 7 Nr. 181, oder sonstiger Unsittlichkeit, BGB. § 138 Abs. 1, OHG. 23 S. 226. Die Folge ist nicht die, daß der Wechsel gleichfalls nichtig wäre. Die Wechselobligation ist von dem unterliegenden Rechtsverhältnis losgelöst. Nach BGB. §§ 812 ff., 817, 821 steht aber dem Wechselschuldner Anspruch und Einrede wegen ungerechtfertigter Bereicherung zu. Durch diese Rechtsbehelfe wird der Wechsel in seiner Totalität betroffen. Die Kondiktion des vom Wucherer wirklich Geleisteten (vgl. den durch EG. z. BGB. Art. 47 aufgehobenen Art. 3 des Wuchergeſ., Fassung v. 19. Juni 1893) wird zwar nach richtiger Ansicht durch BGB. § 817 Satz 2 nicht ausgeschlossen, Eccius in D.Jur.Ztg. 1903 S. 41, kann sich aber niemals auf den Wechsel stützen, RG. 11 S. 191, Bolze 16 Nr. 288, RG. in Seuffert 63 S. 257.

In einer Reihe von Fällen ist das Kausalgeschäft klaglos aber erfüllbar. Das zur Erfüllung Geleistete, auch wenn es in Unkenntnis von der Klaglosigkeit geleistet wurde, kann nicht zurückgefordert werden. So namentlich bei Spiel und Wette, BGB. § 762, OHG. 1 S. 173; 10 S. 387, RG. 52 S. 39, beim Differenzgeschäft, BGB. § 764, OHG. 3 S. 354, RG. 38 S. 251; 45 S. 158, Börsentermingeschäft, Ges. v. 27. Mai 1908 §§ 55, 59, 64, 66, 68 ff., Bolze 20 Nr. 526, RG. in JW. 1900 S. $448_{26}$; vgl. ferner BGB. §§ 656, 763. Die Hingabe des Wechsels allein, mag sie zahlungshalber oder an Zahlungsstatt geschehen, steht der Erfüllung nicht gleich. Läßt die Rechtsordnung nur freiwillige Erfüllung zu, so darf auch auf Grund eines Wechsels kein Zwang zur Erfüllung stattfinden. Daher fordert der Schuldner, der über eine unklagbare Schuld akzeptiert hat, vom Nehmer den Wechsel zurück und kondiziert von ihm, nachdem er dem dritten Erwerber gezwungenermaßen hat zahlen müssen, die von diesem gegebene Valuta, BGB. § 812. Dabei genügt es, wenn der Wechsel vor der Zahlung, wenn auch erst nach der Weiterbegebung an den Dritten, zurückgefordert wird. Die Zustimmung des Schuldners zur Weiterbegebung, die in Ermangelung einer gegenteiligen Erklärung stets angenommen werden muß, bedeutet keine freiwillige Leistung, RG. 51 S. 361, RG. in Holdheim 8 S. 189, Enneccerus BR. 1 § $409_{19}$; anders Düringer-Hachenburg HGB. 3 S. 202, 261, Planck BGB. § 762, 7c, auch wohl RE. 35 S. 196; 47 S. 51. Ist aber die Weiterbegebung unentgeltlich erfolgt, so kann der Schuldner zur Zahlung nicht gezwungen werden, da ihm dann eine Einrede auch gegen den Erwerber zusteht, vgl. Anm. 7b. Möglich ist auch, daß ein Wechsel ohne Unterscheidung zur Deckung von klagbaren und unklagbaren Schulden gegeben wird. In einem solchen Fall dringt die Einrede regelmäßig erst dann durch, wenn die klagbaren Schulden getilgt sind, RG. in LZ. 2. S. 594.

Welchen Einfluß eine für das Kausalgeschäft bestehende Formvorschrift auf den Wechsel ausübt, läßt sich nicht einheitlich bestimmen. War ein Wechselversprechen ohne die gerichtliche Erklärung erteilt, die das frühere Landesrecht für eheweibliche Interzessionen verlangte, so gab die herrschende Ansicht eine Kondiktionseinrede, OHG. 6 S. 203; 11 S. 217; 14 S. 144, RG. 11 S. 1. Für das jetzige Recht darf mit RG. 51 S. 114 unbedenklich angenommen werden, daß die nach BGB. 766 erforderliche schriftliche Bürgschaftserklärung, soweit es sich nur um die Haftung aus dem Wechsel handelt, durch die Wechselform ersetzt wird. Im Fall eines schenkungsweise gegebenen Wechsels bereitet die Fassung des § 518 BGB. Schwierigkeiten. In der Wechselhingabe eine den Formmangel heilende Bewirkung der Leistung im Sinne des Abs. 2 § 518 zu erblicken, wie dies RG. 2 S. 5 nach § 1065 I 11 des preuß. ALR. tat, erscheint nicht angängig. Kommt es darauf an, ob auf den Abs. 1 Satz 2 (abstraktes Schuldversprechen oder Schuldanerkenntnis) ein arg. a contrario oder ein Analogieschluß zu stützen ist, so dürfte nach dem Zwecke der Formvorschrift die letztere Ansicht den Vorzug verdienen. Doch ist die Frage sehr bestritten. Wie hier Dernburg § 206 III, Enneccerus § 343 II, v. Tuhr, zur Lehre von den abstrakten Schuldverträgen S. 18ff. Dritten, die den Wechsel vom Beschenkten erwerben, kann die Formungültigkeit nur nach den in Anm. 7 entwickelten Grundsätzen entgegengehalten werden.

b) Einrede des nicht oder nicht gehörig erfüllten Vertrages. Daß die Zahlung des Wechsels bis zur Bewirkung einer vereinbarten Gegenleistung hinausgeschoben werden dürfte, wird den Zwecken, die mit der Hingabe eines Wechsels verfolgt werden, oft nicht entsprechen. Nach der Absicht der Kontrahenten wird der Wechsel bei Verfall auch dann zu honorieren sein, wenn der Wechselgeber damit in Vorschuß gehen muß. In solchen Fällen ist die dispositive Vorschrift des § 320 BGB. als wegbedungen anzusehen; eine Einrede greift nur Platz, wenn sich das Geschäft, z. B. durch Rücktritt nach § 325 oder § 326, erledigt hat. Doch kann auch abgemacht sein, daß der Wechsel nur nach gehöriger Gegenleistung geltend gemacht werden darf. Einer ausdrücklichen Abrede bedarf es hierfür nicht; es genügt, wenn sich ein dahingehender Wille aus den Umständen ergibt. Die frühere Lehre, z. B. OHG. 2 S. 228; 3 S. 313; 13 S. 166, Bolze 10 Nr. 365 c, auch die früheren Auflagen dieses Buchs Anm. 7 a, überschätzte die Bedeutung der abstrakten Natur der Wechselobligation. Vgl. Dernburg § 276 III 2c und namentlich Wieland, der Wechsel und seine zivilrechtl. Grundlagen S. 136ff.

c) Um Willensauslegung handelt es sich auch bei der Frage, die sich auf die Einrede des Kautions-, Depotwechsels bezieht. Nach der Auffassung des Verkehrs wird der Wechselnehmer dadurch, daß der Wechsel zur Sicherstellung dienen soll, nicht gehindert, ihn bei Verfall einzuklagen. Die eingezogene Geldsumme fungiert als Barkaution. Der Beklagte erzielt die Abweisung der Klage nur, wenn er nachweist, daß das zu sichernde Rechtsverhältnis erledigt ist, ohne daß eine Forderung für den Kläger bestände oder noch entstehen könnte. So OHG. 6 S. 439; 8 S. 142; 13 S. 237; 16 S. 103, Bolze 4 Nr. 545, RG. 19. November 1906 I 451. 06 (gegen RG. 5 S. 26 vgl. die 7. Aufl. Anm. 7b, Staub Anm. 69). Dies gilt auch bei auf Sicht gestellten Wechseln; auch macht es keinen Unterschied, daß zur Zeit der Ausstellung noch nicht feststand, ob der Nehmer überhaupt eine Forderung erwerben werde, OHG. 17 S. 281. Zweifel können aber auftauchen, wenn im Fall eines auf längere Dauer berechneten Vertragsverhältnisses, z. B. eine Gesellschaft, der Wechsel als Kautionswechsel gegeben und zugleich verabredet ist, daß er nur bei Zuwiderhandlungen gegen den Vertrag geltend gemacht werden darf. Die Erwägung, daß die Wechselhingabe einen praktischen Vorteil bieten soll, spricht dagegen, dem Nehmer die Beweislast für den Eintritt der Bedingung aufzubürden (anders die Red. der LZ. 2 S. 297, vgl. aber das Urt. das. S. 623). Das RG. in JW.

1908 S. 151$_{25}$ hat angenommen, gegenüber dem Einwand des Beklagten, dem Vertrage treu geblieben zu sein, müsse der Kläger konkrete Tatsachen behaupten, die eine Verletzung enthalten würden; beweispflichtig sei er hierfür nicht, ein erhobener Vorwurf müsse widerlegt werden. — Grundsätzlich abweichend Wieland a. a. O. S. 143, der den Wert eines Kautionswechsels darin erblickt, daß der Aussteller darauf verzichte, das Kausalverhältnis im Wechselprozeß zur Erörterung zu bringen. Aber der Gegensatz von Exekutivprozeß und Nachverfahren wird den Parteien schwerlich geläufig sein.

Darüber, daß die Erklärung eines Wechsels als Depotwechsel, als zum Depot bestimmt, keinen Ausschluß der Indossabilität bedeutet, vgl. OHG. 13 S. 412, Anm. 3 zu Art. 9. Die Annahme eines Kautionswechsels hindert den Gläubiger nicht, auf das unterliegende Verhältnis zurückzugehen, Anm. 4 zu Art. 83.

**9.** Auf die Aufhebung der Wechselobligation beziehen sich, außer der Zahlung (Anm. 4) und der gesetzlichen Aufrechnung (Anm. 7 c), die Einreden des Erlasses, BGB. § 397, OHG. 11 S. 92; 14 S. 165, 179, RG. 59 S. 319, der vertragsmäßigen Aufrechnung, OHG. 5 S. 67; 15 S. 265, des Vergleichs, BGB. § 779, OHG. 8 S. 357, Bolze 17 Nr. 165. Auch sie wirken zunächst und regelmäßig nur zwischen den unmittelbaren Kontrahenten. Indessen kann ein Erlaß auch als Aufhebung des gesamten Schuldverhältnisses gemeint sein, BGB. § 423, vgl. RG. 40 S. 60. Auch bei Stundungen wird es häufig vorkommen, daß sich eine weitergehende Wirkung nach dem Schuldverhältnis als gewollt ergibt, BGB. § 425. In RG. 45 S. 70 war dem Akzeptanten die Zusage erteilt, daß er aus dem Wechsel in Ruhe gelassen werden solle, falls ein Dritter Bürgschaft übernehme, solange dieser Dritte lebe. Als der Wechselgläubiger trotzdem den Akzeptanten und einen Indossanten in Anspruch nahm, wurde auch dem letzteren die Berufung auf die Zusage gestattet, weil ohnedies der Akzeptant durch den Indossanten in Anspruch genommen werden könne, der Zweck der Zusage vereitelt werden würde, die Zusage als pactum in rem aufzufassen sei (l. 7 § 8, l. 21 § 5, l. 22 D. de pactis 2, 14).

Für den Einwand der rechtskräftig entschiedenen Sache folgt hieraus und aus seiner allgemeinen Natur, die dieselben Parteien oder deren Rechtsnachfolger voraussetzt, daß der Akzeptant nicht aus einer gegen den Aussteller, der Indossant nicht aus einer gegen einen anderen Indossanten ergangenen Entscheidung eine Einrede entnehmen kann, OHG. 7 S. 81. Natürlich muß sich der Prokuraindossatar des Art. 17 oder derjenige, der den Wechsel nach Protest erworben hat, Art. 16 Abs. 2, die gegen den Indossanten ergangenen Urteile entgegensetzen lassen, OHG. 7 S. 81; 8 S. 169, desgleichen der Indossant ein Urteil, das gegen einen derartigen Indossatar erging, wogegen die Einrede wieder versagt, wenn der nicht protestierte Wechsel nach Verfall begeben wurde, Art. 16 Abs. 1, StrA. 54 S. 294. Anders verhält es sich auch mit dem zu Inkassozwecken erteilten Vollindossament. Hier gelangt das Wesen der Sache gegenüber der gewählten Form zum Durchbruch, so daß ein Urteil gegen den Indossanten auch gegen den Indossatar wirkt und umgekehrt, vgl. Anm. 30 zu Art. 9. Anlangend die objektive Begrenzung der Rechtskraft, so reicht diese nach ZPO. § 322 Abs. 1 über den entscheidenden Teil des Urteils nicht hinaus. Hervorzuheben ist, daß der wegen Mängel der Protesturkunde abgewiesene Kläger mit einer in zulässiger Weise ergänzten, verbesserten Protesturkunde von neuem klagen kann, OHG. 7 S. 183.

**10.** Grünhut 2 § 132, § 113 Anm. 16, § 119 Anm. 7. Zu den Einreden der zweiten Kategorie des Art. 82 gehört die Einrede aus einem Kontokurrentverhältnis (laufender Rechnung) zwischen den Parteien, dessen Bedeutung nach Handelsrecht, HGB. II § 355 Abs. 1, darin besteht, daß während einer Rechnungsperiode Forderungen und Leistungen nebst Zinsen auf jeder Seite nur als ein Ganzes behandelt werden, so daß die einzelnen Rechnungsposten in dem Saldo aufgehen und erst der durch den Anrechnungsabschluß festgestellte Saldo entscheidet, auf wessen Seite Forderung oder Schuld besteht. Cosack § 69. Das Kontokurrentverhältnis kann so auch auf Wechselobligationen konsumierend wirken. Ob diese Wirkung beabsichtigt, wird in jedem einzelnen Falle von dem ausdrücklich erklärten oder zu schließenden Vertragswillen der Parteien abhängen. Vgl. OHG. 24 S. 140, 141. RG. 27 S. 141. In der Regel wird aber anzunehmen sein, daß auch der im Kontokurrentverhältnis genommene und dem Geber gutgeschriebene Wechsel nur in der Voraussetzung des Eingangs genommen; der Regreß wird deshalb regelmäßig nicht ausgeschlossen sein. HGB. II § 356. Jedenfalls reicht deshalb die einfache Behauptung des Wechselverpflichteten, daß zwischen ihm und dem Kläger ein Kontokurrentverhältnis bestehe, in welchem der Wechsel in Zahlung gegeben sei, zur Beseitigung des Wechselanspruchs nicht aus. Ist aber z. B. das Kontokurrentverhältnis mit der Abrede begründet, daß Kredit auch durch Diskontieren von Wechseln gegeben werden solle, so wird der Regreß aus den so in Zahlung bzw. zum Diskontieren gegebenen Wechseln regelmäßig ausgeschlossen sein, selbst wenn Deckung für den Kredit nicht gewährt ist. Ebenso wird, auch wenn rechtzeitige Deckung ausbedungen ist, geschlossen werden können, daß der Regreßanspruch nach dem Willen der Kontrahenten von der besonderen Geltendmachung außerhalb der Saldoforderung ausgeschlossen sein soll, wenn der nicht honorierte, mit Protest zurückgekommene, von dem Wechselnehmer ohne vorherige Deckung eingelöste Wechsel in den dem Wechselgeber zugestellten Rechnungsabschluß unter einem vor dem Tage des Abschlusses der Rechnungsperiode liegenden Datum eingetragen ist; ist der Wechsel bei einem vor Anstellung der Klage aus demselben stattgehabten Rechnungsabschluß mit einem Saldo zugunsten des Wechselgebers bereits im Debet desselben verrechnet, so ist die Tilgung des Wechselanspruchs völlig unbedenklich, und sie kann auch durch die Replik nicht beseitigt werden, daß sich nachträglich noch ein Debetposten des Wechselgebers vorgefunden, der einen Saldo zugunsten des Wechselnehmers schaffe und nur irrtümlich in das Debet der neuen Rechnungsperiode übertragen sei. Derselbe Schluß auf den Vertragswillen der Kontokurrentparteien ist dann gerechtfertigt, wenn tatsächlich durch eine Reihe von Rechnungsperioden hindurch der Wechselnehmer die von ihm ohne Deckung eingelösten Akzepte oder Rimessen regelmäßig nur dem Wechselgeber im Debet gebucht und ohne separate Einforderung im Saldo zum Ausgleich gebracht hat. OHG. 2 S. 137; 3 S. 142; 5 S. 41, 337; 9 S. 245; 12 S. 70; 16 S. 28. RG. 32 S. 84, 89. Über Kontokurrent und laufende Rechnung vgl. OHG. 12 S. 68, 70, 71.

**11.** Über die Einrede der Schreibens- und Lesensunkunde, der Nichtkenntnis der Sprache, in welcher der Wechsel abgefaßt, vgl. Anm. 25 zu Art. 1 u. Art. 94.

**12.** Ausl. R. f. W. Bd. 1 S. 386 ff. Die engl. WO. bestimmt über Tilgung des W. durch Zahlung und auf andere Weise in Sekt. 59 ff. Sie unterscheidet die ordnungsmäßige Zahlung durch den Bezogenen oder Akzeptanten, durch welche der W. regelmäßig getilgt wird, von der Zahlung durch Aussteller und Indossanten. Verzicht des Inhabers gegen den Akzeptanten, schriftlich oder unter Aushändigung des W., tilgt den W., die Tilgung kann aber dem bona fide unrechtmäßigen Inhaber nicht entgegengesetzt werden. Sekt. 62. Vgl. Sekt. 29, 54, 55. Späing S. 232 ff. Russ. WO. Art. 33, 99.

## Artikel 83.

**Ist die wechselmäßige Verbindlichkeit des Ausstellers oder des Akzeptanten durch Verjährung oder dadurch, daß die zur Erhaltung des Wechselrechts gesetzlich vorgeschriebenen Handlungen verabsäumt sind, erloschen, so bleiben dieselben dem Inhaber des Wechsels nur soweit, als sie sich mit dessen Schaden bereichern würden, verpflichtet. Gegen die Indossanten, deren wechselmäßige Verbindlichkeit erloschen ist, findet ein solcher Anspruch nicht statt.**

Vgl. Art. 98 Nr. 10.

Dernburg § 279. Thöl S. 371 ff., 380 ff., 635, 798. B. und L. S. 311, 318. W. Bd. 1 S. 142. WW. § 118. Lehmann § 143. v. Canstein § 28. Grünhut 2 § 141. Wieland, der Wechsel und seine zivilrechtl. Grundlagen § 6.

---

1. §§ 974, 1054 II. 8 ALR. ObT. 13 S. 351. Die Klage aus Art. 83 ist ganz positiver Natur, weder die gewöhnliche zivilrechtliche Bereicherungsklage auf das, was der Beklagte aus dem Vermögen des Klägers hat, vgl. den Fall RG. 48 S. 139 (§§ 812, 814 BGB.), noch die Rückforderungsklage, noch die Klage aus dem dem Wechsel zum Grunde liegenden Rechtsgeschäft. An sich würde der Wechselinhaber den durch die verschuldete Präjudizierung oder Verjährung des Wechsels erlittenen Verlust des Wechselrechts zu tragen haben; von einer ungerechtfertigten Bereicherung des Verpflichteten durch die Befreiung von der Wechselpflicht kann nicht die Rede sein, da diese Befreiung infolge der Vorschriften des Rechts selbst eintritt. Der Art. 83 verordnet aber positiv, daß trotzdem der Akzeptant (Aussteller des eignen Wechsels) und der Aussteller verhaftet bleiben sollen, insoweit, aber auch nur insoweit, als sie sich mit dem Schaden des Inhabers bereichern würden. Positiv ist hierin namentlich auch die Beschränkung des Anspruchs auf Akzeptanten und Aussteller. Ihre Verhaftung soll in Höhe der mit dem Schaden des Inhabers kongruierenden Bereicherung bestehen bleiben; der Anspruch wird demnach vom OHG. nicht ohne Grund als ein Residuum, Überbleibsel des Wechselanspruchs bezeichnet, dessen Umfang sich durch die Höhe des Schadens und der Bereicherung bestimmt. OHG. 5 S. 258; 8 S. 239; 13 S. 94. Durch Versäumnis und Verjährung soll nichts gewonnen werden, was nach dem materiellen Recht nicht gebührt. l. 18 D. quod metus causa 4, 2. Konferenzprotokolle S. 195. Das berechtigt nicht zu der Folgerung, daß der Anspruch ein Wechselanspruch, der aus dem W. folgt und dessen Beschränkung auf die Bereicherung der Beklagte zu beweisen hat. Ganz abweichend v. Canstein a. a. O. unter I. Unklar Staub 4. Aufl. § 1 zu Art. 83, obwohl er selbst von bedauerlicher Unklarheit der herrschenden Ansicht spricht, die völlig klar darin ist, daß es sich um einen eigenartigen, durch die WO. gewollten, nicht wechselmäßigen, mit dem Wechselzuge und der Wechselzirkulation zusammenhängenden Anspruch handelt auf das, was Aussteller und Akzeptant ohne die Präjudizierung des W. nicht haben oder behalten dürfen. Zur Feststellung, ob und wieweit die Bereicherung vorhanden, wird das Zurückgehen auf das dem Wechsel zugrunde liegende ursprüngliche Geschäft regelmäßig erforderlich sein. OHG. 10 S. 42 ff.; 6 S. 381; 8. S. 238. Bolze 15 Nr. 252. In ObT. 55 S. 132 war der Inhaber der zur Deckung einer Warenschuld erhaltenen Rimesse, welche

präjudiziert, zuerst auf Zahlung der Warenschuld klagbar geworden und abgewiesen. Als er aus Art. 83 klagte, wurde die ex. r. jud. entgegengesetzt, aber abgewiesen, weil beide Klagen ganz verschiedener Art. OHG. 13 S. 226 (Klageänderung bei Umwandlung der Wechsel in die Bereicherungsklage). In demselben Erkenntnis ist zum Nachweis der Bereicherung gefordert, daß der beklagte Warenschuldner, der den Wechsel als Aussteller und Remittent gegeben, seine Warenschuld dadurch bezahlt, und so Valuta erhalten, dem Akzeptanten keine oder geringere Deckung gegeben. Für die Bereicherung genügt übrigens, daß sie einmal eingetreten; der Nachweis, daß sie bei Klageanstellung noch vorhanden, ist nicht erforderlich. (ALR. I. 13 §§ 265, 273. BGB. §§ 812, 818, 819. Arch. f. Wechselrecht 4 S. 359, 13 S. 214, gem. R.)

2. Die Klage setzt notwendig einen gültigen, präjudizierten, verjährten Wechsel voraus, und steht nur dem zu, der legitimierter Inhaber des Wechsels zur Zeit der Präjudizierung oder Verjährung ist und ohne Präjudiz oder Verjährung zur Geltendmachung der Wechselrechte berechtigt sein würde, aber auch dem Verlierer, der die Amortisation beantragen konnte. OHG. 6 S. 381, ObT. 31 S. 58, 64. Bolze 6 Nr. 400. Der Wechsel selbst muß beigebracht oder amortisiert werden, weil auch bei dieser Klage der Beklagte gegen weitere Ansprüche aus dem W. sichergestellt werden muß. Vgl. zu Art. 73. OHG. 10 S. 42. ObT. 38 S. 346. Nicht klageberechtigt ist daher, wer erst nach eingetretener Verjährung den Wechsel durch Giro erlangt hat, weil ein solches Giro überhaupt kein Wechselrecht gibt, OHG. 12 S. 123, ebenso der nicht, der, ohne im Wechselverbande zu stehen, den Wechsel zahlt (z. B. weil derselbe durch sein Verschulden so spät in die Hände der Nachmänner gelangt, daß rechtzeitiger Protest nicht mehr möglich), oder wer zahlt, obwohl er wechselmäßig zur Zahlung nicht verpflichtet. OHG. 5 S. 253, 258; 8 S. 238; 6 S. 383; 10 S. 44; 13 S. 94.

3. Erforderlich ist ferner, nicht bloß daß der Kläger das Wechselrecht verloren hat, dieser Anspruch allein soll nicht wieder hergestellt werden, sondern daß der Beklagte positiv bereichert worden ist, indem er aus dem Wechselgange eine Leistung erhalten, die er ohne Gegenleistung dadurch behält, daß der Wechselanspruch gegen ihn formell erloschen ist. Zur Aufdeckung dieses Kausalzusammenhangs zwischen der Präjudizierung oder Verjährung und der Bereicherung und Beschädigung, der aus dem Wechsel selbst nicht ersichtlich, ist die Aufdeckung des dem Wechsel unterliegenden Verhältnisses erforderlich. So wird der Aussteller des gezogenen Wechsels regelmäßig bereichert sein, wenn er bei Begebung des Wechsels Valuta erhalten, dem Bezogenen aber keine Deckung gegeben oder die gegebene zurückerhalten hat, OHG. 11 S. 59; 15 S. 317, 321; 22 S. 256; 23 S. 260, Bolze 4 Nr. 546, der Aussteller des eigenen Wechsels, wenn er den Wechsel über ein erhaltenes Darlehn ausgestellt, von dessen Rückzahlung er durch die Verjährung befreit ist. Ist er durch die Verjährung des W. nicht befreit, weil der W. nur zahlungshalber für ein Darlehn gegeben, die Darlehnsklage noch besteht, so ist von Bereicherung und der Klage aus Art. 83 nicht die Rede, und ist auch die Darlehnsklage verjährt, so kann aus Art. 83 nicht geklagt werden, weil der Verlust und die Bereicherung nicht auf der Verjährung der Wechselklage beruht. OHG. 15 S. 321. RG. 44 S. 78. Der einfache Empfang einer Valuta genügt nicht, um die Bereicherung klar zu stellen, sondern das Verhältnis von Leistung und Gegenleistung muß erhellen. Es genügt deshalb nicht, daß der Beklagte durch die Verjährung oder Präjudizierung von der Verbindlichkeit be-

freit ist, den Wechsel zu bezahlen, der an die Stelle eines früher gegebenen getreten ist. OHG. 11 S. 59; 15 S. 317 (keine Bereicherung durch Präj. des Wechsels, den der beklagte Akzeptant dem Gefälligkeitsakzeptanten eines früheren W. für den nicht gedeckten Betrag des eingelösten früheren W. gegeben. Fortbestand des Anspruchs auf Deckung trotz der Präjudizierung). Ebensowenig kann die Klage darauf allein gestützt werden, daß der Akzeptant insolvent, den Wechsel nicht würde haben decken können, der Aussteller ihn hätte decken müssen. Denn der Schade, der den Inhaber getroffen, bei gehörigem Verhalten aber den Aussteller getroffen haben würde, ist nicht der entscheidende Gesichtspunkt, sondern die Bereicherung des Ausstellers. OHG. 22 S. 258. Vgl. ObT. 13 S. 351.

**4.** Im Zusammenhang hiermit ist die Frage zu erörtern, welchen Einfluß das Ziehen eines Wechsels auf Schuld, d. h. um dadurch eine Schuld des Bezogenen an den Aussteller oder Remittenten zu berichtigen, auf das zivile Schuldverhältnis hat, und welche Folgen das Geben und Nehmen eines Wechsels als Rimesse, das Zahlen durch Wechsel, hat. Grünhut 2 § 113 (Novation). Feststehender Rechtsgrundsatz ist hier, daß ohne die ausdrückliche Abrede oder den deutlich erkennbaren Willen, RG. 9 S. 62, 65; 14 S. 210; 31 S. 109, 110, Bolze 12 Nr. 317, der Wechsel solle an Zahlungsstatt gegeben und angenommen werden, die Hingabe und das Nehmen des Wechsels über Schuld, mag aus dem W. der Schuldner oder ein Dritter verpflichtet sein, für sich allein weder als Zahlung, noch als Novation, noch als Kompensationsvertrag wirkt, daß auch die Begebung des Wechsels und der Empfang der Valuta dabei die Tilgung der ursprünglichen Schuld des Wechselgebers nur dann herbeiführt, wenn der Nehmer die erhaltene Valuta behalten darf, der Wechsel bei Verfall entweder vom Bezogenen (Akzeptanten) gedeckt oder der Nehmer durch die Präjudizierung des Wechsels von der Regreßpflicht und der Rückzahlung der erhaltenen Valuta befreit wird. Durch das Geben und Nehmen des Wechsels allein erhält der Geber ohne besondere Abrede nicht das Recht, daß der Nehmer sich nur durch den Wechsel befriedige, besonders nicht, wo der W. nur als Kautionswechsel über den Kaufpreis von Ware gegeben ist. Bolze 18 Nr. 318, 319. Gibt der Nehmer den Wechsel zurück, ist die Vernichtung oder Verjährung des Wechsels (gegenüber dem Geber) dargetan, der W. ungültig, OHG. 20 S. 86, Bolze 15 Nr. 253, RG. in JW. 1903 S. $375_{10}$, so ist das Zurückgehen auf das ursprüngliche Schuldverhältnis nicht ausgeschlossen. Dies erleidet allerdings eine Modifikation, wenn der Wechsel vom Geber als Rimesse, mit seinem Namens- oder Blanko-Giro, gegeben ist. Hat der Nehmer den Wechsel weitergegeben, Valuta erhalten und ist der Wechsel in der Hand des dritten Inhabers präjudiziert, so steht fest, daß der Nehmer die Valuta behalten darf, die ursprüngliche Schuld ist getilgt. Löst er trotz der Präjudizierung den Wechsel ein, so tut er das auf seine Gefahr, von dem Geber hat er nichts mehr zu fordern. Dasselbe gilt, wenn der Nehmer selbst in seiner Hand den Wechsel präjudizieren läßt und den Wechsel infolgedessen dem Geber nicht intakt zurückgeben kann, insofern derselbe den Regreß an seine Vormänner verloren hat. OHG. 7 S. 43; 10 S. 48, 132; 18 S. 391; 23 S. 105, 315; 20 S. 83; 21 S. 38; 19 S. 172; 21 S. 251; 14 S. 417. Bolze 18 Nr. 317; 12 Nr. 318. Dernburg Bd. 2 § 120. W. Bd. 1 S. 53, Bd. 2 S. 1018. Wegen der Kondiktion des über unklagbare Schuld gegebenen Wechsels vgl. zu Art. 82 Anm. 8a.

**5.** Ist das Akzept zur Berichtigung einer Schuld an den Aussteller gegeben, so steht dem Inhaber des präjudizierten Wechsels die Klage aus Art. 83

gegen den Aussteller nicht zu. So zunächst in dem Falle, wenn das Akzept an Zahlungsstatt gegeben ist; der Aussteller hat dadurch seine Forderung verloren, OHG. 22 S. 257. Aber auch bei Hingabe zahlungshalber liegt die Sache ebenso, denn auch hier ist die Forderung des Ausstellers getilgt, sobald er infolge der Präjudizierung des Wechsels die Valuta behalten darf. Anders die 7. Aufl.; vgl. aber Staub Anm. 11, 12.

6. Die Klage ist ausdrücklich nur gegen Aussteller und Akzeptanten, nicht gegen den Bezogenen, Domiziliaten, Avalisten, die Indossanten und Ehrenakzeptanten gegeben; damit ist aber selbstverständlich nicht gesagt, daß jeder zivilrechtliche Anspruch nach Verjährung und Präjudizierung des Wechsels gegen die Indossanten ausgeschlossen; nur aus Art. 83 ist er nicht herzuleiten. ObT. 31 S. 58, wo es sich um die Klage des Indossatars gegen den Indossanten eines wegen mangelnden Zahlungsorts ungültigen Wechsels handelte. Nach §§ 826, 827 II. 8 ALR. war das Indossament eines ungültigen Wechsels als Zession zu behandeln. Die WO. sagt darüber nichts. Es steht nichts entgegen, solchen Fall nach § 423 I. 11 ALR., BGB. §§ 434, 493 zu behandeln. In dem entschiedenen Falle ist die Klage des Indossatars gegen den Indossanten auf Erstattung der Girovaluta nebst Zinsen und Kosten des vergeblichen Wechselprozesses zugelassen. Vgl. StrA. 3 S. 115. RG. 13 S. 4 (cond. s. c. gegen den Geschäftsinhaber, dessen Prokurist auf einen von ihm gefälschten W. beim Diskontieren Valuta erhalten hat). Über Indoss. zahlungshalber vgl. OHG. 14 S. 417; 19 S. 174; 21 S. 38. Bolze 5 Nr. 495.

7. Die Klage aus Art. 83 unterliegt der gewöhnlichen Verjährung vom Präjudiz oder der eingetretenen Verjährung des Wechselanspruchs ab. Daß sie gegen den Aussteller erst zulässig, wenn das Wechselrecht gegen den Akzeptanten erloschen, ist nach der Fassung des Art. 83 nicht zu behaupten, StrA. 28 S. 177; die regelmäßige Voraussetzung für den Nachweis der definitiven Bereicherung wird aber der vorherige fruchtlose Angriff gegen den Akzeptanten sein.

8. Da der Anspruch aus Art. 83 nicht aus dem Wechsel entspringt, sondern aus dem unterliegenden Deckungsverhältnis, ist der Wechselprozeß unzulässig.

9. Zum Teil weitergehende Bestimmungen wie Art. 83 gibt das schweizer. R. Art. 813, 827 (Oblig. R.), das ital. HGB. 326, das skandin. Ges. § 93. Die russ. WO. enthält keine Vorschriften. Späing S. 246.

## XV. Ausländische Gesetzgebung.

**Artikel 84.** Die Fähigkeit eines Ausländers, wechselmäßige Verpflichtungen zu übernehmen, wird nach den Gesetzen des Staates beurteilt, welchem derselbe angehört. Jedoch wird ein nach den Gesetzen seines Vaterlandes nicht wechselfähiger Ausländer durch Übernahme von Wechselverbindlichkeiten im Inlande verpflichtet, insofern er nach den Gesetzen des Inlandes wechselfähig ist.

**Artikel 85.** Die wesentlichen Erfordernisse eines im Ausland ausgestellten Wechsels sowie jeder anderen im Ausland ausgestellten Wechselerklärung werden nach den Gesetzen des Ortes beurteilt, an welchem die Erklärung erfolgt ist. Entsprechen jedoch die im Auslande geschehenen Wechselerklärungen den Anforderungen des inländischen Gesetzes, so kann daraus, daß sie nach ausländischen Gesetzen mangelhaft sind, kein Ein-

**wand gegen die Rechtsverbindlichkeit der später im Inland auf den Wechsel gesetzten Erklärungen entnommen werden. Ebenso haben Wechselerklärungen, wodurch sich ein Inländer einem anderen Inländer im Auslande verpflichtet, Wechselkraft, wenn sie auch nur den Anforderungen der inländischen Gesetzgebung entsprechen.**

**Artikel 86. Über die Form der mit einem Wechsel an einem ausländischen Platze zur Ausübung oder Erhaltung des Wechselrechts vorzunehmenden Handlungen entscheidet das dort geltende Recht.**

Vgl. Art. 98 Nr. 10.

Goldschmidt, Handbuch Bd. 1 S. 276ff. Dernburg § 281. Thöl S. 79ff. B. und L. S. 96, S. 322ff. W. Bd. 1 S. 95. WW. § 9. v. Canstein § 8. Lehmann § 39. Grünhut 2 § 142.

---



**1.** Bei der internationalen Natur des Wechsels, dessen Wesen und Wert als Handelswechsel hauptsächlich auf der Zirkulationsfähigkeit beruht, ist die sichere Normierung der Grundsätze über die Kollision inländischer und ausländischer Gesetze ebenso wichtig wie schwierig. Sie wird bei den Rechtsverhältnissen aus dem Wechsel komplizierter als bei anderen Rechtsverhältnissen, weil beim Wechsel neben dem Entstehungsort und Erfüllungsort, Ort der Ausstellung, Wohnort des Bezogenen, Domizil, der Wohnort der Indossanten in Betracht kommt, eine Reihe selbständiger Obligationen mit verschiedenem Inhalt und verschiedenen Subjekten aus demselben Wechsel nebeneinander besteht, und das materielle Wechselrecht fast aller Länder mit zahlreichen Formalvorschriften durchzogen ist, von deren Beobachtung vielfach die Entstehung und Erhaltung des Wechselanspruchs abhängig gemacht ist. Zu diesen Vorschriften gehören namentlich die mannigfach abweichenden Bestimmungen über Protestlevierung, Notifikation, Beachtung von Notadressen. Auch die Vorschriften über die wesentlichen Erfordernisse des Wechsels, des Indossaments, der Protesturkunde sind sehr verschieden. Beispielsweise verlangt das französische Recht nicht die Bezeichnung als Wechsel (lettre de change) im Wechsel, aber das Bekenntnis der Valuta sowohl für den Wechsel als für das Giro; das holländische Recht knüpft den Verlust des Regresses nur an die Nichtbeachtung der vom Trassanten benannten Notadresse, während die WO. die Beachtung jeder Notadresse fordert. Art. 62. Nach englischem und russischem Recht befreit die unterlassene Notifikation, Art. 45, von jedem Regreß, während die WO. keine wechselrechtlichen Folgen an die Unterlassung knüpft. Fraglich kann daher werden, ob ein in Berlin auf Paris oder umgekehrt gezogener Wechsel des Valutabekenntnisses bedarf, ob der inländische Aussteller oder Indossant eines auf Holland gezogenen Wechsels das Unterlassen des Protestes bei einer nicht vom Trassanten herrührenden Notadresse dem inländischen oder ausländischen Inhaber entgegensetzen darf, ob dem inländischen Inhaber gegenüber von dem inländischen oder ausländischen Vormann die Unterlassung der Notifikation gerügt werden darf.

2. Die Art. 84—86 geben direkt nur die Grundsätze für die Entscheidung bei Kollision der Gesetze über die Wechselfähigkeit, die Form des Wechsels und der wechselrechtlichen Akte. Sie gehen dabei von dem allgemein anerkannten Rechtsgrundsatz aus, daß das ausländische Recht auch von dem inländischen Richter anzuwenden, wenn das zu beurteilende Rechtsverhältnis seinem Wesen nach dem ausländischen Rechtsgebiet angehört, und auch für die nicht direkt entschiedenen Kollisionsfälle ist deshalb der Grundsatz zur Anwendung zu bringen, daß bei allen Rechtsgeschäften in Beziehung auf die beteiligten Personen, den Gegenstand, die Handlung und deren Folgen das Recht des Gebietes entscheidet, dem das geschaffene Rechtsverhältnis seinem Wesen nach unterworfen ist oder dem die Personen des Rechtsverhältnisses es ausdrücklich oder stillschweigend unterworfen haben, soweit nicht zwingende Vorschriften der D. WO. entgegenstehen. Dies ausländische Recht zu kennen, ist der inländische Richter nicht verpflichtet; er kann den Beweis desselben fordern, ist aber befugt, sich die Kenntnis desselben selbständig und unabhängig von den Parteien zu verschaffen. § 293 ZPO. Damit hängt zusammen, daß der Richter im Zweifel, und wenn die Parteien selbst sich auf das inländische Recht berufen, die Übereinstimmung desselben mit dem ausländischen Rechte annehmen darf. OHG. 2 S. 27, 40, 298; 7 S. 6; 8 S. 150, 152; 3 S. 43; 25 S. 53. RG. 12 S. 36; 23 S. 31, 33. Entspricht der ausländische Wechsel den Bestimmungen der WO., so wird der Nachweis, daß er dem ausländischen Gesetze entspreche, nicht zur Begründung der Klage gehören, wohl aber, wenn dies nicht der Fall.

3. Der Art. 84 Abs. 1 trifft die von Ausländern im Auslande eingegangenen Wechselverbindlichkeiten. In Übereinstimmung mit Art. 7 Abs. 1 EG. z. BGB. ist die Wechselfähigkeit des Ausländers nach der Staatsangehörigkeit des Ausländers, d. h. nach den Gesetzen des Staats normiert, dessen Staatsangehörigkeit er erworben, nicht nach den Gesetzen seines Domizils. Der Abs. 2 Art. 84 stimmt mit Abs. 3 Art. 7 EG. z. BGB. überein. Es wird zunächst gefragt, ob er nach dem Gesetze seines Heimatstaates wechselfähig; ist er danach wechselfähig, so gilt er auch im Inlande als wechselfähig, selbst wenn er nach D. R. nicht wechselfähig; ist er nach D. R. wechselfähig, so kommt es darauf nicht an, ob er nach dem Recht des Vaterlandes nicht wechselfähig, sobald die Wechselverpflichtung im Inlande übernommen, d. h. die Wechselschrift im Inlande abgegeben ist. Inland aber ist das Deutsche Reich. Hat er sein Domizil im Auslande, außerhalb seines Vaterlandes, so kommt es auf das Recht dieses Domizils nicht an, wenn nicht sein Heimatsrecht anders bestimmt. Art. 27 EG. z. BGB. Dem gem. und preuß. R. entspricht das nicht. §§ 23, 24, 35 Einleitung zum ALR. ObT. 10 S. 148; 43 S. 239. Es bestimmt sich danach nicht bloß die Rechts- und Handlungsfähigkeit im allgemeinen, sondern auch die besondere durch persönliche Eigenschaften bedingte Fähigkeit zu bestimmten juristischen Handlungen, z. B. auch die Frage nach der Existenz und den Wirkungen der väterlichen und ehemännlichen Gewalt; vgl. zu Art. 1. Dieser Grundsatz ist öffentlich rechtlicher Natur. Es kommt deshalb auf den Ort an, wo die Wechselschrift tatsächlich gegeben, nicht auf den im Wechsel angegebenen, wenn dieser mit dem wirklichen nicht übereinstimmt, da ohnedies durch willkürliche Angabe (Datierung) eine nicht vorhandene Wechselfähigkeit geschaffen werden könnte. Seuffert, Arch. 34 Nr. 238 (OHG.) Unbedenklich ist, daß unter der Übernahme von Wechselverbindlichkeiten im Inlande, durch welche sich ein nach den Gesetzen seines Vaterlandes nicht wechselfähiger Ausländer ver-

pflichten soll, nur das im Inlande erfolgte Eingehen von Wechselverbindlichkeiten zu verstehen ist, nicht der Fall, wo der Ausländer im Auslande eine Wechselverbindlichkeit eingeht, die im Inlande zu erfüllen ist. § 35 Einl. ALR. Nicht auf den Erfüllungsort, sondern auf den Ort des Vertragsschlusses kommt es an, also auch da, wo der Ausländer im Inlande einen im Auslande domizilierten W. akzeptiert. RG. 15 S. 11. Ebenso unbedenklich ist, daß unter Ausländern die Angehörigen nichtdeutscher Staaten zu verstehen. Der § 2 des EG. für das Kgr. Sachsen, der Art. 6 des EG. für Baden und der Art. 7 des EG. für das Kgr. Bayern sprachen dies ausdrücklich aus, indem sie den Begriff Inland und Ausland mit dem Geltungsgebiet der WO. identifizierten. Der Art. 3 der Reichsverfassung schließt jetzt in Verbindung mit der Einführung der WO. als Reichsgesetz jeden Zweifel aus. Für Angehörige Deutscher Staaten war deshalb früher Grundsatz, daß das Landesgesetz ihres Wohnsitzes entschied, mochten sie in einem anderen Deutschen Staate Wechselverbindlichkeiten eingehen oder im Auslande. OHG. 6 S. 356, 359; 21 S. 336; 23 S. 388. Bolze 7 Nr. 21. Das ist jetzt durch Art. 7 EG. und das BGB. anders.

**4.** Der Art. 85 entspricht im wesentlichen dem allgemein anerkannten Rechtsgrundsatz, daß zur Gültigkeit eines Rechtsgeschäfts die Form genügt, welche den Gesetzen des Ortes entspricht, an dem das Rechtsgeschäft vorgenommen ist. Art. 11 EG. z. BGB. Das Recht des Realisierungsorts ist bei Beurteilung der formellen Erfordernisse der im Inlande girierten Urkunde einflußlos. OHG. 6 S. 125. Die Ausnahmen, welche der Satz 2 und 3 des Art. 85 enthalten, beruhen im letzten Grunde darauf, daß in beiden Fällen das Rechtsverhältnis dem Inlande angehört und der Gebrauch der vom inländischen Gesetz vorgeschriebenen Form dafür nicht ausgeschlossen scheint. Art. 11 Abs. 1 EG. z. BGB. Aus der Regel folgt, daß wenn am Orte der Ausstellung des Wechsels bzw. dem Orte, der als Ausstellungsort zu gelten hat, RG. 32 S. 115, Anm. 32 zu Art. 4, die Bezeichnung als Wechsel im Kontext nicht wesentlich, der Verpflichtete daraus auch im Inlande eine Einrede nicht entnehmen kann; Art. 4 Nr. 1 bezieht sich nur auf im Inlande in fremder Sprache ausgestellte Wechsel. StrA. 37 S. 339; 28 S. 361; 76 S. 353. Wegen der zivilrechtlichen Begleitwirkung eines ausländischen Indossaments vgl. RG. 65 S. 358 und zu Art. 9ff. Anm. 11. Aus den Ausnahmen folgt, daß der Inländer und der Ausländer, der im Inlande akzeptiert, nicht geltend machen kann, der Wechsel, der im Auslande ausgestellt, entspreche nur den Erfordernissen des Art. 4 der WO., nicht dem ausländischen Gesetz, daß der ausländische Wechsel, welcher der WO. entspricht, für die im Inlande übernommenen Verpflichtungen als gültiger inländischer Wechsel gilt, daß alle im Inlande mit dem Wechsel vorgenommenen Akte und Operationen, Akzept, Giro, Intervention, nach Form und Inhalt aus dem inländischen Gesetz zu beurteilen. StrA. 76 S. 353. Bolze 8 Nr. 17. (Erfordernisse eines in England gezogenen und akzeptierten Wechsels nach englischem Recht.) Der vom Inländer dem Inländer im Auslande gegebene Wechsel (Satz 3 Art. 85) ist auch für ausländisches Indossament genügende Grundlage. Inwiefern aus dem ausländischen Wechsel der Wechselprozeß im Inlande zulässig, vgl. § 602 ZPO. und im Wechselprozeß. Daß für den Prozeß nur die prozessualischen Bestimmungen des Inlandes zur Anwendung kommen, ist feststehender Grundsatz. OHG. 15 S. 9; vgl. auch 14 S. 247. Dadurch ist aber nicht ausgeschlossen, daß ein Prozeßverfahren im Auslande, z. B. der Konkurs über das Vermögen des ausländischen Wechselverpflichteten, insofern auch auf die im Inlande entstandenen und zu erfüllenden Wechselobligationen einwirkt, als der materielle Rechtszustand dadurch beeinflußt, die Obligation ganz oder teilweise aufgehoben wird. OHG. 9 S. 9, 11. KO. §§ 5, 50, 56. Vgl. OHG. 1 S. 288 über Moratorium im Ausland.

5. Der Art. 86, wonach über die Form der mit einem Wechsel an einem ausländischen Platze zur Ausübung oder Erhaltung des Wechselrechts vorzunehmenden Handlungen lediglich das dort geltende Recht entscheidet, beruht wesentlich auf demselben Grundsatz wie Art. 85. Art. 11 EG. z. BGB. findet keine Anwendung, da es sich bei diesen Handlungen um Rechtsgeschäfte (Willenserklärungen) nicht handelt. Nicht bedenklich ist, daß der Ausdruck „Form der Handlungen" nicht strikt zu nehmen ist, daß die Gesetze des ausländischen Platzes z. B. nicht bloß über die Form der Protesturkunde, sondern auch darüber entscheiden, in welcher Frist, zu welcher Tages- oder Geschäftszeit, an welchem Ort, in welchem Lokal, an welchen Tagen (Feiertag, Sonntag) der Protest zu erheben, ob Kassiertage, Respekttage zu berücksichtigen sind. Anm. 5 zu Art. 30ff. OHG. 1 S. 288; 21 S. 153. ObT. 12 S. 374. RG. 9 S. 430, 438; 32 S. 115, 116; 36 S. 126. In diesem Falle kam in Frage, ob ein von Hamburg auf Porto in Portugal drei Monat dato gezogener Wechsel, der nach Art. 32 WO. am 16. November, nach portugiesischem Recht, das drei Monat gleich 90 Tagen rechnet, am 15. November fällig war, am 15. November in Porto gültig (nicht vor Fälligkeit) protestiert war. Das ist in allen Instanzen bejaht, weil der Verfalltag nach portugiesischem Rechte zu bestimmen, nach diesem also auch zu beurteilen war, ob rechtzeitig, verfrüht oder verspätet, protestiert und die Regreßpflicht des Ausstellers begründet war. Ist am Protestort nicht die Aufnahme eines förmlichen Protestes vorgeschrieben, sondern wie z. B. nach englischem Recht, einfache Protestnotierung genügend, so ersetzt diese den förmlichen Protest. Vgl. StrA. 66 S. 252; 18 S. 226. Ebenso richten sich Frist und Form der Notifikation nach dem Gesetz des Wohnorts des Notifikanten, Art. 45. Auch wird ein im Auslande aufgenommener Protest, welcher den Forderungen der WO. entspricht, so lange für rechtsgültig erachtet werden müssen, bis die Abweichung von der im Auslande vorgeschriebenen Form nachgewiesen. Vgl. OHG. 1 S. 242; 3 S. 127.

6. Wesentlich verschieden und sehr streitig ist die Frage, ob der Art. 86 sich nicht bloß auf die äußere Form und die formalen Bedingungen der wechselrechtlichen Akte bezieht, sondern ob nach den Gesetzen des Auslandes auch die Notwendigkeit der zur Erhaltung des Wechselrechts im Auslande vorzunehmenden Schritte zu beurteilen ist. Nach holländischem Wechselrecht ist z. B., wie bereits erwähnt, im Falle der Nichtzahlung des Wechsels seitens des Bezogenen nur die vom Trassanten benannte Notadresse zu beachten und bei Vermeidung des Regreßverlustes Protest bei ihr aufzunehmen, während die WO. Art. 62 Beachtung jeder Notadresse vorschreibt. Nach englischem Recht, engl. WO. Sekt. 48, 49, 50, 52, bewirkt die nicht am Tage nach der Dishonorierung abgesandte Notifikation Verlust des Regresses. Das ObT. hat angenommen, daß der Inhaber den Regreß gegen seine inländischen Vormänner nicht verliert, wenn er den auf Amsterdam gezogenen Wechsel nur gegen den Bezogenen, nicht aber gegen die von einem Indossanten herrührende Notadresse auf Amsterdam protestieren läßt. StrA. 17 S. 263; 18 S. 226. Andrerseits hat es angenommen, daß für den Regreß des inländischen Indossanten die Gesetze des Inlandes bei einem vom Inland auf das Ausland gezogenen Wechsel über die Notwendigkeit der Protestaufnahme gegen die Notadressen entscheiden, StrA. 24 S. 288, ObT. 36 S. 289, 296, und daß der inländische Indossant seinem inländischen Nachmann nicht entgegensetzen dürfe, daß derselbe den Wechsel von dem letzten

ausländischen Inhaber eingelöst, obwohl dieser die nach dem ausländischen Gesetz vorgeschriebene Notifikation unterlassen und dadurch nach dem ausländischen Gesetz den Regreß verloren habe. StrA. 24 S. 298. Die Frage wird aber nach dem in der Anm. 2 bezeichneten Grundsatz anders entschieden werden müssen. Die Regreßpflicht des Indossanten, d. h. die Pflicht, dafür einzustehen, daß am Zahlungsort zur Zahlungszeit der Wechsel eingelöst werde, OHG. 23 S. 7, ist im Inlande eingegangen und zu erfüllen, daher nach inländischem Gesetz zu beurteilen, bei einem unter der D. WO. vollzogenen Indossament die Voraussetzungen des Regresses daher nach der D. WO. zu beurteilen. OHG. 19 S. 203. RG. 9 S. 430, 438. Ist nach diesem der Protest Voraussetzung und Teil des Fundaments der Regreßklage, so muß notwendig die Anwendung des ausländischen Gesetzes ausgeschlossen werden, wenn man nicht annehmen will, daß sich der Regreßpflichtige für das im Inlande begründete Rechtsverhältnis dem ausländischen Recht hat unterwerfen wollen, wofür regelmäßig jeder Anhalt fehlen wird. Ganz unzweifelhaft erscheint dies, wenn der belangte inländische Indossant selbst der Notadressant ist. Dasselbe muß für die Frage nach der Notwendigkeit und den Folgen der Unterlassung der Notifikation gelten. Eine Modifikation kann hier dadurch eintreten, daß der ausländische Regredient den Wechsel ohne Grund von seinem ausländischen Hintermann, dem er die Vorschrift des ausländischen Gesetzes entgegensetzen konnte, eingelöst hat; in diesem Fall beruft sich auch der inländische Indossant mit Recht darauf, daß der Kläger ohne rechtlichen Grund gezahlt und daß es deshalb seinem Regreß an der rechtlichen Grundlage fehle. Vgl. OHG. 1 S. 286, 292; 21 S. 153; 5 S. 101. Vgl. auch Anm. 6 zu Art. 18ff. bezüglich der Frage, ob sich der inländische Aussteller und Indossant auf die Art. 19 und 20 berufen kann, und Anm. 2 zu Art. 41ff. Dagegen war z. B. für die Frage, ob ein domizilierter W. zur Erhaltung des Wechselrechts gegen den Akzeptanten zu protestieren, das Recht des ausländischen Domizils entscheidend, vgl. engl. WO. Sekt. 72 Nr. 1, mochte auch der Akzeptant ein Deutscher sein und in Deutschland belangt werden, weil das Wechseldomizil für ihn der Erfüllungsort war.

7. Aus dem allgemeinen Grundsatz, daß Gültigkeit und Wirkung der Obligation nach demjenigen Recht zu beurteilen, von welchem die Kontrahenten als der Grundlage ihres Rechtsverhältnisses ausgegangen und welchem sie sich haben unterwerfen wollen, OHG. 3 S. 67; 12 S. 147, folgt, daß die Verpflichtung des Ausstellers des eigenen W. regelmäßig nach den Gesetzen des Orts, an welchem der Wechsels ausgestellt ist, Art. 97 WO., StrA. 36 S. 256, OHG. 1 S. 288; 6 S. 125; 19 S. 207, RG. 2 S. 13; 23 S. 31, die Verpflichtung des Inländers, der im Inlande einen Wechsel auf das Ausland zieht und im Inlande giriert, nach dem inländischen Recht, OHG. 1 S. 286; 11 S. 217; 21 S. 150, daß die Verhältnisse der ausländischen Indossanten unter sich nach dem für sie geltenden örtlichen Recht auch dem inländischen Wechselverpflichteten gegenüber zu beurteilen sind, OHG. 5 S. 101; 9 S. 2, 72; daß für die materielle Obligation des Akzeptanten, des Trassanten, der Indossanten das örtliche Recht des Erfüllungsorts maßgebend, OHG. 1 S. 287; 6 S. 386; 11 S. 219; 23 S. 5, 49. Das kann namentlich für die Verpflichtung des Trassanten bestimmend werden, der den W. im Auslande auf das Inland unter Umständen gezogen hat, die erkennen lassen, daß seine Verpflichtung dem inländischen Recht hat unterworfen sein sollen, z. B. wenn bei Gelegenheit eines vorübergehenden Aufenthalts im Auslande gezogen ist. RG. 24 S. 112. Der Ausstellungsort ist an und für sich nicht der Ort, wo der regreßpflichtige Trassant

zu erfüllen hat, sondern sein Wohnort oder der Ort seiner Handelsniederlassung. Art. 50, 51 WO. RG. 44 S. 157. Dies gilt auch für den Indossanten, und bei undatiertem Blankoindossament ist regelmäßig anzunehmen, daß das Indossament am Orte der Handelsniederlassung bzw. des Wohnsitzes des Indossanten erteilt ist. RG. 9 S. 431, 438; 24 S. 112, 115. Nach demselben Grundsatze ist auch die Verjährung nebst den übrigen Aufhebungsarten der Wechselobligation zu beurteilen; entscheidend ist auch dafür das örtliche Recht der Obligation, OHG. 1 S. 289; 11 S. 222; 14 S. 259; 18 S. 187; 19 S. 203; 22 S. 88. RG. 1 S. 125; 2 S. 13 (amerik. promissory notes); 6 S. 24; 7 S. 21, ebenso für die Frage, ob ein Bereicherungsanspruch gemäß Art. 83 besteht, RG. 23 S. 31. Vgl. zu Art 77 ff.

8. Genaue Angaben über die ausländischen Wechselgesetze s. in Grünhut, Thöl S. 69 ff. und in Wächter, Quellenregister Bd. 2 S. 1089 ff. Die englische WO. von 1882 gibt in Sekt. 72 unter fünf Nummern Entscheidung über einige die Kollision der Gesetze bezüglichen Fragen, zum Teil übereinstimmend mit Art. 85, 86. Wichtig ist der Satz (Nr. 3), daß die Pflicht des Inhabers bezüglich der Notwendigkeit des Protestes oder des Genügens der Notifikation wegen Nichthonorierung nach dem Gesetz des Platzes zu beurteilen, wo der W. nicht honoriert worden. Vgl. v. Canstein § 32 unter B. I. (internat. Wechselr.). Die skandinavische WO., das Schweizerrecht enthalten Bestimmungen wie die D. WO. Späing S. 251 ff. Ausführliche Vorschriften in russ. WO. Art. 82—85, Art. 126.

## XVI. Protest.

*Artikel 87. Jeder Protest muß durch einen Notar oder einen Gerichtsbeamten oder einen Postbeamten aufgenommen werden. Der Zuziehung von Zeugen oder eines Protokollführers bedarf es dabei nicht.

*Artikel 88. In den Protest ist aufzunehmen:

1. der Name oder die Firma der Personen, für welche und gegen welche der Protest erhoben wird;
2. die Angabe, daß die Person, gegen welche protestiert wird, ohne Erfolg zur Vornahme der wechselrechtlichen Leistung aufgefordert worden oder nicht anzutreffen gewesen ist oder daß ihr Geschäftslokal oder ihre Wohnung sich nicht hat ermitteln lassen;
3. die Angabe des Ortes sowie des Kalendertags, Monats und Jahres, an welchem die Aufforderung (Nr. 2) geschehen oder ohne Erfolg versucht worden ist;
4. im Falle einer Ehrenannahme oder einer Ehrenzahlung die Erwähnung, von wem, für wen und wie sie angeboten oder geleistet wird.

Der Protest ist von dem Protestbeamten zu unterzeichnen und mit dem Amtssiegel oder dem Amtsstempel zu versehen.

*Artikel 88a. Der Protest mangels Zahlung ist auf den Wechsel oder auf ein mit dem Wechsel zu verbindendes Blatt zu setzen.

Der Protest soll unmittelbar hinter den letzten auf der Rückseite des Wechsels befindlichen Vermerk, in Ermangelung eines solchen unmittelbar an einen Rand der Rückseite gesetzt werden.

Wird der Protest auf ein Blatt gesetzt, das mit dem Wechsel verbunden wird, so soll die Verbindungsstelle mit dem Amtssiegel oder dem Amtsstempel versehen werden. Ist dies geschehen, so braucht der Unterschrift des Protestbeamten ein Siegel oder Stempel nicht beigefügt zu werden.

Wird der Protest unter Vorlegung mehrerer Exemplare desselben Wechsels oder unter Vorlegung des Originals und einer Kopie erhoben, so genügt die Beurkundung auf einem der Exemplare oder auf dem Originalwechsel. Auf den anderen Exemplaren oder auf der Kopie ist zu vermerken, daß sich der Protest mangels Zahlung auf dem ersten Exemplar oder auf dem Originalwechsel befindet. Auf den Vermerk finden die Vorschriften des Abs. 2 und des Abs. 3 Satz 1 entsprechende Anwendung. Der Protestbeamte hat den Vermerk zu unterzeichnen.

***Artikel 88 b.** Bezieht sich der Protest auf eine andere wechselrechtliche Leistung als die Zahlung, so ist er auf eine Abschrift des Wechsels oder der Kopie oder auf ein mit der Abschrift zu verbindendes Blatt zu setzen. Die Abschrift hat auch die auf dem Wechsel oder der Kopie befindlichen Indossamente und anderen Vermerke zu enthalten. Die Vorschriften des Artikel 88 a Abs. 2, 3 finden entsprechende Anwendung.

**Artikel 89.** Muß eine wechselrechtliche Leistung von mehreren Personen verlangt werden, so ist über die mehrfache Aufforderung nur eine Protesturkunde erforderlich.

***Artikel 89 a.** Die Wechselzahlung kann an den Protestbeamten erfolgen. Die Befugnis des Protestbeamten zur Annahme der Zahlung kann nicht ausgeschlossen werden.

***Artikel 90.** Schreibfehler, Auslassungen und sonstige Mängel der Protesturkunde können bis zur Aushändigung der Urkunde an die Person, für welche der Protest erhoben ist, von dem Protestbeamten berichtigt werden. Die Berichtigung ist als solche unter Beifügung der Unterschrift kenntlich zu machen.

Von dem Protest ist eine beglaubigte Abschrift zurückzubehalten. Über den Inhalt des Wechsels oder der Kopie ist ein Vermerk aufzunehmen. Der Vermerk hat zu enthalten:

1. den Betrag des Wechsels;
2. die Zahlungszeit;
3. den Ort, den Monatstag und das Jahr der Ausstellung;
4. die Namen des Ausstellers, des Remittenten und des Bezogenen;
5. falls eine vom Bezogenen verschiedene Person angegeben ist, durch welche die Zahlung erfolgen soll, den Namen dieser Person sowie die Namen der etwaigen Notadressen und Ehrenakzeptanten.

Die Abschriften und Vermerke sind geordnet aufzubewahren.

Vgl. Art. 91, 98 Nr. 10 und § 21 des Wechselstempelges. v. 10. Juni 1869.

Dernburg § 250. Thöl S. 307 ff., 528, 566. B. und L. S. 330 ff. W. Bd. 2 S. 753. WW. §§ 82 ff. Lehmann § 128. v. Canstein § 22 II. Walter, Der Wechselprotest (1892). Grünhut 2 §§ 78—80; 1 § 16 Anm. 52. Leist, Der Wechselprotest und seine Reform (1899). K. Lehmann § 147.

**1.** Der Protest soll dazu dienen, zu konstatieren, daß gewisse wechselrechtliche Handlungen, welche die WO. für die Entstehung oder Ausübung eines Wechselanspruchs erfordert, zur gehörigen Zeit, am gehörigen Ort, der gehörigen Person gegenüber im Auftrage des Legitimierten durch den Protestbeamten vorgenommen sind. Solche Handlungen sind:

a) die Präsentation zur Annahme im Falle der Art. 19 und 24 Abs. 2;
b) die Feststellung des Tages der Annahme im Falle des Art. 20 Abs. 3;
c) die Forderung des Akzeptes, Art. 25, 29;
d) die Forderung der Annahme durch den Notadressaten, Art. 56;
e) die Forderung der Auslieferung des Duplikats, Art. 69, 72;
f) die Forderung der Zahlung seitens des Bezogenen, Akzeptanten, Domiziliaten, Ehrenakzeptanten, Notadressaten, Art. 41, 43, 60 Abs. 2, 62;
g) die Feststellung der Ehrenannahme und Ehrenzahlung, Art. 58, 88 Nr. 4.

**2.** Als Protestbeamte kannte die bisherige WO. nur Notare und Gerichtsbeamte. Durch das Ges. v. 30. Mai 1908 sind dazu die Postbeamten getreten. Indes ist die Benutzung der Post zur Protesterhebung einstweilen nur mit Einschränkungen möglich. Nach § 3 des Ges. kann der Reichskanzler mit Zustimmung des Bundesrats anordnen, daß die Postverwaltung für bestimmte Fälle, insbesondere mit Rücksicht auf die Art des Protestes oder die Höhe der Wechselsumme, die Protesterhebung nicht übernimmt. Die im Anhang unter 2. abgedruckte Bekanntmachung v. 5. August 1908 (RGBl. S. 482) macht zur Bedingung der Übernahme, daß es sich um einen Protest mangels Zahlung und eine Wechselsumme bis 800 M. handelt, daß der Wechsel nicht in fremder Sprache ausgestellt ist, nicht effektiv auf eine ausländische Münzsorte lautet, weder Notadresse noch Ehrenakzept trägt, und daß nicht mehrere Exemplare desselben Wechsels oder Original und Kopie vorgelegt werden müssen.

Die konkurrierende Zuständigkeit der drei Beamtenkategorien kann landesgesetzlich nicht beschränkt werden. Der Art. 141 EG. z. BGB. findet keine Anwendung. Dagegen liegt es den Landesgesetzen ob, zu bestimmen, welche Gerichtsbeamte zuständig sind. Danach sind, außer den Richtern als den Verwaltern der freiwilligen Gerichtsbarkeit, zur Aufnahme der Wechselproteste berufen (vgl. Weißler, Reichsarchiv 1 S. 34):

in Preußen: die Gerichtsschreiber bei den Amtsgerichten, AusfG. z. GVG. v. 24. April 1878, GS. S. 230, § 70 (wegen der Gerichtsschreibergehülfen vgl.

Ges. v. 3. März 1879, GS. S. 99, § 5, Ges. über freiw. Gerichtsbark. v. 21. Sept. 1899, GS. S. 249, Art. 31) und die Gerichtsvollzieher, § 74;

in Bayern: die Gerichtsvollzieher, AusfG. z. GVG. v. 23. Febr. 1879 Art. 66;

in Sachsen: die Gerichtsschreiber bei den Amtsgerichten im Auftrage der Amtsrichter, Ges. v. 15. Juni 1900, GVBl. S. 269, §§ 37, 39;

in Württemberg: bei Verhinderung von Notaren auf Anordnung des Amtsrichters der Gerichtsschreiber, ausnahmsweise mit Ermächtigung des Justizministeriums auch ein Gerichtsvollzieher, AusfG. z. GVG. v. 24. Jan. 1879, AusfG. z. BGB. v. 28. Juli 1899, RBl. S. 423, Art. 271;

in Baden: bei Wechseln auf nicht mehr als 500 M. die Gerichtsvollzieher, Rechtspolizeiges. v. 17. Juni 1899, GVBl. S. 249, § 36, V. v. 1. Mai 1901, GVBl. S. 351;

in Hessen: die Gerichtsschreiber bei den Amtsgerichten und die Gerichtsvollzieher, AusfG. z. GFG. v. 18. Juli 1899, RBl. S. 287, Art. 64;

in beiden Mecklenburg: die Gerichtsschreiber bei den Amtsgerichten, AusfV. z. GFG. v. 9. April 1899, RBl. S. 227 bzw. 293, § 91 bzw. 86;

in Oldenburg: die Gerichtsschreiber bei den Amtsgerichten und die Gerichtsvollzieher, AusfG. z. GFG. v. 15. Mai 1899, GBl. S. 437, § 8;

in Braunschweig: ebenso, Ges. v. 1. April 1879, GVS. S. 131, §§ 61, 66, AusfG. z. GFG. v. 12. Juni 1899, GVS. S. 389, § 1;

in Lübeck: die Gerichtsvollzieher im Auftrage des Amtsgerichts, V. v. 3. Febr. 1879, § 42, GeschAnw. vom 30. Dez. 1899; in Bremen: die Gerichtsvollzieher, jedoch nur in Vegesack, V. v. 20. Okt. 1885; in Hamburg: ebenso, jedoch nur in Ritzebüttel und Bergedorf, Ges. v. 29. Dez. 1899;

in Elsaß-Lothringen: die Gerichtsvollzieher, Ges. v. 19. Juni 1872, GBl. S. 213, § 16.

Die Landesgesetze regeln auch die örtliche Zuständigkeit der Notare und Gerichtsbeamten sowie die Umstände, unter denen sie von der Ausübung ihres Amtes ausgeschlossen sind. Das Reichsges. über die Angelegenheiten der freiwilligen Gerichtsbarkeit v. 17. Mai 1898 kommt hierfür nicht in Betracht, da sich dessen §§ 167 ff. nur auf die Beurkundung von Rechtsgeschäften beziehen. Die Ausschließungsgründe bestimmen sich z. B. in Preußen für Notare und Gerichtsschreiber nach Art. 84 und 2 des preuß. Ges. über die freiw. Gerichtsbarkeit v. 21. Sept. 1899 verb. mit § 6 RGFG. (vgl. dazu Josef, Freiw. Gerichtsbarkeit 2. Aufl. S. 324), für Gerichtsvollzieher nach § 76 Ausf.G. z. GVG. v. 24. April 1878 verb. mit § 156 GVG. Ein Verstoß hiergegen hat die Unwirksamkeit des Protestes nicht zur Folge, auch eine Überschreitung der örtlichen Zuständigkeit macht den Akt nicht unwirksam (vgl. für Notare und Gerichtsschreiber Art. 84 und 2 preuß. GFG. verb. mit § 7 RGFG.). In derselben Weise ist die Materie in den meisten Bundesstaaten geordnet.

3. Nicht alle Protestbeamte stehen dem Requirenten lediglich als Beamte gegenüber. Der Notar (RG. in JW. 1901 S. 549; 1906 S. $467_{25}$) und der Gerichtsvollzieher (RG. 16 S. 397), die den Auftrag angenommen haben, haften zugleich kontraktlich nach BGB. §§ 675, 276. Das gleiche gilt für den Postprotest, wo aber nicht der Postbeamte, sondern der Postfiskus (Reichsfiskus bzw. bayer. oder württemb. Landesfiskus), der sich des Postbeamten i. S. des § 278 BGB. zur Erfüllung seiner Verbindlichkeit bedient, Gegenkontrahent des Requirenten ist. Dagegen haften Richter und Gerichtsschreiber nur als Beamte, also bei

Fahrlässigkeit nur subsidiär, BGB. § 839 Abs. 1, da sie nur einen Akt der freiwilligen Gerichtsbarkeit vornehmen, Grünhut 2 § 80 Anm. 1, Staub 4. Aufl. § 12 zu Art. 87, anders Stranz, Bernstein. Dritten gegenüber findet eine Haftung überhaupt nicht statt (z. B. kein Ersatzanspruch des Vormanns, der den Wechsel im Regreßwege eingelöst hat, aus verzögerter Aushändigung des Protestes an den Nachmann, Bolze 6 Nr. 287).

Zu der sorgfältigen Ausführung des übernommenen Geschäfts gehört die Prüfung der Legitimation. Der Beamte darf nachfolgende Indossamente zwar nicht selbst durchstreichen, hat aber den Requirenten zur Durchstreichung zu veranlassen. Für Notare wird dies vom RG. in JW. 1906 S. $467_{25}$ anerkannt. Dem Urteil des RG. in Z. d. deutsch. Notarvereins 1905 S. 664, das für Gerichtsvollzieher anders entscheidet, ist nicht beizutreten. Wird in der Geschäftsanweisung auf die Pflicht nicht hingewiesen, so erscheint die Schuld des Beamten in milderem Lichte, beseitigt wird sie dadurch nicht. Imperitia culpae adnumeratur, l. 9 § 5 D. loc. cond. 19, 2, l. 8 § 1 D. ad leg. Aqu. 9, 2. Die Streitfrage, wie der Beamte sich zu verhalten hat, wenn ihm vom Wechselschuldner Zahlung angeboten wird (vgl. Staub Anm. 14 ff. zu Art. 87), ist nunmehr durch Art. 89a gelöst. Der Beamte ist zur Annahme befugt, die Befugnis kann nicht ausgeschlossen werden. Daß er hiernach auch verpflichtet ist, die Zahlung anzunehmen, versteht sich von selbst. Ein Protest, der aufgenommen wäre, trotzdem der Schuldner dem Empfangsbevollmächtigten des Gläubigers Zahlung angeboten hätte, würde die Regreßrechte nicht erhalten. Auch Teilzahlungen, Art. 38, muß der Beamte annehmen. Ist der Wechsel nicht schon vom Requirenten quittiert, so hat er selbst die Quittung zu erteilen. Im übrigen bleibt es dabei, daß der Beamte, auch soweit er Mandatar, nicht Vertreter des Auftraggebers ist. Schuldanerkenntnisse, Zahlungsversprechen des Protestaten nimmt er nicht mit bindender Wirkung entgegen, OHG. 21 S. 168, RG. 24 S. 85.

Hat der Beamte ein Versehen begangen, so kann unter Umständen ein konkurrierendes Verschulden des Auftraggebers darin liegen, daß er es unterließ, für eine Wiederholung des noch zulässigen Protestes zu sorgen, vgl. Staub Anm. 12 zu Art. 87. Der § 254 BGB. ist auch hier maßgebend. Daß der Auftraggeber die ausgehändigte Protesturkunde nie zu prüfen brauchte (so die 7. Aufl. Anm. 2), geht zu weit.

Dem Umfange nach haftet der Protestbeamte grundsätzlich für vollen Schadensersatz nach BGB. §§ 249 ff. Nur die Postverwaltung haftet beschränkt, Ges. v. 30. Mai 1908 § 4 Abs. 1, und zwar beschränkt sich ihre Haftung bei Fehlern im eigentlichen Protestgeschäft auf den Betrag des wechselmäßigen Regreßanspruchs, während bei Fehlern im Beförderungsgeschäft (Beförderung der den Wechsel und Protestauftrag enthaltenden Sendung an die Postanstalt der Bestimmungsstation, Rückbeförderung von Wechsel und Protest an den Auftraggeber) und, soweit es sich um die Auszahlung eingezogener Geldsummen handelt, die allgemeinen Bestimmungen des Postges. v. 28. Okt. 1871 §§ 6 ff. maßgebend sind. Vgl. die durch Nr. 198 des D. RAnz. v. 22. August 1908 veröffentlichte Änderung der Postordnung v. 20. März 1900 § 18a VIII. Die Ersatzpflicht der Post aus Fehlern im Protestgeschäft verjährt in 3 Jahren, Ges. v. 30. Mai 1908 § 4 Abs. 2, ihre sonstige Ersatzpflicht in 6 Monaten, Postges. § 14. Die Ansprüche gegen die übrigen Protestbeamten verjähren, je nachdem kontraktliche oder außervertragsmäßige Haftung in Frage kommt, nach § 195 oder § 852 BGB.

4. Über die Kosten des Protestes bestimmen die Landesgesetze, beim Post=

protest die nach § 3 Abs. 2 der Novelle ergehenden Ausführungsvorschriften. Vgl. Postordnung § 18a X. Darüber, daß der Wechselschuldner, wenn er nicht in Verzug, die Kosten dem Gläubiger nicht zu erstatten braucht, vgl. Anm. 1 zu Art. 91 ff. Die Erstattungspflicht kann aber nicht deshalb bestritten werden, weil der Protest nicht zur Wahrung von Regreßrechten dient, RG. 41 S. 127, Anm. 18 zu Art. 41 ff. Auch bildet der Umstand, daß ein Postprotest geringere Kosten verursacht hätte, keinen Grund, die Erstattung der höheren Notargebühren zu verweigern.

5. Der Inhalt des Protestes ergibt sich aus Art. 88 Abs. 1. Trotz der Worte „der Protest muß enthalten" wurde schon früher angenommen, daß nicht jeder Verstoß den Protest ohne weiteres nichtig macht, ObT. 24 S. 155, OHG. 1 S. 142; 14 S. 39; 18 S. 209. Dies wird jetzt durch die veränderte Fassung „in den Protest ist aufzunehmen" bestätigt.

Die Nr. 1 fordert den Namen oder die Firma des Protestanten und des Protestaten. Ersteres ist notwendig, weil, abgesehen von den Fällen der Art. 18 und 29 Abs. 2, nur der legitimierte Wechselberechtigte mit Erfolg Protest erheben kann, Anm. 4 zu Art. 41 ff. Ebenso hat ein Protest gegen den nicht Wechselverpflichteten keinen Effekt, wobei natürlich nur die Wechselschrift in Betracht kommt, nicht, ob der danach Verpflichtete sich gültig verpflichtet hat. Die Bezeichnungen müssen so genau sein, daß sie keinen Zweifel an der Identität aufkommen lassen, OHG. 10 S. 107; 17 S. 54; 18 S. 422, RG. 45 S. 121. Der Nr. 1 Art. 88 genügt auch eine Bezeichnung des Protestaten mit der Firma; vgl. aber wegen Nr. 2 die Anm. 7. Wo Protestant und Protestat dieselbe Person ist, z. B. wenn der Inhaber zugleich der Domiziliat, spricht man von Deklarationsprotest, OHG. 14 S. 160, Bolze 15 Nr. 250. Die formelle Gültigkeit des Protestes hängt davon, ob der Protestant wirklicher Eigentümer des Wechsels ist oder nur vorgeschobene Person, nicht ab, nur die formale Legitimation durch den Wechsel in Verbindung mit Giro oder Zession muß vorhanden sein. OHG. 5 S. 412. Der Protest hat zu konstatieren, ob der Protestat anwesend getroffen wurde, RG. 23 S. 122, beim Domizilwechsel mit benanntem Domiziliaten also nicht, ob der Akzeptant, sondern nur, ob der Domiziliat, Bolze 14 Nr. 323e; 2 Nr. 810, ebenso jetzt beim Zahlstellenwechsel mit benannter Zahlungsperson. Die Anwesenheit oder Abwesenheit anderer Personen bedarf keiner Feststellung. Ob die angetroffene Zahlungsperson als solche bezeichnet, ist unerheblich, Bolze 6 Nr. 402, 403, auch braucht nur aus dem Gesamtinhalt des Protestes zu erhellen, daß gegen sie, nicht gegen den Bezogenen, protestiert wurde. Bolze 16 Nr. 291; 17 Nr. 307, RG. in JW. 1903 S. $157_{18}$; 1906 S. $765_{37}$. Vgl. den Fall Bolze 15 Nr. 250, wo dem Wortlaut nach gegen den Akzeptanten des benannt domizilierten Wechsels protestiert war, aber auf Antrag des Domiziliaten, der Inhaber war, und in seinem Geschäftslokal der Prokurist die Erklärung abgegeben hatte. Bei Zahlstelle ohne benannten Dritten ist gegen den Bezogenen zu protestieren. Die Identität der betreffenden Person und des Protestaten festzustellen, ist nicht Sache des Protestbeamten. Es genügt, daß er die Person als diejenige, für die sie sich ausgibt, aufführt, zumal in den meisten Fällen eine sichere Feststellung nicht in der Macht des Beamten liegt. Nur wo, wie im Falle der Protestaufnahme außerhalb des wechselmäßigen Wohnortes oder des zulässigen Lokals, Art. 91a Abs. 1, Art. 91 Abs. 1, die Einwilligung des Protestaten erforderlich ist, muß der Protest die Identität des Einwilligenden und des Protestaten ergeben. OHG. 17 S. 59; a. M. Stranz.

6. Die WO. sagt nicht, gegen wen protestiert werden muß, wenn der ur-

sprünglich aus dem Wechsel Verpflichtete durch Tod fortgefallen oder rechtlich unfähig geworden ist, die geforderte Leistung vorzunehmen. Eine Verpflichtung, gegen andere Personen, z. B. Erben, Vormund, andere gesetzliche Vertreter zu protestieren, existiert jedenfalls nicht, der Protest gegen Erben wird aber nach allgemeinen Rechtsgrundsätzen für zulässig erklärt werden müssen. OHG. 2 S. 218; 22 S. 424, RG. 58 S. 49. Verfällt jedoch der Protestat in Konkurs, so ist der Protest nicht etwa gegen den Verwalter, sondern nur gegen den Gemeinschuldner zu erheben. OHG. 24 S. 22 (Plenum), RG. 2 S. 23. Überall, wo die WO. von der Person spricht, an welche ein Wechselbegehren zu richten, sind bestimmte, im Wechsel bezeichnete Personen genannt (Bezogener, Aussteller des eigenen Wechsels, Akzeptant, Domiziliat), die Möglichkeit, eine andere Person zu substituieren, ein Wahlrecht, nicht gegeben. Der Protest mangels Zahlung soll dem Regreßpflichtigen gegenüber feststellen, daß die Zahlung von der nach dem Wechsel verpflichteten Person ordnungsmäßig, am richtigen Ort, zur richtigen Zeit, gefordert und nicht geleistet wurde; dasselbe gilt für jede andere Wechselaufforderung. Der Grund der Nichterfüllung der Aufforderung ist an sich gleichgültig. Der Gemeinschuldner ist auch nicht absolut unfähig zu zahlen, sei es aus fremden Mitteln, sei das aus dem nicht zur Konkursmasse gehörigen Vermögen, § 1 KO., während der Verwalter wechselmäßig Zahlung zu leisten außerstande ist, vgl. Anm. 6 zu Art. 41 ff.

7. Wird der Protestat in der nach Art. 91 Abs. 1 entscheidenden Lokalität angetroffen, so muß der Protest nach Art. 88 Nr. 2 ergeben, daß er ohne Erfolg zur Vornahme der wechselrechtlichen Leistung aufgefordert wurde. Hier bedarf es daher der Angabe einer physischen Person, so daß die Bezeichnung der Firma (z. B. Allgemeine Depositenbank) nicht ausreicht, OHG. 14 S. 160; 15 S. 208. Doch ist Namensnennung nicht stets erforderlich, OHG. 10 S. 108; 14 S. 162. Für die Aufforderung zur Zahlung genügt die Frage, ob solche geleistet werde, ob Deckung eingegangen sei, OHG. 17 S. 54, Bolze 21 Nr. 338. In dem Falle des Art. 20 (Nachsichtwechsel) wird es einer Aufforderung zur Leistung (zur datierten Sichtbescheinigung) und deren Beurkundung überhaupt nicht bedürfen; hier wird es hinreichen, wenn nur die Präsentation des Wechsels festgestellt wird, RG. in JW. 1908 S. $493_{32}$. Diese Präsentation ist aber auch in allen anderen Fällen unerläßlich, vgl. Art. 41, Art. 88a Abs. 4 Satz 1. Der Protest muß sie erkennen lassen, wenn auch nicht durch einen ausdrücklichen Vermerk. Die Antwort, die der Protestat auf die geschehene Aufforderung erteilt, braucht im Gegensatz zu der früheren Nr. 3 Art. 88 nicht beurkundet zu werden. Es ist auch nicht ratsam, sie in den Protest aufzunehmen. Immerhin kann, wenn dies geschieht, die fehlende Feststellung, daß der Protestat ohne Erfolg aufgefordert sei, dadurch ersetzt werden. So beim Protest mangels Zahlung, wenn Zahlung nicht angeboten wird; jede Antwort ist hier bedeutungslos, RG. 24 S. 85; 53 S. 230.

Wird der Protestat in dem Lokal nicht angetroffen, so muß die Tatsache mit Sicherheit aus dem Protest hervorgehen. Die bloße Registrierung der Erklärung einer dritten Person oder der Vermerk fruchtloser Aufforderung eines Dritten, ohne die Angabe, daß der Protestat nicht angetroffen sei, kann nur genügen, wenn der Dritte als Vertreter in der Entgegennahme der Aufforderung angesehen werden durfte. Das ist nach den Umständen des Falles zu beurteilen. Ist der Protestat eine Aktiengesellschaft mit einem aus mehreren, zu kollektiver Vertretung berufenen Personen bestehenden Vorstande, so kann nicht verlangt werden, daß der Protestbeamte in sämtlichen Geschäftslokalitäten der Gesellschaft nach diesem Vorstande sucht. Es genügt, wenn er sich an die Stelle begibt, an der geschäftsüblich Wechselgeschäfte abgemacht, Zahlungsaufforderungen gestellt werden, also in das Kassenlokal, und er ist befugt, diejenige Person, die sich ihm hier zur Entgegennahme der Aufforderung unter Angabe des Namens und der Funktion als legitimiert vorstellt, als legitimiert zu erachten. Der vorsichtige Beamte wird die Frage nach dem vertretungsberechtigten Vorstande allerdings nicht unterlassen und im Protest die Auskunft darüber verzeichnen. Vgl. RG. 3 S. 90, wo nicht für genügend angesehen wurde, daß die Aufforderung an den Kassierer gerichtet war, und andrerseits das eingehende und praktisch wichtige, die Lebens- und Geschäftsverhältnisse berücksichtigende Erk. RG. 24 S. 82. Vgl. Bolze 2 Nr. 812, RG. 53 S. 227 (Protest gegen Reichsbanknebenstelle. Vorstandsbeamter). Natürlich genügt nicht der einfache Vermerk im Protest, daß „der anwesend getroffene Geschäftsgehilfe N. N." aufgefordert sei, ohne Vermerk darüber, ob der Prinzipal an- oder abwesend war, RG. 24 S. 87; bei einem gegen den Domiziliaten zu erhebenden Protest genügt nicht, daß man sich, um gegen den Bezogenen zu protestieren, in die Wohnung des Domiziliaten begeben und nur dessen Schwiegersohn angetroffen habe, RG. 23 S. 121; wohl aber genügt der Vermerk, daß nur der Buchhalter angetroffen sei, Bolze 11 Nr. 286, RG. in JW. 1901 S. $308_{12}$. Der bestellte Vertreter des Prinzipals ist stets als legitimiert anzusehen, wenn er sich als solcher vorstellt, auch wenn der Fall der Vertretung nicht vorgelegen haben sollte. Wird das Lokal, in welchen nach Art. 91 zu protestieren ist, geschlossen gefunden, so genügt es, dies zu konstatieren, RG. 23 S. 122. In RG. 14 S. 145 wurde bei Protest gegen eine Bankstelle der Vermerk, daß die Kasse geschlossen gewesen sei, für ausreichend erachtet.

Endlich ist es im Protest zu vermerken, wenn das Lokal überhaupt nicht aufgefunden wird (Windprotest).

8. In Nr. 3 Art. 88 wird die Angabe des Ortes und der Zeit verlangt.

Unter dem Orte ist die Ortschaft zu verstehen, nicht das Lokal innerhalb der Ortschaft, die Stelle, Art. 91 Abs. 1 Satz 2. Die Angabe ist nicht zu entbehren, weil der Wechselverpflichtete der Aufforderung nur an dem gehörigen Orte nachzukommen hat, z. B. Zahlung nur zu leisten hat im Wechseldomizil, während das Verlangen an einem anderen Orte ungerechtfertigt wäre. Darüber, welches die richtige Ortschaft ist, vgl. Anm. 2 zu Art. 91 ff. Wird nach Art. 91a Abs. 1 Satz 2 im Einverständnis mit dem Protestaten in einem Nachbarort Protest aufgenommen, so muß das Einverständnis aus dem Protest hervorgehen. Das gleiche kann bezüglich des Lokals erforderlich sein, wenn dieses, was nicht nötig, im Proteste genannt wird, Anm. 7 zu Art. 91 ff.

Die Zeit muß aus der Protesturkunde erhellen, weil der Protest regelmäßig an eine bestimmte Frist gebunden ist und die Notifikation wie die Wechselverjährung eng mit der Rechtzeitigkeit des Protestes zusammenhängen. Verlangt werden Jahr, Monat und Kalendertag. Der Wochentag wird nicht verlangt, auch nicht die Stunde; über letztere vgl. Anm. 9 zu Art. 91 ff. Widersprüche in den verlangten Angaben machen den Protest ungültig, StrA. 25 S. 31; 58 S. 292, wenn nicht nur offenbare Schreibfehler vorliegen, die aus der Urkunde selbst ohne weiteres zu berichtigen sind.

Die Orts- und Zeitangaben des Protestes beziehen sich auf die Präsentation des Wechsels und die Aufforderung zur Vornahme der wechselrechtlichen Leistung.

Wo und wann die Protesturkunde hergestellt ist, wird damit nicht gesagt. Der Ort der Herstellung ist gleichgültig, wegen der Zeit s. Anm. 14.

**9.** Art. 88 Nr. 4. Über den Inhalt des Protestes mangels Annahme, wenn Ehrenannahme eintritt, vgl. Art. 58. Im Fall der Ehrenzahlung ist Protest nicht stets erforderlich, wohl aber z. B. wenn die Zahlung durch den Domiziliaten zu Ehren geschieht, Anm. 5 zu Art. 62 ff. Der Protest muß dann ergeben, für wen die Zahlung angeboten oder (nicht „und", wie es in der früheren Nr. 5 Art. 88 hieß) geleistet wird.

**10.** Über die Form des Protestes ist allgemein vorgeschrieben, daß es der Zuziehung von Zeugen oder eines Protokollführers nicht bedarf, Art. 87 Satz 2. Dies auch nicht bei Verhandlungen mit Blinden, Tauben, Stummen, Sprachunkundigen. Es besteht keine Verpflichtung zur Zuziehung eines Dolmetschers, da es sich um Aufnahme einer Willenserklärung nicht handelt.

Jeder Protest ist von dem Protestbeamten zu unterzeichnen und mit dem Amtssiegel oder Amtsstempel zu versehen, Art. 88 Abs. 2. Beides muß innerhalb der Protestfrist geschehen, Anm. 14. Der Gegensatz von Siegel und Stempel, der den §§ 182 ff. des RG. über die Angel. der freiw. Gerichtsbarkeit v. 17. Mai 1898 entspricht, läuft darauf hinaus, daß das Siegel in dem Abdruck des Siegelzeichens in einen mit der Urkunde verbundenen, weichen, selbständigen Stoff (Lack, Oblatenklebestoff), der Stempel in dem mittels Farbstoffs oder unmittelbar durch Pressung auf oder in das Urkundenpapier erfolgter Abdruck des Siegelzeichens besteht, vgl. preuß. Kammerger. Jahrb. 20 A S. 14. Nicht erforderlich ist, daß der Protestbeamte ein eigenes Siegel (Stempel) besitzt, z. B. genügt bei Postprotesten die Beifügung des Amtssiegels (Stempels) der Postanstalt.

**11.** Im übrigen ist hinsichtlich der Form zwischen den Zahlungsprotesten, zu denen auch der Protest mangels Zahlung auf das Duplikat, Art. 69 Nr. 2, gehört, und allen anderen Protesten zu unterscheiden. Bei Zahlungsprotesten findet eine Abschrift des Wechsels, vgl. die frühere Nr. 1 Art. 88, nicht mehr statt, vielmehr wird der Protest auf den Wechsel selbst oder auf ein damit zu verbindendes Blatt gesetzt, Art. 88 a Abs. 1. Der Beweis, daß gerade der eingeklagte Wechsel protestiert wurde, wird hierdurch vollständig gesichert. Den Zweck, nachträglich hinzugefügte Indossamente als solche erkennbar zu machen, sucht der Abs. 2 durch die Vorschrift zu erreichen, daß der Protest unmittelbar hinter dem letzten auf der Rückseite des Wechsels befindlichen Vermerk (Indossament, Quittung, Stempelkassierungsvermerk) und in Ermangelung eines solchen unmittelbar an einem Rande der Rückseite seinen Platz finden soll. Wird ein Zwischenraum gelassen, so tut dies der Gültigkeit des Protestes keinen Eintrag. Schwierigkeiten können aber entstehen, wenn der Zwischenraum zur Weiterindossierung des Wechsels benutzt wird. Aus dem Protest geht dann nicht hervor, daß die neuen Indossamente Nachindossamente sind. Die Urkunde läßt auch die Annahme zu, daß der Protestant den Wechsel nach Verfall eingelöst und verabsäumt habe, die nachfolgenden Indossamente zu durchstreichen. Diese Annahme liegt um so näher, wenn man es mit RG. in Z. d. deutschen Notarvereins 1905 S. 664 nicht als Pflicht jedes Protestbeamten betrachtet, auf einen Mangel der Legitimation aufmerksam zu machen. Vgl. Anm. 3. Der Wechselprozeß wird durch diesen Zweifel ausgeschlossen, ZPO. § 592. Hat ein Vormann den solchergestalt weiterbegebenen Wechsel eingelöst, so muß er, um seine Legitimation herzustellen, diejenigen Indossamente, die auf das den Protestanten legitimierende Giro folgen, durchstreichen. Auch dann bleibt freilich möglich, daß der Regreßschuldner einwendet, die Indossamente hätten undurchstrichen schon bei der Protesterhebung auf dem Wechsel gestanden. Indes für diese Einwendung ist er beweispflichtig. „Von dem Regreßnehmer kann nicht mehr verlangt werden, als daß er sich durch den Wechsel und einen den Vorschriften des Gesetzes entsprechenden Protest legitimiert. Behauptet der Schuldner, daß die wechselmäßige Legitimation des Protestanten zur Protesterhebung bei der Protestierung nicht bestanden habe, sondern erst später durch nachträgliche Änderung hergestellt worden sei, so kann nicht den Regreßnehmer die Beweislast treffen, vielmehr muß von dem Schuldner der Beweis der behaupteten Änderung gefordert werden" (so die Motive zu § 88 a).

Kommt der Protest ganz oder zum Teil auf einer Allonge zu stehen, so soll nach Abs. 3 das Siegel oder der Stempel, statt bei der Unterschrift des Beamten, auf der Verbindungsstelle angebracht werden. Auch diese Vorschrift hat nur instruktionelle Bedeutung. Über die Gestaltung des Protestes bei Duplikaten oder bei Original und Kopie vgl. Abs. 4.

12. Anders verhält es sich mit den übrigen Protesten (Annahmeprotest, Art. 25, 26, 58, Sekuritätsprotest, Art. 29, Ausantwortungsprotest, Art. 69, 72). Hier ist der Wechsel bzw. die Kopie abzuschreiben und der Protest unter entsprechender Anwendung des Art. 88 a Abs. 2, 3 auf die Abschrift oder die damit zu verbindende Allonge zu setzen. Die Abschrift hat auch die auf dem Wechsel oder der Kopie befindlichen Indossamente und anderen Vermerke zu enthalten. Art. 88 b. Sie muß insoweit genau sein, als nötig ist, um über die Identität des eingeklagten und des protestierten Wechsels keinen Zweifel aufkommen zu lassen. Daß unwesentliche Abweichungen nicht schaden, wurde schon nach dem früheren Art. 88 Nr. 1 angenommen, obgleich danach eine „wörtliche" Abschrift gefordert war, ObT. 24 S. 155, OHG. 1 S. 142; 14 S. 39, 18 S. 209. Das jetzige Gesetz, das nur von einer Abschrift spricht, bringt dies noch deutlicher zum Ausdruck. Unschädlich ist nicht nur das Fortlassen von Stempeln, Zeichen, geschäftlichen Notizen; auch ein nicht unterschriebenes Indossament kann fortgelassen oder als „unausgefülltes Indossament" bezeichnet werden. Selbst das Fehlen des Akzeptationsvermerks, wenn nur der Protest selbst den Bezogenen unzweideutig als Akzeptanten bezeichnet, ist vom OHG. 14 S. 163 für unerheblich erklärt; dagegen StrA. 19 S. 1. Als unwesentlich müssen auch gelten Schreibfehler, die sich als solche sofort erkennen lassen, Abweichungen bei unleserlichen oder schwerleserlichen Namensschriften, die Weglassung unleserlicher Unterschriften, wenn sie nur an der betreffenden Stelle durch eine Bemerkung als solche bezeichnet sind, und auch die unrichtige Bezeichnung des Vornamens des Protestanten, wenn dadurch Bedenken über die Person des Protestanten bei dem Protestaten nicht entstehen können, RG. 45 S. 121. Für wesentlicher Mangel werden dagegen zu erachten sein: das gänzliche Fehlen der Bezeichnung des Remittenten oder eines Indossaments, RG. 44 S. 121, RG. in JW. 1904 S. $562_{20}$, Abweichungen im Namen des Indossanten oder Indossatars, ein Vollindossament statt Prokuraindossament, ein Namensindossament statt Blankoindossament und umgekehrt, Abweichungen in Datum, Ort, Summe, Fälligkeitstag, ein durchstrichenes Indossament statt eines undurchstrichenen und umgekehrt. Von den „Vermerken", deren Aufnahme in die Abschrift erfolgen soll, darf jedenfalls nicht fehlen: der Domizilvermerk, OHG 8 S. 88, 92, bei Sichtwechseln das Datum des Akzepts, die Notadresse, die Klauseln „nicht an Order", „ohne Obligo", ohne Protest", „bis hierher Kopie", die Bezeichnung des Wechsels als Prima, Sekunda, die Quittung. Auch das Durchstrichene muß regelmäßig als solches in der Abschrift erscheinen.

**13.** Der Fall des Art. 89, mehrfache Aufforderung aus demselben Wechsel gegen mehrere Protestaten, kann vorkommen bei mehreren Bezogenen, bei der Notadresse oder dem Ehrenakzept, Art. 56, 58, 60 Abs. 2, bei der Intervention zur Zahlung, Art. 62, 64, 88 Nr. 4, bei dem Duplikat, Art. 69, 72. Die sämtlichen Proteste gelten in diesen Fällen als ein einziger Protestakt, der sich unter Umständen über mehr als einen Tag erstrecken kann; vgl. StrA. 76 S. 353, ObT. 63 S. 277. Früher konnten auch mehrere Wechsel auf Antrag desselben Protestanten gegen denselben Protestaten in derselben Urkunde protestiert werden, OHG. 2 S. 216, RG. 32 S. 212. Dies wird jetzt durch die Form der Urkunde ausgeschlossen, sowohl in den Fällen des Art. 88a wie in denen des Art. 88b. Von selbst versteht sich auch, daß an eine analoge Anwendung des Art. 88a Abs. 4 nicht gedacht werden kann.

**14.** Die Herstellung der Protesturkunde braucht nicht in unmittelbarem Anschluß an die Protesthandlung zu erfolgen, auch braucht das Siegel oder der Stempel nicht sofort bei der Unterzeichnung beigefügt zu werden. Aus Art. 41 Nr. 2 folgt nur, daß die Urkunde innerhalb der Protestfrist fertiggestellt werden muß. Bei Ablauf dieser Frist muß sie also unterschrieben und untersiegelt vorliegen. OHG. 7 S. 187; 8 S. 91, RG. in Strafs. 29 S. 373. Von der Fertigstellung an sind Änderungen grundsätzlich ausgeschlossen. Doch bestimmt Art. 90 Abs. 1, daß Schreibfehler, Auslassungen und sonstige Mängel der Urkunde bis zur Aushändigung an den Requirenten unter Beifügung der Unterschrift des Beamten berichtigt werden können.

**15.** Der Art. 90 der früheren Fassung schrieb die Führung eines besonderen Registers vor, in das die Proteste Tag für Tag und nach Ordnung des Datums aufgenommen werden mußten. Gestritten wurde, ob der Eintrag in das Protestregister das Original bildete, von dem der Requirent eine Ausfertigung erhielt, oder ob ihm das Original auszuhändigen und Abschrift in das Register zu nehmen war. Letzteres bestimmte z. B. das preuß. Ges. über die freiw. Gerichtsbarkeit v. 21 Sept. 1899 Art. 62. Durch den jetzigen Art. 90 Abs. 2, 3 ist die Kontroverse beseitigt. Das Protestregister ist abgeschafft, die Urschrift der Urkunde, auch wenn sie mit dem Wechsel nicht verbunden ist, erhält der Requirent. Von dem Protest ist eine beglaubigte Abschrift (mit Angabe wegen des Wechselstempels, vgl. WStempelsteuergeſ. § 21) anzufertigen. Über den Inhalt des Wechsels oder der Kopie wird eine Notiz aufgenommen, die den Betrag des Wechsels, die Zahlungszeit, das Datum der Ausstellung, die Namen des Ausstellers, Remittenten und Bezogenen sowie die Namen einer etwaigen besonderen Zahlungsperson, einer Notadresse und eines Ehrenakzeptanten zu enthalten hat. Die Abschriften und Notizen sind gesondert aufzubewahren. Die Verfügung des preuß. Justizministers v. 16. Sept. 1908, JMBl. S. 339, schreibt die Anlegung von Sammelakten vor.

Auch die zurückbehaltene beglaubigte Abschrift ist eine öffentliche Urkunde, vgl. RG. in Strafs. 1 S. 426, und kann im Fall des Verlustes des Protestes dazu dienen, das Original zu ersetzen, OHG. 23 S. 413, 414, Grünhut 2 § 79 Anm. 81, Ahler Österreich. Wechselrecht S. 90; a. M. Strauz in Staub Art. 73 Anm. 21, Art. 90 Anm. 5. Dagegen lassen sich Mängel und Fehler des Originals mit Hülfe der Abschrift natürlich nicht berichtigen.

**16.** Der Protest ist, wo er vom Gesetz geboten, ein Solennitätsakt, der durch andere Beweismittel nicht ersetzt werden kann. Deshalb ist aber der Gegenbeweis gegen den positiven Inhalt der Protesturkunde nicht ausgeschlossen. Vgl. §§ 415, 417, 418 ZPO. Wechselproteste sind Urkunden im Sinne des § 418. Landesgesetze, die den Beweis gegen die Protesturkunde ausschließen oder beschränken, gibt es nicht. Der fehlende Inhalt des Protestes kann aber durch keinen anderen Beweis ersetzt werden. OHG. 19 S. 147, 150; 7 S. 185; 8 S. 91; 18 S. 349; 25 S. 212. Bolze 9 Nr. 278 (Schreibfehler, die sich als solche nicht aus dem Protest selbst erkennen lassen), 14 Nr. 323 e.

**17.** Ausländische Protesturkunden, die äußerlich unverdächtig sind, namentlich ein Amtssiegel tragen, dürfen als echt erachtet werden. OHG. 1 S. 242; 3 S. 127. Nach § 438 ZPO. hat das Gericht nach den Umständen des Falls zu ermessen, ob eine Urkunde, welche als von einer ausländischen Behörde oder von einer mit öffentlichem Glauben versehenen Person des Auslandes errichtet sich darstellt, ohne näheren Nachweis als echt anzusehen ist; zum Beweise der Echtheit genügt die Legalisation durch einen Konsul oder Gesandten des Reichs; vgl. das RG. v. 1. Mai 1878, RGBl. S. 89, betr. die Beglaubigung öffentlicher Urkunden.

**18.** Über ausl. R. vgl. W. Bd. 2 S. 803 ff. ObT. 36 S. 289 (früheres engl. R.). OHG. 12 S. 372 (holländ. R.), 1 S. 239 (italien. R.), code de comm. art. 173—176. Engl. WO. Sekt. 51 (7, 8), 93, 94. Skandin. Ges. §§ 81—83. Russ. WO. Art. 67—72, 111. Belg. Protestges. v. 10 Juli 1877. Nach der engl. WO. muß der Protest durch einen Notar aufgenommen werden, kann aber, falls solcher am Platze nicht zu erlangen, nach einem dem Gesetz beigefügten Formular von jedem Haushaltungsvorstand oder ständigen Einwohner des Platzes mit zwei Zeugen aufgenommen werden. Abschrift des Wechsels ist notwendig. Die Notierung zum Protest am Tage der Dishonorierung genügt, und der formelle Protest kann dann jederzeit auf den Tag der Notierung ausgestellt werden. Das italien. R. (HGB. Art. 306) läßt den Ersatz des Protestes durch eine Erklärung des Protestaten zu. Nach belg. R. kann der Protest durch Postbeamte aufgenommen werden. Späing S. 260 ff.

## XVII. Ort und Zeit für die Präsentation und andere im Wechselverkehre vorkommende Handlungen.

***Artikel 91.** Die Präsentation zur Annahme oder Zahlung, die Protesterhebung, die Abforderung eines Wechselduplikats sowie alle sonstigen bei einer bestimmten Person vorzunehmenden Akte müssen in deren Geschäftslokal und in Ermangelung eines solchen in deren Wohnung vorgenommen werden. An einer anderen Stelle, z. B. an der Börse, kann dies nur mit beiderseitigem Einverständnisse geschehen.

Ist in dem Proteste vermerkt, daß sich das Geschäftslokal oder die Wohnung nicht hat ermitteln lassen, so ist der Protest nicht deshalb ungültig, weil die Ermittelung möglich war.

Die Verantwortlichkeit des Protestbeamten, der es unterläßt, geeignete Ermittelungen anzustellen, wird durch die Vorschrift des Abs. 2 nicht berührt. Ist eine Nachfrage bei der Polizeibehörde des Ortes ohne Erfolg geblieben, so ist der Protestbeamte zu weiteren Nachforschungen nicht verpflichtet.

***Artikel 91 a.** Eine in dem Geschäftslokal oder in der Wohnung eines Beteiligten vorgenommene Handlung ist auch dann gültig, wenn an Stelle des Ortes, in welchem das Geschäftslokal oder die Wohnung liegt, ein benachbarter Ort in dem Wechsel angegeben ist. Mit beiderseitigem Einverständnisse können auch in anderen Fällen die bei einem

Beteiligten vorzunehmenden Handlungen an einem Orte erfolgen, der dem im Wechsel angegebenen Orte benachbart ist.

Welche Orte im Sinne dieser Vorschriften als benachbarte anzusehen sind, bestimmt der Bundesrat; die Bestimmung ist im Reichs-Gesetzblatte bekannt zu machen.

***Artikel 92.** Verfällt der Wechsel an einem Sonntag oder allgemeinen Feiertage, so ist der nächste Werktag der Zahlungstag. Auch die Herausgabe eines Wechselduplikats, die Erklärung über die Annahme sowie jede andere Handlung können nur an einem Werktage gefordert werden. Fällt der Zeitpunkt, in welchem die Vornahme einer der vorstehenden Handlungen spätestens gefordert werden mußte, auf einen Sonntag oder allgemeinen Feiertag, so muß diese Handlung am nächsten Werktage gefordert werden. Dieselbe Bestimmung findet auch auf die Protesterhebung Anwendung.

Die Proteste sollen nur in der Zeit von 9 Uhr Vormittags bis 6 Uhr Abends erhoben werden. Außerhalb dieser Zeit soll die Protesterhebung nur erfolgen, wenn die Person, gegen welche protestiert wird, ausdrücklich einwilligt.

**Artikel 93.** Bestehen an einem Wechselplatz allgemeine Zahltage (Kassiertage), so braucht die Zahlung eines zwischen den Zahltagen fällig gewordenen Wechsels erst am nächsten Zahltage geleistet zu werden, sofern nicht der Wechsel auf Sicht lautet. Die im Artikel 41 für die Aufnahme des Protestes mangels Zahlung bestimmte Frist darf jedoch nicht überschritten werden.

Vgl. Art. 98 Nr. 10.

Dernburg § 250. Thöl S. 236, 315, 357. B. und L. S. 344 ff. W. Bd. 2 S. 696, 1065, 949. WW. §§ 68, 77, 82, 83, 105, 106. Lehmann §§ 116, 128, 136. v. Canstein § 22. Grünhut 2 § 79.

---



**1.** Die Art. 91—93 beziehen sich gleichmäßig sowohl auf die private Vornahme der darin bezeichneten wechselrechtlichen Handlungen, Präsentation, Zahlungsforderung, Abforderung des Duplikats usw., durch den Wechselberechtigten selbst, wie auf den Legalakt der Protestaufnahme durch den Beamten. Regelmäßig hat die private Handlung der amtlichen vorauszugehen. Geschieht dies nicht, so wird zwar die Gültigkeit der amtlichen Handlung dadurch nicht berührt, doch kann die Unterlassung Kostenfolgen für den Gläubiger haben. Zahlt der Akzeptant an den Protestbeamten, ohne daß ihm der Wechsel vorher zur Zahlung vorgelegt wäre, so sind dem Gläubiger die Protestkosten nicht zu ersetzen. Das gleiche kann der Fall sein, wenn die private Präsentationshandlung an Mängeln leidet, infolge deren der Schuldner nicht in Verzug geriet, vgl. Bolze 8 Nr. 366. Mängel der Amtshandlung hat der Beamte zu verantworten. Ob sie den Akt ungültig machen, ist nicht einheitlich zu entscheiden. Zwingender Natur ist die Vorschrift des Art. 92 Abs. 1, daß Zahlungen und Erklärungen nur an Werktagen gefordert werden können, nicht zwingend ist die Festsetzung der Proteststunden in Abs. 2. In örtlicher Beziehung wird dem Einverständnis der Beteiligten ein Einfluß auf die Wirksamkeit des Aktes eingeräumt in Art. 91 Abs. 1 Satz 2 und Art. 91a Abs. 1 Satz 2; auch soll ein Protest, laut dessen sich das Geschäftslokal oder die Wohnung nicht hat ermitteln lassen, nicht deshalb ungültig sein, weil die Ermittlung möglich war, Art. 91 Abs. 2.

2. Der Art. 91 handelt von dem Lokal, der Stelle (Abs. 1 Satz 2), wo die wechselrechtlichen Handlungen vorzunehmen sind. Über die Ortschaft disponiert er nicht. Darüber entscheidet beim Protest mangels Zahlung der wechselmäßige Wohnort des Akzeptanten oder des Domiziliaten, Art. 4 Nr. 8, Art. 24, 43, beim Protest mangels Auslieferung des Duplikats der aus dem Wechsel ersichtliche Wohnort des Originalverwahrers, Art. 69. Von dem Satze, daß der wechselmäßige Wohnort maßgebend ist, auch wo er sich mit dem wirklichen nicht deckt, hatte die Rechtsprechung des RG. eine Ausnahme gemacht für den Fall, daß das angegebene Lokal nach der politischen Gemeindeverfassung nicht in dem Hauptorte lag, zu dem es einer Verkehrssitte entsprechend im Wechsel gerechnet wurde, sondern in einem an den Hauptort sich anschließenden Nachbarorte (Berlin Nollendorfstraße 20; die Straße gehört zu Schöneberg bei Berlin RG. 32 S. 111; 60 S. 430). Diese Ansicht, die zweckmäßig war, aber auf dem Boden des bisherigen Rechts vielfach bekämpft wurde (so auch von den früheren Aufl. Anm. 38 zu Art. 4, Anm. 5 zu Art. 91ff.), ist nunmehr durch den Art. 91a Abs. 1 Satz 1 sanktioniert. Nach der Fassung des Gesetzes genügt der im benachbarten Ort aufgenommene Protest auch dann, wenn ein Lokal im Wechsel nicht angegeben ist, eine Straßenbezeichnung fehlt, und der Protestbeamte auf andere Weise als durch Ermittlung der Straßenzugehörigkeit den wirklichen Wohnort erfährt. Der Protest im benachbarten wirklichen Wohnort ist aber nicht notwendig, zulässig bleibt der im wechselmäßigen Wohnort erhobene Windprotest. Darüber hinaus gestattet Satz 2 Art. 91a Abs. 1, daß mit beiderseitigem Einverständnis auch in anderen Fällen die bei einem Beteiligten vorzunehmenden Handlungen an einem Orte erfolgen können, der dem im Wechsel angegebenen Orte benachbart ist. Insbesondere kann der Protest mit Zustimmung des Schuldners an der Börse eines dem Zahlungsorte benachbarten Ortes oder in dem im Nachbarort gelegenen Geschäftszimmer des beauftragten Notars erhoben werden. Über das Einverständnis vgl. Anm. 5. Die im Sinne dieser Vorschriften benachbarten Orte sind nach Abs. 2 Art. 91a vom Bundesrate zu bestimmen und im Reichsgesetzblatt bekannt zu machen. In einem anderen als einem solchen Nachbarorte können wechselrechtliche Handlungen auch mit Zustimmung des Beteiligten nicht wirksam vorgenommen werden. Indes ist nach der Natur der Handlung auch hiervon noch eine Ausnahme anzuerkennen für die Präsentation eines Nachsichtwechsels zur Annahme sowie den Protest nach Art. 20. Mindestens mit Zustimmung des Bezogenen, OHG. 10 S. 50, wenn nicht schlechthin (so die früheren Aufl. Anm. 9a zu Art. 87ff.; offen gelassen von RG. 62 S. 95), muß hier auch der wirkliche Wohnort angegangen werden können.

3. Bei der Nachforschung nach dem Beteiligten, insbesondere (vgl. Bolze 8 Nr. 366) nach dem Protestaten, sind zunächst die Angaben im Wechsel zu beachten. Ohne Rücksicht auf sie darf ein Windprotest nicht erhoben werden, selbst durchstrichene Angaben sollen nicht unbeachtet bleiben, OHG. 21 S. 357. Ergibt sich aber, daß die Angaben unrichtig oder nicht mehr richtig sind, weil in der

Zwischenzeit eine Veränderung eintrat, so hat der Beamte sich zu bemühen, das richtige Geschäftslokal, die richtige Wohnung aufzufinden, OHG. 14 S. 261; 22 S. 400. Ebenso wenn Angaben im Wechsel fehlen. Ist der Protestat gestorben, so ist gegen ihn in der Sterbewohnung zu protestieren, RG. 58 S. 48. Darüber, daß ein gegen die Erben oder den Nachlaßpfleger aufgenommener Protest genügt, vgl. Anm. 6 zu Art. 41, Anm. 6 zu Art. 87 ff.

4. In erster Linie kommt es auf das Geschäftslokal an, erst in dessen Ermangelung auf die Wohnung. Ist das Geschäftslokal ermittelt, so darf gegen den Schuldner, der dort nicht angetroffen wird, Abwesenheitsprotest erhoben werden, ohne daß zuvor in seiner Wohnung nachgeforscht werden müßte, OHG. 11 S. 398. Läßt der Wechsel das Geschäftslokal nicht ersehen und ist es auch sonst dem Beamten nicht bekannt, so sind Nachforschungen anzustellen. Anders jedoch, wenn der Wechsel keinen Anhalt dafür bietet, daß der Protestat zu den Personen gehört, die ein Geschäftslokal besitzen, OHG. 25 S. 30 (Protest gegen Prinz Rohan), RG. 2 S. 59. Ob ein bestimmtes Lokal als Geschäftslokal anzusehen ist, muß nach den Umständen entschieden werden. Nicht jedes Verkaufslokal eines Gewerbetreibenden ist darum auch das Geschäftslokal, wohl aber das Kontor eines Kaufmanns. Es wird sich immer fragen, ob das Lokal nach der Geschäftssitte und der Geschäftsanschauung ein solches ist, in welchem wechselrechtliche Handlungen vorgenommen zu werden pflegen. Vgl. ObT. 52 S. 244, StrA. 56 S. 218 (Gemüsekeller kein Geschäftslokal), RG. 16 S. 349 (zu §§ 180, 183 ZPO.), Bolze 8 Nr. 366 (Arbeitsstätte kein Geschäftslokal). Das Geschäftslokal besteht auch nach der Konkurseröffnung fort, es sei denn, daß die Gläubigerschaft das Geschäft in dem Lokale nicht betreibt, RG. 2 S. 23.

In zweiter Linie entscheidet die Wohnung. Bei Handelsgesellschaften kommt sie natürlich nicht in Frage. Darüber, ob Protest im Botschaftshotel möglich ist, vgl. RG. in Gr. 50 S. 1127.

5. Das Geschäftslokal oder die Wohnung sind nicht unbedingt maßgebend; mit beiderseitigem Einverständnis können die wechselrechtlichen Handlungen, insbesondere die Protesterhebung, auch an einer anderen Stelle, z. B. an der Börse oder im Bureau des Notars, geschehen, Art. 91 Abs. 1 Satz 2. Wie im Falle des Art. 91a Abs. 1 Satz 2 kommt es auf das Einverständnis zwischen demjenigen an, der die Handlung vornehmen läßt, und dem, dem gegenüber sie vorgenommen wird, also nach dem Hauptfall auf das Einverständnis zwischen Protestanten und Protestat. Dabei ist nur an ein solches Einverständnis gedacht, das sich unmittelbar bei Vornahme der Handlung, durch die Einlassung des Protestaten auf den Protest, betätigt. Vermerke im Wechsel, wodurch auch der abwesende Protestat gebunden würde, sind nicht gemeint, RG. 66 S. 295. Doch haben solche Vermerke, auch wenn sie nicht nach Art. 43 Abs. 2 eine besondere Zahlungsperson benennen, die Bedeutung, daß die Zahlstelle als Geschäftslokal oder als Wohnung gelten soll, RG. in JW. 1903 S. $51_{24}$, ObGH. Wien in Seuff. Arch. 61 S. 30, und wirken gegen diejenigen, die den Wechsel mit dem Vermerke versehen erwarben, RG. 32 S. 36, Anm. 12 zu Art. 21 ff.

6. Nach dem bisherigen Recht, Art. 91 Abs. 1 Satz 3 a. F., war die Tatsache, daß das Geschäftslokal oder die Wohnung nicht ermittelt werden konnte, erst dann als festgestellt anzunehmen, wenn, was im Protest zu bemerken war, eine bei der Polizeibehörde des Orts geschehene Nachfrage des Protestbeamten keinen Erfolg gehabt hatte. Ehe ein Windprotest erhoben wurde, mußte der Protestbeamte

unbedingt, und zwar persönlich, bei der Polizeibehörde des Protestortes anfragen, auch dann, wenn er schon zuverlässige Kenntnis erlangt hatte, daß der Protestat nach einem anderen Ort verzogen war, oder wenn gegen eine Firma protestiert werden sollte und die Polizei über Firmen überhaupt keine Auskunft erteilte. Andererseits brauchte der Beamte weitere Ermittlungen nicht anzustellen.

Dieser Rechtszustand ist durch die Novelle von 1908 geändert. Nach Abs. 3 Art. 91 wird die Art und Weise der Ermittlung dem pflichtmäßigen Ermessen des Protestbeamten überlassen. Eine Nachfrage bei der Polizeibehörde ist nicht unerläßlich; doch ist der Beamte, wenn sie, sei es durch ihn selbst oder durch einen anderen, geschehen und ohne Erfolg geblieben ist, zu weiteren Nachforschungen nicht verpflichtet. Für die Gültigkeit des Protestes reicht es in allen Fällen hin, wenn in der Urkunde bemerkt ist, daß das Geschäftslokal oder die Wohnung sich nicht habe ermitteln lassen. Darauf, ob gleichwohl eine Ermittlung möglich war, kommt es nicht an, Abs. 2.

7. Daß aus dem Protest das Lokal erhelle, ist nicht vorgeschrieben, Art. 88 Nr. 3. Wird es genannt und wird damit eine Abweichung von der gesetzlichen Vorschrift erkennbar gemacht, so muß sich zugleich ergeben, daß der Protestat mit dem gewählten Lokal einverstanden war, OHG. 1 S. 144. Letztere Bekundung ist stets erforderlich, wenn nach Art. 91a Abs. 1 Satz 2 in einem Nachbarort protestiert worden ist. Die Angaben des Protestes über die Beschaffenheit des Lokals werden bis zum Beweise des Gegenteils als richtig vermutet. OHG. 14 S. 261, RG. 2 S. 23.

8. Sind die wechselrechtlichen Leistungen an einem Sonntage oder allgemeinen Feiertage fällig, so können sie erst am nächsten Werktage gefordert werden; ist der letzte Tag einer dafür bestimmten Frist ein Sonntag oder allgemeiner Feiertag, so endet die Frist am nächsten Werktage, Art. 92. Das entspricht dem BGB. § 193, ZPO. § 222 Abs. 2. Auf die Person der bei der Handlung Beteiligten kommt nichts an; gegen Juden wie Christen darf am Weihnachtstage nicht protestiert werden. Auch die Genehmigung des Protestaten ist wirkungslos. Welches die allgemeinen Feiertage sind, ist landesgesetzlich bestimmt. Die jüdischen gehören nicht dazu, OHG. 2 S. 411, auch nicht Kaisersgeburtstag, RG. in JW. 1903 S. $177_{14}$. Vielmehr sind allgemeine Feiertage (vgl. Weißler, Reichsarchiv 1 S. 36): überall im Reich Neujahr, Ostermontag, Himmelfahrt, Pfingstmontag und Weihnachten (in Elsaß-Lothringen nur der erste Weihnachtstag). Dazu treten:

in ganz Preußen: der Karfreitag, Ges. v. 2. Sept. 1899, GS. S. 161 (der Vorbehalt für Gemeinden mit überwiegend katholischer Bevölkerung, daß die bestehende herkömmliche Werktagstätigkeit nicht verboten werden soll, berührt die rechtliche Natur des bürgerlichen Feiertags nicht); in Preußen mit Ausnahme der Hohenzollernschen Lande: der auf den Mittwoch vor dem letzten Trinitatissonntage verlegte Buß- und Bettag, Ges. v. 12. März 1893, GS. S. 29; in der Rheinprovinz auch Allerheiligen (1. Nov.), KabO. v. 5. Juli 1832, GS. S. 197, v. 7. Febr. 1837, GS. S. 21, 22. Juli 1839, GS. S. 249; in Nassau und Homburg: Fronleichnam, Ges. v. 25. Okt. 1848 § 5 bzw. V. v. 2. Okt. 1849 und 13. August 1850; in Schleswig-Holstein: Gründonnerstag (RG. in JW. 1883 S. $268_4$). Vgl. RG. Strafs. 2 S. 498; 31 S. 221 (Epiphanias, 6. Januar, in den alten Landesteilen kein Feiertag: ebenso nicht Mariä Verkündigung, 25. März, in der Rheinprovinz);

in Bayern: die Tage, die nach Gesetz und Herkommen jeden Orts bisher als christliche Feiertage im Wechselgeschäft gegolten haben, Ges. v. 25. Juli 1850 Art. 5. Vgl. Staudinger, Komm. z. BGB. § 193 Anm. 6;

im Kgr. Sachsen: Epiphanias, Karfreitag, Reformationsfest (31. Okt.) und die beiden Bußtage (Mittwoch vor Okuli und Mittwoch vor dem letzten Sonntage nach Trinitatis), AusfV. z. BGB. v. 6. Juli 1899, GVBl. S. 203, § 8;

in Württemberg: Epiphanias, Karfreitag, Fronleichnam, Peter und Paul (29. Juni), Mariä Himmelfahrt, V. v. 28. Juni 1849, RBl. S. 233, § 1;

in Baden: Karfreitag, Fronleichnam, Allerheiligen, AusfV. z. BGB. v. 11. Nov. 1899, GVBl. S. 521, § 2;

in Hessen: Karfreitag, in Rheinhessen außerdem Fronleichnam, Mariä Himmelfahrt und Allerheiligen, AusfG. z. BGB. v. 17. Juli 1899, RBl. S. 133, Art. 18;

in beiden Mecklenburg: Karfreitag und die Bettage, AusfV. z. BGB. v. 9. April 1899, RBl. S. 57 bzw. 49, § 3;

in Braunschweig: Karfreitag und Bußtag, AusfG. z. BGB. v. 12. Juni 1899, GVS. S. 331, § 15;

in Sachsen-Weimar (AusfG. z. BGB. v. 5. April 1899, RBl. S. 123 Art. 3), Sachsen-Meiningen (AusfG. z. BGB. v. 9. August 1899, VS. S. 333, Art. 3) und Sachsen-Koburg-Gotha (AusfG. z. BGB. v. 20. Nov. 1899, GS. S 199, Art. 4) ebenso;

in Lübeck (AusfG. z. BGB. v. 30. Okt. 1899, VS. S. 150, §§ 20, 171), Bremen (AusfG. z. BGB. v. 18. Juli 1899, GBl. S. 61, § 8), Hamburg (AusfG. z. BGB. v. 14. Juli 1899, Amtsbl. S. 341, § 22) ebenso;

in Elsaß-Lothringen: Karfreitag, Mariä Himmelfahrt, Allerheiligen, V. v. 29 germinal X (Bulletin des Lois Ser. III N. 1997), Ges. v. 19. Okt. 1887 GBl. S. 79.

**9.** Vorschriften über die Tageszeit, in der die Aufnahme des Protestes zu erfolgen hat, waren bis zu der Novelle v. 30. Mai 1908 nur von den Landesgesetzen gegeben. Vgl. für Preußen das Ges. v. 1. Juni 1904 (9 Uhr vormittags bis 6 Uhr abends) und im übrigen die 7. Aufl. Anm. 1. Die Gültigkeit dieser Gesetze wurde mit Unrecht bezweifelt, vgl. OHG. 17 S. 55, RG. in Gr. 45 S. 932. Jetzt gibt der Art. 92 Abs. 2 eine einheitliche Bestimmung, die jedoch nur die Bedeutung einer Sollvorschrift hat. Ohne Zustimmung des Protestaten soll der Beamte nur zwischen 9 Uhr vormittags und 6 Uhr abends Protest erheben. Setzt er sich darüber hinweg, so kann er zur Verantwortung gezogen werden; die Gültigkeit des Protestes bleibt unberührt. Selbst wenn in der Urkunde gesagt wäre, trotz Widerspruchs des Protestaten sei um 8 Uhr abends protestiert, würde der Protest nicht ungültig sein. Anders nach den früheren Landesgesetzen, OHG. 17 S. 55. Wird der Beamte am letzten Protesttage so spät um Protestaufnahme ersucht, daß die Stunde nicht eingehalten werden kann, und ist eine Zustimmung des Protestaten zu der verspäteten Aufnahme nicht zu erwarten, so wird er den Auftrag ablehnen. Nimmt er ihn aber an, so muß er ihn ausführen, widrigenfalls er sich schadensersatzpflichtig macht. Nach früherem Recht, wonach Protest außerhalb der Proteststunde nur mit Zustimmung des Protestaten gültig war, wäre hier eine Ersatzpflicht nicht begündet gewesen. Über eine auf die Behauptung rechtzeitiger Auftragserteilung gestützte Schadensklage vgl. RG. in JW. 1905 S. 439$_{24}$.

**10.** Kassiertage, Art. 93. W. Bd. 2 S. 950. WW. § 75. Der Art. 6 des bayer. Ges. v. 25. Juli 1850, der für die Stadt Augsburg den Montag und den Donnerstag als allgemeine Zahltage festsetzte, ist durch Ges. v. 13. März 1876 aufgehoben. Ebenso sind die in Bremen in Geltung gewesenen Kassiertage durch

Ges. v. 21. April 1876 beseitigt. Zurzeit bestehen solche weder in Deutschland noch in Österreich. Lehmann § $133_{15}$, v. Canstein § $24_{18}$, Grünhut 2 § 103 Anm. 7.

Aus Satz 2 folgt übrigens, daß, wenn der Wechsel zwischen den Kassiertagen fällig wird und die Protestfrist vor dem nächsten Zahltage abläuft, der Inhaber vorher protestieren muß. Wenn auch der Kassiertag der fingierte Verfalltag ist, so soll doch die Protestfrist nach dem wirklichen Verfalltag berechnet werden. B. u. L. S. 350.

**11.** In Italien ist der Neujahrstag kein Feiertag. OHG. 1 S. 238, 246. Die engl. WO. Sekt. 92 bestimmt als Nichtgeschäftstage nur Sonntage, Karfreitag und Christtag, die Bankfeiertage (Ges. v. 1871) und die öffentlichen Buß- und Bettage. Nach engl. Recht war früher der Nachforschungsprotest nicht erforderlich, der Protestbeamte zur Protestierung befugt, wenn ihm durch Mitbewohner des Hauses die Auskunft erteilt wurde, daß der Protestat verzogen sei, man wisse nicht wohin, und Deckung nicht hinterlassen habe. OHG. 3 S. 124, 127. Das muß nach Sekt. 51 ($_7$) auch jetzt gelten, da danach nur die Anführung nötig ist, daß der Bezogene oder Akzeptant nicht aufzufinden sei. An erster Stelle ist auch nach engl. R. im Geschäftslokal, falls solches bekannt, sonst in der gewöhnlichen Wohnung, zu präsentieren. Dies muß auch für die übrigen Akte gelten. Vgl. W. Bd. 2 S. 957 ff. über ausl. Recht. Späing S. 267 ff.

## XVIII. Mangelhafte Unterschriften.

**Artikel 94.** Wechselerklärungen, welche statt des Namens mit Kreuzen oder anderen Zeichen vollzogen sind, haben nur dann, wenn diese Zeichen gerichtlich oder notariell beglaubigt worden, Wechselkraft.

**Artikel 95.** Wer eine Wechselerklärung als Bevollmächtigter eines anderen unterzeichnet, ohne dazu Vollmacht zu haben, haftet persönlich in gleicher Weise, wie der angebliche Machtgeber gehaftet haben würde, wenn die Vollmacht erteilt gewesen wäre. Dasselbe gilt von Vormündern und anderen Vertretern, welche mit Überschreitung ihrer Befugnisse Wechselerklärungen ausstellen.

Vgl. Art. 98 Nr. 10.

Dernburg §§ 254, 252⁹. Thöl S. 113, 230, 233. B. u. L. S. 351. W. Bd. 2 S. 935, 1012. WW. §§ 34, 48. Lehmann §§ 86, 88. v. Canstein § 9 II, § 12 B. Grünhut 1 §§ 33, 34.

---

**1.** An der Vorschrift des Art. 94, daß Handzeichen gerichtlich oder notariell zu beglaubigen, ist durch EG. z. BGB. Art. 141 nichts geändert. Vgl. BGB. § 126. Über die Erfüllung der Form der Beglaubigung bestimmt jetzt das RGes. über die Angelegenheiten der freiwilligen Gerichtsbarkeit vom 17. (20.) Mai 1898 (RGBl. S. 189, 771) §§ 167, 183. Dadurch sind die bisherigen Landesgesetze über die Form der Beglaubigung beseitigt, die Zugeständnisse der Amtsgerichte für die gerichtliche Beglaubigung überall festgestellt. Im § 4 der beiden V. v. 28. April 1849 für Mecklenburg-Schwerin und Mecklenburg-Strelitz war vorgeschrieben, daß die notarielle Beglaubigung zu ihrer Gültigkeit zweier solcher Zeugen bedarf, welchen der Aussteller in Person bekannt ist. Auch die bayrische Notariatsordnung vom 10. November 1861 forderte Vollziehung der Beglaubigungsurkunde auf dem Wechsel durch Notar und zwei Zeugen. Im Bereich der preuß. Notariatsordnung genügte der einfache Beglaubigungsvermerk mit der Unterschrift und dem Siegel des Notars, da das Ges. v. 11. Juli 1845 ein Verbot gegen die Ausstellung solcher Beglaubigungsvermerke nicht enthielt; vgl. Art. 87 WO. OHG. 14 S. 167, ObT. 39 S. 248. Der Vorschrift des Art. 94 genügte, wenn von dem Notar unmittelbar unter dem Wechsel ein die Beglaubigung der vor dem Notar anerkannten Handzeichen enthaltendes Notariatsprotokoll aufgenommen worden war. ObT. 52 S. 479; 54 S. 250. Anders StrA. 50 S. 362. Für Preußen bestimmte sodann über die Form der ger. und notar. Beglaubigung von Unterschriften und Zeichen der § 8 des Ges. v. 15. Juli 1890 (GS. S. 229). Wesentlich übereinstimmte das sächs. Ges. betr. die Beglaubigung von Privaturkunden vom 4. Nov. 1890. Diese Gesetze sind mit dem 1. Januar 1900 beseitigt. Vgl. preuß. Ges. über die freiw. Gerichtsbarkeit vom 21. Septbr. 1899 (GS. S. 249) Art. 144 unt. 22. Über österr. R. vgl. v. Canstein § 12 B. Grünhut 1 § 33 zu Anm. 14, 15.

2. Fehlt die Beglaubigung der Zeichen im Falle des Art. 94, so hat die Unterschrift, die dadurch ersetzt werden soll, keine Bedeutung, weil sie keine Unterschrift ist. Sollen sie die Unterschrift des Ausstellers darstellen, so ist der ganze Wechsel ungültig, Art. 4 Nr. 5, Art. 96 Nr. 5, Art. 7; stellen sie den Akzeptationsvermerk dar, so gilt der Wechsel als nicht akzeptiert, und wer neben einem solchen ungültigen Vermerk akzeptiert, ist nicht als Mitakzeptant, Art. 81, verhaftet. OHG. 15 S. 346. Anders bei vorhandener Unterschrift, die nur den Aussteller nicht bindet. OHG. 17 S. 281. Die Beglaubigung auf dem Wechsel kann auch durch Anerkenntnis im Prozeß oder sonst außerhalb des Wechsels nicht ersetzt werden; auch die Beglaubigung muß auf dem Wechsel erfolgen. ObT. 35 S. 132; 39 S. 248, StrA. 32 S. 343. Die Zeichen müssen wie die Namensschrift von dem Erklärenden vollzogen sein, ob mit oder ohne fremde Beihilfe, ist einflußlos. ObT. 29 S. 245. Vgl. OHG. 7 S. 315. Ausfertigung einer von dem Schreibensunkundigen zum Protokoll gegebenen Wechselerklärung ist kein W. ObT. 35 S 132. Grünhut 1 § 37 bei Anm. 9.

3. Von den Kreuzen und Zeichen, welche die Stelle der Namensschrift vertreten sollen und deshalb beglaubigt sein müssen, sind zu unterscheiden unleserliche Namensunterschriften. Sind sie mit erkennbaren Buchstaben geschrieben, so bedürfen sie der Beglaubigung nicht. OHG. 22 S. 406. Dasselbe muß auch von Namensschrift in hebräischen Lettern gelten.

4. Über Namensunterschrift im allgemeinen und insbesondere der Blinden, Taubstummen, Analphabeten vgl. übrigens die Anm. 23, 24, 25, 26 zu Art. 4.

5. Grünhut 2 § 34. Der Art. 95 (vgl. Art. 55, 298 Abs. 2 HGB I; BGB. § 179; Rehbein BGB. 1 S. 278, 281) setzt voraus, daß der Zeichner im Wechsel als Bevollmächtigter eines Dritten mit dessen Namen oder mit seinem eigenen Namen unter Hinzufügung seiner Eigenschaft als Bevollmächtigter unterzeichnet hat. Ohne solche ausdrückliche Bezeichnung im Wechsel genügt nicht, daß nach der übereinstimmenden Willensmeinung des Zeichners und des ursprünglichen Nehmers die Zeichnung nur in Vollmacht hat geschehen sollen, Vollmacht aber nicht besteht. In solchem Falle ist eine verbindliche Wechselschrift nicht vorhanden, Wechselverpflichtung nicht entstanden, höchstens eine Schadensersatzpflicht. OHG. 20 S. 90. Genoss.Ges. v. 1. Mai 1889 § 26, Ges. v. 20. April 1892 betr. d. Gesellsch. mit beschränkter Haftung § 36, Ges. v. 15. Juni 1895 betr. die privatrechtl.

Verhältnisse der Binnenschiffahrt (RGBl. S. 301) § 15. Überschreiten der Vollmacht bezüglich der Wechselsumme befreit den Prinzipal nicht und macht den Bevollmächtigten nicht zum Wechselschuldner. Vgl. Bolze 2 Nr. 800 (der Vormund zieht, ohne die Mündel namentlich zu bezeichnen); 8 Nr. 367 (der Schiffer zieht unter seinem Namen nur mit dem Zusatz: Kapitän, master. Schiffer); 5 Nr. 493 (der Aussteller zieht auf Wunsch des Klägers an dessen Order unter der Firma seines, des Ausstellers, Sohnes). Art. 95 bezieht sich dagegen nicht auf den Fall der Fälschung, der absichtlichen, fälschlichen Benutzung fremden Namens zu eigener Unterschrift; solche Unterschrift verpflichtet weder den Dritten noch den Zeichner, den Zeichner nicht, weil seine Namensunterschrift fehlt. Vgl. StrA. 76 S. 153; 63 S. 288. Darüber, ob dasselbe nach dem BGB. gilt, wenn der Bevollmächtigte nur den Namen des Machtgebers gezeichnet, und ob er infolgedessen weder diesen, noch sich selbst verpflichtet, vgl. zu Art. 4. Zu den wahren Fällen des Art. 95 gehört dagegen z. B. auch, wenn der zum Firmieren nicht befugte Gesellschafter unter der Gesellschaftsfirma zieht, akzeptiert oder giriert, oder wenn der frühere Gesellschafter einer bereits aufgelösten Handelsgesellschaft mit der erloschenen Gesellschaftsfirma zeichnet. In allen Fällen tritt die wechselrechtliche Verpflichtung des Zeichners, nicht bloß Schadensersatzpflicht ein, wenn er in bezug auf das Wechselgeschäft, wie es durch die Unterschrift eingegangen, aus formellen oder materiellen Gründen nicht als Bevollmächtigter gelten kann, oder wenn er die Grenzen seiner Vollmachtsbefugnisse durch die Wechselzeichnung überschritten hat; dies muß auch für Substitutionsvollmachten gelten. Die Haftung des Zeichners geht soweit, als der angebliche Mandant gehaftet haben würde; sie ist die des Ausstellers, Akzeptanten, Indossanten, je nach der Bedeutuug der Zeichnung, und stets Haftung aus dem W., setzt daher Wechselfähigkeit voraus, wie die Haftung aus § 179 BGB. Geschäftsfähigkeit voraussetzt. Es folgt daraus, daß der Wechsel präjudiziert und verjährt, wie er gegen den Dritten präjudiziert oder verjährt sein würde, daß namentlich, wenn gegen den Machtgeber nicht rechtzeitig und formgerecht protestiert, der Wechsel auch dem Zeichner gegenüber präjudiziert ist. Vgl. Bolze 10 Nr. 302b. Andererseits ist die Verbindlichkeit des Zeichners eine selbständige, sowie jede, nicht subsidiär, so daß die Klage gegen den Dritten die Verjährung gegen ihn nicht unterbricht. ObT. 39 S. 258. Der Grund der Klage gegen den Zeichner ist nicht bloß seine Unterschrift für den Dritten, sondern die besondere rechtliche Qualifikation, welche dieselbe durch den Umstand erhält, daß die Vollmacht fehlt oder überschritten ist. Gleichwohl ist die Beweislast nach BGB. § 179 so zu regeln, daß der Zeichner die Vollmacht zu beweisen hat, wenn der angegangene Machtgeber seine Verpflichtung in Abrede nimmt, RG. in JW. 1902 S. $365_{23}$, Rehbein BGB. 1 S. 281, Dernburg 1 § 169 II. Für das frühere Recht war die Frage bestritten; RG. 18 S. 158 verlangte vom Wechselinhaber den Beweis fehlender Vollmacht des Beklagten. Daß der Inhaber den Zeichner aus Art. 95 nicht in Anspruch nehmen kann, sobald er den Mangel der Vollmacht gekannt hat oder hätte kennen müssen, BGB. § 179 Abs. 3, versteht sich auch hier von selbst, RG. in JW. a. a. O. Auf Abs. 2 § 179 BGB. — schwächere Ersatzpflicht, wenn er selbst den Mangel nicht gekannt hat — kann sich der Zeichner dagegen nach Art. 95 nicht berufen.

6. Über Zeichnung durch Dritte vgl. zu Art. 4 Anm. 27—29, Art. 75, 76 Anm. 1a. Über die Haftpflicht einer Handelsfrau aus der unter ihrem Namen

oder ihrer Firma von ihrem Ehemann gezeichneten Wechselerklärung vgl. OHG. 8 S. 314, und über die Anwendung der auf die kaufmännischen Prokuristen bezüglichen Vorschriften auf den Administrator einer Fabrik StrA. 29 S. 125. Vgl. auch OHG. 13 S. 226; 21 S. 308.

7. Wie Art. 95 bestimmen die ungar., schweizer. und russ. WO. (Art. 9); ebenso ist auch engl. WO. Sekt. 26 zu verstehen; nach Sekt. 23 ($_1$) haftet aber auch derjenige, der unter angenommenem Namen unterzeichnet, wie bei Unterzeichnung mit eigenem Namen. Das schweizer. R. (Art. 820 Oblig.R.) enthält die beachtenswerte Bestimmung, daß Vollziehung mit Kreuzen oder anderen Zeichen, selbst bei Beglaubigung, keine Wechselerklärung herstellt. Späing S. 275.

---

## Dritter Abschnitt.

## Von eigenen Wechseln.

**Artikel 96.** Die wesentlichen Erfordernisse eines eigenen (trockenen) Wechsels sind:

1. die in den Wechsel selbst aufzunehmende Bezeichnung als Wechsel oder, wenn der Wechsel in einer fremden Sprache ausgestellt ist, ein jener Bezeichnung entsprechender Ausdruck in der fremden Sprache;
2. die Angabe der zu zahlenden Geldsumme;
3. der Name der Person oder die Firma, an welche oder an deren Order der Aussteller Zahlung leisten will;
4. die Bestimmung der Zeit, zu welcher gezahlt werden soll (Artikel 4 Nr. 4);
5. die Unterschrift des Ausstellers mit seinem Namen oder seiner Firma;
6. die Angabe des Ortes, Monatstags und Jahres der Ausstellung.

**Artikel 97.** Der Ort der Ausstellung gilt für den eigenen Wechsel, insofern nicht ein besonderer Zahlungsort angegeben ist, als Zahlungsort und zugleich als Wohnort des Ausstellers.

**Artikel 98.** Nachstehende, in diesem Gesetze für gezogene Wechsel gegebene Vorschriften gelten auch für eigene Wechsel:

1. die Artikel 5 und 7 über die Form des Wechsels;
2. die Artikel 9 bis 17 über das Indossament;
3. die Artikel 19 und 20 über die Präsentation der Wechsel auf eine Zeit nach Sicht mit der Maßgabe, daß die Präsentation dem Aussteller geschehen muß;
4. der Artikel 29 über den Sicherheitsregreß mit der Maßgabe, daß derselbe im Falle der Unsicherheit des Ausstellers stattfindet;
5. die Artikel 30 bis 40 über die Zahlung und die Befugnis zur Deposition des fälligen Wechselbetrags mit der Maßgabe, daß letztere durch den Aussteller geschehen kann;

6. die Artikel 41 und 42 sowie die Artikel 45 bis 55 über den Regreß mangels Zahlung gegen die Indossanten;
7. die Artikel 62 bis 65 über die Ehrenzahlung;
8. die Artikel 70 bis 72 über die Kopien;
9. die Artikel 73 bis 76 über abhanden gekommene und falsche Wechsel mit der Maßgabe, daß im Falle des Artikel 73 die Zahlung durch den Aussteller erfolgen muß;
10. die Artikel 78 bis 95 über die allgemeinen Grundsätze der Wechselverjährung, die Verjährung der Regreßansprüche gegen die Indossanten, das Klagerecht des Wechselgläubigers, die ausländischen Wechselgesetze, den Protest, den Ort und die Zeit für die Präsentation und andere im Wechselverkehre vorkommende Handlungen sowie über mangelhafte Unterschriften.

***Artikel 99.** Eigene domizilierte Wechsel sind dem Domiziliaten oder, wenn ein solcher nicht benannt ist, dem Aussteller selbst an demjenigen Orte, wohin der Wechsel domiziliert ist, zur Zahlung zu präsentieren und, wenn die Zahlung unterbleibt, dort zu protestieren.

Ein eigener Wechsel, dessen Zahlung am Wohnorte des Ausstellers durch eine andere Person erfolgen soll, ist dieser Person zur Zahlung zu präsentieren und, wenn die Zahlung unterbleibt, gegen sie zu protestieren.

Bei eigenen Wechseln bedarf es zur Erhaltung des Wechselrechts gegen den Aussteller weder der Präsentation am Zahlungstage noch der Erhebung eines Protestes.

**Artikel 100.** Der wechselmäßige Anspruch gegen den Aussteller eines eigenen Wechsels verjährt in drei Jahren, vom Verfalltage des Wechsels an gerechnet.

Dernburg §§ 247, 255. Thöl S. 602ff., 783ff. (Verjährung), 647 (Domizil-W.). B. u. L. S. 22, 355ff. W. Bd. 1 S. 317. WW. §§ 111—114. Lehmann §§ 89ff. v. Canstein §§ 11, 19. Grünhut 1 §§ 24, 59.

---

1. Die WO. stellt den eigenen Wechsel (uneigentlicher, unförmlicher, Deposito-, Sola-Wechsel, toter, trockener Wechsel) dem gezogenen Wechsel gleich, während die landrechtliche WO. ihn als Schuldschein mit der Wechselklausel über eine materielle Verbindlichkeit, deren Rechtsgrund aus der Urkunde ersichtlich sein mußte, behandelte. §§ 1181 ff. II. 8 ALR. Der eigene Wechsel der WO. ist von dem gezogenen Wechsel nur der Form nach verschieden, im übrigen wie dieser ein Formalakt, bei dem es auf den unterliegenden materiellen, zivilrechtlichen Rechtsgrund nicht ankommt. Die Unterschrift in Verbindung mit der Aushändigung oder gutgläubigem Besitz begründet die Verpflichtung. Die Valutaklausel ist wie beim gezogenen Wechsel überflüssig, ohne daß sie aber den Wechsel ungültig macht. Darüber, ob ein schenkungsweise gegebener Wechsel nach BGB. § 518 wegen Formmangels nichtig ist, vgl. Anm. 8a zu Art. 82. Zusätze im Wechsel, welche sich auf den zivilen Rechtsgrund beziehen, ohne die Wechselobligation davon abhängig zu machen, sind unschädlich, so Pfandverschreibungen, Bemerkungen über die Art der Valuta. StrA. 25 S. 310, ObT. 29 S. 166. OHG. 3 S. 8; 4 S. 100; 9 S. 425; 14 S. 203; 5 S. 45; 21 S. 169, Anm. 1 zu Art. 7. Anm. 1 zu Art. 4. Auch die Klausel im eigenen Wechsel, daß der Aussteller am Verfalltage ohne Präsentation im Kassenlokale des Remittenten zahlen will, ist weder unzulässig, noch unwirksam, mit dem Wesen des Wechsels durchaus nicht unvereinbar. OHG. 8 S. 164.

Darüber, ob eigener oder gezogener Wechsel vorliegt, entscheidet die Form; die WO. hat den eigenen Wechsel in der Form der Tratte durch den trassiert-eigenen Wechsel, Art. 6 Abs. 2, den gezogenen Wechsel in der Form des eigenen Wechsels durch den eigenen domizilierten Wechsel zugelassen. Die gewählte Form ist für die rechtliche Behandlung des Wechsels entscheidend; wie der trassiert-eigene Wechsel nur als gezogener Wechsel behandelt wird, Anm. 3 zu Art. 6, so der domizilierte eigene Wechsel nur als eigener Wechsel, vgl. OHG. 7 S. 197, 198. Eine Kombination beider Formen in demselben Wechsel, welche nicht erkennen läßt, welches Zahlungsversprechen und von wem geleistet, oder einen inneren Widerspruch enthält, macht dagegen den Wechsel ungültig. Dies liegt aber z. B. nicht vor, wenn der Aussteller des eigenen Wechsels seiner Unterschrift das Wort „angenommen" hinzusetzt, StrA. 30 S. 196, oder der eigene Wechsel an der Stelle, wo beim gezogenen Wechsel die Adresse des Bezogenen zu stehen pflegt, den Vermerk „Sola auf — selbst" oder „Sola auf mich selbst" enthält. OHG. 9 S. 422. StrA. 47 S. 337. Ungültig ist dagegen ein Wechsel, der, in der Form des gezogenen Wechsels ausgestellt, das Akzept des Ausstellers trägt, während die Adresse des Bezogenen fehlt, und ein in der Form des trockenen ausgestellter Wechsel, welcher mit einer Adresse und dem Akzept des Adressaten versehen ist. Bolze 3 Nr. 549.

2. Die sog. Schuldverschreibungen nach Wechselrecht, welche auf Order und bestimmte Zeit nach Sicht gestellt sind, sind zwar nicht eigene Wechsel, aber indossable Papiere im Sinne der Art. 301, 303 HGB. I, §§ 363, 364 HGB. II; ihr zivilrechtlicher Charakter wird durch die Stellung an Order nicht geändert. OHG. 5 S. 25, 27; 6 S. 420. Der Wechselprozeß ist aus solchen Schuldverschreibungen nicht zulässig, wohl aber der Urkundenprozeß. ZPO. §§ 592, 602. Die kaufmännische Anweisung wurde in dem sächsischen Ges. v. 7. Juni 1849 über kaufmännische Anweisungen, bayrischen Ges. v. 29. Juni 1857, Ges. v. 13. Juli 1849 über kaufmännische Anweisungen für Sachsen-Weimar, EG. Frankfurt a. M. v. 27. März 1859 § 12, dem gezogenen W. im wesentlichen gleichgestellt. Wechsel im Sinne der WO., § 602 ZPO., sind sie nicht geworden. Inzwischen sind

durch Art. 21 EGes. z. HGB. II diese landesgesetzlichen Vorschriften über kaufmännische Anweisungen beseitigt. HGB. II §§ 363 ff.

Andrerseits kann ein in der Form des eigenen Wechsels ausgestelltes Schriftstück, welchem die Angabe der Zahlungszeit nach Art. 4 Nr. 4, Art. 96 Nr. 4 WO. fehlt, welches aber die Erfordernisse eines kaufmännischen Verpflichtungsscheins im Sinne der Art. 301, 303 HGB. I, §§ 363 ff. HGB. II enthält, als solcher gelten und wirksam bleiben. RG. 48 S. 229 (fehlende Wechselklausel). § 140 BGB. Ist dagegen der formgerechte eigene Wechsel verjährt, so kann er nicht demnächst als kaufmännischer Verpflichtungsschein geltend gemacht werden, da durch die Verjährung die Zahlungspflicht erloschen ist, ebenso kann der Remittent eines formgerechten, aber verjährten oder präjudizierten W. denselben nicht als Anweisung gegen den Akzeptanten geltend machen. OHG. 9 S. 353; 18 S. 188 (W. als Anweisung), RG. 48 S. 229, 231, OHG. 6 S. 130; 21 S. 179; 22 S. 304.

Entspricht ein eigener Wechsel zugleich den Erfordernissen eines zivilrechtlichen Schuldscheins, enthält er also namentlich das Bekenntnis der **bar** empfangenen Valuta, so darf er, auch wenn die Wechselkraft durch Verjährung oder Präjudizierung erloschen ist, zur Begründung des zivilrechtlichen Anspruchs benutzt werden. OHG. 5 S. 257; 9 S. 353, 354, ObT. 9 S. 331; 29 S. 192; 55 S. 106. Dafür genügt aber nicht das einfache allgemeine Bekenntnis der empfangenen Valuta, und wenn die Darlehnsnatur des Empfangenen streitig wird, so kann es selbst beim Bekenntnis der bar empfangenen Valuta auf die konkrete Sachlage ankommen, ob der Wechsel als genügendes Beweismittel zu erachten. StrA. 86 S. 178.

**3.** Auch der eigene Wechsel muß sich **im Kontexte** als Wechsel bezeichnen; die bloße Klausel nach Wechselrecht, nach Wechselstrenge, genügt ebensowenig wie beim gezogenen Wechsel und begründet jetzt auch nicht mehr den Wechselprozeß. Anm. 2, 3 zu Art. 4. RG. 48 S. 223. Der Bezeichnung Wechsel entspricht für den eigenen Wechsel das billet à ordre im französischen Recht, im italienischen Recht cambiale propria, pagherò cambiario, im englischen Recht promissory note.

**4.** Für die Bezeichnung des Remittenten gilt das zu Art. 4 Gesagte. Vgl. noch OHG. 24 S. 274, wonach durch die Worte „an Order im Hause bei Herrn N. N." der Remittent nicht genügend bezeichnet wird. Der Aussteller des eigenen Wechsels kann sich aber nicht selbst als Remittenten bezeichnen und auch durch Hinzufügung eines vollständigen Namensindossaments die im Wechsel selbst fehlende Bezeichnung des Remittenten nicht ergänzen. Der eigene Wechsel an eigene Order ist ungültig und kann daher auch nicht indossiert werden. OHG. 7 S. 191; 16 S. 147. Art. 7. Vgl. **Grünhut** 1 § 59 bei Anm. 3 und dagegen **Lehmann** § $92_{24}$. Es ergibt sich dies aus der Fortlassung des Art. 6, welcher den **gezogenen** Wechsel an eigene Order des Ausstellers zuläßt, im Art. 98 Nr. 1 und aus der Natur des eigenen Wechsels. Der eigene Wechsel würde durch Zulassung des Stellens an eigene Order geradezu ein papiergeldähnliches Papier au porteur werden. An sich widerspricht auch das Ziehen an eigene Order der Form **der Tratte**, da niemand sich selbst Zahlung anweisen und zugleich versprechen kann. Es ist bei dem gezogenen Wechsel aber ausnahmsweise mit Rücksicht auf die Anschauungen und die Bedürfnisse des Handelsverkehrs, dem der gezogene dient, zugelassen worden. Für den eigenen Wechsel, der seiner Natur nach kein Handelswechsel ist, liegen solche Rücksichten nicht vor, und die Weglassung des Art. 6 im Art. 98 Nr. 1 kann daher nicht bloß als zufällig angesehen werden. StrA. 26 S. 298. OHG. 7 S. 194; 16 S. 148. Dies muß auch für den domizilierten eigenen Wechsel gelten, da er in jeder Beziehung auf der Stufe des eigenen Wechsels steht, solange dem Aussteller nicht Wechselrecht gegen den Domiziliaten eingeräumt wird. Konsequent ist dagegen deshalb auch bei dem trassiert-eigenen Wechsel, Art. 6 Abs. 2, das Ziehen an eigene Order des Ausstellers zugelassen. OHG. 7 S. 194. Eigener W. an eigene Order liegt aber nicht vor, wenn eine offene Handelsgesellschaft unter ihrer Firma den W. an die Order einer offenen Handelsgesellschaft stellt, die unter anderer Firma unter denselben Gesellschaftern besteht. RG. 47 S. 156.

5. Über Zahlungszeit, Art. 96 Nr. 4, vgl. die Anm. zu Art. 4. Eigener Wechsel „nach Wiedersicht" als Sichtwechsel vgl. StrA. 19 S. 205.

6. Über Unterschrift, Art. 96 Nr. 5, vgl. im allgemeinen die Anm. zu Art. 4, RG. 30 S. 25 das. Für den eigenen Wechsel ist so wenig wie für den gezogenen Wechsel die Stelle der Namensunterschrift des Ausstellers im Wechsel durch die WO. ausdrücklich vorgeschrieben. Aus der Natur der Unterzeichnung des Ausstellers als des Akts, der die Wechselurkunde zur Vollendung bringt, folgt aber, daß sie nur möglich, wo die Wechselurkunde endet, daß als Unterzeichnung namentlich nicht gelten kann die Namensunterschrift auf der Rückseite des Wechsels und quer durch den Wechselkontext. Im übrigen wird aber im konkreten Fall zu entscheiden sein, ob die Namensunterschrift nach der Stelle, die sie einnimmt, als Unterzeichnung angesehen werden kann. OHG. 9 S. 423; 19 S. 89. Unerheblich ist dabei jedenfalls, ob die Namensunterschrift links oder rechts steht; selbst wenn sie quer an der üblichen Stelle des Akzeptvermerks steht, wird sie immerhin als Unterschrift des Ausstellers gelten können, sobald nicht andere Bedenken entgegenstehen. Daß Zusätze zu der Unterschrift, wie „angenommen" oder „Sola auf mich selbst", unschädlich, vgl. Anm. 1. OHG. 9 S. 422. Daß die Unterschrift allein ohne Geben und Nehmen oder Besitz des W. keinen Wechselanspruch begründet, gilt hier ebenso wie für die Unterschrift des Ausstellers des gezogenen W. Vgl. zu Art. 8 und 22.

7. Das Datum (Ort, Monatstag, Jahr), Art. 96 Nr. 6, braucht nicht im Wechsel selbst oder am Kopfe desselben zu stehen; es ist auch unter der Unterschrift des Ausstellers zulässig. Doppeltes Datum macht den Wechsel ungültig. Anm. 8. RG. 11 S. 165. OHG. 21 S. 179. Vgl. zu Art. 4.

8. Der Art. 97 entspricht dem Art. 4 Nr. 8. Der Ausstellungsort des eigenen Wechsels gilt, wie beim gezogenen W. der des Bezogenen, dessen Stelle der Aussteller des eigenen einnimmt, als Zahlungsort und zugleich als Wohnort des Ausstellers, wenn nicht ein anderer Ort als Zahlungsort angegeben ist, und zwar auch da, wo neben dem Namen des Ausstellers ein anderer Wohnort angegeben; ein solcher W. gilt auch nicht als Domizilwechsel. RG. 8 S. 66. Auch bei dem eigenen Wechsel folgt aus der Natur der Wechselobligation, daß der Zahlungsort nur einer sein darf, OHG. 21 S. 179, und daß beim Mangel der Angabe des Ausstellungsorts der Wechsel ungültig ist, auch wenn er den Vermerk „zahlbar aller Orten" enthält, welcher nach Handelsgebrauch nur die prozessualische Bedeutung hat, daß der Aussteller sich belangen lassen will, wo er betroffen wird. Vgl. zu Art. 4 Anm. 36.

Daß der Ausstellungsort als Wohnort des Ausstellers gilt, entscheidet nicht für die Frage nach der Wechselfähigkeit des Ausstellers. OHG. 23 S. 388. Anm. 1 zu Art. 1.

Aus dem Grundsatz des Art. 97 folgt, daß durch die Benennung eines Orts neben dem Namen des Remittenten dieser Ort nicht als Zahlungsort bestimmt wird, OHG. 5 S. 380, daß neben dem durch den Ausstellungsort bestimmten Wohnort des Ausstellers der wirkliche Wohnort für die Bestimmung des Zahlungsorts nicht in Betracht kommt, und daß es bedeutungslos ist, wenn außer dem Ausstellungsort neben der Namensunterschrift des Ausstellers noch ein anderer Ort benannt ist (z. B. der Aussteller, der den Wechsel in Berlin ausgestellt, unterzeichnet als N. N. in Dresden).

9. Für das Domizilieren des eigenen Wechsels gilt alles, was für den gezogenen Wechsel in dem gleichen Falle gilt. Nur der Aussteller oder derjenige, den er ausdrücklich oder stillschweigend beauftragt hat, kann domizilieren. Der Domizilort muß als vom Ausstellungsort verschiedener Zahlungsort mit Sicherheit aus dem Wechsel erkennbar sein, was unter Umständen auch durch einen Zusatz bei dem Namen des Remittenten geschehen kann, OHG. 3 S. 291, ObT. 38 S. 231. Andernfalls liegt Zahlstellenwechsel vor, der jedoch seit der Novelle von 1908, wenn eine Zahlungsperson benannt ist, ebenso wirkt wie ein Domizilwechsel mit benanntem Domiziliaten. Vgl. unten Anm. 15 und Art. 21 ff. Anm. 12—15.

10. Aus dem Art. 98 soll sich ergeben, inwieweit die bei dem gezogenen Wechsel geltenden Grundsätze auf den eigenen Wechsel Anwendung finden. Ausgeschlossen ist demnach die Anwendung des Art. 6 und der Bestimmungen über Duplikate, Art. 66 ff., Art. 98 Nr. 8. Letzteres hat seinen Grund darin, daß die Duplikate namentlich dazu bestimmt sind, die Zirkulation des Wechsels zu ermöglichen, das eine Exemplar zum Giro, das andere zum Akzept zu benutzen. Dieses Motiv fällt beim eigenen Wechsel fort, während der andere Zweck der Duplikate, den Inhaber gegen den Verlust des Wechsels zu schützen, gegenüber der Gefahr doppelter Zahlung, welche für den Aussteller des eigenen Wechsels aus der Ausstellung mehrerer Exemplare leicht entstehen kann, nicht durchgreifend erschien. Ist ein eigener W. trotzdem in Duplikaten ausgestellt, die als solche bezeichnet, so wird jedes Exemplar als selbständiger W. gelten müssen, was RG. 9 S. 113 dahingestellt sein läßt. Zweifellos ist, daß bei eigenem domizilierten Wechsel der Protest des als Sekunda bezeichneten Exemplars das Recht aus der Prima nicht erhalten kann, da die Exemplare als Prima und Sekunda nicht gelten. RG. 9 S. 113.

Die Streitfrage, welche aus der Weglassung des Art. 44 im Art. 98 Nr. 5 und 6 darüber entstand, ob zur Begründung der Klage gegen den Aussteller des eigenen Wechsels Präsentation und Protest erforderlich sei, wurde durch den den Nürnberger Novellen entstammenden Schlußsatz des Art. 99 früherer Fassung beseitigt; vgl. jetzt Abs. 3 Art. 99, Anm. 15.

11. Nach Art. 98 Nr. 2 finden die Bestimmungen über das Indossament, Art. 9—17, bei dem eigenen Wechsel in derselben Weise Anwendung wie bei dem gezogenen Wechsel. Das Indossament kann danach auch vom Aussteller des eigenen Wechsels untersagt werden (Klausel „nicht an Order"), und das Nachindossament ist ebenso zulässig wie bei der Tratte. Der Aussteller des eigenen Wechsels vereinigt in sich die Funktionen des Ausstellers und Akzeptanten, OHG. 3 S. 187, und der Nachindossatar des eigenen präjudizierten Wechsels erwirbt gegen ihn wie gegen den Akzeptanten beim gezogenen Wechsel selbständiges Wechselrecht, so daß ihm nur die Einreden gemäß Art. 82 entgegengesetzt werden können. OHG. 7 S. 316.

12. Nach Art. 96 Nr. 4, Art. 98 Nr. 3, 5 sind eigene Wechsel auf Sicht und bestimmte Zeit nach Sicht zugelassen. Sicht bedeutet beim eigenen Wechsel, da die Unterschrift des Verpflichteten schon vorhanden, nur Sicht zur Zahlung.

a) Der Aussteller des eigenen Wechsels steht dem Akzeptanten gleich. Unbedenklich ist deshalb, daß das im Art. 31 aufgestellte Präjudiz *bei dem einfachen eigenen Sichtwechsel* bezüglich des Ausstellers nicht durchgreifen kann, nur bezüglich der Indossanten. Hat der Aussteller eine Präsentationsfrist vorgeschrieben, und diese kann im Wechsel beliebig normiert werden OHG. 3 S. 297, so gilt dieselbe für die Vorzeigung, nicht für die Zahlung; mit dem fruchtlosen Ablauf der Frist wird der Aussteller nicht von der Zahlungspflicht frei, sondern es beginnt damit nur die Versäumnis des Wechselinhabers und damit die Verjährung. Art. 100. Ebenso RG. 3 S. 6; 8 S. 66; 28 S. 104. Nach Art. 19, 20, 98 Nr. 3 geht der Anspruch aus einem eigenen Nachsichtwechsel weder durch Versäumnis der rechtzeitigen Präsentation, noch durch Unterlassen des Protestes bei Weigerung des Sichtvermerks oder der Datierung verloren. Hat der Aussteller keine Präsentationsfrist vorgeschrieben, so ist nach dem in Satz 2 Art. 31 ausgedrückten Grundsatz der Wechsel binnen zwei Jahren nach der Ausstellung zur Zahlung zu präsentieren. Geschieht dies nicht, so beginnt mit Ablauf der zwei Jahre die Versäumnis des Inhabers und damit die Verjährung. Für das Verhältnis zwischen dem Inhaber und den Vormännern ist dies in der angezogenen Bestimmnng ausdrücklich ausgesprochen. Für das Verhältnis des Inhabers zum Aussteller fehlt zwar eine ausdrückliche Vorschrift, sie ist aber aus dem Satz 2 Art. 31 auch hierfür zu folgern. Es kann nicht angenommen werden, daß es bei dem einfachen Sichtwechsel dem freien Belieben des Inhabers hat überlassen werden sollen, die Verfallzeit unbegrenzt hinauszuschieben, während bei dem eigenen Wechsel auf bestimmte Zeit nach Sicht nach dem ausdrücklich für anwendbar erklärten Grundsatz des Art. 20 Abs. 3 die zweijährige Präsentationsfrist entscheidet. OHG. 11 S. 47; 4 S. 344; 14 S. 30; 16 S. 346 ff. ObT. 50 S. 369 (nimmt abweichend an, daß mit dem Ablauf der zweijährigen Präsentationsfrist das Wechselrecht verloren).

Hat ein Indossant eine Präsentationsfrist vorgeschrieben und wird die Präsentation innerhalb dieser Frist durch Protest festgestellt, so fixiert dieser den Verfalltag für alle Beteiligte; ist die Protesterhebung unterblieben, so hat die Präsentation für das Verhältnis zwischen dem Inhaber und den Vormännern keine Bedeutung.

b) Bei eigenen Wechseln auf bestimmte Zeit nach Sicht finden die Art. 19, 20 auf das Verhältnis zwischen dem Inhaber und den Vormännern unbeschränkte Anwendung. Ist eine Präsentationsfrist im Wechsel vorgeschrieben, so muß die Präsentation innerhalb derselben durch Protest bei Verlust des Regresses festgestellt werden. Über den Inhalt des Protestes vgl. RG. in JW. 1908 S. $493_{32}$, Anm. 7 zu Art. 87 ff. Das Recht gegen den Aussteller geht durch die Unterlassung nicht verloren. Ist Protest erhoben, so fixiert er auch hier den Verfalltag. Andernfalls beginnt die Verjährung dem Aussteller gegenüber, wenn er selbst die Präsentationsfrist vorgeschrieben hat, mit dem Ablauf dieser Frist, sonst mit dem Ablauf der zweijährigen Frist des Art. 19, immer unter Zurechnung der Sichttage. Durch Klagerhebung kann der Verfalltag nicht bestimmt werden, vgl. zu Art. 18 ff. Anm. 5.

c) Einfache eigene Sichtwechsel sind dem Aussteller bzw. bei Wechseln mit besonderen Zahlungspersonen diesen zur Sicht, d. h. zur Zahlung vorzulegen. Eigene Wechsel auf bestimmte Zeit nach Sicht sind dem Aussteller im Wohnort zur Sicht, d. h. zur Feststellung des Zahlungstages, vorzulegen, auch wenn sie domiziliert sind. Denn der Domizilvermerk betrifft lediglich die Zahlung, nicht andere Wechselakte. Ist ein Domiziliat oder eine sonstige Zahlungsperson benannt, so müssen diese auch für ermächtigt gelten, die Präsentation auf dem Wechsel zu beurkunden; bei Einverständnis des Ausstellers genügt aber zweifellos die Präsentation in dessen Wohnort. OHG. 3 S. 295; 4 S. 57; 10 S. 49. Alles dies gilt nur, wenn nicht etwa, was zulässig, im Wechsel ein besonderer Präsentationsort zur Sicht im letzteren Sinne vorgeschrieben ist. Stimmt der im Wechsel angegebene Wohnort mit dem wirklichen Wohnort nicht überein, so genügt die Präsentation im letzteren jedenfalls dann, wenn der Aussteller damit einverstanden ist, vgl. Anm. 2 zu Art. 91.

**13.** Nach Art. 98 Nr. 7 muß Notadresse auch beim eigenen Wechsel zugelassen werden. Der Regreß auf Sicherstellung, Art. 29, kann dadurch aber nicht abgewendet werden, da von Akzeptation des eigenen Wechsels nicht die Rede sein kann.

**14.** Auch der Aussteller des eigenen Wechsels zahlt Verzugszinsen nur von der Präsentation ab; die WO. enthält keine Bestimmung, daß der Wechsel vom Verfalltage ab zu verzinsen, auch wenn kein Zahlungsverzug vorliegt, der allein die Zinspflicht bedingen kann. Art. 36 Anm. 12. OHG. 5 S. 374. Hat der Aussteller sich indessen verpflichtet, am Verfalltage ohne Präsentation beim Remittenten zu zahlen, so tritt Verzug und Verpflichtung zur Verzinsung ein, wenn er sich nicht beim Remittenten einfindet und dieser den Wechsel in Händen hatte. OHG. 8 S. 164. Dasselbe gilt, wenn der Wechsel beim Remittenten domiziliert ist. Auch in diesem Falle hat der Aussteller sich am Verfalltage in das Geschäftslokal des Remittenten zu begeben und dort Zahlung zu leisten, wenn der Wechsel präsentiert wird; der Verzug fällt aber auch hier fort, wenn der Remittent den Wechsel begeben hat und am Verfalltage nicht in der Lage ist, ihn zu präsentieren und gegen Zahlung zu verabfolgen. OHG. 21 S. 25. Die Verzugszinsen sind auch bei dem eigenen Wechsel mit 6% zu berechnen. OHG. 1 S. 249. Der § 246 BGB. hat den Zinsfuß nicht geändert. Anspruch auf Provision hat der erste Nehmer des Wechsels auch hier nicht, RG. 41 S. 126.

**15.** Die Indossanten eines eigenen domizilierten Wechsels werden frei, wenn der Wechsel nicht gegen den Domiziliaten oder, wo ein solcher nicht benannt, am Domizil gegen den Aussteller protestiert wird. Nach dem neuen Abs. 2 Art. 99 hat sich auch bei Zahlstellenwechseln mit benannter Zahlungsperson der Protest gegen diese zu richten.

Zur Erhaltung des Rechts gegen den Aussteller ist ein Protest in Zukunft nicht mehr erforderlich, Abs. 3 Art. 99. Das bisherige Recht, Art. 99 Satz 2, verlangte solchen, entsprechend dem auf die Tratte bezüglichen Art. 43 Satz 2 a. F., bei Domizilwechseln mit benanntem Domiziliaten. Nach § 6 des Ges. v. 30. Mai 1908 bleibt diese Vorschrift für die vor dem 1. Okt. 1908 ausgestellten Wechsel maßgebend, auch wenn der Verfalltag ein späterer ist. Insoweit bedarf es auch dann des Protestes, wenn Domiziliat der Remittent ist, der den Wechsel bei Verfall in Händen hat, OHG. 13 S. 146.

**16.** Zahlung des Wechsels durch den Aussteller oder den Mitunterzeichner, auch wenn er nur als Bürge unterzeichnet hat, was wie bei der Tratte die wechselmäßige Verpflichtung nicht ändert, Bolze 13 Nr. 305, tilgt den Wechsel; derselbe hat durch die Zahlung sein Ziel erreicht und kann nicht weiter begeben werden; namentlich kann der zahlende Bürge ohne Giro des Remittenten nicht begeben. OHG. 16 S. 39; 1 S. 102. Mehrere Aussteller haften dem Inhaber solidarisch, das Verhältnis unter ihnen selbst ist aber nicht nach Wechselrecht, sondern nach bürgerlichem Recht zu beurteilen. Vgl. darüber Anm. 3 und 4 zu Art. 81.

17. Für die Verjährung gegen den Aussteller gilt dasselbe, wie für die Verjährung gegen den Akzeptanten. Art. 100. Der Fälligkeitstag wird auch hier nach dem im Art. 32 WO. und Art. 328 HGB. I, BGB. § 187 Abs. 1 ausgesprochenen Prinzip in die Verjährungszeit nicht eingerechnet. OHG. 3 S. 415, 417. Der Verfalltag, von welchem die Verjährung läuft, wird durch den Wechsel und die WO. bestimmt. Wegen der Sichtwechsel vgl. die Anm. 12 und im allgemeinen die Anm. zu Art. 77 ff. RG. 28 S. 101, 104.

18. Die engl. WO. behandelt den eigenen W. in Sekt. 83 ff. Sie definiert ihn als das unbedingt schriftliche, vom Aussteller unterzeichnete Versprechen, auf Anfordern oder zu einem bestimmten oder bestimmbaren zukünftigen Zeitpunkte eine bestimmte Geldsumme an eine bestimmte Person oder deren Order oder an den Vorzeiger zu bezahlen. Sie läßt ihn an eigene Order des Ausstellers zu, vorausgesetzt, daß er indossiert wird, bestimmt ausdrücklich, daß er erst mit der Übergabe an den Remittenten oder Inhaber in Kraft tritt und daß der Aussteller dem Akzeptanten, der erste Indossant dem Aussteller des gezogenen W. gleichsteht. Besondere Bestimmungen gibt sie über eigene Sichtwechsel (Präsentation) und die Präsentation bei domizilierten eigenen W. Im übrigen sollen die Vorschriften über gezogene W. sinngemäßige Anwendung finden, mit Ausnahme derjenigen über Annahme, Präsentation zur Annahme, Ehrenannahme unter Protest, Duplikate. Die Bezeichnung als W. ist demnach nicht erforderlich, ebensowenig wie nach französ. und belg. Recht. Der Code fordert auch hier Angabe der Valuta. Das ital. HGB. von 1882 fordert die Bezeichnung als cambiale im Kontext, ge- und unterschrieben vom Aussteller, oder das Versprechen wechselmäßiger Zahlung. Über die promissory notes des gem. nordamerikan. Rechts und deren Eigensch. als eigener W. s. ObT. 43 S. 274 ff. und die dort mitgeteilten Rechtsgutachten, sowie RG. 2 S. 13. Im wesentlichen behandeln der Code und die ihm folgenden ausländischen Rechte den eigenen W. (billet à ordre, promissory note, note of hand) wie die Tratte; ebenso das skandin. Gesetz, welches den Aussteller als Akzeptanten behandelt, nur die Vorschriften über Akzept und Duplikate und die Ausstellung an eigene Order ausschließt. W. Bd. 1 S. 337 ff. Nach dem ital. R. vor 1882 bedurfte es des Protestes beim Domiziliaten nicht, um das Wechselrecht gegen den Aussteller des eigenen W. zu erhalten. OHG. 21 S. 25. Späing S. 280 ff. Über das russ. Recht vgl. Art. 3—85 der russ. WO. von 1902.

# Wechselprozeß.

## Zivilprozeßordnung vom 30. Januar 1877 in der Fassung vom 17. (20.) Mai 1898.

§ **602** (565). Werden im Urkundenprozesse Ansprüche aus Wechseln im Sinne der Wechselordnung geltend gemacht (Wechselprozeß), so kommen die nachfolgenden besonderen Vorschriften zur Anwendung.

§ **603** (566). Wechselklagen können sowohl bei dem Gerichte des Zahlungsorts als bei dem Gericht angestellt werden, bei welchem der Beklagte seinen allgemeinen Gerichtsstand hat.

Wenn mehrere Wechselverpflichtete gemeinschaftlich verklagt werden, so ist außer dem Gerichte des Zahlungsorts jedes Gericht zuständig, bei welchem einer der Beklagten seinen allgemeinen Gerichtsstand hat.

§ **604** (567). Die Klage muß die Erklärung enthalten, daß im Wechselprozesse geklagt werde.

Die Einlassungsfrist beträgt, wenn die Klage am Sitze des Prozeßgerichts zugestellt wird, mindestens vierundzwanzig Stunden; wenn sie an einem anderen Orte innerhalb des Landgerichtsbezirkes, in welchem das Prozeßgericht seinen Sitz hat, zugestellt wird, mindestens drei Tage; wenn sie an einem anderen deutschen Orte zugestellt wird, mindestens eine Woche. Das gleiche gilt von der Ladungsfrist, soweit sie nicht nach den allgemeinen Bestimmungen kürzer als die im ersten Satze festgesetzte Einlassungsfrist ist.

Auf das Verfahren in den höheren Instanzen finden die Vorschriften des Abs. 2 entsprechende Anwendung.

§ **605**. Soweit es zur Erhaltung des wechselmäßigen Anspruchs der rechtzeitigen Protesterhebung nicht bedarf, ist als Beweismittel bezüglich der Präsentation des Wechsels Eideszuschiebung zulässig.

Zur Berücksichtigung einer Nebenforderung genügt, daß sie glaubhaft gemacht ist.

---

§ **592** (555). Ein Anspruch, welcher die Zahlung einer bestimmten Geldsumme oder die Leistung einer bestimmten Quantität anderer vertretbarer Sachen oder Wertpapiere zum Gegenstande hat, kann im Urkundenprozesse geltend gemacht werden, wenn die sämtlichen zur Begründung des Anspruchs erforderlichen Tatsachen durch Urkunden bewiesen werden können. Als ein Anspruch, welcher die Zahlung einer Geldsumme zum Gegenstande hat, gilt auch der Anspruch aus einer Hypothek, einer Grundschuld oder einer Rentenschuld.

§ 593 (556). Die Klage muß die Erklärung enthalten, daß im Urkundenprozesse geklagt werde.

Die Urkunden müssen in Urschrift oder in Abschrift der Klage oder einem vorbereitenden Schriftsatze beigefügt werden. Im letzteren Falle muß zwischen der Zustellung des Schriftsatzes und dem Termine zur mündlichen Verhandlung ein der Einlassungsfrist gleicher Zeitraum liegen.

§ 594 (557). Auf Grund prozeßhindernder Einreden darf die Verhandlung zur Hauptsache nicht verweigert werden; das Gericht kann jedoch die abgesonderte Verhandlung über diese Einreden auch von Amtswegen anordnen.

§ 595 (558). Widerklagen sind nicht statthaft.

Als Beweismittel sind bezüglich der Echtheit oder Unechtheit einer Urkunde, sowie bezüglich anderer als der im § 592 erwähnten Tatsachen nur Urkunden und Eideszuschiebung zulässig.

Die Antretung des Urkundenbeweises kann nur durch Vorlegung der Urkunden erfolgen.

Die Leistung eines Eides ist durch Beweisbeschluß anzuordnen.

§ 596 (559). Der Kläger kann, ohne daß es der Einwilligung des Beklagten bedarf, bis zum Schlusse der mündlichen Verhandlung von dem Urkundenprozesse in der Weise abstehen, daß der Rechtsstreit im ordentlichen Verfahren anhängig bleibt.

§ 597 (560). Insoweit der in der Klage geltend gemachte Anspruch an sich oder infolge einer Einrede des Beklagten als unbegründet sich darstellt, ist der Kläger mit dem Anspruche abzuweisen.

Ist der Urkundenprozeß unstatthaft, ist insbesondere ein dem Kläger obliegender Beweis nicht mit den im Urkundenprozesse zulässigen Beweismitteln angetreten oder mit solchen Beweismitteln nicht vollständig geführt, so wird die Klage als in der gewählten Prozeßart unstatthaft abgewiesen, selbst wenn in dem Termine zur mündlichen Verhandlung der Beklagte nicht erschienen ist oder der Klage nur auf Grund von Einwendungen widersprochen hat, welche rechtlich unbegründet oder im Urkundenprozesse unstatthaft sind.

§ 598 (561). Einwendungen des Beklagten sind, wenn der dem Beklagten obliegende Beweis derselben nicht mit den im Urkundenprozesse zulässigen Beweismitteln angetreten oder mit solchen Beweismitteln nicht vollständig geführt ist, als im Urkundenprozesse unstatthaft zurückzuweisen.

§ 599 (562). Dem Beklagten, welcher dem geltend gemachten Anspruche widersprochen hat, ist in allen Fällen, in denen er verurteilt wird, die Ausführung seiner Rechte vorzubehalten.

Enthält das Urteil keinen Vorbehalt, so kann die Ergänzung des Urteils nach Vorschrift des § 321 beantragt werden.

Das Urteil, welches unter Vorbehalt der Rechte ergeht, ist in betreff der Rechtsmittel und der Zwangsvollstreckung als Endurteil anzusehen.

§ **600** (563). Wird dem Beklagten die Ausführung seiner Rechte vorbehalten, so bleibt der Rechtsstreit im ordentlichen Verfahren anhängig.

Soweit sich in diesem Verfahren ergibt, daß der Anspruch des Klägers unbegründet war, finden die Vorschriften des § 302 Abs. 4 Satz 2—4 Anwendung.

Erscheint in diesem Verfahren eine Partei nicht, so finden die Vorschriften über das Versäumnisurteil entsprechende Anwendung.

§ **601** (564). Die Vorschriften der §§ 540, 541 finden im Urkundenprozeß keine Anwendung.

---

§ **4** Abs. 2. Bei Ansprüchen aus Wechseln im Sinne der Wechselordnung sind Zinsen, Kosten und Provision, welche außer der Wechselsumme gefordert werden, als Nebenforderungen anzusehen.

---

§ **110** (102). Ausländer, welche als Kläger auftreten, haben dem Beklagten auf dessen Verlangen wegen der Prozeßkosten Sicherheit zu leisten.

Diese Verpflichtung tritt nicht ein:

. . . . . . . . . . . . . .

2. im Urkunden- oder Wechselprozesse.

---

§ **538** (500). Das Berufungsgericht hat die Sache, insofern eine weitere Verhandlung derselben erforderlich ist, an das Gericht erster Instanz zurückzuverweisen:

. . . . . . . . . . . . . .

4. wenn das angefochtene Urteil im Urkunden- oder Wechselprozesse unter Vorbehalt der Rechte erlassen ist.

---

§ **708** (648). Auch ohne Antrag sind für vorläufig vollstreckbar zu erklären:

. . . . . . . . . . . . . .

4. Urteile, welche im Urkunden- oder Wechselprozesse erlassen werden.

## Gerichtsverfassungsgesetz vom 27. Januar 1877.

§ **101.** Vor die Kammern für Handelssachen gehören nach Maßgabe der folgenden Vorschriften diejenigen den Landgerichten in erster Instanz zugewiesenen bürgerlichen Rechtsstreitigkeiten, in welchen durch die Klage ein Anspruch geltend gemacht wird:

. . . . . . . . . . . . . .

2. aus einem Wechsel im Sinne der Wechselordnung . . .

---

§ 202. Während der Ferien*) werden nur in Feriensachen Termine abgehalten und Entscheidungen erlassen.

Feriensachen sind:

5. Wechselsachen.**)

Stein, der Urkunden- u. Wechselprozeß. 1887. Sydow, Erörterungen zum Wechselprozeß in der Zeitschr. f. D. Zivilprozeß Bd. 2 S. 470 ff. Kohler, prozeßrechtl. Forschungen. S. 113 ff.

*) Nach § 201 beginnen die Gerichtsferien am 15. Juli und endigen am 15. September.

**) Wechselsachen im Sinne des § 202 sind alle Ansprüche aus Wechseln, auch wenn sie aus Wechseln in fremder Sprache, aus Art. 95 WO. und nicht im Wechselprozeß geltend gemacht werden, RG. 64 S. 164.

# I.

**1.** Der Wechselverkehr fordert eine schleunige, prompte Erledigung entstandener Rechtsstreitigkeiten und eine prompte, energische Exekution gegen den säumigen Schuldner. Ohne dies kann wenigstens der eigentliche Handelswechsel, der gezogene Wechsel, seine Funktion im großen Handelsverkehr nicht erfüllen. Nach den Anschauungen des Handelsstandes ist denn auch mit dem Wechsel die sog. Wechselstrenge, d. h. die unnachsichtige, schleunige, energische Herbeiführung der Befriedigung des Wechselgläubigers, von jeher untrennbar verbunden gewesen. Die Natur des Wechsels als eines Formalakts, durch den eine unbedingte, einseitige, von dem zum Grunde liegenden zivilen Rechtsverhältnis unabhängige Zahlungsverpflichtung mittels der Namensschrift auf dem Wechsel übernommen wird, und bei dem dies im Sinne der WO. durch die Aufnahme des Wortes Wechsel in den Kontext der verpflichtenden Urkunde von vornherein klar gestellt wird, gestattet auch die Zulassung eines Prozeßverfahrens, in welchem die formale Prozedur besonders beschleunigt, die materielle Verteidigung des Beklagten durch Beschränkung auf sofort liquide Einreden verkürzt wird, dem Kläger für seinen in dem Wechsel vorliegenden liquiden Anspruch eine schleunige Rechtshilfe gewährt, dem etwa verletzten materiellen Recht aber dadurch genügt wird, daß dem Beklagten die nachträgliche Geltendmachung seiner Einreden mittels einer im ordentlichen Verfahren zu verhandelnden Nachklage vorbehalten bleibt. Aus diesem Gesichtspunkte, mit welchem der die Einreden selbst begrenzende, auf wesentlich anderer Grundlage beruhende, im ordentlichen Prozeß ebenso wie im Wechselprozeß maßgebende Art. 82 WO. nichts zu tun hat, sind die in der gemeinrechtlichen Prozeßtheorie unter dem Namen der bestimmt summarischen Prozesse bekannten Prozeduren, und der Mandats-, Exekutiv- und Wechselprozeß der neueren Prozeßgesetze entstanden. In allen erscheint der Wechselprozeß als eine besondere, ausgezeichnete Art des Exekutiv- (Urkunden-) Prozesses. Auch die ZPO. hat ihn als eine Unterart ihres Urkundenprozesses aufrecht erhalten, der auf demselben Grund- und Zweckgedanken beruht, wenn derselbe auch infolge des verunglückten § 592 nur eine sehr mangelhafte und halbverfehlte Gestaltung erfahren hat. Der Wechselprozeß der ZPO. hat neben wenigen einzelnen Besonderheiten alle wesentlichen Merkmale des Urkundenprozesses. Darin ist durch die Novelle v. 17. Mai 1898 nur wenig geändert. Die Urkunden, die zum Beweise der klagefundamentalen Behauptungen erforderlich, können nach § 593 Abs. 2 der Klage oder einem vorbereitenden Schriftsatz beigefügt werden; nach § 600 Abs. 2 und dem angezogenen § 302 Abs. 4 Satz 2 kann abweichend von § 593 Abs. 2 der alten Fassung im Nachverfahren der Ersatz des ganzen Schadens neben der Erstattung des Geleisteten verlangt werden; nach § 604 Abs. 2 gilt die Einlassungsfrist von drei Tagen für Klagen, die innerhalb des Landgerichtsbezirks zuzustellen, in dem das Amtsgericht liegt, bei dem die Klage erhoben, und nach § 604 Abs. 3 gelten die kurzen Einlassungsfristen jetzt unzweifelhaft für den Wechselprozeß auch in der Berufungs- und Revisionsinstanz; nach § 605 Abs. 1 ist zum Nachweise der Präsentation (wo Protest nicht erforderlich, z. B. für den Anspruch gegen den Akzeptanten bei Sicht- und Nachsichtwechseln) der Urkundenbeweis nicht erforderlich und Eideszuschiebung zugelassen, nach § 605 Abs. 2 endlich für die Nebenforderungen an Zinsen, Kosten, Provision die Glaubhaftmachung statt des Urkundenbeweises ausreichend.

## II.

2. Der Wechselprozeß ist nach der ZPO. nicht, wie im altpreußischen Verfahren der Mandatsprozeß und der Wechselprozeß, obligatorisch, OHG. 1 S. 50: Der Kläger hat die Wahl zwischen dem ordentlichen Verfahren und dem Wechselprozeß. Zugelassen ist der Wechselprozeß aber nur aus Wechseln im Sinne der WO. und für Ansprüche aus solchen Wechseln. § 602. Stein §§ 13, 26.

a) Wechsel im Sinne der WO. ist der im Inlande oder Auslande, in deutscher oder fremder Sprache ausgestellte Wechsel, welcher den Erfordernissen der Art. 4—7, 96, 98 Nr. 1 WO. entspricht, namentlich also die Bezeichnung als Wechsel im Kontext enthält, Art. 4 Nr. 1 und Anm. 2 zu Art. 4, ferner ein Wechsel, der den gesetzlichen Erfordernissen am Orte seines ausländischen Ausstellungsortes entspricht, da er nach Art. 85 WO. auch im Inlande wechselmäßige Verpflichtung erzeugt. RG. 9 S. 430, 437; 64 S. 164. Gleichgültig ist, ob der ausländische, materiell gültige Wechsel im Auslande nicht oder nicht mehr im Wechselprozeß klagbar sein würde. StrA. 37 S. 339. ObT. 43 S. 274. Stegemann, Rechtspr. des OHG. 1 S. 300. Ausgeschlossen ist der Wechselprozeß, aber nicht der Urkundenprozeß, für Ansprüche aus kaufmännischen Anweisungen und Verpflichtungsscheinen im Sinne der §§ 363 ff. HGB. II, § 783 BGB., auch wenn sie die Wechselklausel (nach Wechselrecht, nach Wechselstrenge) enthalten. (Bolze 2 Nr. 818.)

b) Ansprüche aus Wechseln sind im Sinne der WO. und des § 602 der ZPO. alle Ansprüche aus der Wechselschrift, welche dem legitimierten Wechselinhaber (Eigentümer, Besitzer) oder dem Besitzer des Wechsels gegen den aus der Wechselunterschrift (Akzept, Ausstellung, Indossament, Aval) Verpflichteten zustehen. Dahin ist auch der aus Art. 95 WO. zu rechnen, wenn auch die Wechselschrift in Verbindung mit der mangelnden Vollmacht oder Befugnis den Anspruch begründet, der aber trotzdem Wechselanspruch ist, RG. 64 S. 164. Die Ansprüche gehen nur auf Zahlung oder Sicherstellung. Art. 23, 25 ff., 29, 50, 51, 81, 98 WO. Nach § 592 ZPO., welcher den Urkundenprozeß nur für Ansprüche auf Zahlung einer bestimmten Geldsumme (oder die Leistung einer bestimmten Quantität anderer vertretbarer Sachen oder Wertpapiere) zuläßt, würde der Anspruch aus dem W. auf Sicherstellung im Urkunden- und nach § 602 auch im Wechselprozeß unzulässig sein. Aber Art. 26 u. 29 lassen ausdrücklich den Wechselprozeß zu. Diese Vorschrift ist als prozeßrechtliche Vorschrift eines Reichsgesetzes durch § 13 Abs. 1 des EG. z. ZPO. aufrecht erhalten. Die Zulässigkeit des Wechselprozesses für den Wechselanspruch auf Sicherstellung im Falle Art. 26, 29 der WO. ist demnach nicht zu bestreiten und kaum noch streitig. Vgl. RG. 8 S. 42. Stein § 13 bei Anm. 8.

Anspruch aus dem W. auf Zahlung verfolgt auch die Wechseljudikatklage, OHG. 11 S. 69. Anspruch aus dem W. auf Zahlung ist ferner die Klage auf

Zahlung aus dem W. nach durchgeführter Amortisation. Art. 73, 98 Nr. 9 WO. Nach § 1018 ZPO. ist derjenige, der das Ausschlußurteil erwirkt hat (sein Universal-, Singularsukzessor), berechtigt, die Rechte aus dem W. geltend zu machen und macht sie mit der Klage geltend. Der Wechselprozeß ist deshalb zulässig. Dagegen kann der Wechselprozeß für die Klage des Art. 73 auf Zahlung gegen Sicherheitsbestellung oder Deposition nach eingeleiteter, aber vor durchgeführter Amortisation, schon um deswillen nicht stattfinden, weil der Wechselanspruch nicht gemäß § 592 ZPO. bewiesen werden kann. Grünhut 2 § 103 Anm. 6. Die Urkunde über die Einleitung des Amortisationsverfahrens ersetzt den W. nicht. Im Sinne der WO. ist Wechselkläger derjenige, der zur Zeit der Klageerhebung der legitimierte Wechselinhaber ist. Dies steht bei dem Kläger aus Art. 73 WO. dahin; es bleibt möglich, daß ein Dritter sich gutgläubig im Besitz des verloren gegangenen W. befindet und legitimierter Wechselgläubiger ist. Deshalb findet die Klage nur auf Deposition oder gegen Sicherheitsleistung statt. Das gibt auch der Klage ihre besondere, von der ordentlichen Wechselklage und dem ordentlichen Wechselanspruch abweichende Natur insofern, als sie nicht Legitimation als Wechselgläubiger zur Zeit der Klageerhebung, sondern Eigentum des W. und die daraus folgende Gläubigerschaft zur Zeit des Verlustes und der Einleitung des Amortisationsverfahrens voraussetzt, die Fortdauer der Gläubigerschaft unterstellt. Die Gläubigerschaft wird definitiv erst durch das Ausschlußurteil festgestellt.

Kein Anspruch aus dem W. ist der Anspruch aus Art. 83, weil er nicht aus der Wechselschrift oder doch nicht aus ihr allein, sondern aus dem unterliegenden Verhältnis folgt, ebenso die Revalierungsklage des Bezogenen gegen den Aussteller, Art. 23 Abs. 3, des Domiziliaten gegen den Akzeptanten, der mehreren Aussteller untereinander, die Ansprüche aus Art. 45, 48, 58, 65, 39 auf Schadenersatz, Provision, Herausgabe des Wechsels. Letzterer Anspruch ist vom Wechselprozeß schon durch § 592 ZPO. ausgeschlossen, ebenso wie die Ansprüche aus Art. 68, OHG. 20 S. 92, u. Art. 74, und auf Ungültigkeitserklärung des W., OHG. 12 S. 211. Wenn die Parteien sich über den Wechselanspruch so verglichen haben, daß der Wechsel nicht mehr das alleinige Fundament des Anspruchs ist, wird der Anspruch im Wechselprozeß nicht zuzulassen sein. Regelmäßig wird das aber nicht der Fall sein. Unzulässig ist der Wechselprozeß, wo der Beklagte nicht durch eigene oder in seinem Namen geschehene Wechselunterschrift, sondern, wie in dem Falle des ALR. II 1 § 329, vgl. OHG. 19 S. 206, RG. in Gr. 28 S. 1017, durch bloße Genehmigung zur Zahlung verpflichtet wird. Doch schließt die Natur des Wechselprozesses nicht aus, darin den akzessorischen Anspruch gegen den Ehemann auf Duldung der Zwangsvollstreckung in das eingebrachte Gut oder das Gesamtgut (ZPO. §§ 739, 743, 745 Abs. 2; vgl. auch die Fälle §§ 737, 748 Abs. 2) geltend zu machen, RG. 50 S. 51.

c) Stein § 47. Nach Eröffnung des Konkurses über das Vermögen des Wechselverpflichteten ist der Wechselprozeß wie der Urkundenprozeß gegen den Verwalter der Konkursmasse jedenfalls unzulässig, mag die Klage vorher bereits angestellt gewesen sein oder nicht, weil sich der Anspruch auf Zahlung in einen Anspruch auf Feststellung der Forderung behufs der verhältnismäßigen Befriedigung aus der Konkursmasse umwandelt und die provisorische Natur, welche die Entscheidung im Wechselprozeß nach § 599 ZPO. hat, mit den Zwecken des Konkursverfahrens unvereinbar ist. Für die preuß. KO. v. 9. Mai 1855 früher bereits angenommen, OHG. 42 S. 241, StrA. 42 S. 87, ist dies nach den §§ 12, 146 der RKO. jetzt unbedenklich. War die Klage vor der Eröffnung des Konkurses bereits angestellt, so wird das weitere Verfahren im Prozeß durch die Konkurseröffnung von selbst unterbrochen, §§ 240, 249 ZPO. (vgl. StrA. 60 S. 225 für preuß. Recht früher anders). Will der Kläger seine Befriedigung aus der Konkursmasse suchen, so hat er die Klageforderung nach §§ 12, 138 KO. im Konkurse anzumelden, die im Prozeß bis dahin entstandenen Kosten werden Teil der Forderung. § 62 Nr. 1 KO. Wird die Forderung im Konkurse vom Verwalter der Masse oder von einem Konkursgläubiger bestritten, so hat der Kläger die Wiederaufnahme des unterbrochenen Prozesses durch Ladung des Widersprechenden vor den Prozeßrichter zu betreiben und nun die Feststellung der Forderung im ordentlichen Verfahren herbeizuführen. §§ 144, 146 Abs. 1 KO., § 240 ZPO. Will der Kläger sich am Konkurse nicht beteiligen, so ruht das Prozeßverfahren bis zur Wiederaufhebung des Konkurses. Bestreitet der Gemeinschuldner im Konkurse die Forderung, so ist der Kläger berechtigt, den anhängigen, durch die Konkurseröffnung unterbrochenen Prozeß gegen den Gemeinschuldner allein aufzunehmen, § 144 Abs. 2 KO., um die Feststellung der Forderung auch diesem gegenüber zu erlangen, was für den Fall der Beendigung des Konkurses durch Zwangsvergleich (Akkord) für den Kläger von Wichtigkeit sein kann, da ohne solche Feststellung der Zwangsvergleich für ihn gegen den Gemeinschuldner nicht vollstreckbar ist, § 194 KO. Auch dieses Verfahren gegen den Gemeinschuldner kann nach seinem Zwecke nur das ordentliche sein.

Ist der Bekl. vor der Konkurseröffnung bereits zur Zahlung mit oder ohne Vorbehalt verurteilt und die Forderung beigetrieben, so hat der Kläger an der Fortsetzung der Sache kein Interesse, nur der Verwalter, der dann das Nachverfahren oder den Wechselprozeß durch die Instanzen zu betreiben hat. Ist die Forderung noch nicht beigetrieben, so hat der Kläger die Forderung anzumelden, § 146 KO., und im Bestreitungsfalle die Verfolgung des Widerspruchs abzuwarten, § 146 Abs. 6, § 152 KO. Kohler S. 117 Anm. 3. RG. 50 S. 412. Vgl. den besonderen Fall RG. 12 S. 222.

Ist der Gläubiger vor der Konkurseröffnung mit dem Anspruch oder im Wechselprozeß abgewiesen, ohne daß das Urteil rechtskräftig geworden, so hat er die Forderung nach § 146 KO. anzumelden und im Bestreitungsfalle die Feststellung im ordentlichen Verfahren zu betreiben. Dafür ergeben sich keine Schwierigkeiten, wenn die Abweisung des Anspruchs nach § 597 Abs. 2 ZPO. erfolgt ist; sie steht der neuen Feststellungsklage nicht entgegen. Ist der Anspruch aber als unbegründet abgewiesen, so muß der Gläubiger die Rechtsmittel verfolgen, weil die rechtskräftige Abweisung jede weitere Verfolgung hindern würde. Das führt dazu, daß in diesem Falle die Umwandlung des Wechselprozesses in das ordentliche Verfahren auch in der Berufungsinstanz zugelassen werden muß, und zwar als Folge der Umwandlung des Anspruchs auf Zahlung in den Anspruch auf Feststellung, für den das Gesetz selbst die Verfolgung im Wechselprozeß ausschließt.

War die Klage vor der Eröffnung des Konkurses noch nicht angestellt, so ist die Klage gegen den Gemeinschuldner auf Zahlung unzulässig, sowohl im ordentlichen wie im Wechselprozeß, § 12 KO., wohl aber auf Anerkennung der Forderung im ordentlichen Prozeß, § 12 KO. Aus § 144 Abs. 2 KO. kann das Gegenteil nicht gefolgert werden.

Nach beendigtem Konkurse ist der Wechselprozeß unbedenklich gestattet, und aus Wechseln, welche der Gemeinschuldner nach der Eröffnung des Konkurses gezeichnet, kann er auch während des Konkurses im Wechselprozeß belangt werden, weil sich die beschränkenden Vorschriften der §§ 12—14 KO. nur auf die Konkursgläubiger und das zur Konkursmasse gehörige, d. h. nach § 1 KO. zur Zeit der Eröffnung des Konkurses vorhandene Vermögen beziehen. (Anders früher ObT. 33 S. 187).

Alles dies gilt für jeden im Geltungsbereich der deutschen KO. eröffneten Konkurs.

Ist im Auslande über das Vermögen eines inländischen oder ausländischen Schuldners Konkurs eröffnet, so wird dadurch weder der Wechselprozeß noch die Exekution im Inlande gehindert, wenn durch Anordnung des Reichskanzlers nicht abweichende Bestimmungen getroffen sind. § 237 KO.; vgl. OHG. 2 S. 69ff.; 7 S. 110; 9 S. 9, StrA. 29 S. 294. Das inländische Vermögen wird durch die Konkurseröffnung im Auslande nicht Bestandteil der Konkursmasse. Daraus folgt aber nicht ohne weiteres, daß der im Auslande eröffnete Konkurs für die inländischen Gläubiger stets ohne alle rechtliche Bedeutung ist. Wird der dem ausländischen Recht unterworfene Gemeinschuldner nach demselben durch die Eröffnung des Konkurses z. B. rechtsunfähig oder dispositionsunfähig, so darf dies auch in dem gegen das inländische Vermögen gerichteten Prozeßverfahren nicht unbeachtet bleiben, vgl. OHG. 2 S. 73.

Dagegen ist es rechtlich zweifellos, daß sich der im Inlande im Wechselprozeß belangte Ausländer darauf nicht berufen kann, daß nach dem ausländischen Prozeßrecht das schleunige und seine Verteidigung beschränkende Wechselverfahren nicht statthaft sei, vgl. OHG. 2 S. 68; 9 S. 11.

**3.** Stein §§ 14—18. Erfordernis des Wechselprozesses ist, wie des Urkundenprozesses, daß die sämtlichen zur Begründung des Wechselanspruchs erforderlichen Tatsachen durch Urkunden bewiesen werden können, und zwar vollständig bewiesen werden können. §§ 592, 597 ZPO. Nach Wechselrecht setzt die Entstehung, Erhaltung, Verfolgung des Wechselanspruchs den Besitz des Wechsels oder des Amortisationsurteils, oder des Wechsels und des Protestes, oder des Protestes (Art. 26 WO.) voraus. Daran ist selbstverständlich durch den § 592 nichts geändert; der § 592 kann und soll nicht besagen, daß der Wechselanspruch in diesem Sinne durch andere Urkunden bewiesen werden könne, vielmehr ist der Wechselanspruch durch die WO. als ein im Sinne des § 592 ZPO. zur Verfolgung im Urkundenprozeß recht eigentlich geeigneter Anspruch qualifiziert. Für den Wechselprozeß ist die Beibringung dieser Urkunden nicht Prozeß-, sondern Anspruchs- und Klagevoraussetzung wie im ordentlichen Verfahren. Als zulässige, nicht notwendige Beweisurkunden erwähnt die WO. Art. 46, 50 die Postatteste, Kurszettel, Mäkleratteste, Kursatteste. An der Bedeutung dieser Urkunden ist nach § 13 EG. z. ZPO. nichts geändert. Im Wechselprozeß kommen an erster Stelle diese Urkunden in Betracht. Auch im Wechselprozeß können aber für den Nachweis relevanter Tatsachen Urkunden anderer Art wichtig werden.

Die Urkunden können öffentliche, d. h. von einer öffentlichen Behörde oder einer mit öffentlichem Glauben versehenen Person innerhalb ihrer Zuständigkeit in der vorgeschriebenen Form aufgenommene Urkunden, § 415 ZPO., oder Privaturkunden sein. Der Beweis der Klagetatsachen durch Zeugen oder Eid ist grundsätzlich unstatthaft. Durch § 605 Abs. 1 der Novelle ist die Eideszuschiebung als Beweismittel für die Präsentation zugelassen, wo Protest nicht erforderlich ist, vgl. dazu Anm. 5 zu Art. 18ff.; nach § 605 Abs. 2 ist für die Nebenforderungen

Glaubhaftmachung ausreichend. Sonst ist die Eideszuschiebung nur zum Beweise der Echtheit der Urkunden zugelassen, § 595 Abs. 2 ZPO., Handschriftenvergleichung dagegen ebenso wie jede andere Beweisführung auch hierfür ausgeschlossen. Der eigenartige Diffessionseid des gemeinen Prozeßrechts und der AGO. ist der ZPO. unbekannt. Der Eid über die Echtheit oder Unechtheit einer Urkunde wird in der im § 459 ZPO. für jeden anderen Eid vorgeschriebenen Form gefordert und die allgemeinen Vorschriften für den Eid gelten auch in diesem Falle. Der Eid über die Echtheit der Urkunde ist danach nur zulässig, wenn die Urkunde von der Partei, gegen welche sie gebraucht wird, selbst oder ihrem Rechtsvorgänger oder ihrem Vertreter ausgestellt ist oder die Ausstellung Gegenstand der eigenen Wahrnehmung der Partei gewesen ist. § 440 Abs. 1, § 445 ZPO. RG. 30 S. 405. Im einzelnen folgt aus dem Grundsatze im § 592:

a) Stein § 18. Nur für diejenigen Tatsachen, welche zur Begründung des Klageanspruchs erforderlich sind, ist, abgesehen von den bereits erwähnten Ausnahmen, der Beweis durch Urkunden zu führen. Welche Tatsachen dazu gehören, hängt von der Beschaffenheit des Klageanspruchs ab. 1. Der Anspruch auf Sicherstellung wegen Nichtannahme wird durch Nichtannahme begründet, die Nichtannahme kann nur durch den Protest bewiesen werden, die Aktivlegitimation wird durch den Besitz des Protestes und dessen Inhalt, der zugleich den Inhalt des Wechsels ergibt und die Passivlegitimation dartut, hergestellt. Anm. 3 Art. 25, 26 WO. 2. Der Anspruch auf Sicherstellung wegen Unsicherheit setzt, abgesehen von der Klage gegen den Akzeptanten, Protest und Besitz dieses und des Wechsels, sowie den Nachweis der Voraussetzungen in Nr. 1 oder 2 Art. 29 WO. voraus. Wechsel und Protest kann nach der WO. durch kein anderes Beweismittel ersetzt werden. Nach § 592 ist auch der Nachweis der in Art. 29 Nr. 1, 2 vorausgesetzten Tatsachen urkundlich zu führen. 3. Der Anspruch auf Zahlung der Wechselsumme setzt den Nachweis der Entstehung, beim Regreß auch der Erhaltung des Wechselrechts, der Fälligkeit (bei Sicht), und demgemäß der Wechselschrift, ev. auch der Protestaufnahme, der Präsentation, voraus. Soweit die Legitimation nicht durch den Wechsel erbracht wird, z. B. wenn der Singular- oder Universalsukzessor des legitimierten Wechselgläubigers klagt, sind auch die Tatsachen urkundlich zu beweisen, auf welchen die Sukzession beruht (Zession, Erbgang). Auch die Passivlegitimation, wo sie nicht durch den Wechsel gegeben, ist urkundlich zu beweisen, z. B. durch Vollmacht, Prokura, wo der Beklagte aus Wechselschrift durch einen Bevollmächtigten belangt wird. Die Vertretungsbefugnis des Wechselzeichners gehört zu den die Klage fundierenden Tatsachen. RG. 5 S. 381; 13 S. 369. OHG. 7 S. 315, 186; 12 S. 114. RG. 8 S. 66. OHG. 5 S. 314, 317; 14 S. 31. Bolze 10 Nr. 844, 845, vgl. Anm. 5. Wo, wie nach der preuß. VO. v. 5. Juli 1875 § 42 Nr. 10, § 46 und BGB. §§ 1822 Nr. 9, 1825, 1643 Abs. 1, Abs. 3 der Vormund oder Inhaber der elterlichen Gewalt zur Eingehung wechselmäßiger Verpflichtung der generellen oder speziellen Genehmigung des Vormundschaftsgerichts bedarf, muß diese Genehmigung ebenso urkundlich dargetan werden, wie in dem Falle, wo der Minderjährige im Betriebe eines ihm gestatteten Erwerbsgeschäftes Wechselverbindlichkeit übernommen hat. § 5 preuß. Ges. v. 12. Juli 1875, BGB. § 112. Ebenso war die Genehmigung des Ehemannes zu der Wechselverbindlichkeit der Ehefrau, oder deren Fähigkeit, sich selbständig zu verpflichten, urkundlich darzutun. RG. 4 S. 350. OHG. 5 S. 375, 430. Anm. 12 zu Art. 36 ff. Anm. 14 zu Art. 96 ff. ObT. 22 S. 410. Goldschmidt, Zeitschr. 25

S. 403; 26 S. 354. Grundsätzlich sind überhaupt alle Tatsachen urkundlich darzutun, aus welchen folgt, daß der erhobene Wechselanspruch diesem Kläger gegen diesen Beklagten in dem geltend gemachten Umfange (Zinsen) erworben und fällig ist. Der Protest zur Feststellung der Präsention kann deshalb selbst da, wo der Wechsel in den Händen des ersten Nehmers geblieben, nicht mehr als eine schlechthin überflüssige Maßregel, deren Kosten der Wechselinhaber zu tragen, bezeichnet werden. Vgl. RG. 41 S. 126. OHG. 5 S. 104. Anm. 18 zu Art. 41 ff. Vgl. Art. 42. Wo Protest erforderlich, aber unterblieben, weil er erlassen, gehört auch der urkundliche Nachweis des Erlasses zur Klagebegründung. Die ohne solchen Nachweis erhobene Klage müßte abgewiesen werden, wenn der Bekl. nicht erscheint, weil die Prüfung, ob Protest erforderlich oder nicht, von Amts wegen zu erfolgen hat. Nach Art. 42 WO. hat im Falle des Protesterlasses den Nachweis nicht rechtzeitiger Präsentation der Beklagte zu führen. Dies gilt auch für den Wechselprozeß, ebenso wie die Beweisvorschriften in Art. 46, 50.

Nicht zur Klagebegründung gehört nach Art. 45 ff. WO. die Tatsache der Notifikation, Anm. 3 u. 15 zu Art. 41 ff., OHG. 2 S 118, 125, 219; 16 S. 366. RG. 9 S. 26. Bolze 4 Nr. 549. Nicht dazu gehört ferner die Tatsache, daß der unter seiner Firma klagende Kaufmann, HGB. II § 17, OHG. 3 S. 411; 23 S. 101, zur Führung der Firma berechtigt, Inhaber der Firma, oder bei Wechsel der Inhaberschaft der Firma, daß der dermalige als Kläger auftretende Inhaber berechtigt. Dasselbe muß in gleichem Falle auf seiten des Beklagten gelten, der unter der Firma oder als Inhaber der Firma belangt wird, RG. 41 S. 407, 410. Nicht dazu gehört ferner alles Vorbringen, welches dazu dienen soll, die von dem Beklagten aus dem der Wechselbegebung unterliegenden zivilen Rechtsverhältnis entnommenen Einreden zu beseitigen, vgl. StrA. 23 S. 279; 29 S. 323, oder Einreden zu elidieren, welche die Aufhebung, Tilgung, Erlöschung des entstandenen Wechselanspruchs behaupten. Daß auch die Replik auf die Einrede der mangelnden Wechselfähigkeit dahin zu rechnen, darüber vgl. Anm. 4 zu Art. 1. OHG. 2 S. 177; 4 S. 267, 382. RG. 4 S. 351; 23 S. 296. Ebenso ist der zu Art. 9 (Anm. 2) erwähnte Fall zu behandeln, wo die Forderung aus dem Wechsel ohne Übergabe des Wechsels zediert und dadurch dem Wechselschuldner, dem die Zession notifiziert, eine Einrede gegen die Legitimation des Klägers gegeben war. Der Beweis der Rückzession beseitigt in diesem Falle das erhobene Legitimationsbedenken, schafft aber kein anderes neues Klagefundament neben dem Wechsel. Für alle Tatsachen dieser Art (Repliken) ist nach § 595 Abs. 2 ZPO. außer dem Urkundenbeweis auch der Beweis durch Eid zugelassen, der Zeugenbeweis aber ebenfalls ausgeschlossen. Nach der allgemeinen Fassung des § 595 Abs. 2 ist der Zeugenbeweis auch für solche Tatsachen als ausgeschlossen zu erachten, welche nicht den Anspruch selbst, aber z. B. seine Verfolgung vor einem bestimmten Gericht betreffen. §§ 38, 40 ZPO. Was nicht zu beweisen, nur glaubhaft zu machen, fällt nicht unter § 595 Abs. 2, vgl. § 605 Abs. 2. Für Rechtssätze des ausländischen Rechts gilt § 293 ZPO. unbeschränkt auch im Wechselprozeß. Fraglich ist, ob auch § 288 ZPO., wonach gerichtlich zugestandene, und § 291, wonach bei Gericht offenkundige Tatsachen des Beweises nicht bedürfen, im Wechselprozeß Anwendung finden, soweit es sich um klagebegründende Tatsachen handelt. Bezüglich anderer Tatsachen ist es unzweifelhaft. Von den klagebegründenden Tatsachen aber kann im Wechselprozeß nach Wechselrecht die Wechselschrift und die Protestaufnahme nur durch den Wechsel, das Amortisationsurteil, den Protest, durch kein anderes Beweismittel, auch nicht durch Zugeständnis ersetzt werden. Von Offenkundigkeit solcher Tatsachen, welche der Gläubiger zu seiner Legitimation dem Verpflichteten gegenüber nachweisen muß, kann überhaupt nicht die Rede sein, wenn die Offenkundigkeit des § 291 nicht die Offenkundigkeit für jedermann (Notorietät) ist. In Frage kann der Ersatz des Urkundenbeweises gleichwohl auch im Wechselprozeß kommen, wenn es sich um die Voraussetzungen der Regreßklage auf Sicherheitsleistung im Art. 29 Nr. 1, 2, oder um die Passivlegitimation des Bekl. durch den Nachweis der Vertretungsbefugnis des Wechselzeichners, oder um den Nachweis des Protesterlasses handelt, für den es keiner Form bedarf. Die Konkurseröffnung z. B. (Art. 29 Nr. 1 WO.) kann gerichtskundig, sogar notorisch sein; Prokura, Vollmachtserteilung, Protesterlaß werden zugestanden. Eine innere Rechtfertigung hat die Forderung der Urkunde neben solchem Zugeständnis und die Abweisung der Klage, weil die Urkunde der Klage nicht beigefügt, nicht. In RG. 12 S. 131, 133; 13 S. 369, 370 ist auch der Ersatz des Urkundenbeweises durch Geständnis grundsätzlich zugelassen. Vgl. auch RG. 30 S. 405, 408. Mit § 593 Abs. 2 ist dies aber kaum zu vereinen. Der dem Kläger „obliegende Beweis" in § 597 ZPO. ist doch wohl der ihm nach § 592 obliegende Beweis. In § 592 wird auch die Urkunde nicht als Beweismittel für streitige Tatsachen, sondern zur Qualifikation des Anspruchs und als Grundlage des Prozesses gefordert. Läßt man die Heilung des Mangels der Urkunde als Grundlage der Prozeßart durch Geständnis überhaupt zu, so verflüchtigt sich die ganze Prozeßart und es genügt schließlich, daß der Beklagte einräumt, die Urkunden von dem in der Klage angegebenen Inhalt unterzeichnet zu haben, um den Anspruch als urkundlichen zu erachten, und der § 592 hätte dann dahin gefaßt werden können, daß ein Anspruch im Urkundenprozeß geltend gemacht werden kann, wenn die sämtlichen zur Begründung des Anspruchs erforderlichen Tatsachen durch Urkunden bewiesen werden können, oder zugestanden sind. Daß der § 592 so nicht gemeint ist, sondern für urkundliche Ansprüche ein besonders gestaltetes Verfahren zur Herbeiführung prompter Befriedigung urkundlich liquider Ansprüche will, ist unzweifelhaft. Demgegenüber und bei der Fassung des § 592 und § 593 Abs. 2 kann auch für den urkundlichen Nachweis unter den klagebegründenden Tatsachen nicht unterschieden werden. Die Streitfrage bedarf daher der Revision, noch mehr aber bei § 592. Vgl. Kohler S. 123.

**b)** Der Beweis der Klagetatsachen muß durch die Urkunden vollständig geführt werden. Die Ergänzung eines unvollständigen Beweises durch den richterlichen Erfüllungs- oder Reinigungseid ist dadurch ausgeschlossen. § 597 Abs. 2, § 598 ZPO. Es folgt daraus, daß die Urkunden vollbeweisend sein müssen, an sich oder in Verbindung miteinander. Die Beweiskraft jeder Urkunde hängt aber ab von ihrer Echtheit und ihrer Unverfälschtheit, d. h. von der Gewißheit, daß ihr echter Inhalt nicht verändert ist. Der § 478 der hannoverschen PO. forderte ausdrücklich fehlerfreie Privaturkunden, in Übereinstimmung mit der Theorie und Praxis des gemeinrechtlichen Exekutivprozesses, nach welcher es als unzweifelhaft galt, daß Durchstreichungen, Rasuren, Korrekturen in wesentlichen Stellen der Urkunde den Exekutivprozeß hindern. Vgl. OHG. 12 S. 196, 374. Nach § 329 der hannoverschen PO. sollte durch die besondere Beschaffenheit der Urkunde, z. B. Rasuren, Interlineaturen usw., die Rechtsvermutung, welche durch die Anerkennung der Namensunterschrift für die Echtheit des Inhalts begründet, geschwächt oder ganz aufgehoben werden können, und nach § 490 Nr. 4 sollte der Beklagte, dessen Unterschrift unter einer Wechselerklärung festgestellt, mit dem Einwande nicht gehört werden, daß letztere ohne seine Genehmigung geschrieben. Im § 118 I. 10 AGO. war verordnet, daß, wenn bei Vorlegung einer Urkunde bemerkt werde, daß darin etwas von einer verschiedenen Hand, oder mit anderer Tinte, oder zwischen den Zeilen, oder am Rande geschrieben, oder daß darin etwas durchstrichen oder korrigiert, oder ausgekratzt, oder einzelne Blätter ganz oder zum Teil abgerissen oder durch Schmutz oder auf andere Art unleserlich gemacht, zunächst nachzuforschen sei, woher diese Veränderungen entstanden seien, daß nach den ausgemittelten Umständen zu bestimmen, ob und inwiefern die Beweiskraft der Urkunde dadurch vermindert werde, und daß die Glaubwürdigkeit der Urkunde geschwächt werde, wenn die Veranlassung der Veränderungen ungewiß bleibe und dieselben sich bei wesentlichen Stellen, im Eingange oder im Ausgange fänden, während bei Veränderungen in unwesentlichen Stellen es der Beurteilung des Richters überlassen blieb, ob und inwiefern die Urkunde noch für eine untadelhafte gelten könne. Für zerrissene oder zerschnittene Urkunden verordnete der § 119 I. 10 AGO., daß sie keinen Glauben verdienen, wenn nicht nachzuweisen, daß sie durch bloßen Zufall, vom Gegner oder von einem Dritten in diesen Zustand versetzt worden. Vgl. StrA. 17 S. 48; 30 S. 342; 50 S. 147; 52 S. 318; 40 S. 57. ObT. 40 S. 292.

Nach § 440 Abs. 2 ZPO. soll die über der Unterschrift oder dem Handzeichen unter einer Urkunde stehende Schrift die Vermutung der Echtheit für sich haben, wenn die Echtheit der Namensunterschrift feststeht oder das Handzeichen gerichtlich oder notariell beglaubigt ist. Die Vorschrift, daß für den Urkunden- und Wechselprozeß nur fehlerfreie Urkunden zulässig, enthält die ZPO. nicht und konnte sie nach dem Prinzip der freien Beweiswürdigung, § 286, auch nicht enthalten. Dasselbe hat für den Urkundenbeweis seinen Ausdruck in dem § 419 ZPO. gefunden, nach welchem das Gericht nach freier Überzeugung entscheidet, inwiefern Durchstreichungen, Einschaltungen, Radierungen oder andere äußere Mängel die Beweiskraft einer Urkunde ganz oder teilweise aufheben oder mindern. Der Grundsatz, daß im Urkunden- und Wechselprozeß die Urkunde allein und für sich den vollen Beweis liefern muß, wird dadurch nicht berührt. Dem freien richterlichen Ermessen ist nur die Entscheidung überlassen, ob vorhandene Mängel der im § 419 ZPO. bezeichneten Art die erforderliche volle Beweiskraft aufheben. Für die Leitung dieses Ermessens bleiben die Ergebnisse der bisherigen Rechtsprechung, namentlich soweit sie sich auf den gemeinrechtlichen Exekutivprozeß bezieht, von Wert und zu beachten.

Die Wechselurkunde kommt dabei in ihrer doppelten Natur in Betracht, als Formalakt, als welcher sie Träger des Rechtsverhältnisses selbst ist, und als Beweisurkunde. Aus der Natur des Wechsels als Formalakt folgt, daß Durchstreichung wesentlicher Bestandteile des Wechsels die Existenz des Wechsels selbst aufhebt, gleichgültig von wem, in welcher Absicht und wie sie erfolgt, so daß mit dem Wechselanspruch die Möglichkeit des Wechselprozesses fortfällt. OHG. 3 S. 8; 5 S. 100; 9 S. 425; 14 S. 202; 21 S. 166; 24 S. 261. Korrekturen, Rasuren, Durchstreichungen mit Überschreiben anderer Vermerke tilgen den ursprünglichen Inhalt des Wechsels so, daß gegen den Wechselverpflichteten, ohne dessen Willen sie geschehen, regelmäßig auch nach Maßgabe des ursprünglichen Inhalts kein Anspruch besteht. OHG. 23 S. 339; 20 S. 403; 19 S. 170; 13 S. 155, 251; 11 S. 267; 7 S. 221; 3 S. 93. Aber auch gegen den Wechselverpflichteten, mit dessen Willen solche Veränderungen in wesentlichen Bestandteilen vorgenommen, wird, falls Streit über die innere Bedeutung der Veränderungen vorliegt, der Wechselprozeß jedenfalls nicht zuzulassen, sondern dem Kläger nur im ordentlichen Prozeß der Nachweis zu überlassen sein, daß nach der Bedeutung der Veränderungen die Ungültigkeit des Wechsels daraus nicht folgt, z. B. weil das Datum, die Zahlungszeit, die Summe vor der Unterschrift des Beklagten, mit dessen Zustimmung, zur Berichtigung eines Schreibfehlers oder infolge veränderter Vertragsabreden geändert, vgl. OHG. 11 S. 234; 24 S. 261ff. RG. 41 S. 412 (Blankoindossament des Ausstellers mit durchstrichenem Transportvermerk). Im Wechselprozeß ist ein solcher Nachweis nicht zulässig; ist der Kläger gezwungen auf Umstände außerhalb des Wechsels zurückzugreifen, um einen vorhandenen, an sich wesentlichen Mangel als unverfänglich erscheinen zu lassen, so macht dies den Wechselprozeß ohne weiteres unzulässig, weil die Wechselurkunde aus und durch sich selbst den Anspruch voll beweisen muß. OHG. 12 S. 195, 374, 377; vgl. OHG. 1 S. 29; 7 S. 221; 11 S. 266; 24 S. 264. Ob Korrektur, Rasur verdächtiger, verfänglicher Art vorliegt, hat das Gericht nach § 419 ZPO. nach freiem Ermessen zu entscheiden; entsteht auch nur Verdacht über die Unverfälschtheit, so ist der Wechselprozeß abzuweisen. § 597 Abs. 2 ZPO.

Etwas anders gestaltet sich die Sache bei Durchstreichungen und Veränderungen in nicht wesentlichen Teilen des Wechsels, Akzeptvermerk, Giro, Domizilvermerk, Quittung, den verschiedenen Klauseln im Wechsel (ohne Obligo, nicht an Order usw.). Beim Giro und der Quittung setzt die WO. selbst die Möglichkeit von Durchstreichungen voraus, Art. 36, 39, 56. Die Gültigkeit des Wechsels hängt von seiner Unversehrtheit in solchen Stücken nicht ab, und wenn der beklagte Wechselverpflichtete aus der Tilgung eines Giro oder einer Quittung Einreden herleitet, so hat er den Beweis zu führen, und dem Kläger ist gestattet, sie durch alle im Wechselprozeß zulässigen Beweismittel (Urkunden und Eid) zu beseitigen. Die Zulässigkeit des Wechselprozesses bleibt unberührt. Anders lag die Sache in RG. 41 S. 412, wo nicht das ganze Giro, sondern nur der Transportvermerk ausgestrichen, die Unterschrift des Beklagten stehen geblieben war, dem so geschaffenen Blankoindossament das Indossament eines anderen auf denselben Namen folgte, auf den das erste durchstrichene Indossament lautete, der Beklagte aber behauptete, daß der Transportvermerk nachträglich ohne sein Wissen und Willen ausgestrichen, das zweite Indossament deshalb rechtsunwirksam sei. Hier ist die Klage als im Wechselprozeß unstatthaft abgewiesen, weil die Wechselurkunde bei dieser Sachlage den durch § 555, jetzt § 592 ZPO. geforderten Beweis nicht erbrachte. Der Domizilvermerk dagegen wird zwar mittels Durchstreichens wie jede andere Wechselerklärung getilgt, ohne daß der Wechsel dadurch seine Gültigkeit verliert, da der Domizilvermerk kein wesentlicher Bestandteil des Wechsels ist, OHG. 1 S. 241, 272; 3 S. 93, 99; 12 S. 431, 432; er ist aber für die Wechselobligation, Zahlungsort, Protest, Umfang der Verbindlichkeit so erheblich, daß regelmäßig der Wechselprozeß zu versagen sein wird, wenn aus einem Wechsel mit durchstrichenem Vermerk dieser Art geklagt wird, der Beklagte behauptet, daß die Tilgung des Vermerks zu Unrecht erfolgt und die Verpflichtung des Beklagten von dem Domizilvermerk ganz oder teilweise beeinflußt wird, z. B. der beklagte Vormann oder nach dem früheren Satz 2 Art. 43 der Akzeptant mit Rücksicht auf den Vermerk den Mangel des Protestes rügt. OHG. 1 S. 49, 245; 7 S. 88; 12 S. 378, 433. Dieselbe Folge wird unter gleicher Bedingung regelmäßig die Tilgung der Klauseln „ohne Obligo", „nicht an Order" haben müssen.

In gleicher Weise wird der Wechselprozeß auch nach der ZPO. in der Regel zu versagen sein aus zerrissenen, wenn auch wieder zusammengeklebten, und durch Abreißen von Stücken, auf denen nach der Lage der Umstände etwas zum Wechselinhalt gehörig oder auf ihn bezüglich Gewesenes hat stehen können, delierten Wechseln, wenn Einwände auf diesen Zustand begründet werden. OHG. 12 S. 194, 375; 5 S. 245. Andrerseits wird die zufällige oder durch den natürlichen Gang der Dinge, durch Abnutzung, Brechen in Falten infolge öfteren Öffnens und Zusammenlegens herbeigeführte Verletzung der Urkunde in der Regel zu der Annahme führen, daß die Urkunde nicht habe vernichtet werden sollen, und der Wechselprozeß wird zuzulassen sein, wenn die Urkunde ihrem wesentlichen Inhalt nach erhalten ist. OHG. 5 S. 247. In solchem Falle wird der Beklagte die beabsichtigte Vernichtung zu erweisen haben.

**4.** Stein §§ 20ff. Für das Verfahren gelten die allgemeinen Prozeßgrundsätze und die allgemeinen Bestimmungen des ersten Buchs der ZPO. wie für das ordentliche Verfahren überall, wo die besonderen Vorschriften des Urkundenprozesses nicht entgegenstehen.

**a)** Für die sachliche Zuständigkeit gilt nichts Besonderes. Für die Wertsberechnung des Streitgegenstandes bleiben nach § 4 Abs. 2 ZPO. in der Fassung des Ges. v. 17. Mai 1898 neben der Wechselsumme unberücksichtigt: Zinsen, Provision, Kosten, die neben der Wechselsumme gefordert werden. Sie gelten stets als Nebenforderungen, nicht bloß im Verhältnis zum Akzeptanten, sondern auch im Falle Art. 51 WO. Der Unterschied, der bisher für Art. 51 gemacht wurde, ist damit beseitigt. Vgl. RG. 1 S. 228; 9 S. 410; 29 S. 332; 32 S. 75. Im landgerichtlichen Verfahren gehören die Wechselsachen vor die Kammer für Handelssachen. §§ 70, 100, 101 Nr. 2 GVG. Auf Antrag des Beklagten ist die Sache von der Zivilkammer vor die Kammer für Handelssachen zu verweisen. § 104 GVG. Als unzuständiges Gericht ist die Zivilkammer deshalb nicht anzusehen, § 38 ZPO. nicht anwendbar. Vgl. § 107 GVG.

**b)** Bezüglich der örtlichen Zuständigkeit enthält der § 603 die mit dem § 6 des PrEG. v. 15. Febr. 1850 übereinstimmende Bestimmung, daß Wechselklagen sowohl bei dem Gerichte des Zahlungsorts als bei dem Gerichte angestellt werden können, bei welchem der Beklagte seinen allgemeinen Gerichtsstand hat, und daß, wenn mehrere Wechselverpflichtete gemeinschaftlich verklagt werden, außer dem Gerichte des Zahlungsorts jedes Gericht zuständig ist, bei welchem einer der Beklagten seinen allgemeinen Gerichtsstand hat. Vgl. § 36 Nr. 3 ZPO. Dadurch ist, um die subjektive Klagehäufung gegen mehrere Wechselverpflichtete zu ermöglichen, ein gemeinschaftlicher besonderer Gerichtsstand am Orte des allgemeinen Gerichtsstandes eines der Beklagten geordnet. Das Gesetz überläßt dem Kläger die Wahl. Durch die Klagezustellung wird der Gerichtsstand nicht begründet; es kommt deshalb nicht darauf an, welchem der Beklagten die Klage zuerst zugestellt ist. RG. 36 S. 365. Aber der Gerichtsstand im allgemeinen Gerichtsstand des Beklagten A. wird gegen den Beklagten B. nicht begründet, wenn die Klage gegen A. nur zum Schein erhoben und nicht verhandelt ist. RG. 51 S. 175. Die noch weitergehende Bestimmung des § 6 des PrEG., wonach der Gerichtsstand der zuerst angestellten Klage auch für die weitere von dem Beklagten gegen Mitverpflichtete angestellte Klage maßgebend, ist dagegen absichtlich nicht aufgenommen. Vgl. ObT. 20 S. 514.

Der Zahlungsort bestimmt sich nach Art. 4 Nr. 8, 24, 97 WO; der Gerichtsstand desselben entspricht dem Gerichtsstand des Vertrages, § 29 ZPO., enthält aber insofern eine Erweiterung desselben, als der Zahlungsort des Wechsels nicht immer zugleich der Erfüllungsort für alle Wechselverbindlichkeiten ist. Art. 41 WO. Der allgemeine Gerichtsstand bestimmt sich nach den §§ 12 bis 20, 35 ZPO., und es ist unbedenklich, daß neben beiden Gerichtsständen auch die in der ZPO. §§ 21, 22, 24, 28 Abs. 2, 30 bezeichneten Gerichtsstände nach Wahl des Klägers konkurrieren, vgl. OHG. 21 S. 246, da die im § 603 Abs. 1 genannten Gerichtsstände als ausschließliche nicht bezeichnet sind. § 35 ZPO. Der Gerichtsstand des Zahlungsorts ist gegen Ausländer ebenso wie gegen Inländer anwendbar; für den § 29 ZPO. kann darüber bei Vergleich mit den §§ 12ff. ZPO. kein Bedenken aufkommen, und das gleiche folgt daraus für den § 603 ZPO., welcher nur eine Anwendung des Grundsatzes des § 29 für den Wechselprozeß enthält. (OHG. 4 S. 320; 5 S. 368. ObT. 63 S. 454 ebenso zu § 6 PrEG.). RG. 21 S. 400, 401 (Klage im Wechseldomizil, auch wenn nicht im Wechselprozeß geklagt). Der Ausländer, der im Auslande seinen Wohnsitz hat, ist danach im Inlande stets belangbar, wenn einer der Fälle der ZPO. §§ 21—24, 28—31, 603 vorliegt, abgesehen von den Fällen, wo ein ausschließlicher Gerichtsstand im Inlande begründet ist. Nur gegen diejenigen Ausländer, welche auf Grund des Rechts der Exterritorialität der inländischen Gerichtsbarkeit überhaupt nicht unterworfen sind, diplomatische Personen usw., §§ 18, 19 GVG., § 16 ZPO., kann der § 603 ZPO. selbst dann nicht zur Anwendung gebracht werden, wenn der Zahlungsort des von ihnen selbst ausgestellten oder akzeptierten Wechsels im Inlande liegt.

Die am 1. Juni 1906 in Kraft getretene Gerichtsorganisation für Berlin und Umgebung (preuß. Ges. v. 16. Sept. 1899, GS. S. 391) hat zu Erörterungen darüber geführt, bei welchem Gerichte der Gerichtsstand des Wohnsitzes und des Erfüllungsortes begründet ist, wenn durch die Landesgesetzgebung der Bezirk einer politischen Gemeinde in mehrere Gerichtsbezirke zerteilt wurde. Vgl. die Zitate bei Stranz in Staub Anm. 48a zu Art. 4 und dazu Eccius in Gr. 50 S. 209. Nach RG. 67 S. 191 kommt nur dasjenige Gericht in Betracht, in dessen Bezirk sich die ständige Niederlassung des Beklagten befindet. Dies wird auch für den wechselmäßigen Zahlungsort gelten müssen, wenn der Beklagte in Berlin wohnt und nur Berlin im Wechsel angegeben ist. Ist zugleich die Straße genannt, so wird der Gerichtsstand des Zahlungsortes durch sie bestimmt, vgl. dazu Kammerger. in Bl. f. Rechtspfl. im Bezirk des KG. 1907 S. 71. Enthält aber der Wechsel nur die Angabe Berlin, während der Beklagte anderswo seinen Wohnsitz hat, so muß jedes der drei Berliner Landgerichte angegangen werden können. Vgl. auch RG. a. a. O. S. 196, 197.

Durch den Gerichtsstand wird nicht zugleich der Zustellungsort begründet. ObT. 22 S. 405. Auch nach §§ 180ff. ZPO. kann die Zustellung zwar an jedem Orte erfolgen, wo die Person, welcher zugestellt werden soll, angetroffen wird, der Ort der Zustellung wird aber im übrigen durch den Wohnort bestimmt und der Ausstellungsort des gezogenen Wechsels gilt nicht ohne weiteres als Wohnort des Ausstellers. OHG. 3 S. 1; 14 S. 15. ObT. 22 S. 405 (beim Domizilwechsel).

Selbstverständlich ist, daß der § 603 ZPO. nur auf Wechselklagen, also nicht z. B. auf die Bereicherungsklage aus Art. 83 WO. anwendbar ist, aber ebenso, daß der einmal begründete Gerichtsstand auch für das ordentliche Verfahren, in welches der Wechselprozeß umgewandelt wird, wie für das Nachverfahren fortdauert.

Über die Bedeutung der Klausel „zahlbar hier und aller Orten" für den

Gerichtsstand vgl. zu Art. 4 und Anm. 8 zu Art. 96 ff. WO. Durch die Zustellungsurkunde muß in solchem Falle aber die wirkliche Anwesenheit des Beklagten am Orte und zur Zeit der Ladung festgestellt werden. Die Zustellung z. B. an den Wirt eines Gasthofes, wo der Beklagte zu logieren pflegt, genügt nicht. OHG. 15 S. 11.

Die Vereinbarung eines bestimmten Gerichtsstandes (§ 38) ist auch im Wechsel möglich. Daß aber der Gerichtsstand als ausschließlicher gemeint sei, braucht ein gutgläubiger Erwerber, wenn dies nicht ausdrücklich gesagt ist, nicht gegen sich gelten zu lassen, weil es an sich in der Vereinbarung nicht liegt, RG. in JW. 1903 S. $46_5$, 1908 S. $488_{22}$.

c) Die Vorschriften des zweiten Abschnittes des ersten Buchs bieten für den Wechselprozeß keine Besonderheiten. Auch die §§ 128—165 finden durchgängig Anwendung. Vgl. RG. 13 S. 377 bezüglich § 149. Nur für die §§ 142—144 wird sich kaum Raum zur Anwendung finden. Die Anwendung des § 145 Abs. 2 auszuschließen, liegt kein innerer Grund vor, indessen wird sie kaum praktisch werden. Vgl. RG. 31 S. 1. Auf das Verhältnis von Wechselprozeß und Nachverfahren kann § 148 sich nicht beziehen. Für die Zustellungen, §§ 166 ff., gilt nichts Besonderes.

d) Die §§ 214—229, §§ 230—238, 239—252 gelten auch im Wechselprozeß. Das Eigentümliche des Wechselprozesses nach der ZPO. beruht nicht auf der Beschleunigung des Verfahrens. Auf eine Erleichterung des Verfahrens zum Zwecke einer schleunigen Erledigung des Rechtsstreites zielt nur die Bestimmung im § 604, durch welche die Einlassungsfrist, d. h. diejenige Frist, welche zwischen der Zustellung der Klage und dem Termin zur Verhandlung liegen muß, widrigenfalls der Beklagte nicht zu verhandeln braucht, gesetzlich abgekürzt ist, so daß es des im ordentlichen Prozeß erforderlichen Antrages auf Abkürzung und der auch im ordentlichen Prozeß zulässigen Bewilligung der Abkürzung der Frist, § 226, nicht bedarf. Verlegung des Termins zur Verhandlung findet nur auf Vereinbarung beider Parteien statt oder wird vom Gericht bewilligt, wenn erhebliche Gründe glaubhaft gemacht, d. h. auf die im § 294 angegebene Weise so wahrscheinlich gemacht sind, daß sie als glaubwürdig erscheinen. Für diese Glaubhaftmachung gilt die Beschränkung der Beweismittel in dem § 595 ebensowenig wie in anderen Fällen der Glaubhaftmachung. §§ 44, 236, 546, 605 Abs. 2. Eine wiederholte Verlegung darf nur nach vorgängigem Gehör des Gegners bewilligt werden. §§ 227, 224 Abs. 2, § 225 Abs. 2. Jede Terminsversäumnis kann auch im Wechselprozeß durch den einfachen einer weiteren Begründung oder Entschuldigung des Ausbleibens nicht bedürfenden Einspruch gegen das erlassene Versäumnisurteil geheilt werden; nur wenn die Partei nach Einlegung des Einspruchs in dem ersten Termin zur mündlichen Verhandlung oder in dem Termin, auf welchen die noch nicht begonnene Verhandlung vertagt ist, nicht erscheint oder nicht verhandelt, steht ihr gegen das neue Versäumnisurteil nicht der Einspruch, sondern nur die Berufung zu: §§ 338—342, 345, 513. Selbst wenn in dem Termin zur Ableistung eines zugeschobenen oder zurückgeschobenen Eides der Schwurpflichtige nicht erschien, und nicht Versäumnisurteil in der Sache selbst zulässigerweise beantragt wurde, war früher durch Versäumnisurteil auf Antrag des Gegners auszusprechen, daß der Eid als verweigert anzusehen sei, und auch gegen dieses Urteil stand dem Schwurpflichtigen der Einspruch wie gegen jedes andere Versäumnisurteil zu, so daß er in der Lage war, die Versäumnis des Eides zu heilen. Wurde der Einspruch unterlassen, so stand damit die Eidesweigerung nebst allen ihren Folgen definitiv für alle Instanzen fest. § 533 Abs. 2. Wurde Einspruch eingelegt, aber auch der neue Termin versäumt, so war der Einspruch nach § 310 nicht weiter zulässig, auch die Berufung nicht, da nur ein Zwischenurteil vorlag. Nur mit der Berufung in der Sache selbst konnten die Folgen der Versäumnis durch den Nachweis beseitigt werden, daß Versäumnis nicht vorgelegen. Vor dem Ablauf der Einspruchsfrist, welche auch im Wechselprozeß zwei Wochen beträgt und von der Zustellung des Urteils beginnt, konnte die weitere Verhandlung und der Erlaß des Endurteils nicht erfolgen. So § 430 der früheren Fassung. Gegen die Verschleppung der Sache durch wiederholte Versäumnis des Verhandlungstermins gab es ein Korrektiv im Wechselprozeß nur dadurch, daß jedes im Wechselprozeß erlassene Urteil, auch das erste Versäumnisurteil, von Amts wegen für vorläufig vollstreckbar zu erklären ist. § 708 Nr. 4. Durch die Novelle zur ZPO. ist dies Verfahren wesentlich geändert. Nach § 465 in der neuen Fassung ist auf Antrag der Eid als verweigert anzusehen und zur Hauptsache zu verhandeln, wenn der Schwurpflichtige im Termin zur Eidesleistung nicht erscheint. Nach § 466 kann der Schwurpflichtige die Folge der Versäumung, wenn solche vorliegt, nur dadurch heilen, daß er innerhalb der Notfrist von einer Woche nach dem Termine die Abnahme des Eides beantragt; erscheint er auch in dem zweiten Termine nicht, so ist nochmaliger Antrag auf Abnahme des Eides unzulässig. § 468. Weitere Vorkehrungen trifft § 467.

5. Stein § 21. Die Klage wird vorbereitet und erhoben wie die Klage im ordentlichen Prozeß. §§ 130, 166, 253, 496, 497. Sie muß aber außer den wesentlichen Bestandteilen jeder Klage, § 253 Nr. 1—3, die Erklärung enthalten, daß im Wechselprozeß geklagt werde, § 604 Abs. 1; die zum Beweise der Klagetatsachen dienenden Urkunden (Wechsel, Protest, Kurszettel, Retourrechnung) mußten im Original oder in Abschrift der Klage beigefügt sein, § 556. Der § 593 Abs. 2 der Novelle hat darin die oben bereits erwähnte Änderung getroffen, daß die Urkunden auch einem vorbereitenden Schriftsatz beigefügt werden können, wenn derselbe so rechtzeitig zugestellt wird, daß bis zu der entscheidenden mündlichen Verhandlung noch ein der Einlassungsfrist gleicher Zeitraum frei bleibt.

a) Das Fehlen der Erklärung, daß im Wechselprozeß geklagt werde, hat zur Folge, daß der Verhandlungstermin ohne Berücksichtigung der Einlassungsfristen des § 604 Abs. 2 anberaumt wird. Die Erklärung, daß im Wechselprozeß geklagt werde, kann in der mündlichen Verhandlung nicht mehr nachgeholt werden, da unter allen Umständen die Vorbereitung der Verteidigung und die Verteidigung selbst so erheblich durch die Wahl der Prozeßart beeinflußt wird, daß die Änderung der Prozeßart der Anstellung einer neuen Klage gleichkommt. Der § 596 gestattet dem Kläger ohne Einwilligung des Beklagten nur die Fortsetzung der im Urkundenprozeß eingeleiteten Klage im Wege des ordentlichen Verfahrens, nicht umgekehrt. Die Nachholung der Erklärung in der mündlichen Verhandlung, welche, wenn überhaupt, konsequent bis zum Schlusse der Verhandlung zuzulassen wäre, würde zu völlig verkehrten Konsequenzen bei Prüfung des Prozeßmaterials führen.

b) Die Beifügung der zur Begründung der Klage erforderlichen Urkunden in Urschrift oder Abschrift ist nach § 593 Satz 2 obligatorisch. Die Urkunden müssen der dem Bekl. zugestellten Klage oder einem vorbereitenden Schriftsatz unter der bereits erwähnten Voraussetzung beigefügt werden. Ist dies unterblieben, so ist der Wechselprozeß unstatthaft. Dagegen schadet nicht, wenn der

Kläger den W. im Verhandlungstermin nicht vorlegen kann, weil der Untersuchungsrichter ihn mit Beschlag belegt und zu den Untersuchungsakten abgefordert hat. Bolze 17 Nr. 810. Anders wäre es, wenn der Kläger den W. weiterbegeben hätte. Unvollständige Urkunde ist keine Urkunde; unwesentliche Abweichungen kommen nicht in Betracht. Dadurch, daß die Urkunde dem Klageexemplar für das Gericht beigefügt ist oder in der mündlichen Verhandlung beigebracht wird, wird der Mangel nicht ersetzt. Nachbringen der fehlenden Urkunde außer dem im § 593 Abs. 2 zugelassenen Fall heilt den Mangel auch dann nicht, wenn der Beklagte ihn nicht rügt, § 295 Abs. 2. So RG. 5 S. 352; 41 S. 408; unentschieden RG. 9 S. 434; 56 S. 306. Dagegen werden Lücken und Inkorrektheiten der Urkunde dadurch unschädlich, RG. 9 S. 431. Nicht vorgeschrieben ist, daß bei Urkunden in fremder Sprache eine beglaubigte Übersetzung beigefügt werden müßte. Vgl. § 142 Abs. 3. Eine wiederholte Vorlegung der Originalurkunden in der Berufungsinstanz ist gleichfalls nicht erforderlich. RG. 36 S. 97, 104.

Für die Zustellung und sonstige geschäftliche Behandlung der Klage gilt nichts Besonderes.

6. Stein §§ 33, 39. Mit der Zustellung der Klage ist der Rechtsstreit wie im ordentlichen Verfahren anhängig, § 263 ZPO. Der Kläger kann aber unbeschadet der Rechtshängigkeit in jedem Stadium des Verfahrens bis zum Schluß der mündlichen Verhandlung, ohne daß es der Einwilligung des Beklagten bedarf, von dem Wechselprozeß abstehen, so daß der Rechtsstreit im ordentlichen Verfahren anhängig bleibt, § 596. Die Abstandnahme ist weder Zurücknahme der Klage, § 271, die anhängig bleibt, noch Klageänderung, § 263 Abs. 2 Nr. 3, § 268. Der Wechselanspruch bleibt derselbe, mag er im ordentlichen Verfahren oder im Wechselprozeß verfolgt werden. Die Abstandnahme ist Verzicht auf Geltendmachung in diesem Verfahren, die ein Recht des Klägers ist, keine Pflicht, lediglich in seinem Interesse und zu seinem Vorteil zugelassen ist. Aus der rechtlichen Natur jedes Verzichts folgt, daß er nur gegen den Kläger, nicht zum Nachteil des Bekl. wirken kann, und unwirksam ist, soweit er Rechte des Bekl. verletzt. Der Satz des § 596, daß die Abstandnahme bis zum Schlusse der mündlichen Verhandlung zulässig, erfährt dadurch seine notwendige Einschränkung dahin, daß sie in der Berufungsinstanz nicht zulässig. Der wegen Unstatthaftigkeit des Wechselprozesses, § 597 Abs. 2, abgewiesene Kläger kann in der Berufungsinstanz nicht verzichten, weil er damit das für den Beklagten ergangene Urteil und seine eigene Beschwerde gegenstandslos machen würde. Der mit dem Anspruch abgewiesene Kläger, § 597 Abs. 1, kann in der Berufungsinstanz nicht verzichten, weil damit das durch das Verfahren in 1. Instanz definitiv beschränkte Recht des Bekl., § 595 Abs. 1, § 529 Abs. 2 ZPO., nicht wiederhergestellt, und doch zum Nachteil des Bekl. der Beurteilung des Berufungsrichters alles das entzogen werden würde, was den Bekl. berechtigen könnte, die Abweisung der Klage in der Prozeßart zu verlangen. Die Rechtslage des Bekl. wird durch Zulassung der Abstandnahme in der Berufungsinstanz noch mehr benachteiligt und der des Klägers gegenüber noch ungleicher, wenn er in erster Instanz mit oder ohne Vorbehalt verurteilt ist. Für die vorbehaltenen Rechte wird ihm eine Instanz entzogen, die Beschränkung durch Verbot der Widerklage nicht wieder gut gemacht, die Berufung, wenn sie sich gegen die Zulassung der Prozeßart richtet, ebenso illusorisch gemacht, wie wenn sie sich gegen den Mangel des Vorbehalts der Rechte richtet. Für die Revisionsinstanz versteht sich die Unzulässigkeit der Abstandnahme von selbst, für diese Instanz hat sie weder

Bedeutung noch nach § 550 ZPO. einen Sinn. Vgl. RG. 5 S. 351, 352, 353. Dagegen ist in der ersten Instanz die Abstandnahme unbeschränkt zulässig, auch nach Erwirkung eines Versäumnisurteils, gegen das der Beklagte Einspruch eingelegt hat. Anders die 7. Auflage unter Berufung auf Stein § 33, weil der Beklagte ein Recht habe, das nach § 708 Nr. 4 ZPO. vorläufig vollstreckbare Urteil endgültig schon durch den Nachweis der Unstatthaftigkeit der Prozeßart zu beseitigen. Aber dieses Argument greift gegenüber dem § 342 nicht durch, weshalb auch Stein die Ansicht aufgegeben hat, Gaupp-Stein § 596 II 3. Auch wenn der Beklagte im Verhandlungstermine nicht erscheint, kann der Kläger vom Wechselprozeß abstehen. Ein Versäumnisurteil erzielt er aber nur dann sofort, wenn er die Abstandnahme nach § 335 Abs. 1 Nr. 3 dem Beklagten mitgeteilt hat; andernfalls muß Ladung zum neuen Termin erfolgen, § 335 Abs. 2.

Die Abstandnahme wird sich überall empfehlen, wenn der Bekl. Einreden erhebt, welche der Kläger durch Zeugen beseitigen kann, oder wenn der Bekl. den Wechsel nicht anerkennen und diffitieren will, während der Kläger die Echtheit durch Zeugen beweisen kann, oder wenn sich Bedenken gegen die Statthaftigkeit der Prozeßart ergeben. Sie hat keine anderen Voraussetzungen als den Willen den Klägers und seine Erklärung: die Erklärung bewirkt nach dem Gesetz die Umwandlung in den ordentlichen Prozeß. Deshalb bedarf es aber auch bestimmter Erklärung, die Umwandlung kann dem Gericht nicht anheim gestellt werden, das darüber nicht zu befinden hat. RG. 4 S. 350, 352. Die Abstandnahme kann auch nicht nur für einen Teil des Anspruchs erklärt werden, während ein anderer Teil noch unerledigt im Wechselprozeß anhängig ist. Das ist ebensowenig zulässig wie die gleichzeitige Erhebung derselben Wechselklage im Wechselprozeß für den einen Teil des Anspruchs, im ordentlichen Verfahren für den anderen Teil.

Die Wirkung der Abstandnahme ist Umwandlung des Wechselprozesses in das ordentliche Verfahren. Stein § 39. Die ordnungsmäßig erhobene Klage bleibt in diesem Verfahren anhängig bei demjenigen Gericht, bei dem sie anhängig gemacht ist, wenn dieses Gericht für die erhobene Klage zuständig war oder nach §§ 38, 39, 274 Nr. 1 ZPO. zuständig geworden ist. Auf die Mängel der Klage für den echselprozeß kommt nichts an; sie werden durch die Abstandnahme unschädlich gemacht. Vertagung wegen Nichtinnehaltung der Einlassungs- und Ladungsfrist wird dem Beklagten nicht leicht versagt werden. Die Verpflichtuug des Klägers aus § 110 Nr. 2 kann nunmehr geltend gemacht werden. Die definitiven Ergebnisse des Verfahrens vor der Abstandnahme wirken fort, namentlich also etwaige Eidesleistung, Eidesverweigerung, Geständnis. RG. 13 S. 399. Mit den Mitteln des Urkundenprozesses nicht gelungener Beweis muß aber nachgeholt werden können. Die Beschränkung durch § 595 Abs. 1 fällt fort, § 278 Abs. 1, § 280 tritt in volle Kraft, und § 278 Abs. 2, § 279, § 283 werden nur mit Vorsicht und mit Berücksichtigung der Rechtslage, in welcher der Bekl. sich vor der Abstandnahme befand, angewendet werden dürfen.

Die Abstandnahme vom Wechselprozeß mit der Erklärung, daß nur im Urkundenprozeß geklagt werden solle, erwähnt das Gesetz nicht, sie hat auch keine Bedeutung. Stein § 33 V. Bolze 3 Nr. 1456. Erinnert der Bekl., daß ein Wechselanspruch nicht vorliege, deshalb die Einlassungsfrist zu kurz oder der besondere Gerichtsstand des § 603 nicht begründet, so kann die Abstandnahme vom Wechselprozeß nur Vertagung zu Nachholung der Frist, aber nicht die Zuständigkeit herbeiführen. Erhebt der Bekl. solche Einrede und liegt ein Wechselanspruch nicht vor, ist aber der Anspruch als Anspruch aus der Urkunde im Urkundenprozeß begründet, so kann auch ohne Abstandnahme die Abweisung des Prozesses nicht erfolgen, weil der Wechselprozeß nichts ist als der Urkundenprozeß.

7. Stein §§ 27—31. Erscheinen beide Parteien im Verhandlungstermine nicht, so ruht die Sache, § 251 Abs. 2 ZPO., bis eine der Parteien die andere zur Fortsetzung der Verhandlung ladet. Erscheint der Kläger nicht und stellt der Beklagte keine Anträge, so tritt dieselbe Folge ein. Beantragt der Beklage das Versäumnisverfahren, so wird der Kläger mit der Klage abgewiesen, § 330, und diese Abweisung wird eine definitive, nicht etwa bloß im Wechselprozeß, wenn der Kläger das Urteil, gegen welches ihm nur der Einspruch zusteht, rechtskräftig werden läßt. Dasselbe gilt bei Verzicht des Klägers, § 306. Auch § 271 findet seine Anwendung wie im ordentlichen Verfahren und gestattet die Zurücknahme der Klage ohne Einwilligung des Beklagten auch dann noch, wenn dieser gegen ein vom Kläger erwirktes Versäumnisurteil Einspruch eingelegt hat. Anders auch hier die 7. Auflage; vgl. aber Anm. 6, Gaupp-Stein § 271 II 2, § 330 II 1.

Erscheint der Beklagte im Verhandlungstermine nicht, so wird auf Antrag des Klägers das Versäumnisurteil gegen den Beklagten erlassen, wenn die Klage materiell begründet, bei dem richtigen Gericht angestellt und zugleich der Wechselprozeß zulässig ist; zu diesem Nachweise hat der Kläger die zur Begründung der Klage erforderlichen Urkunden in Urschrift vorzulegen, auch deren Zustellung an den Beklagten darzutun. Auf alles dies hat sich die Prüfung des Gerichts von Amts wegen zu erstrecken, §§ 331, 597, weil sie, wenn der Bekl. nicht den Anspruch in jure anerkennt, auch im Nichtbestreitungsfalle zu erfolgen hat. Das was nur zu prüfen und zu beweisen ist, wenn es bestritten wird, bedarf im Versäumnisverfahren naturgemäß keiner Prüfung und keines Beweises. Ist die Klage an sich unbegründet, z. B. wegen Mängel des Wechsels, welche die Wechselverpflichtung nicht haben entstehen lassen, oder wegen Wechselunfähigkeit, RG. 4 S. 350, 352, so wird sie abgewiesen; auch teilweise Abweisung, z. B. wegen der Zinsen, wenn Verzug nicht behauptet, ist möglich. Bolze 3 Nr. 1453. Ist der Anspruch rechtlich unbegründet, so erfolgt die Abweisung, mag der Wechselprozeß statthaft oder unstatthaft sein. RG. 4 S. 350. Ist nur der Wechselprozeß unzulässig, so wird die Klage als in dieser Prozeßart unstatthaft abgewiesen. In diesem Falle bleibt die Sache nicht etwa im ordentlichen Verfahren anhängig. In beiden Fällen steht dem Kläger die Berufung offen. Andernfalls wird das Versäumnisurteil gegen deu Beklagten erlassen und zugleich von Amts wegen für vorläufig vollstreckbar erklärt, auch wenn es ein erstes Versäumnisurteil ist, § 708 Nr. 3, 4. Wird dieses Urteil, gegen welches dem Beklagten nur der Einspruch zusteht, rechtskräftig, so ist die Verurteilung eine definitive; das Versäumnisurteil ergeht nicht unter Vorbehalt, ein Nachverfahren zur besonderen Ausführung seiner Rechte steht dem Beklagten nicht offen, § 599 Abs. 1. (Früher anders: OHG. 10 S. 406.) Denn der Wechselprozeß ist kein bloßer Vorprozeß, sondern ein definitiver Prozeß, in welchem eine vorläufige Entscheidung nur ergeht, wo sie zugelassen. Kohler S. 113. Legt der Beklagte gegen das Versäumnisurteil den Einspruch ein, so wird dadurch die Zwangsvollstreckung nicht ohne weiteres gehemmt, das Gericht kann aber auf den Antrag des Beklagten die Einstellung gegen Sicherheitsleistung oder die Fortsetzung nur gegen Sicherheitsleistung nach Maßgabe der Vorschriften in den §§ 719, 707 anordnen. Darin liegt ein erhebliches Mittel gegen Verschleppung der Sache durch den Beklagten.

8. Stein § 36. Ist der Kläger im Wechselprozeß rechtskräftig abgewiesen, so beseitigt das Judikat den Wechselanspruch, wenn die Abweisung erfolgt ist, weil der Anspruch rechtlich unbegründet, nicht entstanden oder aufgehoben ist. § 597 Abs. 1. Ist die Abweisung nur in der gewählten Prozeßart erfolgt, § 597 Abs. 2, weil der Wechselprozeß unstatthaft war, so reicht die Wirkung des Judikats nicht weiter als sein Inhalt. Es steht einer neuen Klage im ordentlichen Verfahren nicht entgegen, wenn nur verneint, daß der Anspruch aus einem Wechsel im Sinne der WO. besteht, oder daß ein Wechselanspruch besteht. Ist die Abweisung erfolgt, weil die Wechselklage mangelhaft erhoben (Fehlen der Bezeichnung als solche, Fehlen der Urkunden oder ihrer Zustellung), oder nur der im Wechselprozeß erforderliche Beweis nicht mit den zulässigen Beweismitteln oder nicht vollständig erbracht, so steht einer neuen Klage im ordentlichen Verfahren oder im Wechselprozeß nichts entgegen. Stein § 38. Nur darf die neue Klage im Wechselprozeß nicht die Mängel der früheren haben; solcher unveränderten Klage würde das Judikat entgegenstehen.

Ist der Beklagte im Wechselprozeß ohne Vorbehalt rechtskräftig verurteilt, so steht damit der Wechselanspruch unanfechtbar fest. Die dem Beklagten aus dem unterliegenden zivilen Rechtsverhältnisse zustehenden Rechte werden dadurch nicht berührt. Ein Beispiel gibt RG. 26 S. 250.

9. Wenn der Beklagte im Verhandlungstermine den Klageanspruch anerkennt, so wird er auf Grund dieses Anerkenntnisses ohne Prüfung der Klage und der Zulässigkeit der Prozeßart verurteilt, RG. 5 S. 352. Die confessio in jure erübrigt hier wie im ordentlichen Prozesse jede Prüfung. Das Urteil wird für vorläufig vollstreckbar erklärt, §§ 307, 708 Nr. 1, 4. Auch dieses Urteil ergeht ohne Vorbehalt, ein Nachverfahren im Sinne § 600 ZPO. steht dem Beklagten nicht zu, § 599 Abs. 1. (Früher anders: StrA. 36 S. 317. OHG. 10 S. 106.)

10. Stein §§ 27—30. Erscheint der Bekl. und bestreitet den Anspruch, so kommen die Vorschriften des § 595 Abs. 2 und § 598 ZPO. über die Verteidigung des Beklagten zur Anwendung. Sie enthalten in der Beschränkung des Einredebeweises auf Urkunden und Eid unter Ausschließung des Zeugenbeweises, in der Ausschließung der Widerklage und in dem Vorbehalt für den Beklagten, seine Verteidigung, soweit sie nicht im Wechselprozeß definitiv beseitigt, in einem nachfolgenden ordentlichen Verfahren (dem früher sog. Separatum) mit allen zulässigen Beweismitteln zu führen, die zweite wichtige Eigentümlichkeit des Urkunden- und Wechselprozesses.

a) Die Verteidigung kann sich darauf beschränken, daß der Beklagte die Echtheit der vom Kläger nach § 595 Abs. 3 bei der mündlichen Verhandung im Original vorzulegenden, die Klage begründenden Urkunden, also namentlich die Unterschrift unter dem Wechsel bestreitet; vgl. §§ 442, 138. Der Beweis der Echtheit kann, soweit er überhaupt erforderlich, §§ 437, 438, nur durch Urkunden oder Eideszuschiebung geführt werden, nicht durch Handschriftenvergleichung und Zeugen, § 595 Abs. 2. Wird der Beweis vom Kläger so nicht angetreten oder durch Urkunden nicht geführt, so wird die Klage als im Wechselprozeß unstatthaft abgewiesen. Wählt der Kläger die Eideszuschiebung und ist dieselbe nach §§ 445, 450 zulässig*), so wird der Eid in der Form des § 459 normiert und seine Leistung durch Beschluß angeordnet, nicht darauf erkannt, wie im ordentlichen Prozeß die Regel, § 595 Abs. 4, § 460 Zur Eidesleistung wird sowohl im Verfahren vor den Amtsgerichten wie vor den Landgerichten der Beklagte nicht in Person, sondern sein Bevollmächtigter geladen, wenn er einen solchen bestellt hat, § 176 ZPO. Über das frühere Versäumnisverfahren bei Eidesleistungen, welches leicht zu erheblicher Verschleppung führen konnte und sich für den Wechselprozeß wenig eignete, und dessen Abänderung durch die Novelle zur ZPO. §§ 465 ff. vgl. in Anm. 4. Die Ableistung des Eides beseitigt den Anspruch und hat deshalb die Abweisung der Klage ganz, nicht bloß im Wechselprozeß, zur Folge. Wird der Eid nicht geleistet, so erfolgt Verurteilung, aber unter Vorbehalt der Rechte. § 599 Abs. 1.

Die Zurückschiebung des Eides über die Echtheit ist unter den Voraussetzungen der §§ 445, 450 zulässig, Gewissensvertretung durch Geltendmachung anderer Beweismittel aber ausgeschlossen.

Über die Frage, von wem bei mehreren Streitgenossen der Eid zu leisten ist und welchen Einfluß die Nichtleistung seitens einzelner hat, vgl. § 472, auch OHG. 6 S. 111; 14 S. 5; 10 S. 356; 12 S. 207; 15 S. 240; 15 S. 7; 9 S. 50; 9 S. 19; 14 S. 305.

Wenn der Kläger den zurückgeschobenen Eid nicht leisten will, so muß er auf den Wechselprozeß verzichten, wenn er nicht definitive Abweisung gewärtigen will, § 464 Abs. 2, § 453.

**b)** Die eigentliche Verteidigung des Beklagten ist erheblich beschränkt. Widerklage ist unstatthaft. § 595 Abs. 1. Der Beklagte muß sämtliche prozeßhindernde Einreden, § 274, bei der ersten Verhandlung vorbringen und darf auf Grund solcher die Verhandlung zur Hauptsache nicht verweigern, wenn das Gericht nicht von Amts wegen die abgesonderte Verhandlung anordnet. Er muß die vorgebrachten Einreden, durch welche er den Klageanspruch beseitigen will, entweder durch Urkunden, welche er sofort vorlegen kann, oder durch Eideszuschiebung beweisen. Auch hier kann der Beweis der Echtheit der Urkunden nur durch Urkunden oder Eid, nicht durch Zeugen oder Handschriftenvergleichung geführt werden. Zeugenbeweis ist durchweg ausgeschlossen. Editionsgesuche sind unstatthaft. Durch das Erfordernis der sofortigen Vorlegung der Urkunden ist die Berufung auf Akten eines anderen Gerichts, auf Handelsbücher, auf ein erst durch Beweisaufnahme zu berichtigendes Kontokurrent unzulässig. OHG. 3 S. 132, 304; 21 S. 208. StrA. 76 S. 360. Urkunden in den Händen des Gerichts erfordern weder Edition, noch Ersuchen, § 432, sind deshalb als parate Beweismittel zu erachten. RG. 8 S. 42, 45. Auch die Einreden müssen durch diese Beweismittel vollständig bewiesen werden; Erfüllungs- und Reinigungseid ist ausgeschlossen. Wird der Beweis für erhebliche Einreden nicht in dieser Weise angetreten oder nicht vollständig geführt, so werden die Einreden als im Wechselprozeß unstatthaft

*) Vgl. RG. 24 S. 3; 30 S. 405, 407 über die Zulässigkeit der Eideszu- und Zurückschiebung an den Indossatar, wenn es sich um Vorgänge zwischen dem Indossanten und der von dem Eide Gebrauch machenden Partei handelt, Sydow S. 509 ff. Dabei scheiden zunächst die Fälle des Nachindossaments nach Protest, und die sonstigen Fälle, aus, wo der Indossatar dem Zessionar gleichsteht oder nur Vertreter des Indossanten ist. Im übrigen ist richtig, daß der Indossant nicht Rechtsvorgänger des Indossatars in den Wechselansprüchen ist; wohl aber ist er es im Besitz der Wechselurkunde. Vgl. jetzt RG. 47 S. 67, RG. in JW. 1902 S. $76_6$ und Romeick, Technik des BGB. Heft 3 S. 34, 103 ff.

zurückgewiesen, § 598. Diese Zurückweisung gehört in die Gründe, nicht in die Urteilsformel, ohne daß es übrigens von Bedeutung ist, wenn sie in letzterer ausgesprochen, falls sie nur in den Gründen motiviert ist. In jedem Falle erfolgt aber, sobald überhaupt der Anspruch nur bestritten ist oder Einreden erhoben sind, mögen sie zulässig oder unzulässig sein, die Verurteilung, mag sie in erster oder folgender Instanz erfolgen, unter Vorbehalt der Rechte. § 599. Wird der Anspruch teilweise anerkannt, so wird in bezug auf den nicht anerkannten Teil die Verurteilung unter Vorbehalt ausgesprochen. Ist der Vorbehalt unterlassen, so kann die Ergänzung durch nachträgliche Verhandlung gemäß § 321 herbeigeführt werden. § 599 Abs. 2. Aber auch wenn dies versäumt, hat der Berufungsrichter auf Berufung oder Anschlußberufung den Vorbehalt selbständig auszusprechen, kann nicht in die Instanz zurückweisen, § 538 Nr. 4, selbst wenn die Beschwerde sich nicht gegen den Mangel des Vorbehaltes richtet. Denn soweit die Berufung sich gegen die Verurteilung richtet, bestreitet sie den Anspruch und zwingt zur Anwendung des § 599 Abs. 1. Von selbst versteht sich dies auch da, wo der Berufungsrichter auf die Berufung des abgewiesenen Klägers (§ 597 Abs. 1 und 2) verurteilt. Das gilt auch für die Revisionsinstanz. RG. 10 S. 348. Wird der Antrag auf Nachholung des Vorbehalts abgelehnt, oder ist der schon vor Erlaß des Urteils gestellte Antrag auf Vorbehalt durch das Urteil verworfen, so findet Berufung statt. Ist das Urteil ohne Vorbehalt rechtskräftig geworden, so ist das Nachverfahren ausgeschlossen. Wird der Vorbehalt zu Unrecht ausgesprochen, so kann der Kläger dies nur durch Rechtsmittel beseitigen. Auch das unter Vorbehalt der Rechte erlassene Urteil ist für vorläufig vollstreckbar zu erklären. Ist dies unterblieben, so erfolgt die Ergänzung gemäß §§ 321, 716.

c) Stein § 35. Kohler S. 116. Die Einrede der Rechtshängigkeit ist nach § 594 ZPO. grundsätzlich auch im Wechselprozeß nicht ausgeschlossen. Es liegt auch kein innerer Grund vor, sie auszuschließen, wenn der Kläger vor der Wechselklage im Wechselprozeß die Wechselklage im ordentlichen Verfahren oder im Mahnverfahren erhoben oder auf Feststellung des Wechselanspruchs geklagt hat. Fraglich und streitig ist nur, ob der Beklagte die Einrede daraus herleiten kann, daß er vor der Erhebung der Wechselklage im Wechselprozeß auf Herausgabe des Wechsels, auf Feststellung der Unechtheit des Wechsels oder auf Feststellung, daß dem Gläubiger das Recht aus dem Wechsel, welches derselbe demnächst im Wechselprozeß verfolgt, nicht zustehe, geklagt hat. In allen diesen Fällen kann die Vorklage nur darauf gestützt sein, daß der Wechselanspruch nicht entstanden oder aufgehoben. Die Einrede der Rechtshängigkeit folgt aus dem Wechselrecht nicht; sie geht nicht gegen den Wechselanspruch sondern nur dagegen, daß der Bekl. verpflichtet, sich auf den Wechselanspruch im Wechselprozeß einzulassen. Sie setzt, wenn sie zuzulassen, den liquiden Nachweis voraus, daß die Streitsache anhängig gemacht ist, und ihre Zulassung hängt davon ab, ob der Bekl. sich nach bürgerlichem Recht der Erfüllung des liquiden Wechselanspruchs dadurch entziehen kann, daß er durch seine eigene Handlung (die Vorklage) die Verfolgung des Wechselanspruchs hindert. Denn muß die Einrede der Rechtshängigkeit aus der Vorklage des Wechselverpflichteten zugelassen werden, so folgt konsequent, daß die Wechselklage unzulässig ist. Weitere Konsequenz ist, daß der Wechselgläubiger behindert, die Wechselverjährung gegen den Vorkläger zu unterbrechen, oder daß die

Vorklage als rechtliches Hindernis der Verjährung zu gelten hat, da dem Wechselgläubiger nicht zuzumuten ist, eine Wechselklage anzustellen, welche abgewiesen werden muß, er aber widerklagend gegen die Vorklage im Wechselprozeß nicht klagen kann. Vgl. §§ 260, 595 ZPO. Daraus ergibt sich die Unzulässigkeit der Einrede der Rechtshängigkeit aus einer Vorklage des Beklagten für den Wechselprozeß von selbst. Vgl. RG. 17 S. 327; 21 S. 392. RG. in Gr. 44 S. 1180. Sie verneint in unzulässiger Weise die Klagebefugnis im Wechselprozeß, welche in gleichem Maße aus dem Wechselrecht wie aus den §§ 592ff., 602ff. ZPO. folgt und nur fortfallen kann, wenn der Kläger selbst von dem Klagerecht im ordentlichen Verfahren Gebrauch gemacht hat, nicht dadurch, daß der Beklagte seine Verteidigung, die ihm im Urkundenprozeß gegen den liquiden Wechselanspruch nur in beschränktem Maße gestattet ist, klagend im ordentlichen Verfahren unternimmt. Die ZPO. läßt ausdrücklich durch das Vorbehaltsurteil im Wechselprozeß und die Verweisung der Geltendmachung der Rechte des Beklagten in das anhängig bleibende ordentliche Verfahren das ordentliche Verfahren über die Rechte des Beklagten und den Wechselprozeß über den Wechselanspruch nebeneinander zu. Daneben bleibt unerfindlich, wie die Unzulässigkeit der Wechselklage im Wechselprozeß daraus folgen soll, daß der Wechselverpflichtete seine Verteidigung vorher im ordentlichen Verfahren geltend gemacht hat. Im Sinne des Gesetzes haben auch beide Verfahren freilich denselben Wechselanspruch zum Gegenstande, aber nicht denselben Streitgegenstand. Es braucht deshalb nicht einmal darauf hingewiesen zu werden, daß der Gesetzgeber dem Wechselverpflichteten nicht hat gestatten wollen können, sich seiner Pflicht, den liquiden Anspruch zu befriedigen, wenn er nicht liquide Einreden hat, dadurch zu entziehen, daß er seine illiquiden Einreden vor oder nach der Fälligkeit des Anspruchs durch Klage geltend macht. Entscheidend ist das vom Gesetz selbst zugelassene Nebeneinandergehen von Wechselprozeß und ordentlichem Verfahren.

Anders natürlich liegt der Fall, wenn der Wechselschuldner in einem von ihm anhängig gemachten Prozeß eine einstweilige Verfügung des Inhalts erwirkt hat, daß der Wechsel bis zur Entscheidung dieses Prozesses nicht geltend gemacht werden soll. Eine solche einstweilige Verfügung, auch wenn sie nicht hätte erlassen werden sollen, bildet für die Dauer ihres Bestehens ein Hemmnis für die Wechselklage, RG. in JW. 1908 S. $530_{17}$.

**d)** Stein §§ 22—25. Im übrigen gelten für die mündliche Verhandlung zur Hauptsache und für das Beweisverfahren die Vorschriften des ordentlichen Prozesses. Vgl. unter 4. Zur Anwendung der §§ 277, 348 ZPO. bietet der Wechselprozeß keinen Raum; § 296 kann nicht als ausgeschlossen gelten, ist aber an sich kaum praktisch. Die Vorschrift der §§ 278, 279 ist gerade für den Wechselprozeß von Bedeutung und durch den Vorbehalt der Rechte ohne Gefahr für den Beklagten. § 548. Von den §§ 355ff. sind § 356, auch §§ 434, 435 anzuwenden. Für die §§ 445ff. ist auf § 595 Abs. 4 zu verweisen.

**11.** Stein §§ 40—43, 45. Ist dem Beklagten die Ausführung seiner Rechte vorbehalten, so setzt sich der Prozeß im ordentlichen Verfahren fort, d. h. jede Partei, der Kläger sowohl wie der Beklagte, kann den Gegner behufs Fortsetzung der Verhandlung zu einem neuen Verhandlungstermin laden, selbst wenn das Urteil im Wechselprozeß noch nicht rechtskräftig geworden ist. Auch für den Kläger kann dies von Erheblichkeit sein, um ein definitives Urteil zu erlangen, da die schon früher sowohl für das Verfahren nach der AGO. wie im gemeinrechtlichen Exekutivprozeß anzunehmende provisorische Natur der Verurteilung im Wechselprozeß für die ZPO. ihren unzweifelhaften Ausdruck in dem Vorbehalt der Rechte gefunden hat; vgl. OHG. 2 S. 338, 431; 3 S. 177; 10 S. 406; 15 S. 13; 19 S. 111. Dem Beklagten soll die Fortsetzung des Prozesses im ordentlichen Verfahren die Möglichkeit gewähren, sein durch die Beschränkung der Verteidigung im Wechselprozeß etwa verkürztes materielles Recht zur Geltung zu bringen. Das Urteil mit Vorbehalt ist nach § 599 Abs. 3 in betreff der Rechtsmittel und der Zwangsvollstreckung als Endurteil anzusehen, ist aber auch ein solches, nur mit der durch den Vorbehalt begründeten Modifikation, daß der Bekl. wie bei dem Rechtsgeschäft der Zahlung mit Vorbehalt und bei dem Urteil unter Vorbehalt der Entscheidung über die Aufrechnung, § 302 Abs. 4, das Recht hat, selbst das rechtskräftige Urteil des Wechselprozesses im ordentlichen Verfahren durch den Nachweis zu beseitigen, daß der Wechselanspruch nicht begründet und so seine Aufhebung und die Erstattung des Gezahlten zu erreichen. Dieses Recht kann der im Wechselprozeß Beklagte auch als Kläger im Prozeß auf Herausgabe des Wechsels ausüben, RG. 47 S. 186. Bestimmungsgemäß dient aber das Nachverfahren dem angegebenen Zweck. Es ist nichts Notwendiges; der Vorbehalt der Rechte ist möglicherweise inhaltlos, weil der Beklagte Rechte nicht geltend zu machen hat. Das Nachverfahren hätte deshalb sehr wohl als neues, besonderes Verfahren mit Erhebung einer selbständigen Klage auf Rückerstattung gebildet werden können. Die ZPO. hat aber das Nachverfahren nicht als selbständiges, sondern als Fortsetzung des Verfahrens im Wechselprozeß ausgebildet, ohne es an eine Frist zu binden. Kohler S. 113, 117, 118. Nach § 600 Abs. 1 bleibt der Rechtsstreit im ordentlichen Verfahren anhängig. Insofern läßt sich sagen, daß das Urteil mit Vorbehalt den Prozeß nicht in zwei selbständige Hälften teilt, daß das Nachverfahren vielmehr mit dem Wechselprozeß in untrennbarer Verbindung steht wie die verschiedenen Stadien einer sich in mehreren Terminen abspielenden mündlichen Verhandlung. Doch stellt das Vorbehaltsurteil die Grundlage des Nachverfahrens dar. Der Gegenstand dieses Verfahrens ist ebenfalls der Wechselanspruch und zwar der im Wechselprozeß verfolgte, RG. 9 S. 411; der Kläger kann im Nachverfahren weder einen anderen Anspruch noch einen anderen Wechselanspruch an seine Stelle setzen. RG. 11 S. 4. OHG. 7 S. 185. Kohler S. 120 (auch § 268 [280] ZPO. zessiert). Selbst mit Genehmigung des Bekl. wäre dies unstatthaft, aus denselben Gründen, auf denen § 527 ZPO. beruht. Sein Gegenstand ist der Wechselanspruch aber nur aus dem Gesichtspunkt des Vorbehalts der Rechte. Die Bedeutung des Nachverfahrens, sein Umfang und Inhalt hängt deshalb von der Tragweite dieses Vorbehalts ab. Vorbehalten ist aber dem Bekl. alles, was er im Wechselprozeß nicht vorgebracht, und alles, was im Wechselprozeß nach § 598 als unstatthaft zurückgewiesen ist. Auf die Voraussetzungen des Wechselprozesses, §§ 602 ff., 593 ff., kommt nichts mehr an; um Nachprüfung desselben handelt es sich nicht im Nachverfahren, nur im Wechselprozeß. Alles, was im Wechselprozeß durch Geständnis, Eid oder Urkunden oder durch Verweigerung der Eidesleistung, sei es ausdrückliche oder gesetzlich anzunehmende, §§ 452, 455, vollständig erwiesen oder widerlegt ist, gilt als erwiesen und widerlegt auch für das fortgesetzte ordentliche Verfahren, soweit nicht §§ 290, 463 Abs. 2 Anwendung finden, RG. 13 S. 399; 14 S. 219, 322; 18 S. 378, der Beweis des Meineides und der Beweis des Gegenteils des Beschworenen geführt wird. Bolze 1 Nr. 2096; 3 Nr. 1905,

1906. Der Beklagte darf Einreden, welche im Wechselprozeß aus Rechtsgründen überhaupt, nicht bloß als im Wechselprozeß unzulässig, und nicht bloß als unsubstantiiert, verworfen sind, im ordentlichen Verfahren nicht wieder vorbringen, ObT. 23 S. 291. Unbeschränkt zulässig sind dagegen neue vor oder nach Erhebung der Klage entstandene Einreden, RG. 14 S. 105, soweit sie nicht nach § 274 vor jeder Verhandlung zur Sache selbst vorgebracht werden müssen. Der § 767 ist nicht anwendbar, RG. 45 S. 429 (Bestreitung der Legitimation des Klägers, weil er den Wechsel an den Aussteller und Blankoindossanten, der ihn befriedigt, zurückgegeben und der Beklagte inzwischen den Wechsel dem Aussteller auf Grund Urteils im Wege der Zwangsvollstreckung abgenommen hat). Ferner sind zulässig alle alten Einreden aus dem Wechselprozeß, für welche dort kein zulässiger Beweis angetreten oder kein vollständiger Beweis erbracht wurde, RG. 14 S. 322, RG. in Gr. 39 S. 1146, RG. in JW. 1900 S. $273_4$. Auch bestreiten kann der Bekl., was er bisher nicht bestritten und nicht zugestanden hat und was nicht als von Amts wegen geprüft gelten muß. Denn OHG. 15 S. 103 gilt auch für die ZPO.; bloße Rechtseinwendungen, welche der Richter im Wechselprozeß von Amts wegen prüfen muß, z. B., daß der Wechsel ungültig, können in dem fortgesetzten Verfahren nicht nachträglich erhoben werden, da der Richter darüber durch die ausgesprochene Verurteilung bereits entschieden hat. Vgl. auch RG. 62 S. 93 (Ungültigkeit des Protestes). Bestreiten kann der Bekl. deshalb z. B. nachträglich seine Wechselfähigkeit. Nicht bestreiten aber kann er, was geprüft ist, obgleich es von Amts wegen nicht hätte geprüft werden sollen, RG. 63 S. 370 (Verjährung). § 110 Nr. 2 findet nicht mehr Anwendung (§ 274 Abs. 3), die Nichtbestellung der Sicherheit kann aber nur für das Nachverfahren, nicht für den Wechselprozeß gelten, § 113 deshalb nicht anwendbar sein. Anders Kohler S. 122, 125. Durch diese sich unabweisbar aus § 600, dem Prinzip der mündlichen Verhandlung und dem Zweck der fortgesetzten Verhandlung ergebenden Konsequenzen und dem aus § 599 Abs. 1 ebenso klar hervorgehenden Grundsatz, daß dem Beklagten, welcher sich durch Versäumnisurteil rechtskräftig hat verurteilen lassen, kein Recht auf Fortsetzung der Verhandlung im ordentlichen Verfahren zusteht, sind zahlreiche Kontroversen des bisherigen Prozeßrechts über das Wechselseparatum beseitigt; vgl. ObT. 12 S. 368; 34 S. 387; 51 S. 468, OHG. 2 S. 338, 345, 431, 433; 3 S. 177; 10 S. 406; 12 S. 124; 15 S. 13, 103, 180.

Der Vorbehalt der Rechte hat notwendig zur Folge, daß der Rechtsstreit im ordentlichen Verfahren in erster Instanz anhängig bleibt, auch wenn der Vorbehalt zu Unrecht in erster Instanz nicht, sondern erst in der Berufungs- oder Revisionsinstanz ausgesprochen ist. Stein § 41. Für die Revisionsinstanz versteht sich dies von selbst, für die Berufungsinstanz kann nichts anderes gelten, weil der vom Berufungsrichter ausgesprochene Vorbehalt wie der in erster Instanz ausgesprochene besagt, daß der liquide Wechselanspruch bestritten ist. Die rechtliche Folge setzt das Gesetz in § 600 ZPO. ohne Rücksicht darauf, in welcher Instanz der Vorbehalt ausgesprochen ist, dahin fest, daß der Bekl. im ordentlichen Verfahren seine Rechte geltend machen kann, um den Wechselanspruch zu beseitigen. Die Geltendmachung der vorbehaltenen Rechte richtet sich nicht gegen das Vorbehaltsurteil, sondern gegen den Wechselanspruch. Selbst in dem Falle, daß die Klage in erster Instanz abgewiesen, in der folgenden mit Vorbehalt zugesprochen ist, liegt die Sache wesentlich anders, als im § 541. Vgl. § 601. Anders RG. 29 S. 368; 57 S. 186, RG. in Gr. 38 S. 171 mit Bezug auf § 538 Nr. 4 und Kohler

S. 122, weil das Nachverfahren lediglich Fortsetzung des alten, kein neuer Prozeß sei.

Erscheint in dem fortgesetzten Verfahren auf Ladung durch den Kläger der Beklagte nicht, so wird er unter Fortfall des im Wechselurteil ausgesprochenen Vorbehalts seiner Rechte definitiv verurteilt. Vgl. RG. 12 S. 222. Erscheint der Kläger auf Ladung durch den Beklagten nicht, oder erweist sich der Anspruch durch die Ergebnisse des ordentlichen Verfahrens als unbegründet, so findet jetzt nach § 600 Abs. 2 ZPO. in der neuen Fassung der § 302 Abs. 4 Satz 2 Anwendung, der in den § 274 alter Fassung eingeschoben ist. Das Wechselurteil wird aufgehoben, der Kläger abgewiesen, über die Kosten anderweit entschieden. Der Kläger ist zum Ersatz des Schadens verpflichtet, der dem Beklagten durch die Vollstreckung des Wechselurteils oder durch eine Leistung zur Abwendung der Vollstreckung entstanden ist. Dieser Anspruch kann in dem anhängigen Nachverfahren geltend gemacht werden und gilt als zur Zeit der Zahlung oder Leistung rechtshängig geworden. Damit fällt die bisher angenommene Beschränkung des Anspruchs der Rückerstattung des Beigetriebenen auf diesen Betrag mit Ausschluß von Zinsen fort, die Zinspflicht vom Tage der Beitreibung ergibt sich nun von selbst. BGB. §§ 291, 246. Die provisorische Natur der Verurteilung im Wechselprozeß führt zu der Konsequenz, daß der Beklagte die zur Konkursmasse des Klägers gezahlte Wechselsumme als Massegläubiger, § 59 KO., zurückfordert, sobald das Wechselurteil aufgehoben ist. OHG. 19 S. 111. Andrerseits ist es unbedenklich, daß was der im Wechselprozeß unter Vorbehalt der Rechte verurteilte Beklagte behufs Abwendung der Zwangsvollstreckung hinterlegt hat, dem Kläger als Pfand haftet und im Konkurse des Bekl. zu seiner abgesonderten Befriedigung in Anspruch genommen werden kann. Vgl. RG. 12 S. 222. BGB. § 233.

**12.** Stein § 44. Ist der Wechselprozeß vor Beginn des Nachverfahrens durch Urteil rechtskräftig abgeschlossen, so steht sein Ergebnis dadurch für das Nachverfahren in dem unter 11 entwickelten Sinne definitiv fest. Der Beginn des Nachverfahrens ist aber nach § 312 ZPO. von der Rechtskraft des Urteils im Wechselprozeß nicht abhängig. Der § 148 ist nicht anwendbar. Der Kläger kann den Beklagten und der Beklagte den Kläger zur Verhandlung über die vorbehaltenen Rechte laden. Ladet der Kläger und wird der Bekl. des Vorbehalts rechtskräftig verlustig erklärt, so hat dies für die Rechtsmittelinstanz im Wechselprozeß keine andere Bedeutung, als daß alles beseitigt ist, was der Bekl. im Wechselprozeß bis dahin nicht vorgebracht hat. Daneben bleibt möglich, daß im Wechselprozeß die Klage als rechtlich unbegründet oder als im Verfahren unzulässig oder als durch den Nachweis der im Wechselprozeß vorgebrachten Einreden beseitigt abgewiesen wird. Ergeht solch Urteil im Wechselprozeß vor der Beendigung des Nachverfahrens durch Urteil, so wird das Nachverfahren überflüssig, da es seiner Bestimmung nach stets davon abhängig bleibt, daß der Wechselanspruch nicht schon durch die Entscheidung im Wechselprozeß ganz oder für diesen Prozeß beseitigt wird. Vgl. RG. 15 S. 348; 5 S. 423; 14 S. 343 für die ähnlichen Fälle der §§ 275, 304. Ist im Nachverfahren eine Einrede verfolgt, die auch im Wechselprozeß verfolgt, aber dort mit den zulässigen Beweismitteln nicht erwiesen ist, so kann die Einrede möglicherweise in beiden Verfahren verfolgt, im Wechselprozeß als rechtlich unbegründet, im Nachverfahren als auch mit den Beweismitteln desselben unerwiesen verworfen werden. Dadurch kann das Nachverfahren, aber auch der Wechselprozeß, hinsichtlich der Einrede überflüssig werden. Wird die Einrede im Nachverfahren vollständig bewiesen, so ist dies Ergebnis für den Wechselprozeß zu benutzen, hindert den Richter desselben aber nicht an der selbständig rechtlichen Beurteilung. Jedes von beiden Verfahren wird dem anderen gegenüber aber überflüssig durch Verzicht des Klägers oder Anerkenntnis des Beklagten; dadurch wird der Anspruch selbst beseitigt bzw. für jedes Verfahren definitiv festgestellt. Das gilt auch für den Fall, daß der Kläger im Nachverfahren durch rechtskräftiges Versäumnisurteil abgewiesen und zur Rückerstattung verurteilt wird. § 330.

**13.** Stein § 32. Die Rechtsmittel sind im Wechselprozeß in allen wesentlichen Punkten in derselben Weise geordnet, wie im ordentlichen Verfahren. Das Verfahren weicht von dem im ordentlichen Prozeß nicht ab. Nach § 604 Abs. 3 ZPO. finden aber die Vorschriften des Abs. 2 über die Einlassungsfristen auf das Verfahren in der Berufungs- und Revisionsinstanz Anwendung. Die Frist zur Einlegung der Rechtsmittel ist keine kürzere als im ordentlichen Verfahren. Auch sonst gelten für die Berufung die §§ 511 ff.

Nach § 279 können Verteidigungsmittel, welche der Beklagte nachträglich, d. h. nachdem seine mündliche Verhandlung zur Sache beendet, so daß ohne das nachträgliche Vorbringen ein vorläufiges oder definitives Befinden in der Sache dem Gerichte möglich wäre, vorbringt, auf Antrag zurückgewiesen werden. Im ordentlichen Prozeß gilt diese Vorschrift für die Berufungsinstanz nach den §§ 540, 541 mit der Beschränkung, daß dem Beklagten, mag er Berufungskläger oder Berufungsbeklagter sein, die Geltendmachung dieser Verteidigungsmittel im Urteil vorzubehalten ist. Im Wechselprozeß gilt der § 279 dagegen nach § 601 unbeschränkt, weil der nach § 597 Abs. 1 im Wechselprozeß auszusprechende Vorbehalt der Rechte den Beklagten genügend schützt. Wechselprozeß bleibt der Prozeß aber natürlich auch in der Berufungsinstanz; daß er durch Abstandnahme nicht umgewandelt werden kann, ist bereits hervorgehoben. Die Beschränkung in den Mitteln der Beweisführung dauert daher fort. §§ 592, 595 Abs. 2—4, § 598. Nachbringung der Urkunden gemäß der neuen Vorschrift des § 593 Abs. 2 ist aber auch jetzt noch zuzulassen, RG. 56 S. 306. Ist in erster Instanz die Klage in der Prozeßart abgewiesen, so versteht sich die volle Nachprüfung von selbst. Dasselbe gilt, wenn der Anspruch als unbegründet (rechtlich oder durch Beweis beseitigt) abgewiesen ist und davon abgewichen werden soll. Ist er zu Unrecht in der Prozeßart abgewiesen, so hat der Berufungsrichter nach §§ 537, 538 Nr. 4 in der Sache selbst zu entscheiden und, wenn er verurteilt, bei Bestreiten des Anspruchs den Vorbehalt auszusprechen. Aus § 536 folgt, daß auf Berung des Klägers der Anspruch nicht abgewiesen werden kann, wenn in 1. Instanz in der Prozeßart abgewiesen ist, wohl aber umgekehrt. Ist der Bekl. in 1. Instanz mit oder ohne Vorbehalt verurteilt, so kann die Berufung des Klägers sich gegen die Verurteilung mit Vorbehalt richten, die des Bekl. gegen die Verurteilung überhaupt oder gegen die ohne Vorbehalt. Solche Berufung des Klägers kann nie zur Abweisung auch nur in der Prozeßart führen; dasselbe gilt von der Berufung des Bekl., der sich nur gegen den Mangel des Vorbehalts richtet. Die Berufung gegen die Verurteilung zwingt dagegen zur vollen Nachprüfung im Sinne der §§ 592, 593, 597. Dabei darf selbstverständlich nicht gegen den Kläger ausschlagen, daß er z. B. Wechsel und Protest nicht mehr in Händen hat, weil sie in der Zwangsvollstreckung dem Bekl. ausgehändigt. Dann muß die in erster Instanz getroffene Feststellung genügen, bis der Bekl. den Gegenbeweis führt. Wird das verurteilende Erkenntnis durch Abweisung der Klage nach

§ 597 Abs. 1 oder 2 abgeändert, so ist gemäß § 717 zu verfahren. Eine Ausnahme von dem Grundsatze des § 537, daß der Berufungsrichter das gesamte vor ihm verhandelte Prozeßmaterial zu erledigen hat, auch wenn darüber in erster Instanz nicht verhandelt oder nicht entschieden, enthält anscheinend der § 538 Nr. 4, insofern danach, falls das angefochtene Urteil im Wechselprozeß unter Vorbehalt der Rechte erlassen ist, also den Beklagten verurteilt hat, die Sache in die erste Instanz zurückzuweisen ist, wenn eine weitere Verhandlung erforderlich ist. Dies hängt wohl mit der Bestimmung im § 600 Abs. 1 zusammen, daß die Sache durch den Vorbehalt der Rechte im ordentlichen Verfahren anhängig bleibt, soll aber jedenfalls nicht besagen, daß der Berufungsrichter über alte oder neue Einreden, welche er für zulässig und gehörig unter Beweis gestellt hält, nicht selbständig und materiell zu befinden hat, sondern die Sache zur Entscheidung darüber zurückzuverweisen hat. Für eine so weitgehende Ausnahme gibt die besondere Natur des Wechselprozesses keinen Grund. Die Bestimmung im § 538 Nr. 4 hat demnach wesentlich nur eine formale Bedeutung und wäre wohl entbehrlich gewesen. Eine weitere Verhandlung wird erforderlich nur dann, wenn die unter Vorbehalt erfolgte Verurteilung ganz oder teilweise bestätigt wird. Erfolgt die Abweisung der Klage ganz oder auch nur im Wechselprozeß, so hat die Zurückverweisung der Sache keinen Sinn. Vgl. Stein § 32 unter 4. Für die Revisionsinstanz gilt keinerlei Besonderheit. Auf die Anfechtung des rechtskräftigen Urteils im Wechselprozeß und im Nachverfahren finden die §§ 578 ff. ZPO. ebenfalls Anwendung. Vgl. Stein § 36. Das judicium rescindens wird im ordentlichen Verfahren, das jud. rescissorium in Wechselprozeß verhandelt, wenn von demselben nicht schon früher Abstand genommen war oder jetzt Abstand genommen wird.

**14.** Stein § 34. Nach Fortfall des Personalarrestes als Vollstreckungsmittel, vgl. die Anm. zu Art. 2 WO., hat die Exekution (Zwangsvollstreckung) in Wechselsachen nichts Besonderes mehr. Die ZPO. hat keine besonderen Vorschriften für die Wechselexekution. Die nach § 45 I. 27 AGO. zulässige Vollstreckung der Exekution aus einem Wechselerkenntnis sofort nach erfolgter Publikation und vor Behändigung desselben ist nicht mehr statthaft. Jede Exekution setzt die vorgängige oder gleichzeitige Zustellung des vollstreckbaren Urteils an den Schuldner voraus. Nach § 708 Nr. 4 ZPO. ist aber jedes Urteil im Wechselprozeß, auch das erste Versäumnisurteil, für vorläufig vollstreckbar zu erklären. Durch den Besitz der vollstreckbaren Ausfertigung und des Wechsels gilt der Gerichtsvollzieher zur Empfangnahme der Zahlung und Quittierung gesetzlich ermächtigt. Daß dem Gerichtsvollzieher auch der Wechsel übergeben werden muß, folgt aus Art. 39 WO., der auch für die Zwangsvollstreckung gilt. OHG 5 S. 386; 10 S. 154. — Auf das vorläufig vollstreckbar erklärte Vorbehaltsurteil sind die §§ 712 ff. anwendbar wie auf jedes andere vorläufig vollstreckbare Urteil. Fraglich ist, ob das rechtskräftige Urteil im Wechselprozeß durch den Vorbehalt der Rechte nicht bloß vorläufig, sondern unbeschränkt vollstreckbar ist. Bolze 2 Nr. 1907, Kohler S. 114, 117. Aus § 599 Abs. 3 allein folgt es nicht, aber aus dem Zweck des Wechselprozesses, dem Wechselgläubiger für seinen liquiden Anspruch schleunige und prompte Befriedigung zu verschaffen. Der Fall RG. 12 S. 222 zeigt, wie dies ohne unbeschränkte Vollstreckung illusorisch gemacht werden kann. Die Zulassung des Wechselprozesses und das Vorbehaltsurteil beruht nicht auf dem Gedanken des Gesetzgebers, daß regelmäßig im Wechselprozeß der Sachverhalt nur unvollständig und vorläufig festgestellt und regelmäßig die materielle

Wahrheit erst im Nachverfahren zu ihrem Recht gelange, sondern auf dem Gedanken, daß der liquide Anspruch regelmäßig auch zu wirklichem Recht bestehe und der Vorbehalt nur für Ausnahmefälle erforderlich sei. Ohne dieses fehlte dem Wechselprozeß jede Berechtigung. Es ist deshalb nicht richtig, daß die Gerechtigkeit die Beschränkung der Vollstreckung auch des rechtskräftigen Urteils mit Vorbehalt fordere. Getrübt wird dies nur durch die maßlose Ausdehnung des Urkundenprozesses auf Ansprüche, die durch Urkund'en irgendwelcher Art bewiesen werden können. Zuzugeben ist, daß Notlagen, wie sie die §§ 707, 719, 769, 770 im Auge haben, eintreten können, für welche das Gesetz Vorsorge zu treffen offenbar vergessen hat. Immerhin kann, wenn der Beklagte glaubhaft macht, daß der Kläger einen Eid wissentlich falsch geschworen habe oder daß ein sonstiger Restitutionsgrund oder ein Nichtigkeitsgrund vorliege, §§ 580, 579, eine Einstellung der Zwangsvollstreckung nach § 707 erfolgen, RG. 54 S. 303. Auch steht der Anwendung der §§ 916ff. nichts entgegen.

**15.** Ein dem Mandatsverfahren in Bagatellsachen des preußischen Prozeßrechts ähnliches Verfahren hat die ZPO. in dem Mahnverfahren, §§ 688ff., geordnet. Dasselbe ist ohne Rücksicht auf die Höhe der Summe wegen jeden Anspruchs auf Zahlung einer bestimmten Geldsumme und deshalb unbedenklich auch für Ansprüche aus Wechseln statthaft. Es besteht wesentlich darin, daß auf den mündlichen oder schriftlichen, der Zeichnung durch einen Rechtsanwalt nicht bedürfenden Antrag des Gläubigers an den Schuldner ein Zahlungsbefehl dahin erlassen wird, innerhalb einer Woche vom Tage der Zustellung den Gläubiger bei Vermeidung sofortiger Zwangsvollstreckung zu befriedigen oder bei dem Gerichte Widerspruch zu erheben. Ausgeschlossen ist das Verfahren nur, wenn die Zustellung im Auslande oder durch öffentliche Bekanntmachung erfolgen müßte.

Der Antrag, welcher außer der genauen Angabe der Parteien und des Gerichts nur die Angabe des Betrages und des Grundes des Anspruchs, und das Gesuch um Erlaß des Befehls zu enthalten braucht (z. B. der N. N. schuldet mir aus dem von ihm akzeptierten (ausgestellten) Wechsel vom . . . über . . . die Summe von . . . Ich beantrage, an ihn Zahlungsbefehl auf . . . nebst Zinsen vom . . . zu erlassen), ist stets ohne Rücksicht auf die Höhe des Anspruchs, an das Amtsgericht, bei welchem der Schuldner seinen persönlichen Gerichtsstand hat, zu richten. Dasselbe erläßt den Zahlungsbefehl, für dessen Zustellung der Gerichtsschreiber sorgt, wenn der Gläubiger nicht erklärt hat, daß er selbst die Zustellung besorgen werde. Mit der Zustellung des Zahlungsbefehls treten alle Wirkungen der Rechtshängigkeit ein, § 693 ZPO., und nach BGB. § 209 Abs. 2 Nr. 1 die Wirkung der Unterbrechung der Verjährung, so daß der Antrag auf Erlaß des Zahlungsbefehls zur Unterbrechung der Klageverjährung benutzt werden kann, wie bisher die Klageanmeldung. Über die Dauer der Unterbrechung der Verjährung vgl. BGB. § 213 und Rehb., BGB. 1 S. 322, 323.

Erhebt der Schuldner rechtzeitig Widerspruch, so verliert der Zahlungsbefehl seine Kraft, die Wirkungen der Rechtshängigkeit dauern aber fort, erlöschen indessen bei Sachen, welche vor die Landgerichte gehören, wenn der Gläubiger nicht innerhalb sechs Monaten seit Zustellung der Benachrichtigung von Erhebung des Widerspruchs die Klage beim Landgericht erhebt, während in amtsgerichtlichen Sachen die Sache vor dem Amtsgerichte anhängig bleibt, so daß jede Partei die andere zur Verhandlung laden kann, aber nur im ordentlichen Verfahren. Die Klage vor dem Landgericht kann im Wechselprozeß erhoben werden.

Erhebt der Schuldner innerhalb der Frist den Widerspruch nicht, so kann der Gläubiger beantragen, daß der Zahlungsbefehl für vollstreckbar erklärt wird, und muß dies innerhalb sechs Monaten tun, widrigenfalls die Kraft des Zahlungsbefehls nebst allen Wirkungen des Zahlungsbefehls erlischt.

Bis zur Erteilung der Vollstreckbarkeitserklärung kann aber der Schuldner noch Widerspruch erheben mit demselben Erfolge, den der Widerspruch in der Frist hat. Nach Erteilung der Vollstreckbarkeitserklärung steht dem Schuldner nur der Einspruch gegen den Vollstreckungsbefehl wie gegen ein Versäumnisurteil zu; die Zwangsvollstreckung wird durch diesen Einspruch nicht gehemmt, kann aber unter den gewöhnlichen Voraussetzungen, §§ 700, 719, 707, sistiert werden.

# Anhang.

## 1. Gesetz, betreffend die Erleichterung des Wechselprotestes vom 30. Mai 1908 (RGBl. S. 321).

### § 1.

Die Allgemeine Deutsche Wechselordnung wird dahin geändert:

I. Der Artikel 39 der Wechselordnung erhält folgende Fassung:

Der Wechselschuldner ist nur gegen Aushändigung des quittierten Wechsels zu zahlen verpflichtet. Hat der Wechselschuldner eine Teilzahlung geleistet, so kann er nur verlangen, daß die Zahlung auf dem Wechsel abgeschrieben und ihm Quittung erteilt werde.

II. Der Artikel 43 Satz 2 wird durch folgenden Abs. 2 ersetzt:

Ein Wechsel, dessen Zahlung am Wohnorte des Bezogenen durch eine andere Person erfolgen soll, ist dieser Person zur Zahlung zu präsentieren und, wenn die Zahlung unterbleibt, gegen sie zu protestieren.

III. Der Artikel 44 erhält folgende Fassung:

Zur Erhaltung des Wechselrechts gegen den Akzeptanten bedarf es weder der Präsentation am Zahlungstage noch der Erhebung eines Protestes.

IV. Im Artikel 60 Satz 2 und im Artikel 62 Satz 1 werden die Worte „am zweiten Werktage" durch die Worte „am dritten Werktage" ersetzt.

V. Im Artikel 87 Satz 1 werden hinter dem Worte „Gerichtsbeamten" die Worte eingeschaltet:

„oder einen Postbeamten".

VI. An die Stelle des Artikel 88 treten folgende Vorschriften:

Artikel 88. In den Protest ist aufzunehmen:

1. der Name oder die Firma der Personen, für welche und gegen welche der Protest erhoben wird;
2. die Angabe, daß die Person, gegen welche protestiert wird, ohne Erfolg zur Vornahme der wechselrechtlichen Leistung aufgefordert worden oder nicht anzutreffen gewesen ist oder daß ihr Geschäftslokal oder ihre Wohnung sich nicht hat ermitteln lassen;
3. die Angabe des Ortes sowie des Kalendertags, Monats und Jahres, an welchem die Aufforderung (Nr. 2) geschehen oder ohne Erfolg versucht worden ist;
4. im Falle einer Ehrenannahme oder einer Ehrenzahlung die Erwähnung, von wem, für wen und wie sie angeboten oder geleistet wird.

Der Protest ist von dem Protestbeamten zu unterzeichnen und mit dem Amtssiegel oder dem Amtsstempel zu versehen.

Artikel 88a. Der Protest mangels Zahlung ist auf den Wechsel oder auf ein mit dem Wechsel zu verbindendes Blatt zu setzen.

Der Protest soll unmittelbar hinter den letzten auf der Rückseite des Wechsels befindlichen Vermerk, in Ermangelung eines solchen unmittelbar an einen Rand der Rückseite gesetzt werden.

Wird der Protest auf ein Blatt gesetzt, das mit dem Wechsel verbunden wird, so soll die Verbindungsstelle mit dem Amtssiegel oder dem Amtsstempel versehen werden. Ist dies geschehen, so braucht der Unterschrift des Protestbeamten ein Siegel oder Stempel nicht beigefügt zu werden.

Wird der Protest unter Vorlegung mehrerer Exemplare desselben Wechsels oder unter Vorlegung des Originals und einer Kopie erhoben, so genügt die Beurkundung auf einem der Exemplare oder auf dem Originalwechsel. Auf den anderen Exemplaren oder auf der Kopie ist zu vermerken, daß sich der Protest mangels Zahlung auf dem ersten Exemplar oder auf dem Originalwechsel befindet. Auf den Vermerk finden die Vorschriften des Abs. 2 und des Abs. 3 Satz 1 entsprechende Anwendung. Der Protestbeamte hat den Vermerk zu unterzeichnen.

Artikel 88 b. Bezieht sich der Protest auf eine andere wechselrechtliche Leistung als die Zahlung, so ist er auf eine Abschrift des Wechsels oder der Kopie oder auf ein mit der Abschrift zu verbindendes Blatt zu setzen. Die Abschrift hat auch die auf dem Wechsel oder der Kopie befindlichen Indossamente und anderen Vermerke zu enthalten. Die Vorschriften des Artikel 88 a Abs. 2, 3 finden entsprechende Anwendung.

VII. Als Artikel 89 a wird folgende Vorschrift eingestellt:

Die Wechselzahlung kann an den Protestbeamten erfolgen. Die Befugnis des Protestbeamten zur Annahme der Zahlung kann nicht ausgeschlossen werden.

VIII. An die Stelle des Artikel 90 treten folgende Vorschriften:

Schreibfehler, Auslassungen und sonstige Mängel der Protesturkunde können bis zur Aushändigung der Urkunde an die Person, für welche der Protest erhoben ist, von dem Protestbeamten berichtigt werden. Die Berichtigung ist als solche unter Beifügung der Unterschrift kenntlich zu machen.

Von dem Protest ist eine beglaubigte Abschrift zurückzubehalten. Über den Inhalt des Wechsels oder der Kopie ist ein Vermerk aufzunehmen. Der Vermerk hat zu enthalten:

1. den Betrag des Wechsels;
2. die Zahlungszeit;
3. den Ort, den Monatstag und das Jahr der Ausstellung;
4. die Namen des Ausstellers, des Remittenten und des Bezogenen;
5. falls eine vom Bezogenen verschiedene Person angegeben ist, durch welche die Zahlung erfolgen soll, den Namen dieser Person sowie die Namen der etwaigen Notadressen und Ehrenakzeptanten.

Die Abschriften und Vermerke sind geordnet aufzubewahren.

IX. An die Stelle des Artikel 91 treten folgende Vorschriften:

Die Präsentation zur Annahme oder Zahlung, die Protesterhebung, die Abforderung eines Wechselduplikats sowie alle sonstigen bei einer bestimmten Person vorzunehmenden Akte müssen in deren Geschäftslokal und in Ermangelung eines solchen in deren Wohnung vorgenommen werden. An einer anderen Stelle, z. B. an der Börse, kann dies nur mit beiderseitigem Einverständnisse geschehen.

Ist in dem Proteste vermerkt, daß sich das Geschäftslokal oder die Wohnung nicht hat ermitteln lassen, so ist der Protest nicht deshalb ungültig, weil die Ermittelung möglich war.

Die Verantwortlichkeit des Protestbeamten, der es unterläßt, geeignete Ermittelungen anzustellen, wird durch die Vorschrift des Abs. 2 nicht berührt. Ist eine Nachfrage bei der Polizeibehörde des Ortes ohne Erfolg geblieben, so ist der Protestbeamte zu weiteren Nachforschungen nicht verpflichtet.

X. Als Artikel 91a wird folgende Vorschrift eingestellt:

Eine in dem Geschäftslokal oder in der Wohnung eines Beteiligten vorgenommene Handlung ist auch dann gültig, wenn an Stelle des Ortes, in welchem das Geschäfslokal oder die Wohnung liegt, ein benachbarter Ort in dem Wechsel angegeben ist. Mit beiderseitigem Einverständnisse können auch in anderen Fällen die bei einem Beteiligten vorzunehmenden Handlungen an einem Orte erfolgen, der dem im Wechsel angegebenen Orte benachbart ist.

Welche Orte im Sinne dieser Vorschriften als benachbarte anzusehen sind, bestimmt der Bundesrat; die Bestimmung ist im Reichs-Gesetzblatte bekannt zu machen.

XI. Der Artikel 92 erhält folgenden Abs. 2:

Die Proteste sollen nur in der Zeit von 9 Uhr vormittags bis 6 Uhr abends erhoben werden. Außerhalb dieser Zeit soll die Protesterhebung nur erfolgen, wenn die Person, gegen welche protestiert wird, ausdrücklich einwilligt.

XII. Im Artikel 99 treten an die Stelle der Sätze 2, 3 die folgenden Abs. 2, 3:

Ein eigener Wechsel, dessen Zahlung am Wohnorte des Ausstellers durch eine andere Person erfolgen soll, ist dieser Person zur Zahlung zu präsentieren und, wenn die Zahlung unterbleibt, gegen sie zu protestieren.

Bei eigenen Wechseln bedarf es zur Erhaltung des Wechselrechts gegen den Aussteller weder der Präsentation am Zahlungstage noch der Erhebung eines Protestes.

## § 2.

Der § 21 des Gesetzes, betreffend die Wechselstempelsteuer, vom 10. Juni 1869 (Bundes-Gesetzbl. S. 193) wird dahin geändert:

1. Im Satze 1 werden hinter dem Worte „Notare" die Worte eingeschaltet: „die Postbeamten".
2. Satz 2 erhält folgende Fassung:

   Auf der nach der Wechselordnung zurückzubehaltenden Abschrift des Protestes ist ausdrücklich zu bemerken, mit welchem Wechselstempel die protestierte Urkunde versehen oder daß sie mit einem Wechselstempel nicht versehen ist.

## § 3.

Unter Zustimmung des Bundesrats kann der Reichskanzler anordnen, daß die Postverwaltung für bestimmte Fälle, insbesondere mit Rücksicht auf die Art des Protestes oder die Höhe der Wechselsumme, die Protesterhebung nicht übernimmt.

Die näheren Bestimmungen über die Benutzung der Postanstalten zur Aufnahme von Wechselprotesten erläßt der Reichskanzler. Für den innern Verkehr der Königreiche Bayern und Württemberg werden diese Bestimmungen von den zuständigen Behörden dieser Staaten erlassen.

## § 4.

Die Postverwaltung haftet dem Auftraggeber für die ordnungsmäßige Ausführung des Protestauftrags nach den allgemeinen Vorschriften des bürgerlichen Rechtes über die Haftung eines Schuldners für die Erfüllung seiner Verbindlichkeit. Sie haftet nicht über den Betrag des wechselmäßigen Regreßanspruchs hinaus.

Der Anspruch gegen die Postverwaltung verjährt in drei Jahren. Die Verjährung beginnt mit dem Zeitpunkt, in welchem der Protestauftrag bei der Postanstalt eingeht, von welcher der Auftrag auszuführen ist.

§ 5. Der Reichskanzler wird ermächtigt, den Text der Allgemeinen Deutschen Wechselordnung, wie er sich aus den Änderungen ergibt, welche im § 1 dieses Gesetzes sowie in den Nürnberger Novellen (Bundes-Gesetzbl. 1869 S. 402) und im Artikel 8 Nr. 2 des Einführungsgesetzes zum Handelsgesetzbuche (Reichs-Gesetzbl. 1897 S. 437) vorgesehen sind, unter der Überschrift „Wechselordnung" durch das Reichs-Gesetzblatt bekannt zu machen. Der Artikel 2 sowie im Artikel 29 Abs. 1 Nr. 1 die Worte „(Debitverfahren, Falliment)" und in Nr. 2 die Worte „oder wider denselben wegen Erfüllung einer Zahlungsverbindlichkeit die Vollstreckung des Personalarrestes verfügt worden" sind wegzulassen.

Soweit in Reichsgesetzen oder Landesgesetzen auf Vorschriften der Wechselordnung verwiesen ist, treten die entsprechenden Vorschriften des vom Reichskanzler bekannt gemachten Textes an die Stelle.

§ 6. Dieses Gesetz tritt am 1. Oktober 1908 in Kraft. Für die vorher ausgestellten Wechsel bleiben die bisherigen Vorschriften in Kraft, nach denen der wechselmäßige Anspruch gegen den Akzeptanten oder gegen den Aussteller des eigenen Wechsels verloren geht, wenn die rechtzeitige Protesterhebung beim Domiziliaten verabsäumt wird.

---

## 2. Bekanntmachung des Reichskanzlers, betreffend die Erhebung von Wechsel- und Scheckprotesten durch Postbeamte

vom 5. August 1908 (RGBl. S. 482).

Mit dem Inkrafttreten des Gesetzes, betreffend die Erleichterung des Wechselprotestes, vom 30. Mai 1908 (RGBl. S. 321 ff.) und gemäß § 30 des Scheckgesetzes vom 11. März 1908 (RGBl. S. 71 ff.) sind auch die Postbeamten zur Aufnahme von Wechsel- und Scheckprotesten berufen.

Auf Grund des § 3 des erstgenannten Gesetzes wird unter Zustimmung des Bundesrats angeordnet, daß vom 1. Oktober 1908 ab die Postverwaltung die Erhebung von Wechsel- und Scheckprotesten mit folgenden Beschränkungen übernimmt:

1. Proteste, die sich auf eine andere wechselrechtliche Leistung als die Zahlung beziehen, werden nicht erhoben.

2. Die Erhebung von Protesten mangels Zahlung bleibt ausgeschlossen

a) für Wechsel und Schecks, die über mehr als 800 Mark lauten,

b) für Wechsel und Schecks, die in fremder Sprache ausgestellt sind,

c) für Wechsel und Schecks, die auf eine ausländische Münzsorte lauten, sofern der Aussteller durch den Gebrauch des Wortes „effektiv" oder eines ähnlichen Zusatzes die Zahlung in der im Wechsel benannten Münzsorte ausdrücklich bestimmt hat,

d) für Wechsel, die mit Notadresse oder Ehrenakzept versehen sind,

e) für Wechsel, die unter Vorlegung mehrerer Exemplare desselben Wechsels oder unter Vorlegung des Originals und einer Kopie zu protestieren sind.

---

## 3. Gesetz, betreffend die Wechselstempelsteuer

vom 10. Juni 1869 (BGBl. S. 193).*)

§ 1. Gezogene und eigene Wechsel unterliegen im Gebiete des Norddeutschen Bundes, mit Ausschluß der Hohenzollernschen Lande, einer nach Vorschrift dieses Gesetzes zu erhebenden, zur Bundeskasse fließenden Abgabe.

Von der Stempelabgabe befreit bleiben:

1. die vom Auslande auf das Ausland gezogenen, nur im Auslande zahlbaren Wechsel;
2. die vom Inlande auf das Ausland gezogenen, nur im Auslande und zwar auf Sicht oder spätestens innerhalb zehn Tagen nach dem Tage der Ausstellung zahlbaren Wechsel, sofern sie vom Aussteller direkt in das Ausland remittiert werden.

§ 2.**) Die Stempelabgabe beträgt:

| | |
|---|---|
| von einer Summe von 200 Mark und weniger . . . | 0,10 Mark |
| " " " über 200 " bis 400 Mark . . . | 0,20 " |
| " " " " 400 " " 600 " . . . | 0,30 " |
| " " " " 600 " " 800 " . . . | 0,40 " |
| " " " " 800 " " 1000 " . . . | 0,50 " |

und von jedem ferneren 1000 Mark der Summe 0,50 Mark mehr, dergestalt, daß jedes angefangene Tausend für voll gerechnet wird.

§ 3.**) Die zum Zwecke der Berechnung der Abgabe vorzunehmende Umrechnung der in einer anderen als der Reichswährung ausgedrückten Summen erfolgt, soweit der Bundesrat nicht für gewisse Währungen allgemein zum Grunde zu legende Mittelwerte festsetzt und bekannt macht, nach Maßgabe des laufenden Kurses.

**Ausführ.-Bestimm.** (Bundesratsbeschluß v. 8. März 1901, Zentralbl. S. 69.)

### Umrechnung fremder Währungen.

1. Behufs Umrechnung der in einer anderen als der Reichswährung ausgedrückten Summen sind für die nachstehenden Währungen die dabei bemerkten Mittelwerte allgemein zugrunde zu legen:

| | |
|---|---|
| 1 Pfund Sterling . . . | = 20,40 Mk. |
| 1 Frank, Lira, Peseta (Gold), Lëu, finnische Mark . . . . . . | = 0,80 " |
| 1 österreichischer Gulden (Gold) . . . . | = 2,00 " |
| 1 österreichischer Gulden (Währung) . . | = 1,70 " |
| 1 österreichisch-ungarische Krone . . . . | = 0,85 " |
| 1 Gulden holländischer Währung . . . . . | = 1,70 " |
| 1 skandinavische Krone | = 1,125 " |
| 1 alter Goldrubel . . . | = 3,20 Mk. |
| 1 Rubel | = 2,16 " |
| 1 alter Kreditrubel . | = 2,16 " |
| 1 türkischer Piaster . . | = 0,18 " |
| 1 Peso (Gold) . . . . | = 4,00 " |
| 1 Dollar . . . . . . . | = 4,20 " |
| 1 alter japanischer Goldyen . . . . . | = 4,20 " |
| 1 japanischer Yen . . | = 2,10 " |
| 1 deutsch-ostafrikanische oder indische Rupie . | = 1,35 " |
| 1 mexikanischer Golddollar . . . . . . . | = 2,10 " †) |

*) Das Gesetz galt ursprünglich nur im Gebiete des Norddeutschen Bundes, jetzt gilt es im ganzen Reiche.

**) Fassung des Ges. v. 4. Juni 1879 (RGBl. S. 151).

†) Zusatz nach Bundesratsbeschluß v. 5. Dez. 1907, Zentralbl. 1908 S. 16.

§ 4. Für die Entrichtung der Abgabe sind der Bundeskasse sämtliche Personen, welche an dem Umlaufe des Wechsels im Bundesgebiete teilgenommen haben, solidarisch verhaftet.

§ 5. Als Teilnehmer an dem Umlaufe eines Wechsels wird hinsichtlich der Steuerpflichtigkeit angesehen: der Aussteller, jeder Unterzeichner oder Mitunterzeichner eines Akzeptes, eines Indossaments oder einer anderen Wechselerklärung, und jeder, der für eigene oder fremde Rechnung den Wechsel erwirbt, veräußert, verpfändet oder als Sicherheit annimmt, zur Zahlung präsentiert, Zahlung darauf empfängt oder leistet, oder mangels Zahlung Protest erheben läßt, ohne Unterschied, ob der Name oder die Firma auf den Wechsel gesetzt wird oder nicht.

§ 6. Die Entrichtung der Stempelabgabe muß erfolgen, ehe ein inländischer Wechsel von dem Aussteller, ein ausländischer Wechsel von dem ersten inländischen Inhaber (§ 5) aus den Händen gegeben wird.

§ 7. Dem Aussteller eines inländischen Wechsels und dem ersten inländischen Inhaber eines ausländischen Wechsels ist gestattet, den mit einem inländischen Indossament noch nicht versehenen Wechsel vor Entrichtung der Stempelabgabe lediglich zum Zwecke der Annahme zu versenden und zur Annahme zu präsentieren. Der Akzeptant eines unversteuerten Wechsels ist verpflichtet, vor der Rückgabe oder jeder anderweiten Aushändigung des Wechsels die Versteuerung desselben zu bewirken.

Wird jedoch ein nicht zum Umlauf im Bundesgebiet bestimmtes Exemplar eines in mehreren Exemplaren ausgefertigten Wechsels zur Einholung des Akzeptes benutzt, so bleibt der Akzeptant von der Verpflichtung zur Versteuerung befreit, wenn die Rückseite des akzeptierten Exemplars vor der Rückgabe dergestalt durchkreuzt wird, daß dadurch die weitere Benutzung desselben zum Indossieren ausgeschlossen wird.

§ 8. Wird derselbe Wechsel in mehreren, im Kontexte als Prima, Sekunda, Tertia usw. bezeichneten Exemplaren ausgefertigt, so ist unter diesen dasjenige zu versteuern, welches zum Umlaufe bestimmt ist.

§ 9. Außerdem unterliegt der Versteuerung jedes Exemplar, auf welches eine Wechselerklärung — mit Ausnahme des Akzeptes und der Notadressen — gesetzt ist, die nicht auf einem nach Vorschrift dieses Gesetzes versteuerten Exemplare sich befindet. Die Versteuerung muß erfolgen, ehe das betreffende Exemplar von dem Aussteller, der die Stempelpflichtigkeit begründenden Wechselerklärung, oder, wenn letztere im Auslande abgegeben ist, von dem ersten inländischen Inhaber aus den Händen gegeben wird.

Soll ein unversteuertes Wechselduplikat ohne Auslieferung eines versteuerten Exemplars desselben Wechsels bezahlt oder mangels Zahlung protestiert werden, so ist die Versteuerung desselben zu bewirken, ehe die Zahlung oder Protestaufnahme stattfindet.

Der Beweis des Vorhandenseins eines versteuerten Wechselduplikates oder des Einwandes, daß die auf ein unversteuertes Exemplar gesetzte Wechselerklärung auf einem versteuerten Duplikate abgegeben sei, oder daß bei Bezahlung eines unversteuerten Duplikates auch ein versteuertes Exemplar ausgeliefert sei, liegt demjenigen ob, welcher wegen unterlassener Versteuerung eines Wechselexemplars in Anspruch genommen wird.

§ 10. Die Bestimmungen im § 9 finden gleichmäßig auf Wechselabschriften Anwendung, welche mit einem Originalindossamente, oder mit einer anderen urschriftlichen Wechselerklärung versehen sind. Jede solche Abschrift wird hinsichtlich der Besteuerung einem Duplikate desselben Wechsels gleichgeachtet.

§ 11. Ist die in den §§ 6—10 vorgeschriebene Versteuerung eines Wechsels, eines Wechselduplikates oder einer Wechselabschrift unterlassen, so ist der nächste, und, solange die Versteuerung nicht bewirkt ist, auch jeder fernere inländische Inhaber verpflichtet, den Wechsel zu versteuern, ehe er denselben auf der Vorder- oder Rückseite unterzeichnet, veräußert, verpfändet, zur Zahlung präsentiert, Zahlung darauf empfängt oder leistet, eine Quittung darauf setzt, mangels Zahlung Protest erheben läßt oder den Wechsel aus den Händen gibt. Auf die von den Vordermännern verwirkten Strafen hat die Entrichtung der Abgabe durch einen späteren Inhaber keinen Einfluß.

§ 12. Der Verwahrer eines zum Akzepte versandten unversteuerten Wechselexemplars wird, wenn er dasselbe gegen Vorlegung eines nicht versteuerten Exemplars (oder einer nicht versteuerten Kopie) desselben Wechsels ausliefert, für die Stempelabgabe verhaftet und verfällt, wenn dieselbe nicht entrichtet wird, in die im § 15 bestimmte Strafe.

§ 13. Die Verpflichtung zur Entrichtung der Stempelabgabe wird erfüllt

1. durch Ausstellung des Wechsels auf einem mit dem erforderlichen Bundesstempel versehenen Blankett,

   oder

2. durch Verwendung der erforderlichen Bundesstempelmarke auf dem Wechsel, wenn hierbei die von dem Bundesrate erlassenen und bekannt gemachten Vorschriften über die Art und Weise der Verwendung beobachtet worden sind.

**Ausführ.-Bestimm.** (Bundesratsbeschluß v. 8. März 1901, Zentralbl. S. 69.)

Entwertung der Marken.

4. Die Marken sind auf der Rückseite der Urkunde und zwar, wenn die Rückseite noch unbeschrieben ist, unmittelbar an einem Rande dieser Seite, anderenfalls unmittelbar unter dem letzten Vermerk (Indossament usw.) auf einer mit Buchstaben oder Ziffern nicht beschriebenen oder bedruckten Stelle aufzukleben.

Es ist gestattet, zur Entrichtung der Abgabe mehrere, zusammen den erforderlichen Betrag darstellende, Wechselstempelmarken zu verwenden. Ferner ist es zulässig, bei Ausstellung des Wechsels auf einem gestempelten Vordrucke den an dem vollen gesetzlichen Betrage der Abgabe etwa noch fehlenden Teil durch vorschriftsmäßig auf der Rückseite zu verwendende Stempelmarken zu ergänzen.

Kommen zur Entrichtung der Abgabe mehrere Marken zur Verwendung, so sind sie an dem gewählten Rande zunächst nebeneinander aufzukleben; reicht der hierzu zur Verfügung stehende Raum nicht mehr aus, so sind die weiteren Marken unmittelbar unter den bereits angebrachten aufzukleben.

5. In jeder einzelnen der aufgeklebten Marken muß Tag, Monat und Jahr der Verwendung der Marke auf dem Wechsel, und zwar der Tag und das Jahr mit arabischen Ziffern, der Monat mit Buchstaben mittels deutlicher Schriftzeichen ohne jede Auskratzung, Durchstreichung oder Überschreibung an der durch den Vordruck bezeichneten Stelle niedergeschrieben werden.*)

---

*) Die älteren Stempelzeichen, auf denen die Abänderung der für die Ausfüllung der Jahreszahl vorgedruckten Ziffern 18 . . in 19 . . nach der Bestimmung des Bundesrats v. 14. Dezbr. 1899 (Zentralbl. S. 424) gestattet war, dürfen seit 1. Oktbr. 1901 nicht mehr verwendet werden; ihr Umtausch gegen neue Stempelzeichen war bis 1. April 1902 zulässig.

Auch kann der Verwendungsvermerk auf der Marke ganz oder teilweise mittels der Schreibmaschine oder durch Stempelaufdruck hergestellt werden; in diesem Falle braucht der Vermerk nicht an der durch den Vordruck bezeichneten Stelle zu stehen.

Allgemein übliche und verständliche Abkürzungen der Monatsbezeichnung mit Buchstaben, sowie die Weglassung der beiden ersten Zahlen der Jahresbezeichnung sind zulässig (z. B. 29. Oktbr. 05, 13. Sept. 13). Auch ist es gestattet, dem Verwendungsvermerke die Firma oder den Namen des Verwendenden ganz oder teilweise hinzuzufügen.

Bei Verwendung eines gestempelten Wechselvordrucks bedürfen nur die etwa aufgeklebten Ergänzungsmarken, nicht auch der eingedruckte Wertstempel der Entwertung.

6. Das erste inländische Indossament, welches auf die Rückseite eines Wechsels gesetzt wird, oder der erste sonstige inländische Vermerk ist — abgesehen von dem Falle der Steuerentrichtung durch Verwendung eines den ganzen gesetzlich fälligen Betrag darstellenden Wechselvordrucks — unterhalb der zur Entrichtung der Abgabe entwerteten Wechselstempelmarken niederzuschreiben, widrigenfalls die letztere dem Niederschreiber dieses Indossaments oder Vermerkes und dessen Nachmännern gegenüber als nicht verwendet gilt. Es dürfen jedoch die Vermerke „ohne Protest", „ohne Kosten" neben der Marke niedergeschrieben werden.

Die Bestimmung des Abs. 1 Satz 1 findet keine Anwendung, wenn vom Ausland auf das Inland gezogene Wechsel, nachdem sie mit einer ordnungsmäßig verwendeten Wechselstempelmarke im gesetzlichen Betrage versehen worden waren, im Auslande weiter begeben und die ausländischen Indossamente nicht unterhalb der deutschen Wechselstempelmarke niedergeschrieben worden sind.*)

Dem inländischen Inhaber, welcher aus Versehen sein Indossament auf den Wechsel gesetzt hat, bevor er eine Marke aufgeklebt hatte, ist gestattet, vor der Weitergabe des Wechsels unter Durchstreichung dieses Indossaments die erforderlichen Marken unter dem letzteren aufzukleben.

7. Die Bestimmung des § 14 des Gesetzes, wonach nicht in der vorgeschriebenen Weise verwendete Stempelmarken als nicht verwendet anzusehen sind, soll nicht eine Doppelversteuerung zur Folge haben, sondern es soll dadurch nur der Tatbestand einer nach § 15 zu ahndenden Zuwiderhandlung festgestellt werden. Abgesehen von der etwa erforderlich werdenden Einleitung des Strafverfahrens bedarf es daher nur einer nachträglichen Entwertung der Stempelmarke durch Aufdruck des Amtsstempels der Steuerbehörde. Dasselbe gilt für den Fall, daß die Marke an unrichtiger Stelle aufgeklebt ist. Die Beibringung neuer Stempelmarken ist nur dann zu fordern, wenn aus der unrichtigen Art der Entwertung der Stempelmarken, z. B. aus der unrichtigen Zeitangabe, die Möglichkeit sich ergibt, daß die Marken schon früher zu einem anderen Wechsel gebraucht worden sind. Doch steht es in jedem Falle der unrichtigen Entwertung einer Marke dem späteren Inhaber des Wechsels frei, um sich und seine Nachmänner vor den Folgen dieser Entwertung zu schützen, eine neue Marke vorschriftsmäßig zu verwenden.

**§ 14.** Stempelmarken, welche nicht in der vorgeschriebenen Weise verwendet worden sind, werden als nicht verwendet angesehen.

**§ 15.** Die Nichterfüllung der Verpflichtung zur Entrichtung der Stempelabgabe wird mit einer Geldbuße bestraft, welche dem fünfzigfachen Betrage der hinterzogenen Abgabe gleichkommt.

Diese Strafe ist besonders und ganz zu entrichten von jedem, welcher der nach den §§ 4—12 ihm obliegenden Verpflichtung zur Entrichtung der Stempelabgabe nicht rechtzeitig genügt hat, ingleichen von inländischen Maklern und Unterhändlern, welche wissentlich unversteuerte Wechsel verhandelt haben.

*) Zusatz nach Bundesratsbeschluß v. 17. Jan. 1907, Zentralbl. S. 28.

Die Verwandlung einer Geldbuße, zu deren Zahlung der Verpflichtete unvermögend ist, in eine Freiheitsstrafe findet nicht statt. Auch darf zur Beitreibung von Geldbußen ohne Zustimmung des Verurteilten, insofern dieser ein Inländer ist, kein Grundstück subhastiert werden.

**§ 16.** Der Akzeptant eines gezogenen und der Aussteller eines trockenen Wechsels können daraus, daß der Wechsel zur Zeit der Annahmerklärung, beziehungsweise der Aushändigung, mangelhaft gewesen sei, keinen Einwand gegen die gesetzlichen Folgen der Nichtversteuerung desselben entnehmen.

**§ 17.** Wechselstempelhinterziehungen (§ 15) verjähren in fünf Jahren, von dem Tage der Ausstellung des Wechsels an gerechnet. Die Verjährung wird durch jede auf Verfolgung der Hinterziehung gegen den Angeschuldigten gerichtete amtliche Handlung unterbrochen.

**§ 18.** In betreff der Feststellung, Untersuchung und Entscheidung der Wechselstempelhinterziehung und der Vollstreckung der Strafe, sowie in betreff der Strafmilderung und des Erlasses der Strafe im Gnadenwege kommen die Vorschriften zur Anwendung, nach welchen sich das Verfahren wegen Vergehen gegen die Zollgesetze — in den von der gemeinschaftlichen Zollgrenze ausgeschlossenen Bezirken aber das Verfahren wegen Vergehen gegen die Stempelgesetze — bestimmt.

Die im § 15 vorgeschriebenen Geldbußen fallen dem Fiskus desjenigen Staates zu, von dessen Behörden die Strafentscheidung erlassen ist.

**§ 19.** Jede von einer nach § 18 zuständigen Behörde wegen Wechselstempelhinterziehung einzuleitende Untersuchung und zu erlassende Strafentscheidung kann auch auf diejenigen Inhaber des Wechsels, welche anderen Bundesstaaten angehören, ausgedehnt werden. Die Strafvollstreckung ist nötigenfalls durch Requisition der zuständigen Behörden und Beamten des Staates zu bewirken, in dessen Gebiete die Vollstreckungsmaßregel zur Ausführung kommen soll.

Die Behörden und Beamten der Bundesstaaten sollen sich gegenseitig tätig und ohne Verzug den verlangten Beistand in allen gesetzlichen Maßregeln leisten, welche zur Entdeckung oder Bestrafung der Wechselstempelhinterziehungen dienlich sind.

**§ 20.** Die in den einzelnen Staaten des Bundes mit der Beaufsichtigung des Stempelwesens beauftragten Behörden und Beamten haben die ihnen obliegenden Verpflichtungen mit gleichen Befugnissen, wie sie ihnen hinsichtlich der nach den Landesgesetzen zu entrichtenden Stempelabgaben zustehen, auch hinsichtlich der Bundesstempelabgabe wahrzunehmen.

**§ 21.** Außer den Steuerbehörden haben alle diejenigen Staats- oder Kommunalbehörden und Beamten, denen eine richterliche oder Polizeigewalt anvertraut ist, sowie die Notare, die Postbeamten und andere Beamte, welche Wechselproteste ausfertigen, die Verpflichtung, die Besteuerung der bei ihnen vorkommenden Wechsel und Anweisungen von Amts wegen zu prüfen und die zu ihrer Kenntnis kommenden Zuwiderhandlungen gegen dieses Gesetz bei der nach § 18 zuständigen Behörde zur Anzeige zu bringen. Auf der nach der Wechselordnung zurückzubehaltenden Abschrift des Protestes ist ausdrücklich zu bemerken, mit welchem Wechselstempel die protestierte Urkunde versehen oder daß sie mit einem Wechselstempel nicht versehen ist.

**§ 22.** Das Bundespräsidium ist ermächtigt, wegen der Anfertigung und des Debits der Bundesstempelmarken und gestempelten Blanketts, sowie wegen der Bedingungen, unter welchen für verdorbene Stempelmarken und Blanketts Erstattung zulässig ist, die erforderlichen Anordnungen zu erlassen.*)

§ 23 (ersetzt durch StGB. §§ 275, 276 Abs. 1, 280 u. 364 Abs. 1).

§ 24. Die Vorschriften dieses Gesetzes kommen gleichmäßig zur Anwendung auf die an Order lautenden Zahlungsversprechen (Billets à ordre) und die von Kaufleuten oder auf Kaufleute ausgestellten Anweisungen (Assignationen) jeder Art, auf Geldauszahlungen, Akkreditive und Zahlungsaufträge, gegen deren Vorzeigung oder Auslieferung die Zahlung geleistet werden soll, ohne Unterschied, ob dieselben in Form von Briefen oder in anderer Form ausgestellt werden.

Befreit von der Stempelabgabe sind:

1. die statt der Barzahlung dienenden, auf Sicht zahlbaren Platzanweisungen und Schecks (d. i. Anweisungen auf das Guthaben des Ausstellers bei dem die Zahlungen desselben besorgenden Bankhause oder Geldinstitute), wenn sie ohne Akzept bleiben; andernfalls muß die Versteuerung erfolgen, ehe der Akzeptant die Platzanweisung oder den Scheck aus den Händen gibt.

   In welchen Fällen auf Anweisungen, die an einem Nachbarorte des Ausstellungsortes zahlbar sind, den Platzanweisungen gleichgeachtet werden sollen, bestimmt der Bundesrat nach Maßgabe der örtlichen Verhältnisse;
2. Akkreditive, durch welche lediglich einer bestimmten Person ein nur im Maximalbetrage begrenzter oder unbeschränkter, nach Belieben zu benutzender Kredit zur Verfügung gestellt wird;
3. Banknoten und andere auf den Inhaber lautende, auf Sicht zahlbare Anweisungen, welche der Aussteller auf sich selbst ausstellt.

**Ausführ.-Bestimm.** (Bundesratsbeschluß v. 8. März 1901, Zentralbl. S. 69.)

13. Im Sinne der Vorschrift im § 24 Ziffer 1 des Gesetzes werden als e i n Platz betrachtet die nachstehend aufgeführten Nachbarorte:

Aachen und Burtscheid — Annaberg und Buchholz — Aschaffenburg und Damm — Berlin und die im Postverkehr als dessen Nachbarorte geltenden Ortschaften — Bremerhafen, Geestemünde und Lehe — Danzig, Langfuhr und Neufahrwasser — Elberfeld und Barmen — Hamburg, Altona und Wandsbek — Hannover und Linden — Mainz und Castel — Mannheim, Ludwigshafen und Rheinau — Nürnberg und Fürth — Regensburg und Stadtamhof — Saarbrücken und St. Johann — Stuttgart und Cannstatt — Thorn und Mocker — Ulm und Neu-Ulm.

§ 25. Die in den Staaten des Norddeutschen Bundes bestehenden Stempelabgaben von Wechseln, Anweisungen und diesen gleichgestellten Papieren (§ 24) werden aufgehoben.

Auch von den auf Wechsel oder Anweisungen und diesen gleichgestellte Papiere gesetzten Indossamenten, Giros und anderen Wechselerklärungen, Quittungen und sonstigen auf die Leistungen aus dem Wechsel bezüglichen Vermerken dürfen landesgesetzliche Stempelabgaben nicht weiter erhoben werden.

§ 26. Subjektive Befreiungen von der Bundesstempelabgabe finden nicht statt.

---

*) Diese Anordnungen sind in Ziffer 2 (Art und Vertrieb der Stempelzeichen) und in Ziffer 8 (Abgabenerstattung) der Ausf.-Bestimmungen (Bundesratsbeschluß v. 8. März 1901 — Zentralbl. S. 69) enthalten. Danach kann für verdorbene Stempelmarken oder Vordrucke und für Marken, mit welchen verdorbene Schriftstücke versehen sind, bei den Postanstalten Erstattung beansprucht werden, wenn der Schaden mindestens eine Mark beträgt.

Für die Aufhebung der in den einzelnen Staaten des Bundes bestehenden subjektiven Befreiungen von der Wechselstempelsteuer, welche auf lästigen Privatrechtstiteln beruhen, wird, insoweit dieselben nach den Landesgesetzen nicht ohne Entschädigung aufgehoben werden können, aus der Bundeskasse Entschädigung geleistet. Sind in den der Befreiung zum Grunde liegenden Verträgen, Spezialprivilegien und sonstigen Rechtstiteln Bestimmungen über die Art und Höhe der Entschädigung enthalten, so behält es dabei sein Bewenden.

Anderenfalls wird bis zum Erlöschen der Befreiung dem Berechtigten der Stempelbetrag, welchen er nach Vorschrift dieses Gesetzes entrichtet hat, auf Grund periodischer Nachweisung aus der Bundeskasse erstattet. Die Aufstellung und Prüfung der periodischen Nachweisungen erfolgt nach den von dem Bundesrate hierüber zu erlassenden näheren Anordnungen.

Für Stempelbeträge, deren Erstattung der Berechtigte von anderen Teilnehmern am Umlaufe des Wechsels oder von seinen Kommittenten zu fordern hat, wird in keinem Falle aus der Bundeskasse Entschädigung gewährt.

**§ 27.** Jedem Bundesstaate wird von der jährlichen Einnahme für die in seinem Gebiete debitierten Wechselstempelmarken und gestempelten Blanketts bis zum Schlusse des Jahres 1871 der Betrag von 36 %, bis zum Schlusse des Jahres 1873 der Betrag von 24 %, bis zum Schlusse des Jahres 1875 der Betrag von 12 % und von da ab dauernd der Betrag von 2 % aus der Bundeskasse gewährt.

**§ 28.** Die zur Ausführung dieses Gesetzes nötigen Bestimmungen werden vom Bundesrate getroffen.

**§ 29.** Dies Gesetz tritt mit dem 1. Januar 1870 in Kraft.

In betreff aller vor diesem Tage ausgestellten inländischen oder von dem ersten inländischen Inhaber aus den Händen gegebenen ausländischen Wechsel kommen noch die bisherigen landesgesetzlichen Vorschriften zur Anwendung.

---

## 4. Scheckgesetz

vom 11. März 1908 (RGBl. S. 71).

**§ 1.** Der Scheck muß enthalten:

1. die in den Text aufzunehmende Bezeichnung als Scheck oder, wenn der Scheck in einer fremden Sprache ausgestellt ist, einen jener Bezeichnung entsprechenden Ausdruck in der fremden Sprache;
2. die an den Bezogenen gerichtete Anweisung des Ausstellers, aus seinem Guthaben eine bestimmte Geldsumme zu zahlen;
3. die Unterschrift des Ausstellers;
4. die Angabe des Ortes und des Tages der Ausstellung.

**§ 2.** Als Bezogene sollen nur bezeichnet werden:

1. diejenigen Anstalten des öffentlichen Rechtes, diejenigen unter staatlicher Aufsicht stehenden Anstalten sowie diejenigen in das Genossenschaftsregister eingetragenen Genossenschaften, welche sich nach den für ihren Geschäftsbetrieb maßgebenden Bestimmungen mit der Annahme von Geld und der Leistung von Zahlungen für fremde Rechnung befassen, ferner die unter amtlicher

Aufsicht stehenden Sparkassen, wenn sie die nach Landesrecht für sie geltenden Aufsichtsbestimmungen erfüllen;

2. die in das Handelsregister eingetragenen Firmen, welche gewerbsmäßig Bankiergeschäfte betreiben.

§ 3. Als Guthaben ist der Geldbetrag anzusehen, bis zu welchem der Bezogene nach dem zwischen ihm und dem Aussteller bestehenden Rechtsverhältnisse Schecks einzulösen verpflichtet ist.

§ 4. Als Zahlungsempfänger kann entweder eine bestimmte Person oder Firma oder der Inhaber des Schecks angegeben werden. Der Aussteller kann sich selbst als Zahlungsempfänger bezeichnen.

Sind dem Namen oder der Firma des Zahlungsempfängers die Worte „oder Überbringer" oder ein gleichbedeutender Zusatz beigefügt oder enthält der Scheck keine Angabe darüber, an wen zu zahlen ist, so gilt er als auf den Inhaber gestellt.

§ 5. Der bei dem Namen oder der Firma des Bezogenen angegebene Ort gilt als Zahlungsort. Die Angabe eines anderen Zahlungsorts gilt als nicht geschrieben. Ist bei dem Namen oder der Firma des Bezogenen ein Ort nicht angegeben, so gilt der Ausstellungsort als Zahlungsort.

§ 6. Ist die zu zahlende Geldsumme in Buchstaben und in Ziffern ausgedrückt, so gilt bei Abweichungen die in Buchstaben ausgedrückte Summe. Ist die Summe mehrmals mit Buchstaben oder mehrmals mit Ziffern geschrieben, so gilt bei Abweichungen die geringere Summe.

§ 7. Der Scheck ist bei Sicht zahlbar. Die Angabe einer anderen Zahlungszeit macht den Scheck nichtig.

§ 8. Der auf einen bestimmten Zahlungsempfänger gestellte Scheck kann durch Indossament übertragen werden, wenn nicht der Aussteller die Übertragung durch die Worte „nicht an Order" oder durch einen gleichbedeutenden Zusatz untersagt hat.

In betreff der Form des Indossaments, in betreff der Legitimation des Besitzers eines indossierten Schecks und der Prüfung der Legitimation sowie in betreff der Verpflichtung des Besitzers zur Herausgabe finden die Vorschriften der Artikel 11 bis 13, 36, 74 der Wechselordnung entsprechende Anwendung. Ein auf eine Abschrift des Schecks gesetztes Indossament ist jedoch unwirksam. Das gleiche gilt von einem Indossamente des Bezogenen. Ein Indossament an den Bezogenen gilt als Quittung.

§ 9. Schecks, die auf einen bestimmten Zahlungsempfänger gestellt und im Auslande zahlbar sind, können in mehreren Ausfertigungen ausgestellt werden. Jede Ausfertigung muß im Texte mit der Bezeichnung „Erste, zweite, dritte usw. Ausfertigung" oder mit einer gleichbedeutenden Bezeichnung versehen werden; ist dies nicht geschehen, so gilt jede Ausfertigung als ein für sich bestehender Scheck.

Ist von mehreren Ausfertigungen eine bezahlt, so verlieren dadurch die anderen ihre Kraft. Jedoch bleiben aus den übrigen Ausfertigungen der Indossant, welcher mehrere Ausfertigungen an verschiedene Personen indossiert hat, und alle späteren Indossanten, deren Unterschriften sich auf den bei der Zahlung nicht zurückgegebenen Ausfertigungen befinden, auf Grund ihres Indossaments verpflichtet.

§ 10. Der Scheck kann nicht angenommen werden. Ein auf den Scheck gesetzter Annahmevermerk gilt als nicht geschrieben.

§ 11. Der im Inland ausgestellte und zahlbare Scheck ist binnen zehn Tagen nach der Ausstellung dem Bezogenen am Zahlungsorte zur Zahlung vorzulegen.

Für Schecks, die im Ausland ausgestellt, im Inlande zahlbar sind, bestimmt der Bundesrat die Vorlegungsfrist. Das gleiche gilt für Schecks, die im Inland ausgestellt, im Auslande zahlbar sind, sofern das ausländische Recht keine Vorschrift über die Zeit der Vorlegung enthält.

Fällt der letzte Tag der Frist auf einen Sonntag oder einen am Zahlungsorte staatlich anerkannten allgemeinen Feiertag, so tritt an die Stelle des Sonntags oder des Feiertags der nächstfolgende Werktag.

§ 12. Die Einlieferung eines Schecks in eine Abrechnungsstelle, bei welcher der Bezogene vertreten ist, gilt als Vorlegung zur Zahlung am Zahlungsorte, sofern die Einlieferung den für den Geschäftsverkehr der Abrechnungsstelle maßgebenden Bestimmungen entspricht.

Der Bundesrat bestimmt, welche Stellen als Abrechnungsstellen im Sinne dieses Gesetzes zu gelten haben.

§ 13. Der Bezogene, der den Scheckbetrag bezahlt, kann die Aushändigung des quittierten Schecks verlangen.

Der Ablauf der Vorlegungsfrist ist auf das Recht des Bezogenen zur Zahlung ohne Einfluß.

Ein Widerruf des Schecks ist erst nach dem Ablaufe der Vorlegungsfrist wirksam.

§ 14. Der Aussteller sowie jeder Inhaber eines Schecks kann durch den quer über die Vorderseite gesetzten Vermerk: „Nur zur Verrechnung" verbieten, daß der Scheck bar bezahlt werde. Der Bezogene darf in diesem Falle den Scheck nur durch Verrechnung einlösen. Die Verrechnung gilt als Zahlung im Sinne dieses Gesetzes.

Das Verbot kann nicht zurückgenommen werden. Die Übertretung des Verbots macht den Bezogenen für den dadurch entstehenden Schaden verantwortlich.

§ 15. Der Aussteller und die Indossanten haften dem Inhaber für die Einlösung des Schecks.

Auch bei dem auf den Inhaber gestellten Scheck haftet jeder, der seinen Namen oder seine Firma auf die Rückseite des Schecks geschrieben hat, dem Inhaber für die Einlösung. Auf den Bezogenen findet diese Vorschrift keine Anwendung.

Hat ein Indossant dem Indossamente die Bemerkung „ohne Gewährleistung" oder einen gleichbedeutenden Vorbehalt hinzugefügt, so ist er von der Verbindlichkeit aus seinem Indossamente befreit.

§ 16. Zur Ausübung des Regreßrechts muß nachgewiesen werden, daß der Scheck rechtzeitig zur Zahlung vorgelegt und nicht eingelöst oder daß die Vorlegung vergeblich versucht worden ist. Der Nachweis kann nur geführt werden:

1. durch eine auf den Scheck gesetzte, von dem Bezogenen unterschriebene und den Tag der Vorlegung enthaltende Erklärung;
2. durch eine Bescheinigung der Abrechnungsstelle, daß der Scheck vor dem Ablaufe der Vorlegungsfrist eingeliefert und nicht eingelöst worden ist;
3. durch einen Protest.

Auf die Vorlegung des Schecks und den Protest finden die Vorschriften der Artikel 87, 88, 90, 91 der Wechselordnung entsprechende Anwendung.

Enthält der Scheck die Aufforderung keinen Protest zu erheben, so finden die Vorschriften des Art. 42 der Wechselordnung entsprechende Anwendung.

§ 17. Wegen der Benachrichtigung der Vormänner und ihres Einlösungsrechts sowie wegen des Umfanges der Regreßforderung und der Befugnis zur Ausstreichung von Indossamenten finden die Vorschriften der Artikel 45 bis 48, 50 bis 52 und des Artikel 55 der Wechselordnung mit der Maßgabe entsprechende Anwendung, daß der Inhaber des vergeblich zur Zahlung vorgelegten Schecks verpflichtet ist, seinen unmittelbaren Vormann innerhalb zweier Tage nach der Ausstellung der im § 16 Abs. 1 bezeichneten Erklärung, Bescheinigung oder Protesturkunde, spätestens aber innerhalb zweier Tage nach dem Ablaufe der Vorlegungsfrist, von der Nichtzahlung des Schecks zu benachrichtigen.

§ 18. Der Inhaber des Schecks kann sich wegen seiner ganzen Regreßforderung an alle Verpflichtete oder auch nur an einige oder einen halten, ohne dadurch seinen Anspruch gegen die nicht in Anspruch genommenen Verpflichteten zu verlieren. Es steht in seiner Wahl, welchen Verpflichteten er zuerst in Anspruch nehmen will.

Dem Inhaber des Schecks kann der Schuldner nur solche Einwendungen entgegensetzen, welche die Gültigkeit seiner Erklärung in dem Scheck betreffen oder sich aus dem Inhalte des Schecks ergeben oder ihm unmittelbar gegen den Inhaber zustehen.

§ 19. Der Regreßpflichtige ist nur gegen Auslieferung des Schecks, der zum Nachweise der rechtzeitigen Vorlegung und der Nichteinlösung oder des vergeblichen Versuchs der Vorlegung dienenden Urkunden und einer quittierten Rechnung Zahlung zu leisten verbunden.

§ 20. Die Regreßansprüche gegen den Aussteller und die übrigen Vormänner verjähren, wenn der Scheck in Europa mit Ausnahme von Island und den Faröern zahlbar ist, in drei Monaten, andernfalls in sechs Monaten.

Die Verjährung beginnt gegen den Inhaber des Schecks mit dem Ablaufe der Vorlegungsfrist, gegen jeden Indossanten, wenn er, bevor eine Klage gegen ihn erhoben worden ist, gezahlt hat, mit der Zahlung, in allen übrigen Fällen mit der Erhebung der Klage.

§ 21. Der Aussteller, dessen Regreßverbindlichkeit durch Unterlassung rechtzeitiger Vorlegung oder durch Verjährung erloschen ist, bleibt dem Inhaber des Schecks so weit verpflichtet, als er sich mit dessen Schaden bereichern würde.

§ 22. In den Fällen des § 14 Abs. 2 und des § 21 verjährt der Anspruch in einem Jahre seit der Ausstellung des Schecks.

§ 23. Aus einem Scheck, auf dem die Unterschrift des Ausstellers oder eines Indossanten gefälscht ist, bleiben diejenigen, deren Unterschriften echt sind, verpflichtet.

§ 24. Auf die Anfechtung einer auf einen Scheck geleisteten Zahlung finden die Vorschriften des § 34 der Konkursordnung entsprechende Anwendung.

§ 25. Im Auslande zahlbare Schecks dürfen auch auf solche Bezogene lauten, auf die nach dem ausländischen Rechte ein Scheck gezogen werden darf.

§ 26. Die wesentlichen Erfordernisse eines im Ausland ausgestellten Schecks sowie jeder im Ausland auf einen Scheck gesetzten Erklärung werden nach den Gesetzen des Ortes beurteilt, an welchem die Ausstellung oder die Erklärung erfolgt ist.

Entspricht jedoch der im Ausland ausgestellte Scheck oder die im Ausland auf einen Scheck gesetzte Erklärung den Anforderungen des inländischen Gesetzes, so kann daraus, daß nach ausländischem Gesetz ein Mangel vorliegt, kein Einwand gegen die Rechtsverbindlichkeit der später im Inland auf den Scheck gesetzten Erklärungen entnommen werden. Auch ist die im Ausland erfolgte Ausstellung eines im Inlande zahlbaren Schecks sowie die auf einen solchen Scheck im Auslande gesetzte Erklärung wirksam, wenn sie auch nur den Anforderungen des inländischen Gesetzes entspricht.

§ 27. Abhanden gekommene oder vernichtete Schecks unterliegen der Kraftloserklärung im Wege des Aufgebotsverfahrens. Die Aufgebotsfrist muß mindestens zwei Monate betragen.

Nach Einleitung des Aufgebotsverfahrens kann der Berechtigte, falls der Scheck rechtzeitig zur Zahlung vorgelegt, von dem Bezogenen aber nicht eingelöst worden war, von dem Aussteller Zahlung fordern, wenn er bis zur Kraftloserklärung Sicherheit leistet.

§ 28. Bürgerliche Rechtsstreitigkeiten, in welchen durch die Klage ein Anspruch auf Grund dieses Gesetzes geltend gemacht wird, gehören, sofern in erster Instanz die Landgerichte zuständig sind, vor die Kammern für Handelssachen.

In bürgerlichen Rechtsstreitigkeiten, in welchen durch Klage oder Widerklage ein Anspruch auf Grund dieses Gesetzes geltend gemacht ist, wird die Verhandlung und Entscheidung letzter Instanz im Sinne des § 8 des Einführungsgesetzes zum Gerichtsverfassungsgesetze dem Reichsgerichte zugewiesen.

Auf die Geltendmachung von Regreßansprüchen aus einem Scheck finden die den Wechselprozeß betreffenden Vorschriften der §§ 602 bis 605 der Zivilprozeßordnung entsprechende Anwendung. Die Rechtsstreitigkeiten, in welchen ein solcher Anspruch geltend gemacht wird, gelten als Feriensachen.

§ 29. Im Sinne des § 24 des Gesetzes, betreffend die Wechselstempelsteuer, vom 10. Juni 1869 (Bundes-Gesetzbl. S. 193 ff.) sind als Schecks, für welche die Befreiung von der Wechselstempelabgabe bestimmt ist, diejenigen Urkunden anzusehen, die den Anforderungen der §§ 1, 2, 7, 25, 26 des gegenwärtigen Gesetzes entsprechen.

Die Vorschrift des Abs. 1 findet keine Anwendung auf Schecks, welche vor dem auf ihnen angegebenen Ausstellungstag in Umlauf gesetzt sind. Für die Entrichtung der Abgabe haftet als Gesamtschuldner jeder, der am Umlaufe des Schecks im Sinne des § 5 des Gesetzes, betreffend die Wechselstempelsteuer, im Inlande vor dem Ausstellungstage teilgenommen hat.

§ 30. Dieses Gesetz tritt am 1. April 1908 in Kraft. Die Vorschriften finden auf früher ausgestellte Schecks keine Anwendung.

Mit dem Inkrafttreten des Gesetzes, betreffend die Erleichterung des Wechselprotestes, werden die im § 16 des gegenwärtigen Gesetzes angeführten Vorschriften durch die neuen Artikel 87 bis 88a, 89a, 90 bis 91a, 92 Abs. 2 der Wechselordnung sowie durch die §§ 3, 4 des erstgenannten Gesetzes ersetzt.

---

## Bekanntmachung des Reichskanzlers, betreffend die Vorlegungsfristen für Auslandschecks

vom 19. März 1908 (RGBl. S. 85).

Auf Grund des § 11 Abs. 2 des Scheckgesetzes vom 11. März 1908 (RGBl. S. 71) hat der Bundesrat beschlossen:

Im Ausland ausgestellte, im Inlande zahlbare Schecks sind binnen der nachstehend bezeichneten Fristen nach der Ausstellung dem Bezogenen am Zahlungsorte zur Zahlung vorzulegen:

im europäischen Auslande — mit Ausnahme von Island und den Faröern — ausgestellte Schecks binnen drei Wochen, in den Küstenländern von Asien und Afrika längs des mittelländischen und Schwarzen Meeres oder in den dazu gehörigen Inseln dieser Meere ausgestellte Schecks binnen einem Monat,

in den Vereinigten Staaten von Amerika, in Canada, Neu-Fundland, Mexico, den Azoren, Madeira, den Canarischen und Cap Verdischen Inseln ausgestellte Schecks binnen zwei Monaten,

sonst im Auslande, mit Einschluß der deutschen Schutzgebiete, ausgestellte Schecks binnen drei Monaten.

Die Fristen gelten auch für Schecks, die im Inland ausgestellt, im Auslande zahlbar sind, sofern das ausländische Recht keine Vorschrift über die Zeit der Vorlegung enthält.

---

## Bekanntmachung des Reichskanzlers, betreffend Abrechnungsstellen im Scheckverkehre

vom 19. März 1908 (RGBl. S. 86).

Auf Grund des § 12 Abs. 2 des Scheckgesetzes vom 11. März 1908 (RGBl. S. 71) hat der Bundesrat beschlossen:

Abrechnungsstellen im Sinne des Scheckgesetzes sind die Abrechnungsstellen bei der Reichsbank in Berlin, Braunschweig, Bremen, Breslau, Chemnitz, Cöln am Rhein, Dortmund, Dresden, Elberfeld, Frankfurt am Main, Hamburg, Hannover, Leipzig, München, Nürnberg und Stuttgart.

---

## Bekanntmachung des Reichskanzlers, betreffend Abrechnungsstellen im Scheckverkehre

vom 1. Juli 1908 (RGBl. S. 467).

Auf Grund des § 12 Abs. 2 des Scheckgesetzes vom 11. März 1908 (RGBl. S. 71) hat der Bundesrat beschlossen:

Abrechnungsstellen im Sinne des Scheckgesetzes sind die Abrechnungsstelle bei der Reichsbank in Mannheim und die Bank des Berliner Kassenvereins zu Berlin.

---

# Sachregister zur Wechselordnung.

Bei den kleinen, die Anmerkungen bedeutenden Ziffern sind die Anfangsartikel der betr. Gruppe der WO. angeführt. — Das Register zum Wechselprozeß befindet sich S. 177.

## A.

## B.

## C.



## D.



## E.

## F.

## J.



## K.

## O.



## P.

---

Lippert & Co. (G. Pätz'sche Buchdr.), Naumburg a. S.

# Die Reichs-Grundbuchordnung
**vom 24. März 1897**
mit Anmerkungen und Sachregister
von
**Willenbücher,**
w. Geh. Justizrat, Oberlandesgerichtsrat a. D.

**Dritte, vermehrte Auflage. 1905.**

**a) Ausgabe für das Reich. Kartoniert M. 1,50.**
**b) Ausgabe für Preußen. Kartoniert M. 2,40.**

„Das Werkchen dürfte das beste Hilfsmittel zur Einführung in die schwierige Materie des Grundbuchrechts sein; außer anderen schätzbaren Beigaben wird die bisherige Praxis der höchsten Gerichtshöfe, soweit sie auch ferner hier von Bedeutung bleibt, mitgeteilt." Thür. Bl. f. Rechtspflege.

---

# Handbuch
des
# formellen Grundbuchrechts.
Eine Anleitung zur Bearbeitung von Grundbuchsachen, nach Reichsrecht und nach Preußischem Recht
von
**Reinhart Foerster,**
Landgerichtsrat in Stettin.

**1900. gr. 8°. 353 Seiten. Kartoniert M. 7,—.**

---

# Das Liegenschaftsrecht des Bürgerlichen Gesetzbuchs
und die
## Reichsgrundbuchordnung
mit Erläuterungen
von
**Willenbücher,**
w. Geh. Justizrat, Oberlandesgerichtsrat a. D.

**a) Ausgabe für das Reich. gr. 8°. 1904. 404 S. Geb. M. 8,—.**
**b) Ausgabe für Preußen. gr. 8°. 1904. 518 S. Geb. M. 10,—.**

„Wie alle Arbeiten Willenbüchers zeigt auch die vorliegende eine besonders wohltuende Klarheit der Ausführungen neben bemerkenswerter Vollständigkeit in Erörterung zweifelhafter Punkte. — Ein vortreffliches Buch." Badische Rechtspraxis.

FSC
www.fsc.org
MIX
Papier | Fördert
gute Waldnutzung
FSC® C083411

Kolibri 360 GmbH
Ferdinand-Jühlke-Straße 7
99095 Erfurt, Deutschland
produktsicherheit@kolibri360.de